KB151302

당신의 마음에 깊이 들어가고 싶다면

사진치유의 힘

김문희 · 이정희 · 정은영 · 한경은 · 허슬기

박영story

서문

이 책은 사진치료와 치유적사진에 관심을 가진 많은 사람들을 위해 만들어졌다. 그 내용은 사진을 찍고 고른 후 다시 보고 이야기를 나누어가는 과정에서 자신의 모습을 하나씩 점차 발견하게 되며, 결국 심리가 변화한다는 기본 전제를 중심으로 진행했다. 사진을 통한 치유의 경험에서 배운 것을 정리해 사진치료와 치유적사진의 이해를 확장·발전시키고자 한 노력이기도 하다.

이 책의 필자들은 30대부터 50대의 다양한 연령으로, 사진을 전공했거나 취미로 오랫동안 사진활동에 참여한 사람들이다. 현재 사진을 교육하는 예술 강사, 초등학교 교사, 대학교수, 사진가, 그리고 사진심리상담사 또는 심리치료사이며, 한국 사진교육학회의 사진치료치유분과 연구원들이다. 이들 중에는 치유적인 사진작품을 제작해본 사람도 있으며, 임상면과 교육현장에서 사진치료의 개념과 기법을 도입해 심리적인 어려움을 가지고 있는 사람들을 도왔던 사람도 있고, 교육에서 치유적인 개념의 도입이 절실히 필요하다고 느낀 사람도 있다. 연구원들은 사진치료에 관한 최소한의 교육을 받아서 기본적인 이해를 하고 있다. 그리고 사진을 이용한 심리치료와 사진치유 활동에 남다른 관심과 탐구적 열정을 가지고 행동하는 사람들이다. 또한 제각기 다른 현장에서 다양한 경험을 가진 사람들로서 본 연구의 내용을 더욱 풍부하게 해주었다. 10명의 연구원이 모여 시작했지만 최종 연구 집필자는 필자를 포함해 5명이다. 참여 연구원들의 본명은 사생활 보호를 위해 필요에 따라 익명이나 가명으로 처리했다.

사진치료와 치유적사진 연구는 경험적인 연구를 지향한다. 따라서 모든 연구는 주제와 관련된 각 연구원들의 경험과 지식, 그리고 연구과정에서 발생한 치유적인 체험을 기반으로 한다. 진행과정을 거쳐 실제 체험한 내용들을 중심으로 논의를 발전시켰다. 연구과정의 대략적인 전체 구성과 주제 선정 및 연구 진행은 필자가 했지만, 각 제반 과정은 연구원들과 의견을 조율해가면서 수행했다. 연구과정은 크게 두 단계이다. 일차적 단계는 체험과정으로 연구할 주제를 선정한 후에 1년 동안 진행했다. 연구원들은

주중과 주말, 두 팀으로 나누어서 매달 최소 2회 이상 연구모임을 가졌다. 모임의 과정에서 나온 대화는 모두 녹음한 뒤 녹취록을 작성해 문서화했다. 이차적 단계는 통합과정으로 그동안 축적한 연구결과물과 녹취록을 취합해 정리하는 데에 2년이 걸렸다. 집필을 하기로 한 연구원들이 각자 선호하는 주제를 선택해 맡았다. 첫해에는 월 1회 정도의 모임을 지속했고 기존 자료를 살펴보며 연구자의 주체적인 관점에서 사진의 치유적 효과와 그 의미를 논의하면서 연구 내용을 정리했다. 그 후에도 연구를 보완하고 원고를 작성하는 과정에서 연구원들끼리 논고에 대한 피드백을 상호교환했다. 자신의 위치에서 할 수 있는 만큼의 역량으로 각자 원고를 완성해가는 인고의 시간이었다.

이 책은 각 주제마다 공통적인 방식으로 진행했다. 먼저 본 주제에 들어가기 전, 각연구원들의 마음을 스스로 점검하고 각 주제와 관련한 경험들을 탐색하는 시간을 가졌다. 알아차림 명상과 자유연상은 본 작업을 위한 웜업(warm up) 과정이기도 하다. 그다음은 이론적인 이해를 돕기 위해 각 주제에 관련된 '선행연구'를 연구원들이 개별적으로 탐색했다. 그리고 전개 과정으로서 치유적인 '사진의 체험활동' 시간을 모든 주제마다 실행했다. 치유적인 활동은 주제에 따라 촬영기간이나 체험활동의 접근방법이 다르며, 연구 모임 장소인 빛그림 심리상담 센터에서 실시되기도 했지만 자유롭게 개별적으로 외부에서 이뤄지기도 했다. 사진을 찍지 않고 가져와서 작업을 진행하기도 했다. 다양한 방법의 접근은 각 장에서 자세히 살펴볼 수 있다. 치유적사진 작업 이후에는 연구원들이 체험한 내용과 그 의미를 나누는 집단 시간을 심도 있게 가졌다. 이과정에서 사진치료적인 상담개입이 일어나기도 했고 필요에 따라 추가적인 치유적 활동을 포함하기도 했다. 마지막으로 연구원들은 치유적인 체험내용과 의미를 사진과 함께 정리해 연구결과물로 제출하고 서로 공유했다.

각 장마다 독자들이 책을 읽으면서 자율적으로 따라 해볼 수 있도록 주제의 이해를 돕는 충실한 이론적 설명과 실제적 과정을 구체적으로 제시하고 있다. 사진치료와 치유적사진의 접근을 용이하게 하기 위해 누구나 쉽게 다가갈 수 있는 주제를 선정했다. 또한 연구원들의 실제적인 체험과 그 결과에서 도출된 사진의 치유적인 의미를 깊이 있게 이해할 수 있도록 최대한 정리했다.

1장, '사진치료와 치유적사진'은 각각의 의미를 경험으로 알아가면서 조작적 정의를 만들어 보고 그 결과를 살펴본다. 한 해 동안의 치유적사진 경험이 사진치료와 치유적사진의 개념에 어떻게 영향을 줬는지 흥미롭게 짚어볼 수 있을 것이다. 2장, 내가 좋아하는 사진은 '내가 좋아하는 것'을 주제로 사진을 고르고 찍어본 후 선택한 사진들의 패턴을 찾아보면서 '내가 좋아하는 사진'이 주는 정보를 어떻게 읽는지, 치유적 경험이 어떠한 방식으로 표현되는지 그 의미를 논의한다. 3장, '자화상'은 자화상이 주는 치유적 효과와 한계, 그 가능성에 대해 살펴본다. 자화상 사진을 다루는 상담자의 역할, 그리고 내담자의 어려움을 다루는 방법에 대해 논의하고 있다. 자화상의 직면하는 힘을 통해, 진실한 내면을 발견하는 치유의 과정을 이해하게 될 것이다. 4장, 사진일기는 '일상을 기록한 사진일기'와 '주제를 갖는 사진일기' 형식의 치유적 관점으로 사진일기의 의미를 나눈다. 한 개인의 일상을 시각적인 표현으로 남기는 사진일기로 우리가 일상을 어떻게 자각하고 수용하며 성찰해나가는지 경험해볼 수 있을 것이다. 5장, '사진을 이용한 자기상자'는 사진 매체가 자기상자에 이용되었을 때 어떤 치유적 효과와 특성을 보이고 발현되는지 알아본다. 또한 연구자는 자기상자를 초등학교 어린이들에게 적용함으로써 교육현장에서 사진을 이용한 치유적 효과를 제시하고 있다. 6장, '애도사진'은 치유적인 애도과정에 관한 연구이다. 애도와 관련된 사진 촬영과 사진을 보면서 나눈 대화로 어떻게 애도과업이 진행되며 사진의 치유적 기능이 나타나는지를 분석하고 논의한다. 우리의 삶 속에서 피할 수 없는 이별, 상실, 그리고 죽음, 이에 따른 아픔의 회복을 사진치유적인 관점에서 진술하고 감동적으로 만나게 될 것이다. 7장, '사진치료와 치유적사진에 관한 제반 논의'에서는 사진치료의 이해를 돕는 기초적인 이론을 살펴보고 그동안의 연구를 진행하면서 도출한 질문을 12가지 주제로 나누어 설명한다.

이 책은 고통스러운 마음의 회복을 돕고 의식 변화와 성장을 촉진하기 위한 심리치료와 치유적 관점으로 사진을 활용해 만든 경험적 연구결과이다. 출간을 위해 근 3년간의 노력을 경주해온 참여 연구원들의 노고에 깊이 감사하는 마음이다. 최종집필에 참여하지 못한 연구원들을 포함해 모든 연구원들이 나누어 준 개인적인 경험들과 치유적 의미들은 사진치료와 치유적사진을 통해 도움받을 수 있는 미래의 많은 이들을 위한 것이며, 이를 위해 연구원들이 큰 용기를 내었다. 사진치료와 치유적사진에 관심을 가지고 있는 전문 심리상담사, 심리치료사, 그리고 교육자가 사진을 이용한 치유의 기능을 이해하고 실제에 적용하는 데 도움이 되길 바라는 마음이다. 또한 일상에서 사

진을 이용해 자신을 탐색하고 이해하고 수용하며 더 나아가 자신을 알고 스스로를 치유할 수 있는 온전한 인간으로 성장해나가길 바라는 이들에게, 이 책이 마음치유의 작은 길라잡이 역할을 하기를 소망한다.

사진치료에 대한 열정만큼 전문적인 임상과정의 노력이 지속적으로 필요하다는 데에는 이의가 있을 수 없다. 일련의 긴 연구과정에서 드러난 어려움과 한계도 상당히 많았지만 오히려 이를 통해 앞으로 나아갈 길을 안내받은 것 같다. 독자들의 깊은 관심으로 이루어진 조언과 충고를 겸허히 듣고자 한다. 끝으로 출간을 도와 꼼꼼하게 편집과 교정을 봐주신 최은혜 편집자님과 박영스토리 관계자분들, 그리고 이 책의 출간을 기대해주고 사랑으로 격려해주신 모든 연구원들의 가족 친지 및 지인 여러분께 깊은 감사의 마음을 올린다.

대표저자
김문희

차례

1장	사진치료와 치유적사진	002
2장	내가 좋아하는 사진	040
	자화상	080
	사진일기	132
5장	사진을 이용한 자기상자	176
6장	애도사진	230
	사진치료와 치유적사진에 관한 제반 논의	290
	참고문헌	325
	찾아보기	337

1장. 사진치료와 치유적사진

The Definition of PhotoTherapy
& Therapeutic Photography

"사진을 마주한 지금"

사진은
세상의 모습
나와 너, 우리가 있다.

사진은
의미의 언어
우리를 알게 한다.

사진은
마음의 지표
우리가 가야할 곳을 안내한다.

The Definition of PhotoTherapy & Therapeutic Photography

김문희

들어가며

1 마음 살펴보기

사진으로 마음보기

2 사진 · 치료 · 치유 경험 탐색하기

사진, 우리 이야기
치료, 우리 이야기
치유, 우리 이야기

3 사진치료와 치유적사진 정의 만들기

사진치료 과정 전, 나만의 정의 만들기
사진치료 과정 후, 사진으로 마음보기
사진치료 과정 후, 나만의 정의 만들기
논의하기

4 결론

한계점과 제안

마치며

들어가며

> 어느 날, 열린 문틈 사이로 거실 벽에 걸린 큰 가족사진을 누워서 보고 있었다. 햇빛 좋던 가을에 정장 차림으로 한껏 꾸몄던 익숙한 얼굴들이 보였다. 아버지와 젊어 보이는 어머니, 여러 동생들, 제부와 조카, 발밑에 나란히 앉아 있는 개 두 마리와 대나무가 있는 마당, 그리고 웃고 있는 내 모습까지. '안녕!' 다시 만날 수 없는 그날 오후의 햇살과 나무 그림자까지 안녕!

사진이 말을 건넨다. 사진 속에 묻힌 기억들이 떠오른다. 갓 결혼한 동생이 외국으로 떠나기 전에 가족이 다 같이 모였다. 번듯한 가족사진 한 장 없다는 어머니 말씀에 사진기를 꺼내 마당에 세팅했다. 거실에 가족사진을 걸기 위해서 화면구도에 신경 쓰고 노출도 여러 번 재고 개 두 마리까지 등장시키느라 분주했다. 옆집 아주머니 손까지 빌려가면서 셀프타이머로 사진을 찍었다. 거실 한 편에 가족사진이 보기 좋게 걸렸다. 시간이 흐르면서 다른 한 동생도 결혼했고 사진 속의 개들은 어처구니 없게 도난당했다. 아버지는 갑작스레 돌아가셨고 그로부터 몇 년 후 마당이 있던 그 집에서도 이사했다. 그러나 이 사진은 우리 집 거실에 아직까지 커다랗게 걸려있다. 나의 이야기, 우리 가족의 이야기는 이 사진에서 하나씩 풀려 나온다.

미국의 문예 평론가 수잔 손택(Susan Sontag)은 '미술에서 유래한 아름다움과 과학의 유산인 진리', 즉 미와 진리의 개념을 사진에서 볼 수 있다고 말한다. 사진을 본다는 것은 미적인 형상을 포함해 내면의 진실을 보게 한다. 사진은 눈에서 뇌로 가슴으로, 그리고 의식에서 무의식으로 그리고 더 높은 의식을 건드린다. 멀뚱히 보던 눈두덩이, 콧등을 시큰거리게 한다. 그립다. 다시 볼 수 없는 아버지, 돌아갈 수 없는 젊음, 함께 모였던 시간들. 아름답다. 내 뺨을 흐르는 눈물. 침묵의 사진 한 장이 가슴으로 들어오고 있다. 고통과 사랑이, 후회와 희망이, 미안함과 감사가 뒤섞여 밀려온다.

단지 사진을 보는 것뿐인데, 잠자고 있던 느낌을 부드럽게 깨운다. 나의 존재감, 가족의 부재, 벅차오르는 감정, 소중함을 산발적으로 일깨운다. 가슴을 울린다. 지금 내가 뭘 해야 하는지 생각하게 한다. 누운 몸을 일으키게 한다. 이 현상은 도대체 무엇인가? 사진이 주는 신경물리학적 반응인가? 내면의 무의식을 유도한 심상인가? 무의식을 자극한 시지각의 영향인가? 자연스럽게 기억을 드러내어 정화시키는 치유의 힘인가? 아니면 우연인가?

이 의문을 풀기 위해 사진이 나의 주변에서 어떤 모습으로 존재하고 있는지를 생각해 본다. 누구나 손쉽게 찍을 수 있는 휴대폰 카메라, 인터넷으로 매일같이 업로드되는 무수한 영상과 사진들은 나의 의식을 자극하고 감정을 흔든다. 눈과 마음에 쉴 틈을 주지 않으며 바삐 나타났다가 소모품처럼 기억에서 어두워지고 있다. 사진 기술의 변화는 눈부시게 계속되며, 사진을 바라보는 나의 감각과 의식 또한 계속 달라짐을 느낀다. 나는 지금 사진을 어떻게 만나고 있는가? 즉, 사진이 나에게 어떤 가치를 주고 있는가. 사진의 기술과 표현 그리고 의미도 모두 달라지고 있지만, 여전히 내가 사진을 놓을 수 없게 하는 이유가 있다. 그것은 바로 사진의 치유적 힘이다. 사진은 늘 세상을 보여주고 그 세상은 다시 나 자신을 보게 한다. 사진은 내 삶의 투영이고 상징이며 바로 나를 성장하게 돕는 치유적 의미를 품고 있다.

사진치료가 무엇인가? 어떻게 진행하는가? 사진치료를 처음 접하는 사람에게 무엇을 설명해야 하는가. 사진가나 사진교육자들에게 사진과 사진치료가 어떻게 다르다고 설명해야 할까? 심리 상담자들에게 사진의 힘을 어떻게 설명할 수 있을까? 사진치료에 관한 질문들이 머릿속에 계속 쏟아져 들어온다. 오랫동안 사진을 경험한 사람들은 자연스럽게 사진치유의 가능성을 알고 있지만, 실제로 어떻게 심리적 접근을 해야 할지 궁금해한다. 전통적인 심리치료자들 역시 마찬가지로 사진을 어떻게 활용할지 알고 싶어 한다. 동일한 사진을 놓고 각자의 위치에서 사진치료에 대해 물어본다. '사진치료가 무엇인가요?'

본 장은 사진치료와 치유적사진의 이해를 돕기 위해 연구 참여자들(이하 참여자)의 경험을 바탕으로 정의를 만들어 본다. 먼저 '마음 살펴보기'에서 연구를 시작하는 우리들의 모습을 자연스럽게 사진으로 만나 본다. 그 다음은 실제 경험적 연구과정으로, 참여자들의 사진과 치료와 치유 경험을 탐색한 후에 그들의 '사진치료와 치유적사진 정의 만들기'가 진행된다. 정의내리기에서 도출된 의미는 '논의하기'와 '결론'에서 정리한다. 여기서 참여자들이 내린 정의는 계속 성장해가는 '조작적 정의'임을 미리 밝힌다.

　본 장은 사진에서 치유의 가능성을 탐색하고 경험하기 위해 모인 연구자들의 첫 시작의 설렘과 연구 끝 마지막의 모습을 동시에 보여준다. 사진치료와 치유적사진에 대한 이해와 의미가 어떻게 정의까지 발달하는지 볼 수 있을 것이다. 관련 이론적 내용은 7장을 참조하길 바란다. 참여자의 사생활 보호를 위해 일부 가명이 사용되었음을 밝힌다. 참여자들이 활동한 전 과정은 독자들이 그대로 답습할 수 있도록 구성했다. 독자가 참여하는 마음으로 함께 읽어나간다면 어느새 사진치료의 세계에 발을 들이고 있을 것이라 의심치 않는다.

01. 마음 살펴보기

"

지금, 나의 마음은 _____

"

📁 사진으로 마음보기

"지금 마음이 어떠세요?"라는 질문을 받는다면, 뭐라고 대답할까? 이런 질문은 머릿속을 복잡하게 하거나 멍하게 하기 쉽다. 마음을 표현하기 위해 시작한 말도 기껏 몇 마디에서 멈추기 십상이다. 그러나 여기에서 만족할 수 있을까? 아마도 대부분 그렇지 않을 것이다. 그래서 덧붙이며 말이 길어지거나 꼬이기 일쑤이다. 그러다보면 더욱 애매해지기도 한다. 마음이 뭘까? 마음을 표현하는 것이 왜 이렇게 어려울까? 이런 표현의 어려움은 우리의 일상에서 자주 나타난다. 만약에 자신의 마음을 쉽게 표현하도록 도와줄 도구가 있다면 그 선택을 주저할 필요가 있을까?

지금, 어떤 사진이 내 눈을 사로잡나요? 지금 나는 어떤 마음인가요?

ⓒ 김문희

사진으로 마음을 표현하는 방법을 소개한다. 바로 내 눈길을 끄는 사진을 고르는 것이다. 이 방법은 자신을 탁월하게 표현하는 데 도움이 된다. 시선을 끄는 어떤 사진은 우리의 내면 의식과 깊게 연결되어 있기 때문이다. 사진치료의 개척자 주디 와이저 (Judy Weiser, 1999)는 "우리는 자신의 내면에 접근하기 위해 현실을 범주화하고 경험을 부호화하는 내적 언어를 사용한다"고 설명한다. 마음 끌림은 자신의 내면에 있는 고유한 의미와, 즉 내적인 언어와 대상의 말없는 연결을 암시한다. 핀란드의 사진치료사 울라 할콜라(Ulla Halkola)는 "사진은 자신과 관련된 수많은 연결가지를 가진 '기억의 나무'"라고 말한다. 이 끌림은 사진이 주는 색채나 구성과 질감으로 연결될 수도 있고 자신의 경험을 떠오르게 하는 기억의 연상으로 이어질 수도 있다. 어떤 이유에서든 분명한 것은 뭔가가 말로 다 표현할 수 없는 자기만의 느낌, 의식, 더 나아가 영적인 의미들이 나와 연결될 때 눈길을 끌어당긴다는 사실이다. 그것들은 말할 수 없는 뭔가로 나의 마음과 닿아있을 것이다.

사진치료와 치유적사진을 연구하기 위해 지원한 참여자들이 처음 한 곳에 모였다. 기대하는 마음으로 참석했지만 서로를 잘 모르기에 매우 어색한 분위기였다. 본 연구자는 처음 만난 참여자들의 현재 마음을 서로 나누고, 연구활동에 관한 생각을 살펴보기 위해, '울라 할콜라의 스펙트로 사진(Spectro Cards)'[1]에서 눈길을 끄는 사진을 골라보라고 제안했다. 사진을 이용해 이야기를 이어나가면 서먹한 분위기를 편안하게 만들 수 있을 것이라 생각했기 때문이다. 참여자들은 한 장을 고르기도 했고 여러 장을 고르기도 했다. 쉽게 선택한 사람도 있었지만 선뜻 결정하기 어려워 보이는 사람도 있었다. 참여자 모두가 충분히 고를 수 있도록 시간을 주었다. 다음은 우리가 사진을 이용해 표현한 마음과 그 이야기들을 정리한 것이다. 사진의 상징이 어떻게 마음과 결부되어 표현되었는지 그 연관성을 볼 수 있을 것이다.

| 참여자들이 고른 사진들 |

———————— 1   울라 할콜라는 핀란드의 트라우마 심리치료사이며, 치료용으로 제작된 총천연색의 사진 카드를 만들어 사용하면서 널리 보급하고 있다.

류기상은 자신이 고른 사진(하단 좌측)을 '눈 위의 탄 손자국'이라고 불렀다. 그는 자신에게 사진이란 흔적이고 기억은 은유라고 말했다. 현재 자신은 긴장감이 매우 높은 상태지만 이것은 당연한 것이라고 했다. 이 사진에서 보이는 검은 손과 나뭇가지는 연구를 준비하는 마음을 표현하는 매개로 역할하며, 그의 연구태도를 암시하고 있다. 스스로를 '정말 불태워야 하는 것인가, 재만 남는 것인가' 하는 생각은 참여자의 마음에 여러 가지 갈등이 있는 것처럼 들렸다.

> 손이 탄 것 같은 흔적 앞에 갈라진 두 개의 나뭇가지가 있어요. 이것이 마치 양쪽 방향으로 뭔가를 제시하는 또 다른 대안 같아서 이 사진을 골랐어요. 그러나 한 가지 걸리는 것은 원본 사진이 시커멓게 탔거든요. '나 자신을 정말 불태워야 하나? 재만 남는 걸까? 그래서 재라도 남으면 다행이다.'라는 생각이 순간 들었어요. 스스로를 확 태우고 나면 또 새살이 나오겠죠. 그것을 기다려야 할 것 같아요.

권형란은 현재의 막막한 마음을 사진(상단 좌측)에 찍힌 창과 문으로 표하고 있었다. 문이나 창문은 관계성과 소통의 상징성이기도 하다. 이 참여자는 사진에서 보이는 열린 문과 창문을 보면서 어디로 가야할지 방향을 찾지 못하는 마음을 드러냈다. 그는 마치 두 갈래의 가지 않은 길 앞에 서 있는 듯했다. 사진에서 보이는 바닥의 반영은 자신의 내면을 빗대어 두려움의 감정을 솔직하게 표현하고 있다. 말로는 표현하기 어려운 시각적인 비유다.

> 저는 아직 제가 가야 할 방향을 못 찾은 것 같아요. 사진처럼 이렇게 창문이든 문이든 뭔가 방향은 있는 것 같은데, 그중 어떤 길로 가야 할까, 그냥 아직 막연한 것 같고요. 그러면서도 그 문이나 창문 뒤에는 뭐가 있을지 궁금해요. 기대감은 있으나 밑에 보이는 반영들처럼 내가 반영되면 어떻게 하지? 이런 막연한 생각에 약간 걱정도 되고 한편으론 뭐 다행스럽기도 하고, 이제 나를 볼 수 있겠구나 이런 생각도 들어요. 원래 저는 저를 들여다보는 것을 좋아하는데 지금은 사실 좀 두려워요.

서지아는 사물이 뚜렷하게 보이지 않는 흐릿한 사진(상단 중앙) 두 장으로 자신의 생각을 표현했다. 사진에서 주는 느낌은 언어로서 그 정도를 말하기 어렵다. 그러나 흐린 초점의 사진은 참여자의 마음을 적절하게 투사한 것으로 보였다. 이 사진을 보면서 이 참여자의 불분명한 정도의 깊이를 오히려 명확하게 이해하고 공감할 수 있었다.

> 사진치유는 제가 많은 관심을 둔 분야지만 아직은 뚜렷하게 길이 잘 안보여요. 현재는 앞으로 진행될 것들이 보이지 않는 새로운 시작점에 서 있기 때문에, 그것이 어떤 형태로 다가올지 명확하지 않은 상태여서 불분명한 느낌의 사진들을 선택했어요.

초록색 잎사귀 위에 이슬이 맺힌 사진과 빛이 들어오는 창문 사진(하단 중앙) 두 장을 고른 정유정은 다음과 같이 말했다.

> 이 사진들이 제 눈에 띈 정확한 이유를 모르겠지만 자꾸 시선이 가요. 전체적으로 초록색 자체가 편안함을 줘요. 그리고 물방울은 아침 이슬이니까 새로운 시작의 의미라 느껴지네요. 다른 한 장은 빛이 들어오는 창문 사진이에요. 안에서 밖으로 향하는 창문의 구도가 제 상황을 나타내요. 여기서 잎은 저예요. 빛은 치료 공부라고 생각해서 이 사진을 선택한 것 같아요.

초록색과 아침 이슬은 감각적이다. 초록색과 빛이 주는 안정을 심리치료와 연결시킨 것은 무의식적인 끌림의 표현이지만 모두에게 적절히 공감된다. 빛이 들어오는 창문 앞의 나뭇잎을 왜 자신으로 생각하는지 물어보니, 빛은 치료이고 잎은 생명을 말한다고 했다. 자유롭지 않은 현재의 상황을 움직일 수 없는 잎으로 비유하지만, 빛을 통해 극복하고 싶은 의지를 보였다. 이 참여자의 긴장도는 처음에 7 정도로 높았으나 사진을 보고 대화하면서 긴장도가 2, 3 정도로 낮아졌다.

거미줄 사진(하단 우측)을 고른 한승휘는 사진을 보는 우리가 모두 똑같은 생각을 하지는 않는다고 표현했다. 이 참여자의 경우, 과거 '폭풍우로 쓰러진 나무에 걸쳐진 거미줄'에서 깨달은 의미를 지금 사진에 투사해 말하고 있다. 이것은 개인적인 해석이다. 그러나 이런 표현은 사진의 시각 요소가 주는 기억 자극 때문에 가능하다. 한 줄 한 줄 엮어간다는 말에서 참여자의 정성스러움과 의지가 느껴진다.

제가 지금 한 줄 한 줄 엮어가고 있는 과정에 있다는 생각이 들어요. 이 거미줄이 무척 견고하고 예뻐 보였어요. 예전에 비바람이 치고 폭풍우가 왔을 때, 단단하고 큰 나무가 꺾이는 것을 본 적이 있어요. 나무는 쓰러졌는데 거미줄은 그대로 있더라고요. 보기엔 얇고 가늘고 연약해 보이지만 잘 구부러지고 휘어지는 것들이 훨씬 더 유연하고 강하다는 사실을 거미줄에서 봤어요. 제 연구 활동이나 일상생활도 거미줄 같으면 좋겠어요.

서승연은 '끈이 엉키고 매듭져 있는' 사진(상단 우측)을 골랐다. 이번 연구모임에 오기 전, 치료와 치유의 의미를 검색하다가 혼란을 느꼈기 때문이라고 한다. 이 참여자가 매듭에 마음을 투사하면서 그 매듭을 풀 수 있는 방법까지 떠올려 말하는 과정이 흥미로웠다. 연구를 시작하면서 자신에게 명쾌하지 않은 개념이 무엇인지를 알아차리는 것은 좋은 출발점이라고 생각한다. 의문을 가지고 수행하는 것이 연구이니까.

끈에는 매듭법이 여러 가지가 있잖아요. 물론 복잡하고 난해하고 어렵기도 하지만 하나만 당기면 풀리는 것도 있고요. 만약 제가 실마리를 하나라도 찾는다면, 앞으로 나아가는 데 있어 어떤 길이 생기면서 풀리지 않을까요?

연구를 시작하려고 모인 사람들은 기대 만큼이나 모호함과 어려움도 느낀다는 사실을 발견했다. 진행하는 나 역시도 연구가 어디로 흘러갈지 모르기는 마찬가지였지만 이야기를 나누면서 서로의 마음을 실제적으로 이해하고 공감할 수 있었다. 공감은 관계의 친밀감을 강화하고 긴장감을 한결 완화시켰다. 결과적으로 사진으로 마음 살펴보기 과정은 서로 간의 상호교류와 결속에 큰 도움이 되었다.

사진 치료사 주디 와이저는 '천 마디 말보다는 한 장의 사진'이라는 말을 자주 사용한다. 한 장의 사진에 담긴 힘이 천 마디 말보다 더 크다는 것은 아무리 강조해도 부족하지 않기 때문일 것이다. 미국의 사회학자이자 사진가인 루이스 하인(Lewis Hine)은 '말로 이야기할 수 있을 정도라면 굳이 무거운 사진기를 가지고 다닐 필요가 없다'라고 말한다. 우리의 복잡하고 미묘한 마음을 더욱 잘 표현하고 싶다면, 의식을 벗어난 무의식까지 깊게 듣고 싶다면, '마음이 끌리는 사진'을 골라보자.

2. 사진·치료·치유 경험 탐색하기

우리에게 사진은 어떤 만남이었을까? 치료와 치유의 의미는 무엇이었는가? 사진치료와 치유적사진의 이해를 돕기 위해 우선 참여자들의 경험으로 사진·치료·치유의 의미를 살펴본다.

📁 사진, 우리 이야기

"나에게 사진이란 무엇인가?" 직접적으로 묻고 답하기보다 '사진'과 연상되는 단어들을 종이 위에 자유롭게 적어 본다. 이렇게 도출된 단어들은 각각 나름의 의미가 있다. 독자들도 아래의 순서를 따라해 보기를 권한다. 지금까지 나에게 사진은 어떤 존재이며 어떤 만남이었는지 적어보자.

사진

1. 잠시 눈을 감고 3번 심호흡합니다.

2. 종이에 '**사진**'이라고 쓰고 떠오르는 대로 자유롭게 적어 봅니다.
   의미가 비슷한 단어들을 묶어 분류해 봅니다.

3. 가장 중요하다고 생각하는 단어를 다른 색으로 표시합니다.

4. 단어들을 살펴보면서 나만의 특징과 고유성이 있는지 생각해 봅니다.

5. 단어를 통해 '나의 사진 이야기'를 정리해 보고 다른 사람과 나누어 봅니다.

사진이라는 단어를 자유 연상으로 풀어보는 시도는 참여자들에게서 다양한 반응을 일으켰다. 이들의 말을 옮겨보면, '어려웠어요', '내가 이렇게 생각하는구나', '정리가 되는 것 같아요', '내가 이렇게 생각이 없었네요. 처음엔 아무 생각도 안 나더라고요. 그런데 자꾸 시도하니 조금씩 떠오르는 것 같아요' 등이었다. 처음에는 기억이 가물가물하고 생각해내기 어려워도, 주의를 기울이면 우리의 의식은 한 가지의 구심점을 향해 다시 모인다. 이렇게 드러난 의미 있는 단어들을 그 자체로 재음미하는 과정을 거치게 된다.

사진에서 연상된 단어들의 내용을 살펴보면 크게 개인사적인 사진의 동기와 과정, 사진을 보는 주요 관점들, 그리고 사진 경험으로 나누어볼 수 있었다. 사진을 시작하게 된 배경은 그 사람이 사진활동을 하게 된 동기를 이해하게 한다. 그리고 사진이 현재 자신에게 어떤 영향력을 발휘하고 있는지 알게 된다. 예시로, 한 참여자는 '부모님이 주신 사진기, 중학교 사진클럽'이라는 연상 단어들을 언급했다. 그는 사진을 일찍 경험할 수 있었던 환경이었으므로 타인을 위한 활동으로 환원해야 한다는 책임감을 느끼고 있었다. 이 참여자에게 사진의 정체성은 사회적 역할과 책임으로 작용했음을 볼 수 있었다.

사진에서 연상되는 단어들은 사진을 보는 관점을 살피게 한다. 우리는 사진을 배우고 익히는 학습과 보고 지각하고 사고하는 과정을 거치면서 개인적 관점을 형성하게 된다. 예를 들어, 좋아하는 인물 사진을 열심히 찍다 보면 관련 기술과 심미안을 갖게 되고 따라서 관련 고급 정보도 획득한다. 인물 사진에 연관된 사진가나 그들의 예술적인 표현에 대해 철학적인 관점을 가지고 문화 사조까지도 영역을 넓혀 공부할 수 있다. 이렇듯, 사진에 대한 관점과 정체성은 자신만의 경험과 학습에서 발달한다. 그러므로 사진이라는 연상 단어를 통해 사진에 관한 지식, 기술, 예술 활동, 사고, 경험에 의해 형성된 신념과 가치관이 어떻게 나타나는지 살펴볼 수 있다. 어떤 참여자의 연상 단어에는 사진 작업의 과정이 보였다. 또한 사진 동아리에서 경험한 '암실'을 중심으로 '약품, 인화지, 흑백 필름, 조명, 물소리'로 묶어지는 단어들은 흑백사진을 만들어본 사람이라면 공감할만한 향수를 떠올리게 했다.

사진에 관한 단어들은 자신만의 고유한 발달과 현재 상태를 짐작하게 한다. 이는 일반적이지 않을 수도 있고 어떤 것으로 편중되기도 한다. 사회 문화나 혹은 자신의 창작 작품과 내면에 치중되기도 하고, 사회나 외부 세계가 중심일 수도 있다. 현실을 추구하든 이상을 추구하든 각 개인에게 더욱 부각된 부분이 있기도 하다. 이것들은 사진의 보편적이고 일반적인 의미와 내용들이 결합한 산물로 보이기도 하지만 개인의 성향과 환경 즉, 한 사람의 개별적인 인생과 더욱 밀접하게 관련된다. 또 다른 참여자는 제일 먼저 '작가'라고 작성했다. 이어 '작품 활동, 전시경력, 공모전, 지원, 경쟁, 합격, 불합격, 자화상' 등을 기술하면서 현재 작품 활동에 대한 스트레스를 스스로 깨닫고 있었다. 단지 단어의 나열임에도 "저의 정체성이 드러나는 것 같아요. 창작자로서 창작과정을 되게 좋아하는 마음을 확인할 수 있었어요."라고 확신을 갖는 듯 보였다.

참여자들의 사진에 관한 연상 단어에는 많은 숨은 이야기가 있었다. 사진에 관심을 두어본 사람이라면, 더욱이 오랜 기간 사진활동을 한 사람이라면, 개인적이면서도 고유한 자신만의 사진 역사를 드러낼 수밖에 없을 것이다. 아마도 그것은 누구와 나눌 수 없는 특별한 만남이며 그 속에 사진의 의미가 함께하고 있을 것이다. 사진의 정체성은 자신의 관심과 초점을 기반으로 경험을 통해 발달한다. 사진하면 떠오르는 단어 하나하나가 개인의 역사이고 의미임을 확인할 수 있을 것이다.

📁 치료, 우리 이야기

내가 아팠을 때 무엇이 나를 도와주었을까? 누군가가 아플 때 나는 무엇을 할 수 있는가? 사람들은 아픔을 어떻게 극복하는가? 결국 죽음에 이르는 삶에 대해 우리는 어떻게 생각하는가? 고통을 피할 수 없다는 현실에 치료는 필요조건이다.

어릴 때 나는 자주 아파서 아픔에 익숙했다. 가족여행에 누구보다 먼저 물갈이를 했고 평소에도 코피를 자주 흘려서 손수건 없이는 외출을 생각할 수 없었다. 상비약인 두통약이 늘 가방에 있었고 심한 복통 때문에 오토바이를 타고 급히 병원을 갔던 기억은 끔찍했다. 맹장 수술을 하고나서 당분간 뛰지 말라는 의사의 지시는 나를 더욱 몸을 사리는 아이로 만들었다. 몸의 나약함은 마음마저 움츠리게 해서 건강한 사람들은 나를 이해하지 못할 것이라는 생각도 했다. 모든 일에는 다 그만한 이유가 있다고 하듯, 스스로 잦은 통증을 벗어나 몸을 치유하고 싶은 욕구로 인해 나는 의학 서적을 들추어보면서 침술과 마음 공부를 시작했다. '아픈 나는 누구인가'를 고민하며 명상을 했고, 이제 나의 돌봄은 아픔을 피하기보다 몸과 대화를 나누고 품는 단계로 진화했다. 생물학적인 몸만이 아닌 마음으로 나를 보고, 몸과 마음을 하나로 본다.

병과 치료에 대한 나의 경험은 심리치료 장면과 여러 가지로 의미 있게 연결된다. 신체 질환이 주는 통증과 삶의 불편감은 심리적인 요인과 밀접하게 연결되기 때문이다. 아픔을 다루는 내담자들의 태도를 보면 그들 내면의 동기, 자아 강도, 자기 조절 능력, 의지 등을 연관시켜 이해하게 된다. 심리적으로 주관적인 통증이 얼마나 큰지는 알 수 없지만 마음의 아픔은 몸의 통증과 다를 바 없다. 아픔은 회복하지 못하면 결국 긴 고통의 어둠으로 이어진다. 심리치료를 받기 시작하는 사람들이 자주 묻는 질문들이 몇 가지 있다. "어느 정도 진행하면 돼요? 치료효과가 있나요?" 아픔을 겪는 사람에게 고통의 시간은 길고 고달프기 때문에 빠르게 지나가기를 바라는 마음이다. 오랜 병에 불신도 깊어서 '왜 힘들고 아픈지' 원인을 묻는 질문도 자주 한다. 이 질문 속에는 이들의 잠재적인 치유 의지를 볼 수 있다. 마음이 아픈 원인을 알면 당장 치유될 것처럼 생각하는 조바심을 보인다. 그러나 치료 기간과 고통의 원인을 아는 것이 바로 지금의 아픈 상태를 돌보는 것보다 앞설 수는 없다. 마치 피고름이 흘러 거동도 힘들만큼 아프면서도 상처를 들여다보지 않고, 왜 아픈지 그 원인을 찾아 돌아다니는 것과 같기 때문이다.

치료와 관련된 어떤 경험이나 축적된 지식은 치료사와 치료를 받는 사람의 입장을 이해하는 데 도움이 된다. 치료 받은 경험과 환자 또는 내담자로서의 경험들은 실제의 심리치료에 대한 이해와 적용에 큰 도움이 될 수 있기 때문이다. 이런 맥락에서 '치료'에 관해 어떤 경험과 관점을 가지고 있는지 자유연상으로 살펴본다.

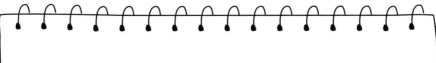

치료

1. 잠시 눈을 감고 깊게 3번 심호흡합니다.

2. 종이에 '치료'라는 단어를 쓰고 떠오르는 대로 적어 봅니다.

3. 나만의 특징이 있는지, 어떻게 분류해 묶을 수 있는지 살펴봅니다.

4. 서로 이야기를 나누고, 어떠한 공통점과 차이점이 있는지 살펴봅니다.

치료와 연관된 단어들은 병과 관련한 이야기로 자연스럽게 연결되었다. 앞서 살펴본 사진의 연상단어에 비해 훨씬 어둡고 무거우며 가슴 아픈 이야기들이 많았다. 내용은 크게, 병의 직접·간접경험과 치료과정의 경험 그리고 치료에 대한 이해와 관점들로 분류할 수 있었다.

먼저 병의 경험 또는 병을 목격한 경험들은 고통과 통증, 삶과 죽음, 유한한 인간의 생명과 존재감에 대해 생각하게 한다. 참기 어려운 힘든 경험을 하면 할수록 자유와 의지, 회복에 대해 더 깊은 공감을 하게 된다. 참여자 중 한 사람은 치료에서 떠오르는 단어들로 '마음가짐, 정신력, 상처, 의사, 철학, 아픔, 병원, 약' 등을 적었고, 특히 '해방'이라는 단어가 가장 먼저 떠오른다고 말했다. 이 참여자는 19년간 가족들과 함께 할머니를 간병하면서 겪은 이야기를 해주었다. 시골에 거주하는 할머니의 검진 결과가 좋지 않아서 가족이 모시고 살기 시작했지만 형제들 간의 의견 대립, 눈앞에서 지켜보는 할머니의 고통과 수술 과정, 그리고 오랜 간병생활을 버티기가 힘들었다고 한다. 결국은 할머니가 알츠하이머라는 진단을 받자 요양병원으로 모시게 되었고, 그 후에서야 가족 모두 심신의 편안함을 느꼈다고 한다. 이 참여자의 해방의 의미가 무엇인지 우리는 깊게 공감할 수 있었다.

치료 과정의 경험에는 치료에 대한 부정적 결과와 긍정적 효과가 섞여 있었다. 참여자들은 다양한 치료경험을 통해 치료의 의미와 효과, 몸과 마음의 관계, 의사와 환자와의 관계를 더 깊이 생각했다. 35세에 큰 수술을 받았던 한 참여자는 치료 하면 수술이 떠오르고, 건강에 대한 염려가 생긴다고 했다. 그가 많이 아팠던 시절의 제일 큰 소원은 건강해지는 것이었다. "어떤 사람이 저한테 건강해진 후에 뭐 할 거냐고 물었을 때, 할 말이 없더라고요. 그렇다면 나는 건강이 목적인가? 아니면 건강한 다음이 목적인가? 하는 고민을 잠깐 했어요." 자유연상에는 '사진, 미술, 독서, 색깔, 음식, 예술, 음악, 연극, 심리, 완치'등 회복을 긍정적으로 돕는 치유적 활동 단어들이 많이 이루어진 것이 인상적이었다.

치료에 대한 관점은 고통과 병, 병을 치료할 수 있는 자격과 한국의 의료상황, 대체의학에 이르기까지 길게 이어졌다. 이 점에서 어떤 참여자는 치료가 사전적인 의미로 아무나 함부로 할 수 없는 권한이며, 따라서 전문가가 수행해야 한다고 생각했다. 더불어 자신이 치유적사진 연구에 관심을 갖게 된 에피소드를 이야기해 주었다. '악몽 찍기' 수업을 한 후에 감정을 어떻게 다루어야 하는지, 친구들에게 배척당하는 아이를 어떻게 대해야 하는지 고민했던 경험이었다. 한편 다른 참여자는 치료란 당연하게 심리치료에 해당하는 주제로 생각했다고 한다. 자신의 심리치료 경험을 토대로 긍정적인 효과를 많이 생각하고 수용한 결과로 보였다. 참여자들이 보여준 치료에 대한 다양한 관점은 모두 다르지만, 무엇보다도 어떤 경험을 지금 어떻게 해석하고 있는지를 살펴볼 수 있게 한다.

🗀 치유, 우리 이야기

"힘들고 지칠 때 자신을 위해 어떤 걸 하나요? 기분을 좋게 만드는 자신만의 방법이 있나요?" 이 질문들은 본 연구자가 미국에서 미술치료사 인턴 시기, 그룹 슈퍼비전 시간에 들었던 슈퍼바이저의 질문이었다. '나 자신을 위해 무엇을 할 줄 알며 어떻게 하고 있느냐'는 질문이다. 나를 돌보지 않으면서, 타인을 돌본다는 것은 심리치료에서는 어불성설이다. 자신을 위하는 자만이 타인도 위할 수 있다. 심리치료사로서 자신을 돌보는 모습을 내담자에게 보일 수 있어야 한다. 이로써 내담자들은 심리치료사를 본따서 스스로를 위하게 된다고 한다. 나는 나름대로 좋아하는 치유활동을 적어 보았다. 피아노 치기, 어슬렁어슬렁 산책하기, 자연을 멍하게 보기, 사진 찍기, 늘어지게 잠자기, 전화로 수다 떨기, 만다라 그리기, 명상 등이 있었다. 새삼 풍성함을 느끼면서 기분도 좋아졌다. 그러나 적어가면서 현재 내가 그것들을 얼마나 즐기고 있는지에 생각이 닿았다. 나를 위해 당장 무언가 행동해야겠다는 깨우침이었다. 자신만의 생생한 치유 경험이 크면 클수록, 타인에게 치유의 경험을 나눌 수 있는 가능성도 또한 높아질 것이다.

다음은 참여자들과 함께 한 활동이다.

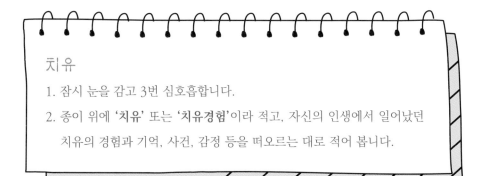

치유

1. 잠시 눈을 감고 3번 심호흡합니다.

2. 종이 위에 **'치유'** 또는 **'치유경험'**이라 적고, 자신의 인생에서 일어났던 치유의 경험과 기억, 사건, 감정 등을 떠오르는 대로 적어 봅니다.

시간에 제한을 두지 않으며 쓰고 난 후에 어떤 내용들로 구성되어 있는지 다시 살펴봅니다. 특히 어떤 활동이나 내용의 기억이 생생한지 생각합니다.

3. 나에게 가장 치유 효과가 높았던 관련 단어를 강조 표시하고 다른 사람에게 그와 관련된 이야기를 말해봅니다.

4. 다른 사람들의 치유 경험을 들어 보면서 자신도 가능한 활동인지 점검해 봅니다.

치유는 치료와 의미적으로 비슷하지만 좀 더 자발적인 회복 과정이 강조된다. 참여자들과 앞서 나눈 치료의 연상단어에는 의학적 전문성이 강조된 반면, 치유에서는 상당히 일상적이면서 일반적인 심신 회복에 대한 내용들이 많았다. 치유에 대한 경험을 살펴보면, 앞으로 전개될 다음 장의 치유적사진 활동과 접근방식에 대한 이해가 용이하다. '치유'에 대한 참여자들의 연상 단어 내용은 '치료'의 연상 단어보다 훨씬 더 밝고 듣기에 즐겁고 생생한 에피소드였다. 그 내용들은 치유에 도움이 되는 대상이나 활동, 직접적인 치유 경험과 효과, 그리고 치유에 대한 관점 등으로 나누어 볼 수 있다.

먼저 치유에 도움이 되는 연상 단어들은 주로 몸과 마음에 좋다고 생각하는 것들이었다. 개인적으로 자신의 심리 안정에 도움이 되는 활동이기도 하다. 한 참여자는 최근 가족 캠핑 중 자녀의 비눗방울 놀이가 예뻐서 사진으로 담았다고 했다. "굉장히 즐거웠어요. 저한테는 사진 촬영이 그 자체로 즐거움이에요." 그는 즐길 수 있는 활동과 대상들인 '야외, 바람, 나무, 딸, 비눗방울, 친구, 수다, 차, 커피, 사진작업, 잠, 일' 등의 치유 관련 단어들을 적었다. 일련의 치유 활동을 통해 힘든 스트레스를 해소하는 것은 내적 자원이자 대처 능력이다.

직접적인 치유 경험은 주로 불편한 대인관계가 호전되었거나 불편한 감정이 완화되었을 때, 그리고 스트레스가 해소되었을 때로 나타난다. '카타르시스, 위로, 용서, 휴식, 쉼, 나눔' 등은 치유 효과로 보이는 단어들이다. 대인관계에서의 연결감이나 접촉,

집단 모임, 대화의 시간 등이 많을수록 치유의 효과는 높아진다. 어떤 참여자는 자신의 치유경험에서 '상담과 독서, 용서'가 요점이라고 말했다. 그는 몸이 아픈 것은 마음에서 비롯되었다고 생각하면서 경험한 심리 상담을 통해 '내가 이런 사람이구나! 이런 점이 내 문제였구나'라고 통찰했다. 『잃어버린 자전거』라는 책을 읽으면서 더는 이상 상담에 의존하지 않고 스스로 위로할 수 있게 되어 좋았다고 했다. 가족관계에서 자신의 잘못에 대한 진심 어린 사과로 관계 회복이 된 것도 굉장히 좋은 치유 경험이라 기억하고 있었다.

치유에 대한 연상단어는 치유의 자발성, 해결성, 회복성의 관점으로 설명되기도 했다. 가족 친지와의 연속적인 사별이 심리치료 공부를 하게 된 계기라고 말하는 또 다른 참여자는 가족 친지들을 떠나보내고 남아있는 사람들에 대한 마음의 응어리, 불편함, 그리고 힘든 상처를 해결하는 것이 치유라고 말했다. 한편으로 자신을 위한 것이나 좋아하는 물건들을 소유하고 바라봄으로써도 치유받는다고 했다.

어떤 치유 경험이나 활동이 더 효과적이라고 말할 수는 없다. 그러나 이런 경험이 많을수록 사진치료에 효과적으로 적용할 수 있지 않을까. 앞서 언급했듯이 치유에 관해서는 치료보다 긍정적이며 회복에 관한 이야기가 지속적으로 많이 나타남을 볼 수 있었다. 참여자들의 경험과 연상단어가 모든 치유의 의미를 대변할 수는 없다. 그러나 이들이 보여준 단어들은 다양한 치유 활동의 경험이 우리의 삶을 더욱 긍정적으로 만들어줌을 깨닫게 한다. 지금 나를 위해 무엇을 즐겁게 할 수 있는가? 그것은 바로 나 자신을 돌보고 사랑하는 행위일 것이다.

'사진', '치료', '치유'를 주제 단어로 한 일련의 작업에 대해, 참여자들은 "생각을 정리하는 시간을 가져서 좋았어요", "개인적으로 도움이 되었고 자신의 감정을 들여다볼 수 있었던 것 같아요", "역시 글쓰기가 도움이 됨을 다시 확인했습니다", "저는 막연했던 것이 구체화되어 좋았어요", "생각이 좀 정리가 된 것 같아요"라고 반응했다.

대부분 삶의 무엇인가를 정리하는 듯한 긍정적 반응을 보였고 한결 편안하게 조성된 분위기가 연구자에게도 느껴졌다. 자신의 경험을 자유롭게 풀어보는 것은 자신의 상태와 경계를 들여다보는 것과 같다. 더욱이 집단으로 서로의 경험과 관점을 듣는 것은 마치 내가 가보지 못한 세상을 가보는 듯한 간접 경험을 주면서 자신의 정체성의 경계를 더욱 확연히 보게 하는 것 같았다.

3. 사진치료와 치유적사진 정의 만들기

정의는 과거와 현재를 포함한 그 시대의 문화 맥락에서 의미 내용을 명확하게 설명하는 것이다. 이것은 마치 몸과 마음이 깨어있는 각성상태와 같으며 흔들리지 않고 빛나는 거울이며 정제된 단순한 의식이다. 사진치료와 치유적사진의 정의를 만들어가기 위해 앞서 사진, 치료, 치유에 대한 참여자들의 반응을 자유연상으로 살펴보았다. 이제 사진치료에 대한 정의를 만들어 보자.

📁 사진치료 과정 전, 나만의 정의 만들기

실존주의 심리학자 토마스 호라(Thomas Hora)는 심리치료에 많은 학파가 존재하는 이유가 인간에 대한 다양한 정의가 있기 때문이라고 말한다. 수많은 심리치료사들이 자신만의 적합한 심리치료 방법들을 찾아가는 것은 인간적으로 자연스럽고 당연할 수 있다. 사진치료사 울라 할콜라는 많은 방법으로 사진치료를 정의 내릴 수 있으며 전문적 심리치료와 상담에 가장 적합하게 그 나라나 문화에서 정의를 내리는 것이 중요하다고 말한다. 각자의 배움과 경험에 따라 정의의 내용과 범주 또한 달라질 수 있다. 정의는 일반적인 정의, 전문적인 정의, 그리고 기술적인 정의로 나눠진다. 일반적인 정의는 어떤 말이나 사물의 뜻을 명백히 밝혀 규정하는 것이다. 심리치료에 관한 정의는 전문적이며 기술적인 정의가 될 수 있다.

지금까지 살펴본 사진, 치료, 그리고 치유의 의미를 바탕으로 사진치료와 치유적사진에 대한 정의 내리기를 시도한다. 사진치료와 치유적사진에 대해 알아가는 배움의 과정에서, '나만의 정의'를 만들어 보는 것이다. 물론 심리치료와 관련된 정의를 만들기 위해서는 전문적 이해와 실제적이고 구체적인 오랜 임상 경험이 많을수록 도움이 될 것이다. 본격적인 사진치료와 치유적 경험을 하지 않은 상태에서 '정의 만들기'에 부담이나 부족함을 느끼는 것은 당연하다. 그러나 지금까지의 삶의 경험과 지식에서 추론할 수 있는 만큼, 자신만의 목소리를 내어 그 의미를 살펴보고자 한다.

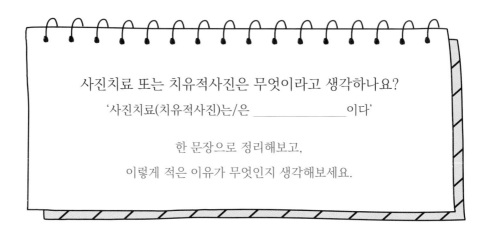

사진치료 또는 치유적사진은 무엇이라고 생각하나요?
'사진치료(치유적사진)는/은 _____이다'

한 문장으로 정리해보고,
이렇게 적은 이유가 무엇인지 생각해보세요.

참여자들이 내린 정의는 아래와 같다. 바로 지금을 시작점으로 한다. 나는 현재 어디에 있으며, 무엇을 중심에 두고 있는가를 생각했다. 그러므로 참여자들의 '나만의 정의'를 판단하지 말고 있는 그대로 보길 권한다. 구상할 수 있는 만큼의 '나만의 정의'는 지금-여기(here & now)의 나를 보게 하며 배움과 성장을 돕는 과정으로 이해해야 한다.

참여자들의 사진치료와 치유적사진에 대한 정의

• 사진치료는 사진을 도구로 사용해서 치유적인 소통을 목적으로 하는 일련의 행위를 의미한다.
• 사진치료는 증상과 대상이, 치료자와 환자의 상호 작용이, 그리고 낫게 하려는 목적이 분명한 작업이다. 치유적사진은 나아지려는 목적은 있으나 상호작용 없이 스스로(자기 주도적) 이루어질 수 있고, 증상도 뚜렷하지 않을 수 있다. 단, 치료와 치유는 동시에 이루어지는 경우가 많으며, 사진의 경우 교육과 연계할 수도 있다.

- 사진치료는 관계 형성 속에서 전문가의 주도하에 이루어진다. 치유적사진은 스스로 어떤 행동(사진을 찍는다는 행위)을 통해 불편하고 불안한 마음을 다스리고 안정감을 되찾는 도구이다. 또한 일상 속 아름다움, 편안함, 설렘, 멋지고 행복한 순간들을 담아 삶의 에너지로 삼는 방식이다.
- 사진치료는 고통을 치료하고자 사진을 이용해 극복해가는 프로세스이다.
- 치유적사진은 심리적, 신체적 고통을 경감하고 내면의 평안과 자유로움을 느낄 수 있도록 촬영하거나 고르는 등 다양한 방식으로 활용된 사진이다.
- 사진치료와 치유적사진은 사진 교육을 통해 만나는 대상자들의 감정을 조금이나마 이해하고 공유, 소통하면서 사진으로 대화하는 과정이다.

📁 사진치료 과정 후, 사진으로 마음보기

참여자들은 사진치료와 치유적사진에 대한 정의를 내린 후, 근 1년에 걸쳐 일련의 사진치료와 치유적사진을 경험했다. 그 경험은 다음 장부터 소개될 내용들로 2장 '좋아하는 사진', 3장 '자화상 사진', 4장 '사진일기', 5장 '사진을 이용한 자기상자', 6장 '애도사진'에서 만날 수 있다. 참여자들은 각각의 주제를 가지고 사진을 찍었고 함께 보면서 대화를 나누었다. 이 과정에서 그동안 몰랐던 자신의 모습을 발견하고 피하고 싶은 자신도 직면했다. 사진치료와 치유과정을 통해 자연스러운 통찰을 일으키고 삶의 변화를 나타냈다.

일련의 치유경험을 마치고 다시 모인 참여자들의 마음은 어떠한지 살펴보기 위해서 잠시 명상하는 시간을 가졌다. 그동안 진행했던 과정을 떠올리고 의미 있는 내용들을 적어보았다. 그리고 처음 연구를 시작할 때처럼 자유롭게 마음이 끌리는 사진을 골라 이야기를 나누었다. 이후 1년 전 마음 살펴보기로 선택한 사진과 그때 적어두었던 참여자들의 글을 나누어주었다. 기억은 새로운 경험의 축적으로 혼합되어 희미해지지만, 사진은 과거와 현재를 비교하게 하는 증거로서의 매개 역할을 한다. 모두들 예전에 자신이 골랐던 사진과 글에 놀라는 반응을 보였다. "지금 다시 보니 어떤가요?"라는 질문에, 한 참여자가 "그때 두 장을 골랐던 분들이 지금도 두 장을 골랐다"라고 했다. 그 순간 모두들 놀라면서 "소름 돋는다", "변하지 않는 패턴이다", "난 한 장인데, 대박!"이라고 반응했다.

"과거와 지금은 어떤 차이가 느껴지는지 간단히 말해보시겠어요?"라는 질문으로 우리는 이전에 골랐던 사진과 지금 고른 사진을 다시 비교하면서 자신의 변화가 무엇인지 살펴보았다.

| 참여자들이 고른 사진 |

류기상은 사진을 몇 묶음 보았어도 마음에 드는 것이 없다고 고심하더니 인물사진(하단 중앙) 한 장을 골랐다. 사진 속 여러 개의 몸통과 표정들이 현재 자신의 마음 상태라고 했다. 지금까지 사진치료 경험 속 자신의 성찰, 학습자, 그리고 소통에 대한 많은 생각들을 모두 마음에 담을 수 있을지에 대한 의문이다. 그는 과거에 골랐던 손바닥 사진을 다시 보면서 자신의 변화에 대해 이렇게 말했다. "처음에는 많이 긴장했었어요. 잘해야 한다고 생각했죠. 사실 연구는 너무 많은 시간을 뺏었어요. 작년에는 연구에 대한 생각이 많았던 것 같은데, 지금은 그냥 내 생각만 하고 있어요."라고 말했

다. 지나치게 높은 긴장과 잘해야 한다는 부담을 내려놓고 이제 자신을 위해 연구로부터 심리적인 거리를 두는 변화된 모습이 보였다. 그는 사진이 가지고 있는 내적이면서 외적인 이미지, 그 의미와 방향, 기억들의 파편들, 치유의 힘을 보았다고 한다. 그리고 이 매체를 통해 다른 누구와도 소통할 수 있겠다는 마음이 들었다고 덧붙였다. 아직은 다른 이에게 전달하기에 공부가 부족하다고 생각하지만, 사진치료 기법으로 아이들과 더 따뜻한 마음을 나누기를 소망한다고 했다.

권형란은 현재 마음의 표현으로 외부 풍경이 반사되는 사진(하단 우측)을 골랐다. 사진치료는 내면이 반사 투영되어 드러나기 때문이라고 했다. 이전에 고른 사진은 창문과 문이 있는 사진이었다. 어디로 갈지 방향은 있으나 고민하는 모습과 반영에 대한 두려움이 있었다. 이 사진을 다시 보면서 "저는 그때 이것을 고르면서 이 뒤에 뭔가 있을 것이고, 그 방향으로 갈 것이고, 도달할 방 안에서 내가 안전하지 않을까봐 걱정했는데 안전하게 잘 온 것 같아요."라고 말했다. 과거의 두려움은 사라지고 이제는 잘 왔다는 확신을 나타냈다. 그에게 사진치료 과정은 삶의 큰 의미였다. 사진을 이용한 자기상자 작업으로 자신의 보물에 대해 많이 생각하고 감사하게 되었다. 그리고 아픈 기억과 나빴던 습관조차도 지금의 자신을 있게 한 보물이라고 느꼈다. 또한 자화상 사진과정에서 몰랐던 스스로의 모습을 발견하면서 "이건 뭐지?" 라고 생각했지만 지금은 "이런 과정을 거쳐서 여기까지 잘 왔다. 앞으로도 잘 갈 것이다."라는 긍정적인 생각이든다고 덧붙였다.

서지아는 의자 사진과 호수 사진 두 장을(상단 좌측과 중앙) 골랐다. 이 참여자는 "아주 길고 편안하게 쉴 것은 아니지만, 그래도 잠깐 쉬고 나온 듯한, 햇살을 받은", 그런 마음이라고 했다. 연구모임 초기에 고른 사진은 초점이 흐린 사진이었다. '어떤 형태로 다가올지 명확하지 않은 상태여서 불분명한 사진'이었으나 "이제는 많이 정돈되었네요. 사진치유 활동을 적용해서 제 마음에 긍정적인 변화가 많이 일어났던 것 같아요." 라고 말했다. 사진치유 활동의 결과가 심리적인 안정성을 회복하게 해준 듯 지금은 잔잔해지고 차분해졌다고 했다. 그는 사진치료를 통해 평상시와 다른 경험과 생각의 시간을 가졌다. 결과적으로 그 모든 것이 자신을 통찰하게 되는, 결국 '나'를 바라보는 자신에 대한 이야기였다고 말했다. 대학원을 졸업하고 결혼을 하면서 항상 가족 뒤에서 자신을 내려놓고 미루며 지냈는데, 정체성과 자신의 이름을 찾는 시간을 가질 수 있었다는 감사의 마음을 전했다.

　정유정은 눈길을 끄는 사진 두 장을 골랐다. 한 장은 힐을 신고 뛰고 있는 여자의 사진(하단 좌측)으로, 자신의 새로운 시작을 의미한다고 했다. 전보다는 유연하게 무언가를 해보려는 마음이다. 또 다른 사진은 '빛이 나는 손' 사진(상단 중앙)으로, 아직은 잡을 수 없는 사진치료를 표현한다고 설명했다. 사진치료는 '인생의 큰 시발점'이 되었지만 아직 딱 잡히지는 않는다고 했다. 이전에 고른 사진은 초록색 잎과 창문의 빛 사진이었다. 자유롭지 않은 자신의 상황을 빛을 통해 벗어나고 싶어 했는데 지금은 자신을 위해 시도하고 뛰는 모습을 나타냈다. 그리고 전에는 사진치료를 단지 병을 고치는 도구라 생각했는데 이제는 상대방의 마음을 끌어내어 변화하게 하는 것이며 절대 확답(판단)을 하면 안 된다는 사실을 배웠다. 그는 연구하면서 배운 소통의 대화법을 생활에 적용하면서 "삶에 매우 큰 도움이 되었어요. 친구들이나 가족들이 내가 변했다고 말해요."라고 소감을 밝혔다. 그리고 '좋아하는 사진' 작업을 통해 '틀'의 개념을 알게 되었고 자신의 틀을 유연하게 조성하려 하게 되었다. 특히 "힘든 갱년기에 흔들렸던 자존감을 확립하면서 마음을 편히 가질 수 있었던 것이 가장 큰 성과였어요."라고 말했다.

　한승휘는 검은 배경에 스펙트럼이 있는 사진(상단 우측)을 고르고 '빛과 어두움, 그 전체를 향하여'라는 제목을 적었다. 위로 향하는지 아래로 떨어지는지 구체적이지도 명확하지 않은 이 이미지가 지금의 자신 같다고 설명했다. "형이상학이 맞는 것 같아요. 저에게는 실존적인 경험, 그런 생각들이 보이네요. 아! 저는 이런 변화를 겪고 있네요!" 하면서 과거의 사진을 비교해 보면서 스스로 놀라워했다. 과거 거미줄 사진에서 연구에 정성을 다하려는 마음을 표현하였다면, 지금은 사진치료에 대한 이해가 달라지고 치료의 의미를 고민하고 있었다. 이 참여자는 사진치료에 대한 정의가 과거에는 구체적이고 명확했는데 지금은 형이상학적이고 실존적이며 더 추상적이고 포괄적으로 변한 것 같다고 말했다.

📁 사진치료 과정 후, 나만의 정의 만들기

　1년의 시간동안 참여자들은 많은 경험들을 했다. 좋아하는 사진을 찍으면서 소소함에 행복했고 자화상을 찍으면서 자신의 모습에 두려워하기도 했다. 사진일기를 쓰면서 자신의 삶의 모습과 의미를 재해석하기도 했고 사진을 이용한 자기상자를 만들면서 다른 매체와 결합된 사진의 힘을 느꼈다. 애도사진에서는 사진이 어떻게 묵은 아픔과 고통을 풀어가는지 경험했다. 연구 초기에 마음을 표현하고자 고른 사진과, 연구를 마친 후에 골라본 사진에서 우리가 변화한 것은 그만큼의 경험이 있었기에 가능한 것이었다. '정의 만들기'에서도 그 변화는 잇달았다. 1년 전에 내린 정의를 다시 열어보지 않은 채로, 새롭게 사진치료와 치유사진에 대한 정의를 다시 만들어 보았다. 그리고 과거에 만들었던 정의를 비교해보면서 참여자들은 무엇이 어떻게 다르게 변화되었는지 의견을 나누었다.

　류기상은 문화예술 교육을 하면서 '사진은 치유적인 힘이 있다'라는 믿음을 가지고 자연스럽게 여기까지 왔다. 그러나 자신이 처음 쓴 정의를 다시 보면서 사진치료를 개념화시킨 자신을 발견했다. 지금은 사진치료의 비장함을 느끼며 더욱 자신에게 일상화 되는 과정이 남았다고 했다. 특히 애도사진 작업을 할 때에는 진솔한 나 자신을 직면했고 자신 안의 많은 삶을 들여다 보았다고 말했다. 과거의 자신은 무언가를 배우고 만들고 그것을 기념하려고 했지만, 지금은 일상으로 돌아와 있는 것 같다고 했다.

> **류기상**
>
> Before: 사진치료는 사진을 도구로 사용해 치유적인 소통을 목적으로 하는 일련의 행위를 의미한다.
>
> After: 사진치료는 나를 들여다보는 삶의 창이다.

권형란은 과거에 작성한 정의는 뭔지도 모르면서 사전적으로 쓴 듯하다고 했다. 그러나 지금은 오히려 구체적으로 개념화하기가 더 어렵다고 말했다. 그리고 사진치료를 삶이나 교육에 적용하면서 나누어야겠다고 생각하지만 과연 잘할 수 있을지 걱정이 앞선다고 덧붙였다.

> 권형란
>
> Before: 사진치료는 증상과 대상이, 치료자와 환자의 상호 작용이, 그리고 낫게 하려는 목적이 분명한 작업이다. 치유적사진은 나아지려는 목적은 있으나 상호작용이 없이 스스로(자기 주도적) 이루어질 수 있고, 증상도 뚜렷하지 않을 수 있다. 단, 치료와 치유는 동시에 이루어지는 경우가 많으며, 사진의 경우 교육과 연계할 수도 있다.
>
> After: 사진치료는 사진이라는 도구를 사용해 자신의 이야기를 풀어나가는 방식이다. 사진을 찍기 위해 자신의 경험과 상황을 살펴보고 표현하는 과정에서 자신을 통찰하고 의미부여하고 소통하면서 혼자의 힘으로 할 수 없었던 객관적 시각, 방향, 치유적인 효과를 가지는 것이다.

서지아는 초기 때 쓴 정의가 개념적이고 사전적이었다면서 연구를 진행한 후에는 치료의 과정과 경험을 반영해 좀 더 구체적으로 변화했다고 한다. 개인적으로 사진치유, 치료의 연구과정은 '나'를 객관화해 통찰하는 시간이었고, 가족 특히 아이들을 내 삶의 일부로 생각했던 것에서 벗어나 '나'를 떨어져서 바라보는 유의미한 변화의 시간이었다고 말했다. 또한 그는 찍어온 사진을 가지고 나눈 상담자의 질문과 대화에서 전에는 몰랐던 것들을 깨닫고 달라진 시각을 가졌다. 결과적으로 타인을 이해하고 자신을 돌아보는 데 도움이 되었다고 한다. 더 나아가 모든 예술치유, 치료활동은 상담자가 내담자로 하여금 어떤 경험(활동)과 깊이 있는 생각을 하도록 이끌어 결과적으로 자기 성찰을 이룰 수 있도록 돕는 것이라는 생각이 들었다고 했다.

서지아

Before: 사진치료는 관계 형성 속에서 전문가의 주도하에 이루어진다.

치유적사진은 스스로 어떤 행동(사진을 찍는 행위)을 통해 불편하고 불안한 마음을 다스리고 안정감을 되찾는 도구이다. 또한 일상 속 아름다움, 편안함, 설렘, 멋지고 행복한 순간들을 담아 삶의 에너지로 삼는 방식이다.

After: 치유적사진은 사진이라는 중립적인 매체를 통해서 자아를 성찰하고 타인을 이해하는 치유 경험이다.

정유정은 사진이 가장 자신을 쉽게 표현할 수 있는 매체라 생각했었다. 이에 더불어 촬영하고 고르면서 자신에 관해 다시 보고 더욱 생각할 수 있으므로 사진은 치유 도구로서 매우 좋은 매체라는 생각도 들었다고 했다. 그는 처음에는 치료를 고통이나 병을 고친다고 생각했지만 연구과정을 통해 치료의 의미가 풍부해졌다.

정유정

Before: 사진치료는 고통을 치료하고자, 사진을 이용해 고통을 극복해가는 프로세스이다.

After: 사진치료에서의 사진은 매개체로서, 나의 인식 도구로서, 자존감 향상, 가치관 확립, 관계소통을 도와주는 방법이다.

한승휘는 미술치료, 사진치료, 내러티브치료 등 심리치료가 여러 가지로 많지만 접근 방식에서는 모두 똑같다는 생각이 들었다. 이렇듯 전체 맥락이나 개념은 인간중심의 상담 기법과 크게 다르지 않음을 확인하면서 사진치료보다는 '치료가 무엇인가' 생각하게 되었다. 따라서 '단지 누구는 미술로, 누구는 영화로, 누구는 사진을 매개로 한다는 것의 차이밖에 없지 않나' 하는 생각이 들었다고 한다.

> ### 한승휘
>
> **Before:** 치유적사진은 심리적, 신체적 고통을 경감하고 내면의 평안과 자유로움을 느낄 수 있도록 촬영하거나 고르는 등 다양한 방식으로 활용된 사진이다.
>
> **After:** 치료는 자신의 전체가 되는 것, 자신의 전체가 되게 하는 것이다. 전체란? 취약함과 한계를 포함하는 강점과 가능성을 품는 것이다. 사진치료는 내 전체로 가는 길의 방향과 나의 모습을 정직하게 사진이미지로 드러내준다.

참여자 모두가 공통적으로 사진치료와 치유적사진에 대한 정의가 이전보다 실제적이고 경험적인 내용으로 새롭게 써졌다는 사실에 공감했다. 모든 정의는 경험에 따라 달라질 수 있다는 사실과, 그저 안다고 생각하는 것과 경험해서 아는 것은 다르다는 사실을 인정했다. 실제 정의를 만드는 것은 어렵게 느껴지기도 하고 두렵기도 하다. 명확한 정의를 내리기 위해서는 많은 지식과 경험이 필요하다. 열심히 정의를 내리더라도 부족하게 느껴져 불만스러울 수 있다. 하지만 정의는 현재 나의 앎을 정리하는 것이라고 우선 생각해보자. 더 나은 무언가를 추구하는 자신을 격려하면서 말이다. 기존의 정의를 보면서 나의 이해를 돌아보고 방향성을 가늠해보자. 나는 지금 어디에 있는가? 나만의 정의를 내려 보는 것은 훌륭한 자기 점검이며 확인이다.

📁 논의하기

사진치료의 정의를 내려 본 후에 과거 사진치료의 선구자들이 내린 정의를 가지고 참여자들과 여러 의견들을 나누었다. 여기에는 정의와 관련한 심리치료사의 입장과 사진치료의 특징에 대한 내용들이 논의되었다.

전문적인 심리치료자들이 내담자를 치료하는 데에
사진 촬영, 현상, 인화 등의 사진 창작활동을 활용해 심리적인 장애를 경감하고
심리적 성장과 치료상의 변화를 가능케 하는 것이다.
- 더그 스튜어트(Doug Stewart, 1980)

사진의 이미지와 창작과정을 조직적으로 응용해
내담자의 생각과 행동의 긍정적 변화를 추구하는 것이다.
- 제리 프라이어(Jerry Fryrear, 1983)

사진치료는 내담자와 함께 심리치료의 한 구성 요소로서
사진촬영과 사진을 활용하는 것을 의미한다.
치유적사진은 훈련된 치료사, 심리치료사 또는 상담사의 기술이 필요 없는
상황에서 사진촬영과 사진을 자신의 개인적 통찰과 자기표현을 위한
치유활동으로 활용하는 것이다.
- 주디 와이저(Judy Weiser, 1993)[2]

이번 연구과정에서 경험한 정의 내리기는 정보로서 습득한 지식과 실제적인 지식이 어떻게 다른지 살펴보게 한다. 한 참여자는 사진치료를 받는 내담자의 입장에서 사진치료의 정의를 내렸다면서 치료자 입장에서도 써야 할 것 같다는 생각이 들었다고 한다. 내담자를 대상으로 한 심리치료사의 입장에서 사진치료의 정의는 치유적인 사진경험에서 얻은 의미와 다르다. 치유의 기반을 어디에 두고 있는지에 따라 습득할 수 있는 지식의 범위와 방향, 깊이는 달라진다. 이러한 차이를 알아차리면 새로운 배움이나 지향하는 욕구가 나올 것이다.

---

[2]   PHOTOTHERAPYEUROPE: Learning and Healing with Phototherapy. The Brahea Centre for Training and Development. p.5.

기존의 사진치료 정의는 심리치료 이론에 입각해서 본다면, 내담자와 심리치료사와의 관계, 진행과정이나 특징, 그리고 치료목적이 명확히 드러나 있다. 일반적으로 심리치료의 정의에는 내담자 상담자의 대면관계가 존재하며 다른 치료와의 차이점을 강조하는 내용과 도달하고자 하는 궁극의 목적을 포함한다. 따라서 기술적인 내용에서 참여자들과 다른 정의가 내려질 수 있다. 그러나 우선은 각자 위치와 문화에서 정의를 내려 살펴보는 것이 중요하다. 배움과 경험에 따라 그 내용도 자연스럽게 달라질 것이고 그에 따른 정의도 발달하고 성장할 것이다.

다른 참여자는 만약 그 정의에 사진치료라는 말을 빼고 미술치료를 넣어 본다면 어떨까 하는 논점을 제기했다. 미술이 가지고 있지 않은, 그러나 사진만이 갖고 있는 특성으로 정의를 내릴 수 있을까? 즉, 사진만의 치료적인 요인이나 치유적 특징이 충분한가를 생각하게 한다. 분명 기존의 정의에는 사진을 지시하는 '사진의 창작과정', '사진 촬영, 현상, 인화 등의 사진 창작활동'이 포함되어 있다. 무엇보다도 창작은 미술치료와 표현예술치료 분야에서도 매우 중요한 치료기제로 다루어지고 있다. 창작활동은 인간 내면의 욕구를 자연스럽게 표현하게 하면서 인간의 무궁한 잠재력을 깨우고 자아실현을 돕기 때문이다. 창작이 주는 치유효과에 대한 믿음이 있기 때문에 치유예술과 치유적사진이 존재한다. 따라서 사진치료에서의 창작과정이 주는 치유 효과에 대한 이해와 치료적인 사례 경험연구가 많이 필요하다. 그러나 창작과정 외에 다른 특별히 강조할만한 사진치료의 치료요인은 없는지 연구해야 할 것이다. 예술 심리치료 분야의 정의들은 각 매체의 특징을 정확히 말해주어야 하지만, 궁극적으로 심리치료가 지향하는 점을 공통적으로 기술하고 있어서 기존의 정의의 맥락이 비슷하게 보일 수 있다.

다른 논의로는 사진치료 정의의 내용 범주에 관한 것이 있었다. 자신이 하는 사진치료에서 영성을 탐구하거나 무의식을 탐구하는 내용을 중심으로 정의내릴 수도 있는가 하는 논의이다. 필자는 물론 이것도 가능하다고 본다. 정의는 하나의 정의로만 존재하지 않기 때문이다. 역사적으로 그 당시의 문화와 철학에 따라 매번 달라진다. 따라서 지금 참여자들이 만든 정의는 그들 자신의 관점과 경험에 기반을 두고 있다. 자신이 추구하는 철학적 이론과 치유적인 내용을 포함해 정의를 내릴 수 있을 것이다.

1980년대에 만들어진 스튜어트의 사진치료 정의는 질적인 의미로는 지금도 유효하다. 하지만 21세기 디지털 시대의 문화 관점에서 보면 형태적으로는 보완이 필요할 수도 있다. 지금은 전문사진가들 조차도 '(필름)현상과 인화' 과정을 포함해 작업하는 경우가 일반적이지 않기 때문이다. 따라서 디지털 시대를 반영하는 사진치료의 정의가 나올 수 있다고 생각한다. 향후 문화와 시대 변화를 반영하고 새로운 심리치료의 목적이 설정된 또 다른 정의가 계속 제시될 것이다. 우리는 적극적으로 사진치료의 정의를 생각해보고 만들어가야 한다. 또한 처음 만들어 본 정의와 비교하면서 무엇이 성장하고 변화하고 있는지 짚어보는 과정은 반드시 필요하다.

4. 결론

사진치료 경험 전·후로 참여자들과 사진치료 정의를 만들어 보면서 도출한 의미가 있다. 첫째로, 정의 만들기는 사진치료와 치유적사진에 대한 자신의 정체성과 관점, 문화의 영향, 지식과 경험 등을 살펴볼 수 있게 한다. 두 번째로, 사진치료와 치유 경험의 전과 후로 나누어 정의 만들기를 비교하는 과정은 자신의 개념 또는 관점을 스스로 깨닫고 인지하게 한다. 이는 우리를 성찰과 통찰로 이끈다. 세 번째로, 사진치료에 대한 정의를 만들어가는 과정은 사진치료에 대한 개념과 이해를 피상적인 것에서 더 구체적이고 실제적으로 이해하고 수용할 수 있게 하는 유익한 결과를 준다. 어떠한 내용이 정의에서 더욱 부각되고 있는지를 살피는 것은 흥미롭다. 결과적으로 이 모든 정의를 만들어가는 과정은 사진치료의 이해를 높이고 개념을 강화시켰다고 본다.

좀 더 구체적으로 정리해보면, 정의 만들기 과정은 자신의 정체성을 탐색하고 확인하도록 돕는다. 정체성은 자신의 내면에서 일관적으로 유지하는 어떠한 본질적 특성이다. 사진치료 정의를 만들기 위해 탐색한 '사진·치료·치유'에 대한 연상단어에서부터 사진 정의에 이르기까지 자신의 정체성이 지속적으로 나타남을 볼 수 있었다. 교사인 한 참여자의 경우 사진치료를 아이들과 어떻게 나눌 수 있는지에 대한 가능성을 계속 모색하는 모습을 보이는 것이나, 사회적 책임과 순환을 강조하는 다른 참여자의 정체성이 연구과정 내내 보인다는 점을 같은 맥락으로 이해할 수 있다.

사진치료 정의 만들기의 과정은 사진치료에 관한 개인적인 경험과 어떤 연관성이 있는지 비교해 살펴볼 수 있게 한다. 일반적으로 정의는 자신이 영향 받은 문화를 반영한다. 문화는 한 사회의 일반적인 생활양식이나 상징을 말하며, 그 당시의 세계관과 사상과 가치관과 시대 조류에 따라 다양한 관점이 존재한다. 사진치료의 정의 또한 그 시대와 문화의 영향을 반영하고 있다. 가족관계를 중심에 두고 생활해왔던 한 참여자는 자신만의 능력을 피력하면서도 사진을 찍는 치유의 즐거움에는 그의 가족이 관련되어 있었다. 주체적으로 찍는 사진을 강조하면서도 치유적사진의 정의에는 타인을 이해하는 한국사회의 문화를 반영하고 있음을 볼 수 있다.

사진치료에 관한 정의 만들기 전과 후의 과정은 치유과정 속 자신의 변화를 스스로 깨닫도록 돕는다. 경험하면서 새로 익히고 알게 된 실제적인 지식은 결국 새로운 정의에 반영될 수밖에 없다. 한 참여자는 사진을 찍고 심리치료적인 대화를 나누면서 심리상담의 구조와 과정을 이해하게 되었다. 심리치료가 마음의 변화를 끌어내는 과정임을 깨달은 것이다. 이와 같이 참여자들은 과거에 만든 정의를 보면서 자신의 변화를 쉽게 자각할 수 있었다. 앞서 언급했지만, 정의 만들기에서 가장 큰 성과는 자신의 개념이 경험에 따라 달라지는 것을 인식한 점이다. 단어 하나하나의 선택에서 변화를 체감한다. 더욱 현실적이고 실제적인 내용으로 사진치료와 치유적사진에 대한 정의가 새로 써졌다는 사실은 당연하기도 하지만 그만큼 치료적인 경험이 있었다는 반증이기도 하다.

사진치료를 경험하면서 만든 정의 만들기는 다른 전문가들의 정의와 비교하면서 현재의 위치와 앞으로 지향할 방향성을 살펴보게 한다. '이것이 무엇인가?' 하는 탐구자세는 연구를 통해 자신의 현재 상황을 재점검하게 한다. 사진예술의 치유적인 효과를 작품으로 경험해보면 심리적인 고통과 수용, 자발적 의지가 얼마나 중요한지를 잘 알게 된다. 한 참여자는 처음 정의에서 '심리적·신체적 고통을 경감하고 내면의 평안과 자유로움을 강조'했으나 연구과정을 통해 사진치료에 대한 정의를 대하는 태도를 달리했다. 사진치료에 대해 형이상학적으로 생각하는 자신을 알아차리게 된 것이다. 자신의 이해가 달라지고 성장하고 있다는 것, 그것은 어떠한 창조적인 방향을 향하고 있다는 사실일 것이다. 이 참여자는 모든 심리치료가 결국 하나의 길로 가는 것인가 고민하고 있다. 사진이라는 매체의 특징에 얽매이지 않고 치료와 치유의 본질을 다시금 보는 듯하다. 어쩌면 사진이라는 매체를 진정 다시 보고 싶은 것인지도 모르겠다.

마지막으로 참여자들의 정의에서 드러난 언어 표현적인 세부내용을 분석해본다. 크게 사진의 치료적 특징, 사진치료 과정에서 나온 치유적인 효과, 그리고 사진치료 과정에 대한 이해로 나누어 볼 수 있다. 첫째, 치료 도구로서의 사진의 특징을 강조하는 내용이 나타난다. '치유의 도구', '인식의 도구', '매개체', '중립적 매체', '나를 들여다보는 창' 등이 해당한다. 이것은 일련의 경험과정에서 나온 단어들인 만큼 사진이 심리치유에 도구적이고 매개적인 역할을 하고 있다는 것을 증명한다. 두 번째, 사진치료와 치유적사진을 경험하면서 나온 효과에 대한 내용이다. 여기에는 '내면의 평안', '자유로움', '삶의 에너지', '고통의 극복과정', '안정감', '객관적 시각', '통찰', '자아성찰', '타인 이해' 등이 있다. 이러한 치유적 효과들은 일반적인 심리치료의 치유기제와도 유사하다. 치유는 심리적인 안정을 주고 과거와 기억의 굴레에서 벗어나 해방과 자유로움을 갖게 해준다. 또한 객관적인 시각을 갖게 되어 자신과 타인을 이해하고 성찰을 통해 통찰을 일으키게 하는 것은 주요한 심리치료의 효과이다. 참여자들이 경험을 통해 내린 정의들은 사진치료를 더욱 긍정적으로 반영한다. 마지막으로 사진치료에 대한 관점으로는 '자신의 이야기를 풀어가는 방식', '자신이 전체가 된다는 전체성', '내 전체로 가는 길의 방향' 등이 해당한다. 사진치료는 우리의 이야기를 풀어가며 나와 너를 넘어서 전체성을 포함해가는 포괄적인 매체임을 의미한다. 우리가 살아가는 길에 많은 방편이 필요하듯, 사진을 이용한 심리치료 접근방식이 우리가 가야 할 궁극적인 성장으로 가도록 돕는 방편으로 작용한다면 이보다 더 큰 의미가 있을까.

결론적으로 사진치료와 치유적사진의 정의를 만들어 본 연구과정은 이에 대한 개념 의식을 높이고 효과적이며 긍정적으로 강화시켰다. 사진치료의 이해가 더욱 구체적이고 실제적으로 성장한 사실은 참여자 모두 공감하는 결과였다.

📁 한계점과 제안

체험을 통해 사진치료와 치유적사진에 대한 정의를 만들어 본 과정은 앞서 살펴본 바와 같이 여러 가지로 유의미하다. 그러나 참여자들의 모든 경험은 1년간 기획된 연구과정에서 산출한 결과이기에 그 경험기간(시간)의 한계성을 가진다. 이는 앞으로 전문적인 심리이론이 더 학습되고 임상 경험이 지속적으로 보완된다면 그 결과 또한 자연히 달라질 수 있는, 유연성과 변화를 가지고 성장하는 과정에서 나온 정의이다. 특정 기간에 걸쳐 만든 개개인의 사진치료와 치유적사진 정의는 앞으로도 각자의 흐름에 따라 계속 성장하면서 우리의 의식을 밝힐 것이라 본다.

더불어 참여자들의 정의는 기본적으로 치유적인 촬영을 바탕으로 사진을 보고 대화를 나누면서 나눈 경험의 결과로 내려졌다. 당연히 언어 상담을 전문으로 하는 상담 사이거나 기존에 사진치료와 치유적사진을 경험한 사람이라면 경험의 축적이 달라서 다른 관점의 정의를 새롭게 내릴 수 있을 것이다. 많은 사람들이 만들 수 있는 모든 조작적 정의는 사진치료와 치유적사진에 풍부한 자원이 될 것이며 사진치료의 발전에 크게 기여할 것이라 믿는다. 따라서 본 연구자는 사진치료에 높은 관심을 가진 많은 독자들이 사진치료와 치유적사진에 대한 정의를 새롭게 내려 보기를 적극 제안한다.

사진치료는 창조적인 사진 활동을 기반으로, 사진을 찍고 보고 대화를 나누면서 자신을 알아가며 자기실현을 위한 의식성장과 변화를 촉구하는 심리치료 개입 도구이다. 치유적사진은 창의적이고 치유적인 예술 활동을 통해 깊은 성찰을 일으켜 의식 성장과 변화를 만든다. 치료적인 축에서 보면, 치료사들에게 사진은 사람들과의 의사소통을 돕고 심층적인 내면 탐색을 돕는 치료의 매개로서 효과적으로 작용한다. 하지만 예술적인 축에서 보면, 사진으로 소통하는 예술가들에게 사진이란 자신을 포함한 세상을 예술적인 영감으로 상징적으로 표현해 만든 영성적 작품일 수도 있다. 사진이 주는 영향은 우리 모두에게 소중하고 중요하기에 어떤 입장이든 포함하며 통합적으로 보아야 할 것이다. 이렇게 두 가지 축을 가지고 있는 사진치료와 치유적사진을 통합적인 관점에서 보는 새로운 정의가 요구된다.

마치며

1장은 연구의 시작이면서 마지막이기도 하다. 본 연구과정은 사진치료와 치유적사진에 관한 정의를 곱씹게 했다. 사진치료의 초기 개척자들의 정의를 기반으로 참여자들이 과정에서 만들어간 정의를 새롭게 보았다. 지금 이 순간, 나의 정의는 무엇인가 떠올려본다. 아직도 사진치료의 정의는 쉽지 않게 느껴진다. 이것이 솔직한 심정이다. 아직도 배워야 하고 더 연구해야 할 사항이 너무 많아 보이기 때문이다. 그러나 선뜻 정의를 말하기 어려워도 자신 있게 말할 수 있는 바가 있다. 지금의 나를 만나기 위해, 인간의 의식 성장과 긍정적 변화를 갖기 위해, 좀 더 나은 자신으로서 현재를 살아가기 위한 하나의 방편으로 사진을 경험하는 것은 유익하다는 점이다.

우리는 새로운 눈을 떠야 한다. 인간이 가지고 있는 생물학적인 한계, 사회문화적인 영향, 개인적인 지식과 경험들로 인해 나와 세상을 있는 그대로 보기 어렵게 한다. 자신에 대한 이해뿐만 아니라 다른 사람을 제대로 이해하지 못하고 소통하지 못하면서 도출되는 어리석은 생각과 고통스런 경험, 거기에서 파생되는 부정적인 감정들에 쉽게 휘말리는 것이 우리의 모습이다. 이러한 삶에서 사진치료는 세상과 나, 그리고 타인을 바라보고 지각하고 이해하고 함께 사는 것이 무엇인지 알려준다. 사진은 위축된 마음과 고통 속에 묶인 사고를 해방시키는 치유의 길을 제시한다.

그저 사진을 찍고 보고 다시 바라보며, 어느 때는 사진과 함께 명상을 하고, 상담 중에 사진으로 대화를 나누어가면서, 있는 그대로 자신을 인식하다보면 자연스럽게 변화가 일어나는 사진치료와 치유적사진. 이러한 과정은 우리의 무지와 고통의 어둠을 벗어나게 해주는 치유의 빛이라 말하고 싶다.

2장. 내가 좋아하는 사진

My Favorite Photos

●

"좋아해요"

●

나도 모르게 멈춰버린

발걸음

●

반짝이는 눈빛

●

내 마음의 진통제

My Favorite Photos

정은영

들어가며

당신은 무엇을 좋아하나요?

1 마음 살펴보기

내가 좋아하는 사진과 관련된 경험 나누기
교육자로서의 경험 나누기
치료자로서의 경험 나누기

2 내가 좋아하는 사진의 치유적 경험

준비활동
내가 좋아하는 것 떠올리기
좋아하는 사진 고르기
고른 사진을 보며 인터뷰하기
본 활동
내가 좋아하는 것 찍기
내가 좋아하는 사진으로 인터뷰하기
좋아하는 사진의 패턴 살펴보기

3 내가 좋아하는 사진의 치유적 의미

예술의 치유적 활용
연구과정
연구결과
결론 및 제언

마치며

별들의 시간보다 벌레들의 시간을 더 좋아한다.
나무를 두드리는 것을 더 좋아한다.
얼마나 더 오래, 그리고 언제라고 묻지 않는 것을 좋아한다.
모든 존재가 그 자신만의 존재 이유를 갖고 있다는
가능성을 마음에 담아 두는 것을 더 좋아한다.

비슬라바 쉼보르스카, 「선택의 가능성」 중에서

| Need only one chair, 정은영, 2017 |

들어가며

"

"당신은 무엇을 좋아하나요?"

이 질문에 어떤 것들이 떠오르나요? 어렵지 않게 좋아하는 것들을 떠올릴 수 있나요?
혹은 하던 일을 잠시 멈추고 마치 먼지 쌓인 다락방에서 보물과도 같은 옛 물건들을
찾을 때처럼 내 안 저 깊은 곳을 구석구석 살피고 있나요?

"

폴란드 시인인 비슬라바 쉼보르스카(Wislawa Szymborska)는 좋아하는 것들을 평범하고
소소한 일상 속에서 찾았다. 고양이를, 초록색을, 강가의 떡갈나무를 더 좋아하고, 집을
일찍 나서는 것을, 하루하루를 기념일처럼 챙기는 것을, 예외적인 것들을 좋아한다고
그의 시 「선택의 가능성」에서 노래한다. 비슬라바 쉼보르스카처럼 삶 속에서 좋아하는
것들을 이렇게 다양하게 찾을 수 있고, 보다 더 좋아하는 것을 선택할 수 있다면 우리의
삶은 훨씬 풍요롭지 않을까? 그렇다면 좋아하는 것을 찾기에 앞서 너무 익숙해서 간과
하기 쉬운 '좋아하다'라는 말의 의미를 자세히 살펴보는 것은 어떨까?

우리는 어떤 일이나 대상에 대해 좋은 느낌을 가지거나, 특정한 행동을 즐기거나 혹
은 하고 싶을 때 '좋아한다'라고 한다. 영어 표현인 like는 '즐겁게 하다(to please)'를 의미
하는 고대영어 lician에서 유래한 것으로, 사전적 정의를 살펴보면 어떤 것을 즐기거나(to
take pleasure in), 호감을 느끼거나(have a kindly or friendly feeling for), 원하거나 선호하는(to wish
or prefer) 것을 뜻한다. 또한 소셜 미디어에서는 향유, 동감, 관심을[to indicate one's enjoyment
of, agreement with, or interest in (website content, especially in social media)] 나타내기도 한다.

우리가 원하거나 즐기는 특정한 대상이나 행동들은 같은 범주 안의 수많은 대상과
행동 중 개인적인 기호에 의해 선호되는 것들이다. 예를 들어 '나는 파란색을 좋아해.'
라고 말한다면 세상에 존재하는 다양한 색들 중에 파란색을 더 좋아한다는 의미이다.
여럿 가운데 특별히 가려서 좋아하는 선호의 과정에는 주체자의 성향과 기호, 정체성,
가치관 등이 작용한다. 누군가가 '우스꽝스러운 옷을 입은 애완견보다 벌거숭이 잡종
견을 더 좋아해.'라고 말한다면 그 사람은 인위적인 꾸밈보다는 본연의 담백함에 더 가

치를 두는 사람임을 짐작할 수 있다.

사진을 찍는 행동에도 개인적인 선호에서 기인한 선택의 문제가 들어가 있다. 주디 와이저(Judy Weiser)에 의하면 사진을 찍는 행위는 사진사가 그 순간을 남기고 싶어 하는 능동적 결정일 수 있고, 사진 찍기 충동을 일으키는 장면에서의 사진 촬영은 사진 사의 수동적 수용성을 반영한다. 즉 앙리 카르티에 브레송(Henri Cartier Bresson)의 '결정 적 순간(decisive moment)'처럼 또는 마이너 화이트(Minor White)의 '사진사를 위해 선택 되기를 기다린 순간'처럼 사진기는 이미 눈앞에 펼쳐진 것들 중 내가 관찰하고 관심이 있는 것을 나에게 알려주는 것 같다고 한다.[3]

이처럼 사진은 이끌림의 기록이며, 자기 주도적 선택과 결정의 산물이다. 이러한 매 체의 특성상 사진을 찍는 행위 자체가 주는 긍정적 에너지와 자기 인식은 이미 치유적 과정을 동반하고 있다. 여기에 '내가 좋아하는 것'을 찍어보라는 제안을 받는다면 우 리는 좀 더 구체적으로 자신을, 자신의 생활을, 자신의 주변을, 자신의 긍정적 자원을 살피는 계기가 될 것이고, 찍어온 사진을 관찰하고 질문을 주고받는 과정을 통해 미 처 알아차리지 못했던 자신을 한 걸음 뒤에서 바라보는 시간을 가질 수 있을 것이다.

이 장에서는 '내가 좋아하는 것'을 떠올려보고, 주어진 사진들 중에서 좋아하는 사진 을 고르고, 고른 사진으로 인터뷰를 하고, 좋아하는 것을 직접 찍어보며, 자기가 선택 한 사진들의 패턴을 찾아보는 등의 일련의 활동을 통해 '내가 좋아하는 사진'이 주는 다 양한 정보를 어떻게 읽고, 치유적 경험이 어떠한 방식으로 일어나는지를 살펴보았다.

본 활동은 빛그림 심리상담센터의 심리치료사 김문희의 진행과 한국사진교육학회 사진치료치유분과 연구원들의 경험으로 이루어졌다. 필자는 연구원과 사진가, 사진 교육자의 입장에서 그 과정을 기록하고 탐구했다. 1절에서는 좋아하는 사진과 관련된 경험을 나누어 보았고, 2절에서는 사진치유 활동의 내용을 관찰·기록했으며 3절에서 이러한 활동들을 본인이 탐구·분석한 내용을 기술했다.

자기가 좋아하는 것, 원하는 것들을 차곡차곡 카메라에 담다 보면 어느덧 우리는 마 음 부자가 된다. 또한 좋아하는 것을 찍어 보는 것만으로도 내가 지금 무엇에 집중하고 있는지, 무엇을 중요하게 여기는지, 무엇이 부족한지를 마주하게 된다. 이 유쾌하면서 도 가슴을 찌르는 일격을, 사진의 힘을 풀어보고자 한다.

---

3   주디 와이저, 심영섭·이명신·김준형 공역(2012), 사진치료기법, 서울: 학지사.

1. 마음 살펴보기

학기 초 첫 수업시간에 학생들에게 휴대폰 앨범에 있는 사진들 중에서 제일 좋아하는, 마음에 드는 사진을 고르게 한 후 그 사진으로 자신을 소개하는 활동을 한 적이 있다. 예쁘게 나온 셀카 사진, 토끼로 변신한 친구들과의 단체 사진, 자신이 키우는 반려동물 사진, 가족들과 함께했던 여행지에서 찍은 사진, 좋아하는 아이돌 사진, 즐겨 보는 웹툰의 한 장면, 자신이 최고 기록을 냈던 게임 영상 캡처 등 다양한 사진이 나왔다. 좋아하는 사진을 보여주며 자신을 소개하는 동안 아이들의 눈은 빛났고 어색했던 교실엔 웃음이 흘렀다.

'좋아하는 사진'을 고른다는 것은 '좋았던 기억'을 고르는 것과 비슷한 의미일 것이다. 또한 그보다 앞서 어떤 장면을 사진으로 기록했다는 것은, 특수한 목적으로 찍은 경우를 제외하고는 대부분 즐겁거나 아름답거나 인상적이거나 사랑스러운 순간이었을 것이다. 주디 와이저에 의하면 모든 스냅사진은 할 말, 나눌 비밀, 드러낼 기억을 지니고 있다고 한다. 사진을 찍는 사람은 특별한 순간에 대한 영원한 기록을 만들고자 한다. 우리에게 가장 특별한 것들은 우리 자신과 인생에 대한 많은 내용을 표현한다. 나아가 특별한 순간을 기록한 사진 중에서 더욱 좋아하는 것을 고르는 것은 지금 그 사람이 집중하거나 열망하는 것이 무엇인지를 선명하게 반영한다. 우리가 본다고 생각하는 것의 대부분은 실제로는 우리 자신에게서 나오는 것이기 때문이다. 이는 우리가 알고 있거나 익숙한, 또는 전에 본 적이 없는 사진·사물·사람에 대한 반응에서 일어나는 투사적 과정을 말한다. 사진을 볼 때, 우리가 보는 것은 그 사람에게 중요한 무엇을 재현(representation)해 놓은 것이다. 사진을 찍은 사람이 의도하든 그렇지 않든 간에,

우리는 항상 사진으로부터 자신의 의미를 끌어낸다.[4] 내가 좋아하는 사진을 주제로 수행한 몇 가지 활동을 통해 그 의미를 찾아보기에 앞서 연구 참여자들의 주제와 관련된 현장 경험을 나누어 보기로 하겠다.

📁 내가 좋아하는 사진과 관련된 경험 나누기

본 활동의 참여자들 대부분은 현재 학교나 기관에서 사진 교육을 하고 있으며 일부 참여자들은 심리 상담도 진행하기 때문에 좋아하는 사진과 관련한 다채로운 경험들을 나눌 수 있었다. 다양한 연령층을 대상으로 진행되는 수업과 심리상담 현장의 경험 속에는 소중한 깨달음이 담겨 있다. 그 깨달음들은 학생이나 내담자들의 마음을 흔들 뿐만 아니라 교사 혹은 상담사인 그들 자신의 마음속에도 깊은 울림을 던진다. 이러한 값진 경험들을 내가 좋아하는 사진의 치유적 체험 활동에 앞서 나누어보았다.

📁 교육자로서의 경험 나누기

라온은 초등학교 수업에서 '내 발길이 멈춘 곳, 내 눈길이 머문 곳'을 주제로 학생들에게 사진을 찍어보라고 한 적이 있었다고 한다. 대부분의 학생들이 꽃, 나무, 놀이터, 친구들을 찍은 것과 달리 한 학생은 위험 특고압, CCTV, 담장 사이로 비스듬히 보이는 학교 밖 풍경 등을 찍었다. 자신이 찍은 사진들 중에 가장 마음에 드는 것을 골라서 이유를 적는 시간에 이 학생은 '위험 특고압'이라는 문구가 들어간 사진을 골랐으며, 이 사진을 선택한 이유가 '터질 것 같아서'였다고 한다.

라온은 긍정적 의미의 '선호'라는 개념으로 '내 발길이 멈춘 곳, 내 눈길이 머문 곳'이라는 주제를 제시했다. 하지만 그는 이처럼 불안하고 위태로워 보이는 대상들을 촬영하는 모습을 보면서 교육 활동 시 자신의 사고를 좀 더 유연하게 확장해야겠다고 생각했다. 또한 이후 이 학생의 사진과 글 속에 투사된 마음을 미처 알아차리지 못하고 그냥 넘어간 것은 아니었나 하는 안타까운 마음이 들었다고 한다.

4　주디 와이저, 심영섭 · 이명신 · 김준형 공역(2012), 사진치료기법, 서울: 학지사.

| 초등학교 5학년 학생이 '내 발길이 멈춘 곳, 내 눈길이 머문 곳'을 주제로 찍은 사진 |

　서승연은 교육현장에서 좋아하는 사진, 원하는 사진을 찍어오라고 했을 때 초중고, 심지어 대학생들까지도 주제를 한정적으로 접근하고 피사체를 좁게 바라본 사진을 찍어오는 경우가 많았다고 이야기한다. 또한 사진을 찍은 이유를 물으면 "음….", "그냥 찍었어요", "예뻐서요", "찍기 쉬웠어요", "몰라요" 등의 대답을 하는 학생들이 대부분이었다고 한다. 반면에 30대 이상의 어른들은 같은 과제를 주었을 때 사진을 찍기 전부터 고민을 하고, 촬영 후 리뷰를 할 때도 자신과 관련된 긴 이야기를 쏟아낸다고 한다. 그는 이렇게 서로 다른 반응의 이유에 관해 학생들이 아직 세상을 관찰하고 바라보는 관점이 좁기 때문에 충분히 표현하지 못하고, 어른들은 많은 경험으로 알고 있는 지식이 많아서 이야깃거리가 풍부하다고 생각했다. 그러나 나이와 경험의 많고 적음을 떠나서 좋아하는 사진을 통해 대상의 이야기를 끌어내고 자신을 통찰하는 과정으로 이끌 수 있는데, 그 방법을 모르고 사진교육적 측면으로만 접근하다 보니 한계가 있었다는 것을 깨달았다.

　한승휘는 사진예술 교육현장에서 촬영주제를 정해주지 않고 학생들에게 자유롭게 찍기를 제안한 후 그 사진을 촬영한 이유를 물어보면 "그냥요."라고 대답하는 경우가 가장 많았다고 말한다. 하지만 그 '그냥'을 들여다 보면 대개 '좋아하는 것'을 담은 경우가 많았고, 이는 무의식중에 자기를 표현하는 소재로 좋아하는 것을 선택했다는 의미로서 자기표현의 기본적 성질이 욕구나 바람, 소망 충족과 관련됨을 말해준다.

류기상은 사진 수업과 문화예술교육 프로그램, 집단영상상담 프로그램에서 진행하는 '좋아하는 사진' 활동은 학습대상과 프로그램 설계부터 서로 다르지만 공통적으로 타인의 관심사에 대해 들어보는 소통의 매개가 된다고 이야기한다. 대학 강의에서는 학생들의 성향과 소통의 매개로, 문화예술교육에서는 나, 나와 학교, 나와 지역, 나와 세대 간의 소통의 매개로, 집단영상상담 프로그램에서는 내담자를 관찰하는 매개로 사용되는 중요한 교육적 방법론이며 치유 활동이라고 말한다.

📁 치료자로서의 경험 나누기

김문희는 상담 현장에서 좋아하는 사진을 골라보라고 제안했을 때, 많이 고르는 사람도 있었지만 그렇지 않은 사람도 상당히 많았다고 한다. 이 활동에서 좋아하는 폭이나 깊이는 사람들마다 다르며 이를 통해서 진행자는 활동 참여자를 좀 더 이해할 수 있고, 참여자는 자기를 알아가는 계기가 된다.

한승휘는 치료 장면에서 내담자가 고른 좋아하는 사진의 양을 보면 현재 에너지 상태를 어느 정도 알 수 있다고 한다. 예를 들어 10장을 고른 사람과 3장을 고른 사람의 에너지 수준이 다르다는 것이다. 좋아하는 것을 인식하고 집어내는 것은 자신의 욕구와 소망이 외부로 표출되는 것으로 우울감이 있거나 자존감이 낮고 위축된 사람은 자신의 욕구를 탐색하기조차 쉽지 않고 그것을 표현하기도 힘들어한다. 심지어 소망이나 욕구가 없거나 발동되지 않기도 하며 그로 인해 사진을 많이 고르지 못하는 경향이 있다. 반면에 자기 탐색에 적극적이거나 자율성이 높고 자기 표현력이 좋은 사람은 그렇지 않은 사람보다 사진을 많이 고르는 경향이 있으며, 종종 과도하게 사진을 많이 고르는 사람도 있는데, 이 경우는 결핍이나 욕구 불만이 누적되어 있을 가능성이 높다고 한다. 한마디로 갖고 싶고 하고 싶은 바가 많아, 통제와 제지 아래 억압되었던 욕구들을 안전한 치료공간에서 쏟아내는 경우일 수 있다고 설명한다.

연구 참여자들은 좋아하는 사진과 관련된 자신의 교육적·치료적 경험들을 이야기하고, 다른 참여자들과 김문희의 질문에 답하는 과정에서 자연스럽게 통찰의 시간을 가졌다. 라온은 선호하는 대상이 갖는 의미가 모두 긍정적이지만은 않다는 점과 사진에 표출된 이미지 속에 촬영자의 심리가 드러남을, 서승연은 좋아하는 것을 찍어온 사진을 통해서 상대방의 이야기를 끌어내고 자기통찰의 과정으로 이끌 수 있다는 점을 인지했다. 또한 한승휘는 자기표현이 기본적으로 욕구나 소망과 관련된다는 점을, 류기상은 좋아하는 사진 활동이 나와 학교, 지역, 세대 간을 이어주는 소통의 매개가 된다는 점을 확인했다. 여기에 김문희의 경험을 더하면 좋아하는 사진을 고르는 활동만으로도 내담자가 가지고 있는 에너지, 우울감, 자존감 등의 깊이를 파악할 수 있으며 비교적 무겁지 않은 주제로 내담자를 이해하고 자기성찰을 도울 수 있음을 알았다. 얼핏 달라 보이는 이러한 경험들은 사진을 찍는 행위와 그 사진들 속에 미처 알아채지 못했던 자신의 모습이 깊숙이 담겨 있음을 지속적으로 이야기하고 있다.

> ### 질문있어요!
>
> 제가 가르치는 학생 중에 아무것도 안하고 결정도 못 내리는 학생이 있습니다. 그 아이에게 어떻게 접근해야 할까요?
>
> 김문희: 학생이 어떠한 행동도 하지 않는다면 지도하는 교사의 입장은 많이 힘들 것입니다. 이러한 경우에는 우선 학생의 마음을 공감하면서 다가가야 합니다. 학생이 아무것도 안하는 이유를 물어보면서 천천히 현재의 어려움을 탐색해나가는 것이 도움이 됩니다. 이 과정에서 아이들의 마음이 열려, "제가 ~때문에 힘들어요." 등의 반응이 나올 수 있습니다. 이렇게 공감과 탐색을 통해 아무것도 안 하려는 학생의 어려움을 풀어가보길 권합니다.

■ 여러분에게는 좋아하는 사진과 관련해 어떠한 경험이 있나요?

2. 내가 좋아하는 사진의 치유적 경험

" 내가 좋아하는 것은 _____ 이다. "

📁 준비 활동

↳ 내가 좋아하는 것 떠올리기

'내가 좋아하는 사진'을 주제로 한 사진치유 활동은 좋아하는 것을 떠올려보면서 시작했다. 먼저 편안한 음악과 함께 호흡을 통해 몸의 긴장을 이완한 후, 눈을 감고 내가 좋아하는 것들을 떠올려 보았다. 가장 선명하게 떠오르는 것이 무엇인지, 그것을 경험할 때의 내 모습을 생각하고 느껴 보았다. 그리고 떠올린 내용을 종이 위에 적는 마인드맵 활동을 했다. 참여자들이 적은 '내가 좋아하는 것'에는 대부분 따뜻하고(햇살, 부드러운 일몰, 따뜻한 눈길, 손길, 따뜻한 햇살과 부드러운 바람 등), 편안하고(푹신푹신한 이불, 편안하게 바다를 보는 것, 잔잔한 행복, 가족과의 소소한 즐거운 일상, 멍 때리기, 잠 등), 향기롭고(라일락, 프리지아, 은은하고 향기로운 것들, 디퓨저, 커피 등), 감성적인(사각거리는 연필, 토요일 새벽, 황설탕을 넣은 에스프레소, 순수한 눈망울, 바람에 흔들리는 드림캐처, 온통 새하얀 구름 같은 눈, 손잡고 걷던, 열차 타고 창 밖 바라보기 등) 느낌을 주는 내용이 대부분이었으며, 가족을 포함한 사람(코를 찡그리며 웃는 아이들, 가족, 부모님, 남편, 친구, 학생들 등)과 자연(하늘, 바다, 오로라, 자연의 신비와 아름다움, 숲속, 바닷가, 우주, 바나나 나무 등)이 공통적으로 나타났다.

■ 내가 좋아하는 것 떠올리기 사례

사전 동의를 받아 연구 참여자 한승휘의 각 활동 사례를 인용했다. 이는 '내가 좋아하는 것'을 주제로 한 마인드맵과 좋아하는 사진 고르기, 그리고 좀 더 깊이 있는 탐색을 위해 고른 사진을 보며 진행한 인터뷰와의 유기적 관계를 살펴보기 위함이다.

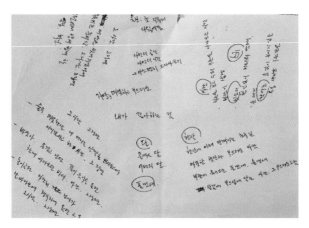

| 한승휘가 적은 내가 좋아하는 것 마인드맵 |

한승휘가 '내가 좋아하는 것'으로 떠올린 것들은 햇살에 반짝이는 초록 잎, 따뜻한 햇살과 부드러운 바람, 풀냄새, 빗소리, 물 먹은 달과 같은 따뜻하고 부드러운 느낌의 자연이었다. 그리고 나만의 공간과 시간, 초, 디퓨저 같이 편안함을 주는 물건이나 상황, 행복함이 가득했던 그 사람과 함께한 순간들이다. 매우 다양하고 많은 내용들이었지만 모두 따뜻하고 부드럽고 편안한 느낌을 주는 것들이었다.

▶ 셀프 사진치유 활동 1
여러분도 '내가 좋아하는 것'을 떠올려 보고 자유롭게 적어 보세요.
50쪽을 활용해도 됩니다.

좋아하는 사진 고르기

내가 좋아하는 것이 무엇인지를 떠올리고 적어 본 후, 무작위로 주어진 수십 장의 사진들 중에서 '좋다'라는 마음이 드는 사진을 선택하는 활동을 했다. 느낌에 충실히 골랐으며 조금이라도 고민되는 사진은 택하지 않도록 했다. 각 참여자들이 고르고 배치한 사진들을 보면서 어떤 느낌과 생각이 드는지, 앞에서 자신이 좋아하는 것에 대해 썼던 글(마인드맵)과 선별한 사진들은 어떤 관계가 있는지 의견을 나누어 보았다. 대부분의 참여자들이 글과 고른 사진 사이에 밀접한 관련성이 있으며, 고른 사진에서 자신의 현재 상황이나 상태가 좀 더 구체적으로 드러남을 인지했다.

■ 좋아하는 사진 고르기 활동 사례

| 한승휘가 고른 좋아하는 사진들 |

한승휘는 생각을 배제한 채, 무작위로 주어진 사진들 중 이미지나 장면에 마음이 움직이는 것들을 골랐다고 한다. 고른 사진들을 배치하고 보니 자연, 평온, 사랑이라는 세 가지 범주가 보였으며 '내가 좋아하는 것'들을 적은 마인드맵과 매우 유사하다고 했다.

질문있어요!

만약에 좋아하는 사진을 고르는 활동에서 참여자가 좋아하는 것이 없다고 할 때는 어떻게 하나요?

김문희: 제 경험상 좋아하는 것이 한 장도 없다는 사람은 아직까지 없었어요. 하지만 청소년 집단에서는 한 장만 고르는 친구들이 의외로 많았어요. 물론 제시하는 사진이 자신이 선호하는 느낌과 안 맞았을 수도 있지만요. 좋아하는 사진이 전혀 없다고 하는 경우에는 백지사진기법[5]을 사용할 수 있습니다. 빈 인화지를 보여주고 이렇게 말합니다. "이 사진은 만물사진이에요. 당신이 원하는 것이 여기에 있습니다."라고 이야기한 후에 좋아하는 것이 무엇인지 물어 봅니다. 이러한 방법으로 좋아하는 것을 찾도록 도와줍니다.

▶ 셀프 사진치유 활동 2

휴대폰 앨범에서 좋아하는 사진을 골라 일종의 좋아하는 사진 폴더를 만들어 관찰해 보세요. 그 속에 내가 미처 알아차리지 못했던 내 마음이 들어있을 수도 있으니까요!

고른 사진을 보며 인터뷰하기

직관적으로 고른 좋아하는 사진들 속에 참여자의 마음과 현재의 상황 등이 어떻게 드러나는지 좀 더 깊이 알아보기 위해 인터뷰를 진행했다. 상담자가 인터뷰를 할 때는

————— 5   주디 와이저에 의하면 투사 도구로서의 '사진'은 감광액으로 뒤덮인 사진일 필요는 없다. 대신에 잡지나 신문, 달력, 포스터, 문안 카드, 앨범 표지, 광고 전단지 등으로부터 수집한 것일 수도 있다. 심지어 사람이 마음에서 '보는' 이미지를 나타내는 백지가 될 수도 있다. 그는 종종 상담자에게 현상소의 기본 사이즈인 3x5인치나 4x6인치의 백지를 사용할 것을 제안한다. 이야기를 하는 도중에 내담자의 손에 있었으면 하지만 실제로는 없는 이미지들을 백지에 채워 넣게 하기 위해서이다; 주디 와이저, 심영섭·이명신·김준형 공역(2012), 사진치료기법. 서울: 학지사.

내담자가 왜 이러한 사진들을 골랐는지 호기심을 갖고 임하는 자세가 중요하며 판단은 금물이다. 상대방이 어떤 성향을 가지고 있는지를 자각할 수 있도록, 자신이 좋아하는 것을 통해서 스스로 어떤 사람인지 알아갈 수 있도록 돕는 질문을 해야 한다. 다음은 김문희와 한승휘가 상담자와 내담자의 입장으로 십여 분간 진행한 인터뷰 내용이다.

■ 고른 사진을 보며 인터뷰하기 사례(52쪽 사진 참조)

상담자 : 좋아하는 사진을 고르면서 어떠셨나요?

내담자 : 원하는 마음이 들었어요.

상담자 : 원하는 마음이 뭔지 조금 더 구체적으로 말씀해주시겠어요?

내담자 : 오늘 아침에 마음이 울컥했는데, 쉬고 싶다는 마음이 들면서 위로나 위안이 필요했던 것 같아요.

상담자 : 그러면 이 사진들 중 어떤 사진이 현재 나의 마음을 가장 잘 표현해주는 것 같나요?

내담자 : 아까부터 이 사진에 계속 눈길이 갔어요. (좌측 상단)

상담자 : 어떤 점이 좋고 어떤 점이 자꾸 눈길을 끄는지 얘기해주시겠어요?

내담자 : 여기 여자가 철길 위를 걷고 있고 남자가 그 아래에서 여자의 발을 쳐다보고 있네요. 여자가 가는 길을 바라보며 손을 잡아주고 있어요. 그게 남자가 저 여자를 위하는 태도처럼 느껴져요. 저도 누군가가 나를 저렇게 위로해주고 위해주고 같이 있어줬으면 좋겠어요.

(중략)

상담자 : 고른 사진들 중에서 나를 위로해줄 수 있을 것 같은 사진이 있다면 뭘까요?

내담자 : 이 사진이 좋아요. (좌측 하단)

상담자 : 그 사진이 어떻게 위로해줄 것 같으세요?

내담자 : 그냥 이 표정을 보는 것만으로도 위로가 된다는 마음이 들어요. 너무 사랑스럽고 예뻐요. 그리고 평온해 보여요. 이 아이가 약간 위를 올려다보며 누구랑 눈을 마주치고 있는데 그 눈을 마주치는 사람이 이 남자 같은 사람이겠네요.

(중략)

상담자 : 짧은 시간 동안 진행한 인터뷰라 아쉽지만 내가 고른, 나를 위로해주는 사진을 보면서 어떠셨는지 여쭙고 마무리하도록 하겠습니다.

내담자 : 내가 원하는 것을 다시 한 번 주목하고 살펴봐야겠다는 생각이 들었어요.

김문희와 짧은 시간 동안 이루어진 인터뷰에서 참여자 한승휘는 좋아하는 사진을 고르며 '원하는 마음'이 들었고, 그 원하는 마음은 현재 자신에게 필요한 부드럽고 따뜻한 느낌의 '위로 혹은 위안'이라고 했다. 현재의 마음 상태를 가장 잘 표현하는 사진이 무엇인지를 묻는 상담자의 질문에 한승휘는 남녀가 철길을 걷고 있는 사진을 골랐다. 사진 속 장면에서 남자가 여자를 위해주는 태도를 느꼈으며, 이러한 사진 속 장면에 드러난 투사적 동일시[6]로 누군가로부터 위로나 위해주는 마음을 원하는 자신의 모습을 알아차렸다. 한승휘는 이 사진을 '나를 위함'이라는 단어로 표현했다. 또한 고른 사진 중에서 나를 위로할 수 있을 것 같은 사진이 있는지를 묻는 심리치료사의 질문에 아이 사진을 골랐는데 이 아이의 표정을 보는 것만으로도 위로가 된다고 했고, 나아가 이 아이가 바라보고 있는 사람은 철길을 걷고 있는 사진 속 남자 같은 사람이라고 유추했다.

이처럼 한승휘는 내가 좋아하는 것을 떠올려 본 후 진행한 마인드맵 활동에서 따뜻하고 부드러운 느낌을 주는 자연과 그것을 함께 나누던 사람과의 장면을 생각했으며, 좋아하는 사진을 고르는 활동에서는 자연과 평온, 사랑으로 분류할 수 있는 사진들을 선택해 글과 사진의 연관성을 확인했다. 이후 진행한 인터뷰에서는 상담자의 질문에 답을 하는 동안 막연히 원했던 위로와 부드러움, 따뜻함이 고른 사진에 구체적으로 투사되어 떠올랐으며, 사진을 보는 것만으로도 어느 정도 위로를 받을 수 있음을 인지했다.

> ## 고른 사진을 보고 인터뷰할 때 주의할 점
>
> 김문희: 사진치료는 사진이라는 매체를 심리상담에 이용하는 것이 중요합니다. 어떤 사진을 가지고 하든지 그 사람이 가지고 있는 문제나 욕구, 갈망, 풀어야 할 미해결 과제들이 사진 속에서 드러납니다. 사진치료는 내담자가 가지고 있는 어려움을 해결하기 위해서 사진매체를 효율적으로 사용하지요. 제가 인터뷰를 하면서 보여주고 싶은 바는 사진을 어떻게 쓰는가 하는 방식입니다. 치료사는 이 사진에서 내담자가 무엇을 느끼고, 이 사진들 중에서 자신을 대변해 주는 내용은 무엇이고, 이 사진을 통해 할 수 있는 이야기는 무엇인지 등 사진에 초점을 두어 자신을 찾아가게 하고 자신을 이해하게 합니다. 이로써 더 행복하게 해주지요. 사진치료에서 사진은 이런 의미가 있습니다.

---

[6] 투사적 동일시(projective identification)는 내담자가 스스로 감당하지 못하는 감정을 치료자에게 유발하거나 혹은 혼자 해결하지 못하는 내면의 관계양상을 무의식적으로 치료 장면에서 재연하는 기제이다. 투사적 동일시는 현대 정신분석과 정신분석적 심리치료에 중대한 영향을 미쳐왔고(Garland, 2001) 현대 정신역동적 치료자들은 치료 장면에서 작용하는 가장 중요한 기제 중의 하나로 간주하고 있다(Rizq, 2005). 김진숙(2009), 투사적 동일시의 의미와 치료적 활용, 한국심리학회지: 상담 및 심리치료, 21(4), 11, 766.

53쪽에서 만든 사진 폴더를 보고 셀프인터뷰를 해보세요.

1. 좋아하는 사진을 고르면서 들었던 생각은 무엇인가요?

---

2. 좋아하는 사진을 고르면서 순간적으로 들었던 느낌은 무엇인가요?

---

3. 고른 사진 중에서 제일 좋아하는 것은 무엇이고 그 이유는 무엇인가요?

---

4. 제일 좋아하는 사진에 제목을 붙인다면 무엇인가요?

---

5. 고른 사진 중에 다시 빼고 싶은 사진이 있나요? 그 이유는 무엇인가요?

---

6. 고른 사진을 보면서 아쉬움이 드는 것이 있나요? 그 이유는 무엇인가요?

---

7. 좋아하는 사진을 고르면서 어려운 점이 있었다면 무엇인가요?

---

8. 좋아하는 사진이 주는 감정은 무엇인가요?

---

9. 내가 고른 사진을 보면서 고를 때에는 몰랐던 어떤 패턴을 발견할 수 있나요?

---

10. 좋아하는 사진을 고르고 질문에 답을 하는 동안 내가 원하는 것이 무엇인지 새롭게
혹은 뚜렷하게 알게 된 것이 있나요? 그렇다면 그것은 무엇인가요?

📁 본 활동

🗒️ 내가 좋아하는 것 찍기

치유적사진을 경험하는 본 활동으로서 내가 좋아하는 것 찍기, 좋아하는 사진으로 인터뷰하기, 패턴 살펴보기를 한 달 동안 진행했다. 일정 기간 동안 내가 좋아하는 것을 촬영하는 활동은 자신의 정체성, 가치관, 욕구, 성격, 기질 등에 대한 이해와 자기 자원 발견 및 확장의 긍정적 에너지 부여가 목적이다. 이 활동은 모든 사람들을 대상으로 진행할 수 있으나 특히 정체성의 혼란을 겪거나 긍정적 자원 강화가 필요한 우울한 사람들을 대상으로 진행하면 더 많은 변화를 볼 수 있다. 촬영기간은 대상의 목적과 상황에 따라 30분, 일주일, 한 달 등 자유롭게 설정한다. 촬영매체는 각종 카메라와 휴대폰 등이며 촬영자의 자율성을 최대한 지지해주고 촬영기술보다는 표현하고 싶은 내용에 초점을 두고 촬영자가 스스로 선택해 찍을 수 있도록 돕는다.

많은 연구 참여자들이 내가 좋아하는 것을 찍는 동안 기분이 좋아졌으며, 일부는 좋아하는 것을 놓치고 싶지 않은 마음이 들었다고 한다. 이는 사진을 찍는다는 행위 자체가 소유욕을 자극하는 것이며, 무언가를 찍었다는 것은 그 대상이 촬영자와 굉장히 밀접했음을 암시한다. 반면에 좋아하는 것을 찾기 어렵다고 생각하는 참여자도 종종 나타난다. 좋아한다고 생각했었는데 사진을 찍으면서 아니었다고 생각하는 경우도 있으며, 좋아하는 것이 현재 내 앞에 없다는 사실을 느낄 때 슬퍼지는 경험을 하기도 한다. 그래서 좋아하는 것을 찍을 때 즐거움과 행복을 느끼지만, 그 이면에 좋아하는 것이 사라질 수 있음과 과거에 좋았던 것이 현재 존재하지 않거나 좋아하는데 가질 수 없다는 사실에서 오는 결핍과 상실감 등을 느끼는 경우도 생긴다.

내담자가 좋아하는 것이 얼마나 많은지는 그 사람이 가진 자원을 상징적으로 의미하기도 한다. 좋아하는 것이 많으면 현재 즐기고 누릴 수 있는 행복감의 수치가 높다고 말할 수 있지만, 상대적으로 적을 경우에는 만족도나 행복감 등이 저조하거나 상실되었거나 둔감해서 못 느끼는 상태라고 볼 수 있다. 심리적으로 우울하면, 좋아하는 것도 좋아하지 않는 것처럼 느껴지는데 이를 둔감상태라고 한다. 맛있던 것이 맛이 없고,

좋아하던 것을 좋지 않게 느낀다.

좋아하는 것 찍기는 활동성을 요구한다. 움직이기 싫어하는 우울한 사람에게 좋아하는 사진을 찍으러 나가보라는 권유나 '좋아하는 것을 찾아보세요', '무엇을 원하세요?', '지금 필요한 것이 뭘까요?' 등과 같은 질문은 삶에 전환점이 되기도 한다. 좋았던 것을 생각해보고, 가고 싶은 곳을 떠올려 보고, 내가 원했던 것이 무엇이었는지 다시 상기시켜주는 것이다. 과거에 좋아했던 것을 한 번 찾아보라고 권하기도 하는데, 이러한 시간만으로도 기분을 환기하는 데 좋은 역할을 할 수 있다.

또한 좋아하는 것을 찍으면서 자기의 정체성을 보게 되며, 현재 내가 어떤 상태인지를 알게 되기도 한다. 이러한 이유로 심리치료 시작 부분에서 좋아하는 사진 활동을 하기도 한다. 좋아하는 사진을 찍고 골라온 사진들을 보면 그 사람의 심리상태가 어떤지 가늠할 수 있기 때문이다.

■ 내가 좋아하는 것 찍기 사례 1

연구 참여자 정유정은 사진 수업 중 야외 촬영이 많아 틈틈이 눈길을 끄는 것들을 찍었다고 한다. 자신이 좋아하는 것들만 찍으니 촬영하는 것만으로도 힐링이 되고 힘이 났으며, 평소보다 더욱 많은 관심을 갖고 자신의 일상을 바라보게 되었다고 한다.

| 정유정이 내가 좋아하는 것을 주제로 촬영한 사진 |

■ 내가 좋아하는 것 찍기 사례 2

| 라온이 내가 좋아하는 것을 주제로 촬영한 사진 |

라온은 내가 좋아하는 것 찍기에 앞서 좋아하는 것들을 떠올려 보았는데 이 과정을 통해 내면을 들여다보고 지금 어느 방향에 집중하고 있는지를 살펴보는 계기가 되었다고 한다. 또한 긍정적인 감정과 생각들이 평소보다 많아져서 여느 때보다 기분 좋은 날들을 보냈으며, 가끔은 일부러라도 시간을 만들어 이러한 활동이 필요하다는 생각이 들었다고 한다.

▶ 셀프 사진치유 활동 4

여러분도 지금부터 30분 동안, 혹은 한 시간 또는 하루 동안 '내가 좋아하는 것'을 주제로 사진을 찍어보세요. 그리고 그 중에서 마음에 드는 사진들을 골라 한 장으로 콜라주 해보세요.

내가 좋아하는 사진으로 인터뷰하기

본 활동 연구 참여자들은 2주 동안 '내가 좋아하는 것'을 촬영한 후, 자신이 촬영했거나 수집한 '내가 좋아하는 사진'을 가지고 서로 인터뷰하며 좀 더 깊이 있는 탐색을 해보았다. 김문희에게 인터뷰 시 참고할만한 질문을 받아 진행했는데 그 내용은 다음과 같다.

사진을 찍으면서 경험한 것에 대한 질문 예시

1) 좋아하는 사진을 찍으면서 경험한 생각은 무엇인가요?
2) 좋아하는 사진을 찍으면서 경험한 느낌은 무엇인가요?
3) 자신이 좋아하는 것은 무엇인가요?
4) 무엇이 나를 이끄나요? 그 이유를 설명해주세요.
5) 좋아하는 것을 찾기가 쉬웠나요? 혹은 어려웠나요?

사진을 선택하면서 경험한 것에 대한 질문 예시

1) 좋아하는 사진을 고르면서 순간적으로 든 느낌은 무엇인가요?
2) 고른 사진을 다시 보면서 드는 생각과 새롭게 느끼는 점은 무엇인가요?
3) 고른 사진 중에 빼고 싶은 사진이 있나요? 그렇다면 그 이유는 무엇인가요?
4) 고른 사진을 보면서 아쉬운 점이 있나요?
5) 좋아하는 사진을 고르면서 어려운 점이 있었다면 무엇인가요?

사진을 보면서 경험하는 것에 대한 질문 예시

1) 내가 촬영한 사진 중에 가장 좋아하는 것은 무엇인가요?
2) 고른 사진에 스토리가 있나요?
3) 사진에 제목을 붙인다면 무엇인가요?
4) 내가 좋아하는 사진이 주는 감정은 무엇인가요? 주로 어떤 감정이 느껴지나요?
5) 좋아하는 사진을 보면서 떠오르는 기억이나 생각이 있나요?
6) 절대 남에게 보여주고 싶지 않은 사진이 있나요?
   특히 누구에게 보여주고 싶지 않나요? 그 이유는 무엇인가요?
7) 나의 관 안에 넣어두고 싶은 사진이 있나요? 그 이유는 무엇인가요?
8) 선택한 사진을 살펴보면서, 고를 때는 몰랐던 어떤 패턴을 발견할 수 있나요?
9) 우연히 나타나고 상징적으로 표현된 것이 있나요? 그것이 무엇인가요?
10) 좋아하는 사진이 나에게 말해주는 의미는 무엇인가요?

위의 예시 질문을 활용해 촬영하거나 수집한 후 골라온 좋아하는 사진들을 가지고 연구 참여자들이 서로 짝을 이루어 인터뷰를 진행했다. 대화 시 유의할 점은 앞서 언급한 바와 같이 상대방에 대해 어떠한 판단을 내리기보다는 내담자의 세상이 어떠한지 살펴본다는 마음을 갖는 것이다. 내담자가 자신이 좋아하는 것을 통해서 본인은 어떠한 상황에 있으며 어떠한 사람인지를 알아갈 수 있도록 돕는 질문을 하는 것이다.

■ 내가 좋아하는 사진으로 인터뷰하기 사례 1

| 라온이 좋아하는 것을 주제로 촬영하고 수집한 사진 |

상담자 : 좋아하는 사진을 찍고 고르면서 어떤 경험을 하셨나요?

내담자 : 사진을 고르면서 즐거웠어요. 사진 찍을 때의 일들이 떠올라서 좋았어요.

상담자 : 사진을 고르면서 새롭게 든 생각이나 느낌이 있었나요?

내담자 : 제가 아직도 아이들한테 많은 집중을 하고 있다는 생각이 들었어요. 아이들이 크면서 마주치는 여러 가지 어려운 부분들이 있잖아요. 그런 것들이 속상하고 힘이 들죠. 지금은 아이들이 사춘기라서 더 힘들고요. 그래서 아이들이 어렸을 때 바다로, 산으로 함께 여행하며 이렇게 환하게 웃었던 그때처럼, 일상에서 잠시 벗어나 자연 속에서 쉬고 싶다는 마음이 강하게 들었어요.

(중략)

상담자 : 가장 좋아하는 사진에 제목을 붙인다면 뭐라고 할 수 있을까요?

내담자 : 행복한 기억이요.

상담자 : 행복한 기억이 좋아하는 사진에 남아있군요. 그러면 좋아하는 사진을 보면서 더 특별하게 느껴
지는 것이나 떠오르는 생각도 있나요?

내담자 : 이런 자연 속에서 며칠만이라도 머무르면 좋겠어요. 일상의 근심 걱정을 내려놓고 그냥 앉아만
있어도 좋겠다는 생각이 들어요. 아마 현재의 내가 몹시 지쳐있고, 아이들과 자연 속에서 함께
했던 여행이 무척 행복한 느낌으로 기억됐기 때문이겠죠.

(중략)

상담자 : '내가 좋아하는 사진' 활동을 하면서 전체적으로 느끼신 점은 무엇인가요?

내담자 : 주제가 좋아하는 것, 좋아하는 사진이기 때문에 이 활동을 하는 동안 기분이 더 좋아졌어요. 그
리고 좋은 것들을 평상시보다 더 많이 생각하게 됐죠. 거기에서 얻는 긍정적 에너지가 있고, 이
것이 이 과정을 통해서 얻게 되는 장점인 것 같아요.

■ 내가 좋아하는 사진으로 인터뷰하기 사례 2

| 류기상이 촬영하고 수집한 좋아하는 사진 |

상담자 : 그동안 어떻게 지내셨나요?

내담자 : 즐거웠어요.

상담자 : 어떤 것이 즐거우셨어요?

내담자 : 좋아하는 것들을 찍었어요. 쇼핑하듯이. 그
래서 즐거웠습니다.

상담자 : 쇼핑을 한다는 건 어떤 의미인가요?

내담자 : 좋아하는 것을 장바구니에 담는 것이요. 좋
아하는 것을 찍는 것이 쇼핑하는 것 같아서
즐거웠어요.

상담자 : 그래서 많이 담으셨어요?

내담자 : 네, 많이 담았는데 10장 정도로 골라내야
해서 좀 많이 덜어냈어요.

상담자 : 덜어내면서 어떤 마음이 드셨어요?

내담자 : 많이 아쉬웠어요. 다 담을 수가 없어서 덜어내면서 정말 아쉬웠어요.

상담자 : 어떤 게 가장 아쉬웠어요?

내담자 : 처음에 찍었던 사진이 시계였는데 시리즈가 있었어요. 그중에 14개 정도를 덜어냈어요. 그래서 아쉬웠어요.

(중략)

상담자 : 네. 그렇군요. 사진을 고르면서 어려운 점이 있었나요?

내담자 : 15개 정도의 시계 사진을 보니까 내 인생에 소중한 보석 같은 것이 더 많을텐데, 왜 시계만 수집했을까 하는 생각이 들었어요. 좋아하는 것들에 대한 욕구가 채워지고 나니까 다른 게 들어왔어요. 그래서 주변을 돌아보니 내가 좋아하는 아이들, 일들이 보였고 단순히 원하는 것과 좋아하는 것의 차이에 대해 생각하게 됐죠.

상담자 : 시계를 고르면서 본인의 욕구를 채운 후, 주변을 돌아보면서 더 소중한 것들을 찾을 수 있었다는 말씀인가요?

내담자 : 아이와 시계의 순위가 같을 수는 없잖아요.

상담자 : 순위를 나누니까 어떤가요?

내담자 : 집중할 수 있는 느낌이 들었어요.

상담자 : 아, 그러시군요. 이 활동이 주는 의미는 무엇인가요?

내담자 : 좋아하는 사진을 통해서 가족에 대한 생각, 교육에 대한 생각, 또 삶의 공유에 대한 생각을 했어요. 진심으로 좋아하는 것을 볼 수 있는 시간이었던 것 같아요.

위의 인터뷰 사례처럼 본 활동 연구 참여자들은 자신들이 골라온 좋아하는 사진을 보면서 상담자가 묻는 질문에 답을 하는 동안 막연하던 느낌이나 생각 혹은 미처 알아차리지 못했던 자신에 대한 통찰을 구체적인 사진 이미지 속에서 선명하게 떠올렸다. 또한 자신이 현재 무엇에 가장 집중하고 있는지, 자신에게 결핍된 것이 무엇인지를 인지하게 되었다. 원하는 것을 소유하고 싶은 욕구를 그것의 사진을 찍는 과정에서 어느 정도 충족할 수 있었다. 수많은 사진들 중 더 선호하는 사진을 고르는 동안 자연스럽게 자신의 삶에서 소중한 것들의 순위가 나눠졌으며 나아가 자신의 삶을 통찰하는 의미 있는 시간이 되기도 했다.

여러분도 앞에서 콜라주한 좋아하는 사진을 보며 60쪽의 질문들에 스스로 답해보세요.

좋아하는 사진의 패턴 살펴보기

좋아하는 사진이 주는 다양한 의미를 좀 더 깊이 알아보기 위해 이 프로그램을 시작할 때 진행했던 좋아하는 사진 고르기를 다시 한 번 살펴보았다. 여기서 공통적으로 나타나거나 강조되는 것들을 찾아보았고 묶을 수 있는 것은 묶어서 몇 개의 그룹으로 나눠지는지, 어떤 패턴이 있는지 살펴보았다.

연구 참여자들이 고른 사진들에는 즉물적 사진, 추상적 사진, 조합된 사진, 강렬한 색깔이 있는 사진, 사람이 있는 사진, 사람이 없는 사진, 좁게 찍은 사진, 넓게 찍은 사진 등 반복적으로 보이는 어떠한 패턴들이 있었다. 김문희와 연구 참여자들이 함께 이야기를 나누는 형식으로 사진을 보면서 어떤 성향이나 패턴이 보이는지 자유롭게 의견을 나누었고, 이 과정에서 참여자들은 자신들이 고른 사진에서 드러나는 특정 패턴을 발견했다. 그 속에는 자신의 가치관이나 세계관, 생활 패턴, 소망, 우선순위 등이 들어있었다. 또한 혼자보다 여럿이 함께 하는 것이 패턴을 알아차리기에 더욱 효과적임을 배울 수 있었다.

■ 좋아하는 사진의 패턴 살펴보기 사례 1

| 서승연이 고른 좋아하는 사진 |

서승연이 고른 좋아하는 사진들을 보면서 다른 참여자들이 발견한 패턴으로는 위에는 자연(특히 하늘)이 있는 사진을 배열하고 아래쪽으로는 사람을 배치하고 있으며, 수직적인 구도와 여러 사람이 밀착해 있는 군상 등이었다. 서승연 본인도 우주 → 자연 → 행복한 모습의 군상 순으로 되어 있는 사진의 배열 속에서 자신이 우주와 자연의 일부로 살아가고 있다는 존재의식이 드러남을 알아차렸고, 행복한 모습의 사람들 사진 속에서 자신이 추구하는 삶의 모습을 발견하는 등 다른 참여자들이 찾은 패턴과 많은 부분을 공감했다. 또한 자신이 좋다는 느낌만으로 고른 이 사진들 속에 본인의 기본적인 세계관이 잘 드러나 있음을 신기하게 생각했다.

■ 좋아하는 사진의 패턴 살펴보기 사례 2

| 정유정이 고른 좋아하는 사진 |

정유정이 고른 좋아하는 사진들 속에서 보이는 패턴으로는 '손' 이미지를 중심으로 사진들이 모아졌다는 점과 화면 구성에 틀(frame)이 있는 사진이 많다는 것이다. 이에 정유정은 손은 권위를 상징하는 소재로 자신이 권위를 중시하며 그것에 많은 신경을 쓰고 있음을 알아차렸으며, 자신만의 틀을 스스로 만들어 생활하고 있음을 깨달았다고 했다. 그는 언제나 계획하고, 그 계획을 실천하기 위해 노력하며, 그것에서 벗어나

려 하지 않으면서 살아간다고 한다. 또한 나이가 들수록 건망증이 나타나면서 틀이 더욱 두터워짐을 알게 되었다. 이를 알아차렸을 때 틀을 깨야 하나 고민했지만, 곧 틀은 안정감을 주는 테두리라는 생각이 들었다고 한다. 따라서 그는 틀을 깨기보다 유연하게 확장할 수 있도록 마음의 여유를 가지려고 노력한다.

서승연과 정유정 외에 다른 참여자들의 사진도 함께 살펴보면서 패턴을 찾고 이야기를 나누어 보았는데 자신을 고스란히 드러내어 보여주는 사진 매체의 강력한 힘을 다시 한 번 확인하는 시간이 되었다고 했다.

위와 같이 '내가 좋아하는 사진'을 주제로 한 활동들의 내용과 사례를 간략히 살펴보았다. 한 달 동안 진행하면서 수집한 자료를 토대로 내가 좋아하는 사진 활동의 치유적 의미에 대해 본인이 탐구한 내용을 다음 장에서 풀어보도록 하겠다.

▶ 셀프 사진치유 활동 6

여러분도 좋아하는 사진들로 콜라주한 것을 보며 어떤 패턴이 보이는지 살펴보세요.
패턴 찾기는 여럿이 함께하면 더 좋습니다.

3. 내가 좋아하는 사진의 치유적 의미

📁 예술의 치유적 활동

'우울한 한국인', '스트레스 공화국', '한국 청소년 행복지수 세계 최저'는 뉴스 등에서 기사로 많이 접하는, 우리의 민낯을 드러내는 말들이다. 쳇바퀴처럼 끊임없이 돌고 도는 경쟁 속에 내몰리는 청소년기를 지나면 한숨 돌리기가 무섭게 더욱 치열한 다음 레벨의 관문이 기다리고 있다. 연애도, 결혼도, 출산도, 집 마련의 꿈과 인간관계마저도 포기한 '오포세대', 'N포세대'라는 자조적 표현들이 넘쳐난다. 어디 그뿐인가? 의학의 발달로 인간의 수명은 늘어났지만 그것이 마냥 축복이지는 않은 현실이다. 일자리를 찾는 노인들이 늘어나고 쓸쓸히 죽음을 맞는 독거노인의 이야기가 더는 충격적이지 않다. 이러한 현실 속에 마음의 고통을 호소하는 사람들은 점점 늘어나고 있다. 마음의 감기라고 불리는 우울증을 스스럼없이 얘기하지만 정신과 병원의 문턱을 넘기는 쉽지 않다. 과거에 비해 정신과 치료에 대한 인식이 많이 개선되었지만 여전히 부정적이고 회피적인 시선은 존재하며, 환자 본인이 느끼는 부정적인 생각과 우리 사회 속에서 정신질환은 아직까지 오해와 편견으로부터 벗어나기 힘든 상황이다.[7] 이로 인해 예술치료에 대한 기대감과 수요가 증가하고 있으며 학교 교육현장에서 나타나는 학교폭력, 왕따, ADHD 등이 점차 우리 사회로 확산되면서 예술매체를 활용한 치료에 관

_____ 7 김병현(2015); 성기혜(2009)

심이 확장되고 있다.[8] 예술의 치유적 활용은 그 역사가 매우 깊다. 초기 모습은 고대의 제례의식에서 행한 무가와 춤 그리고 샤먼의 주거지였던 동굴 속 암각화, 무화 등 상징적인 그림을 통해서 엿볼 수 있다.[9] 또한 이집트 사람들이 예술 활동으로 정신 병리가 있는 사람들의 치료를 촉진한 사례가 있으며,[10] 그리스인들이 드라마와 음악을 활용해 정신병의 회복증진에 도움을 준 사례도 있다.[11]

그렇다면 예술 매체의 하나인 사진의 경우 치유적 경험이 어떻게 일어날까? 주디 와이저는 사진을 찍으러 가기로 결심하거나 예전에 찍은 사진을 다시 본 적이 있는 사람이라면 누구나 사진이라는 매체가 제공하는 자기 탐색과 개인적 성숙이라는 자연스러운 과정과 마주치게 되며 이것이 치료로서의 사진(photography as therapy)이라고 말한다. 다양한 예술매체 중 특히 사진은 상당히 구체적이고 실증적이기에 내담자에게 더욱 신뢰를 줄 수 있으며, 외면의 이미지를 분석해 무의식 속의 내부적인 문제를 이끌어내는 데 중요한 역할을 할 수 있다. 또한 사진은 창작이나 감상, 시간과 장소의 제약을 덜 받는 매체이므로 내담자들의 자발적 참여와 독창성, 창의성, 내담자와의 친밀한 라포 형성을 통한 심리 역동적 무의식의 접근이 용이한 매체가 될 수 있다.[12]

본 장에서는 이처럼 타 매체보다 접근과 활용이 용이한 사진의 치유적 의미를 '내가 좋아하는 사진'을 주제로 치유활동을 경험한 참여자들의 '변화'를 중심으로 살펴보았다. 필자는 관찰한 내용을 토대로, 사진가이자 사진교육자의 입장에서 사진치료와 관련된 논문과 저서를 참조해 의미를 탐구했다. 본 연구는 살아있는 경험을 지향하며, 그 경험의 의미가 포함된 현상의 본질을 분석을 통해 밝히는 귀납·기술적 연구방법인[13] 지오르지(Giorgi)의 현상학적 연구방법을 참조했다. 현상학적 연구는 현상의 경험에 대한 본질에 집중하기 위해 연구 참여자의 생활 속에서 자료를 수집한다. 또한 상호주관성을 통해 본질의 구조를 파악하는 과정을 거쳐 발견된 결과로 현상학적 기술

———————— 8 김병현(2015)
9 윤혜선(2010) ; 김진숙(1993)
10 윤혜선(2010) ; Fleshman, B. & Fryrear(1981)
11 윤혜선(2010) ; Gladding. S(1992)
12 용수옥 외(2015) ; 홍미선(2011)
13 박진영(2011) ; 이남인(2004)

을 시도하는 것이므로[14] 본 활동의 의미와 치유적 효과를 기술하기에 적합한 방법이라고 할 수 있다.

📁 연구과정

사진치유 프로그램 연구활동의 자료수집은 2016년 5월부터 2017년 2월까지 총 20회기로 진행했으며, 각 회기별 활동 시간은 4시간이었다. 매 활동은 참여자의 표현을 빠짐없이 생생하게 기록하기 위해 연구 참여자의 동의하에 녹음했다. 총 6개의 주제로 진행한 연구활동 중 본 장에서는 '내가 좋아하는 사진'을 주제로 진행한 사진치유 활동의 자료를 분석해 기술했다. 연구 참여자들은 현재 사진교육을 하고 있는 사진가, 교육자, 심리치료사 등 7명으로 구성되었으며, 자료분석은 연구활동이 마무리된 후인 3월부터 진행했다. 현상학적 연구의 자료분석은 참여자의 구술에서 의미 있는 내용을 추출하고 이를 연구자의 언어로 종합해 핵심명제를 도출한다. 이후 그 구조를 확인하고 통합하면서 발견적 해석과정을 거쳐 자료를 분석하는 것으로[15] 본인도 자료를 분석함에 있어 연구 활동 시 녹음한 축어록을 여러 번 반복해서 읽어 참여자들의 진술에서 의미단위를 확인했고 이를 유사한 내용으로 범주화해 기술했다.

📁 연구결과

연구활동을 진행하는 동안 연구 참여자들이 진술한 내용을 분석한 결과 '내가 좋아하는 사진' 프로그램을 통해 심적·내적 변화 관련 경험으로써 도출한 의미 있는 진술은 69개였다. 이는 다음과 같이 5개의 중심 주제로 축약되었다.

1) 주제가 주는 긍정적 에너지, 임파워먼트

거의 모든 연구 참여자들이 '내가 좋아하는 사진'이라는 주제가 주어졌을 때부터 긍정적인 감정들이 올라오는 것을 느꼈다. 또한 좋아하는 것을 찾아 촬영을 하는 것만으

14　박진영(2011) ; 조용환(2009)

15　용수옥·강민희(2015); 이옥자(1995)

로도 기분이 좋아지고 힘이 나는 것을 경험했으며, 이러한 주제 활동을 하지 않았을 때와 비교해 상대적으로 더 많은 긍정적 감정들이 올라옴을 인지했다. 이러한 긍정적 에너지를 임파워먼트(empowerment)[16]라고 할 수 있다. 임파워먼트란 개인이나 집단이 상대적으로 무기력한 상태에서 힘을 가진 상태로 이동함을 의미하며[17] 주관적 인지요소나 정서적 경험들과 관련되어 있어 자기효능감, 유능감, 대처기제능력, 사회적 문제해결, 도전정신 등과 같은 개인의 다차원적이고 복합적인 강점요소를 강화하는 것을 말한다.[18] 또한 임파워먼트는 '강점관점(strength perspective)'의 중요한 개념 중 하나인 실천개념으로, 개인 내면에 있는 힘을 찾아 자신의 삶에 대한 통제권 등 내부의 힘을 가지는 과정을 통해 개인 내적, 대인관계적, 더 나아가 지역사회를 변화시킬 수 있는 힘을 갖게 됨을 의미한다.[19] 개인 내적인 힘은 삶의 동기를 찾을 수 있도록 돕고 심리적인 안정감과 자아존중감을 유지해 건강한 변화를 가져오게 한다. 이러한 변화는 문제해결과 자기방향성을 증진해 긍정적인 대인관계에 영향을 주어 사회구조의 변화까지 가져올 수 있다.[20]

연구 참여자들이 임파워먼트 측면에서 보인 유의미한 변화를 구체적으로 살펴보면 다음과 같다. 정유정은 좋아하고 끌리는 것을 촬영하는 동안 힐링이 되고 생활에 흥과 힘이 나는 것을 느꼈으며, 한승휘는 좋아하는 것을 찍는 동안 삶에 활력과 생기를 불어넣을 수 있었다.

> 2주 동안 생활하면서 좋아하는 광경들을 촬영했어요. 마침 수업 중 야외촬영이 많아서 틈틈이 사진을 찍었어요. 눈에 끌리는 대로 촬영했는데, 사진을 찍는 것만으로도 힐링이 되었고 생활에 흥이 나면서 힘이 생겼어요.(정유정)

16　임파워먼트의 사전적 의미는 권한 부여, 능력개발, 가능성 부여, 허락 등으로 규정하고 있으며, empowerment에서 'em'은 '연결하다, 주선하다'를 뜻한다. 임파워먼트는 '할 수 있게 해주다(enable), 허용해주다(allow), 인정하다(permit)'를 의미한다 ; 이장범(2012). 가출 청소년의 우울과 사회적 지지가 임파워먼트에 미치는 영향, 명지대학교 대학원 박사학위논문.

17　이장범(2012) ; 남궁은숙·신영화(2011)

18　이장범(2012) ; 최용민(2005)

19　이은선(2017) ; 김미옥 외(2009) ; 김영란(2006) ; Lee(2001)

20　이은선(2017) ; 배윤정(2008)

좋아하는 것을 찍을 때는 기분도 좋아져서 삶에 활력과 생기를 불어넣을 수 있었어요. (한승휘)

라온은 긍정적인 감정들과 기억들이 평소보다 많이 떠올라 좋은 에너지를 받을 수 있었고, 서승연은 좋아하는 사진을 보면서 기분이 좋아지는 것을 느꼈다.

좋은 감정과 기억들을 떠올리는 시간이 평소보다 많아져서 이 활동을 하지 않았을 때보다 좀 더 긍정적인 날들을 보냈어요. 저에게 좋아하는 사진은 즐거웠던 시간과 기억을 담는 행복한 몰입이며 언제든 꺼내 그때의 멋진 장면과 기분 좋았던 감정들을 회상할 수 있는 긍정적 에너지예요. (라온)
내가 좋아하는 사진을 보면서 그때의 기분을 떠올리고 나도 모르게 입가에 미소를 띄우면서 기분이 좋아지는 것을 느꼈어요. (서승연)

이렇듯 연구 참여자들은 내가 좋아하는 것을 떠올리고, 찾아서 찍고, 그중 더 마음에 드는 사진을 고르는 등 일련의 사진치유 활동에서 평소보다 긍정적인 힘을 많이 받았으며 삶에 활력이 생기는 유의미한 변화를 보였다.

2) 자기탐색과 자기성찰의 시간

본 사진치유 활동의 회기가 진행되면서 연구 참여자들은 자신과 직면했다. 특히 현재 자신이 집중하고 열망하는 것이 무엇인지, 결핍이 무엇인지를 파악하고 이를 통해 자신을 들여다보는 자기탐색의 시간을 가지게 되었다. 이러한 자기탐색의 시간은 자기성찰로까지 이어졌다. 자기성찰(self-reflection)이란 자신의 잘못된 생각이나 행동에 대한 뉘우침뿐만 아니라 마음의 상태나 움직임을 진지하게 들여다보는 것이고[21] 열정적으로 알고자 하는 자세를 가지고 자기를 점검하는 태도이기도 하다.[22]

칸트(Kant), 사르트르(Sartre), 베르그송(Bergson) 등과 같은 수많은 철학자들이 이 같은 자기성찰의 중요성을 강조해왔다. 자신에 대한 성찰이 제대로 이루어졌을 때 주체의 정체성이 명확해지고 제대로 된 자기 이해가 가능하기 때문이다. 그것은 내면의 상

---

[21] 정성훈(2013) ; 이재용(2008)
[22] 정성훈(2013) ; Mahoney(1997)

처와 고통의 치유로까지 연결되어, 더욱 행복한 삶을 가능케 한다.[23] 또한 성찰을 통해 자신뿐만 아니라 타인과 세계에 대한 직관과 공감적 이해를 갖게 되고 인격적 자기 수양, 마음의 안정, 그리고 타인과의 조화를 경험함으로써 사회적 책임감을 갖춘 성숙된 자기로 나아갈 수 있다.[24]

연구 참여자들이 이야기한 자기탐색의 경험은 다음과 같다. 라온은 좋아하는 것들을 떠올리면서 현재 자신이 가장 집중하고 가치를 부여하는 것에 대해 살피는 계기가 되었고, 나아가 한걸음 물러서서 자신을 객관적으로 바라보았다고 한다.

> 내가 뭘 좋아하지? 내가 뭘 좋아할까? 열 가지를 떠올려 보면서 내가 지금 어느 방향에 집중하고 있는지를 살펴봤어요. 가끔씩 일부러라도 이런 시간들을 가지면 저를 객관적으로 살피는 데에 도움이 되겠다고 생각했어요. (라온)

류기상은 좋아하는 사진을 통해서 가족과 교육·공유에 대해 사유하게 되었고, 정유정은 좋아하는 사진을 보면서 자신이 원하고 하고자 하는 것이 무엇인지를 알았으며 현재 자신의 모습을 볼 수 있었다고 한다.

> 좋아하는 사진을 통해서 가족, 교육, 삶의 공유에 대한 생각들을 하고 진심으로 좋아하는 것을 확인할 수 있는 시간이었던 것 같아요. (류기상)
> 좋아하는 사진을 보면서 내가 원하는 것, 하고자 하는 바가 뭔지 알게 됐고 현재 나의 모습을 볼 수 있었어요. (정유정)

한승휘는 좋아하는 것들을 찍으면서 자신의 욕구와 바람, 기호와 취향, 정체성을 확인할 수 있었다고 한다. 또한 좋아하는 것을 찍고 골라온 사진들 속에 반복적으로 나타나는 패턴을 통해서도 자신의 성향이나 욕구 등을 선명하게 마주 볼 수 있었다. 정유정이 고른 사진에는 '손' 이미지가 반복적으로 나타났는데 이를 통해 자신이 권위를 중시하고 있음을 인지하게 되었고, 또 다른 패턴인 사진 속 프레임 이미지를 통해서 자신만의 '틀'을 만들어 놓고 그 안에서 생활하는 자신을 발견할 수 있었다.

---

23   정성훈(2013)
24   김기정(2016) ; 조긍호(2007)

좋아하는 걸 찍으면서 나의 욕구와 기호, 정체성 등을 확인할 수 있었어요. (한승휘)

좋아하는 사진을 골라보니 손 사진을 중심으로 모아졌음을 알 수 있었어요. 손은 권위를 상징하는 소재라고 하잖아요. 그래서 내 자신이 권위를 중시하고 그것에 많은 신경을 쓰고 있음을 알게 됐어요. 또한 사진 속의 프레임처럼 나만의 틀을 스스로 만들어 생활하고 있음을 알 수 있었어요. (정유정)

한편 류기상은 자신이 고른 사진들 속에서 나온, 자신을 상징하는 일정한 패턴을 확고한 자기정체성과 연관 지으며 반가워하기도 했다.

제가 고른 사진들 속에서 저에 대한 패턴이 일정한 형식으로 나왔다는 게 한편으론 반갑기도 했어요. 그래야 저에게 더 확실해질 수 있으니까요. (류기상)

이처럼 이들은 본 활동을 하는 과정 중에 자신과 자신의 일상과 주변을 깊이 있게 탐색하게 되었다. 일상에서 일어나는 모든 사건들 혹은 생각이나 감정적인 반응들의 의미를 깨달아가는 과정이 곧 성찰이므로[25] 연구 참여자들이 '내가 좋아하는 사진'을 주제로 사진치유 활동을 하는 동안 자연스럽게 자기성찰의 과정을 겪게 되었음을 알 수 있다.

3) 소유 욕구의 심리적 만족

사진을 찍는 행위는 소유 욕구를 매우 자극하는 활동이기도 하다. 연구 참여자들은 '내가 좋아하는 것'을 떠올리고 카메라에 담으면서 마치 좋아하는 것들을 장바구니에 담는 것 같다면서 즐거워하기도 했으며, 하나라도 빠트릴까 노심초사하는 모습도 보였다. 좋은 것, 멋진 것, 행복한 일들을 사진에 담아 생생하게 보관하며 꺼내 보는 것도 그에 대한 일종의 소유라고 볼 수 있다. 정신분석학자 에리히 프롬(Erich Pinchas Fromm)에 의하면 인간은 태어남과 동시에 끊임없이 소유하고자 하는 욕구를 가지고, 이러한 욕구는 자본주의 사회에서 당연시되며 노골적이라고 한다. 더 많은 소유를 지상목표로 하는 현대 사회에서 인간 존재의 본질은 소유하는 것에 있으며 소유가 없는 사람은 아

---

25   김기정(2016) ; Dewey(1933)

무엇도 아닌 존재인 것처럼 여겨지는 실정이다.[26] 이처럼 에리히 프롬이 말하는 소유적 실존 양식은 '나의 것'을 만들어가는 과정과 무엇인가를 소유함에 있어 사회와 나의 관계가 결정되는 것이다. 다시 말해서 내가 존재하는 것은 소유하고 있기 때문이라고 볼 수도 있다.[27] 그렇다면 연구 참여자들이 실제로 소유하고 있는 것은 아니지만 좋아하고 원하는 대상을 사진으로 찍어서 이미지로 소유하고 만족감을 느끼는 것은 이들에게서만 일어난 특별한 경우일까? 알타미라 동굴 벽화를 보고 학자들은 그 시대 사람들이 벽화에 들소를 그림으로써 사냥에 대한 성공을 기원함과 동시에 그 들소가 자신들의 소유라고 믿었다고 분석한다. 그들은 들소를 그려서 살아있는 '들소'를 가진 것이다. 사물을 소유할 수 없을 때 갖지 못한 사물에 대한 집착은 그 사물에 대한 이미지로 전이된다.[28] 이처럼 몇 만 년 전부터 사물의 이미지를 소유함으로써 실제 소유한 것처럼 느끼는 만족감은 불완전하기는 하지만 심리적 보상으로는 유의미하다고 할 수 있다.

연구 참여자들이 본 사진치유 활동 중에 느낀 심리적 만족을 구체적으로 살펴보면 한승휘는 사진을 찍고 인화를 하면서 기분이 좋아졌고 그것을 계속 소유하고 싶은 마음이 들었으며 그렇기 때문에 사진을 찍는 행위가 이미지 소유를 목적으로 한다고 생각했다.

> 사진을 찍고 프린트하면서 되게 기분이 좋아졌어요. 그것의 소중함이 다시 느껴지고 그걸 계속 갖고 싶었어요. 아니 갖고 싶다기보다 '놓치고 싶지 않다'가 더 정확한 표현 같아요. 사진을 찍는 행위는 이미지의 소유를 목적으로 한다고 생각해요. (한승휘)

류기상은 좋아하는 것을 촬영하는 것이 쇼핑하면서 좋아하는 물품을 바구니에 담는 행위 같아서 즐거웠으며, 골라둔 사진을 다시 10장 내외로 추려낼 때에는 무척 아쉬운 마음이 들었다고 했다.

---

26   Erich Fromm(1996)
27   박주희(2013)
28   차원희(2014)

촬영 활동이 좋아하는 것을 바구니에 담는 쇼핑처럼 느껴져서 즐거웠어요. 사
진을 좀 추리라고 해서 많이 덜어냈는데 그 때 무척 아쉬웠어요. (류기상)

또한 라온은 좋은 감정이나 기억들을 사진에 담아 언제든지 그 추억을 꺼내 볼 수 있
는 것이 사진의 가장 큰 장점이라고 했다.

제가 카메라 셔터를 누를 때는 멋지고 좋은 어떤 것, 어떤 사람과 마주하거나
즐겁고 행복한 상황에 있을 때가 대부분이에요. 지금 내가 보고 누리는 좋은 감
정이나 기억들을 사진에 담아 간직하고 언제든지 그 기억을 꺼낼 수 있음이 사
진의 가장 큰 장점인 것 같아요. (라온)

연구 참여자들이 말한 바와 같이 어떤 대상을 카메라에 담는 행위, 특히 '내가 좋아
하는 것'을 찍는다는 것은 그 행위만으로도 어느 정도 심리적 만족감을 느끼게 되며 저
장된 이미지들은 내가 원할 때 언제든지 손 안에 두고 볼 수 있는 '나의 것', '나의 소
유'가 된다.

4) 욕구와 결핍의 공존

연구 참여자들은 좋아하는 것을 찍거나 고르는 활동 중 지금은 그것이 없다는 사실,
부재[29]나 결핍을 마주했고 자신이 좋아하는 것이 없다는 사실을 인지하기도 했다. 또
한 좋아하는 것 이면에 싫어하거나 마주하고 싶지 않은 것들이 함께 있음을 깨닫는 경
험도 이루어졌다. 이러한 경험들은 현재 자신의 삶의 위치, 상황 등을 가감 없이 들여

---

29 현존(presence)과 함께 상징적 질서를 양극화하는 항으로, 있어야 할 것이 없을 때의
상황을 상징화한 것이다. 라캉은 프로이트의 『쾌락원칙 너머』(1920)에 등장하는 '포
르트/다(Fort/Da)' 놀이에서 이 부재와 현존으로 구성된 상징적 질서로의 최초 진입
을 발견했다. 이 놀이에서 아이는 엄마의 부재와 현존을 '있다(Fort)'와 '없다(Da)'라
는 음성적 대립을 통해 재현한다. 라캉은 이 개념을 '부재로 만들어진 현존'이라고 정
의했는데, 왜냐하면 상징은 어떤 사물이 부재할 때 사용하기 때문이다. 이렇게 상징
적 질서 속에서 부재와 현존은 서로를 함축하고 있으므로, 부재는 적어도 상징적 질서
속에서는 현존과 동등한 존재값을 가진다고 말할 수 있다. http://www.doopedia.
co.kr 여기서 주목할 것은 '사진'의 속성도 이와 같다는 것이다. 사진을 찍는 순간 그
대상은 과거가, 다시는 돌이킬 수 없는 '부재'가 되지만, 우리는 프린트된 사진이나 화
면 속에서 원할 때면 언제나 그 대상을, 그 상황을 소환할 수 있다. 즉 우리 손 안에 있
는 사진은 부재이자 현존인 것이다.

다보는 계기가 되었다. 우리가 무언가를 간절히 원한다는 것은 그것의 결핍을 전제로 한다. 이미 충분히 있는 것을 간절히 원하지는 않기 때문이다. 한승휘는 자신이 고른 사진을 가지고 진행된 인터뷰 과정에서 사진에 투사된 자신의 욕구를 알아차렸고 이를 통해 그것의 결핍도 인지했다. 라온 역시 자신이 고른 사진들이 현재의 결핍에서 비롯됨을 인식했다.

> 현재 저의 욕구와 소망을 알 수 있었어요. 이를 통해 결핍도 확인하고 저의 상황을 총체적으로 들여다볼 수 있었어요. (한승휘)
> 제가 고른 좋아하는 사진들에서 그 뒷면에 그림자처럼 붙어있는 고단한 현실과 불안한 미래를 짐작할 수 있었어요 표면적으로 의식하지 못했던 불안감들을 바라볼 수 있는 경험도 함께 이루어져서 나를 돌아보는 의미 있는 시간이 됐어요. (라온)

이처럼 우리의 욕구는 결핍을 전제로 하며 이는 곧 자기의 안과 밖을 찬찬히 살피고 자기성찰과 자기성장의 경험으로 이어졌다.

5) 치유적 활동

대부분의 연구 참여자들은 좋아하는 것을 떠올려보며 그것을 카메라에 담으면서 즐거움, 행복, 흥, 활력, 생기 등이 일어나는 것을 느꼈으며 자신의 주변에 더욱 관심을 가졌고, 자신의 진심과 마주하는 계기가 되었다.

> 내가 좋아하는 것을 찍고 좋아하는 사진들을 보면서 구체적인 나의 호감과 진심을 직면할 수 있는 기회였어요. 가족과의 사소한 감정들도 들여다보고 소중함을 생각할 수 있었어요. (류기상)

또한 촬영을 하면서 자연스럽게 활동성이 부여되었고 기분을 환기할 수 있었으며 자신 주위에 좋아하는 것들이 많이 있음에 감사하는 마음을 갖게 되었다. 사진을 찍는 행위는 곧 좋은 감정들의 기록이기 때문에 그 자체가 이미 즐거움을 주는 치유적 활동이라고 했다.

좋아하는 사진 작업을 하는 동안 활동성이 부여됐고 기분을 환기할 수 있어서 좋았어요. 또한 내가 좋아하는 많은 것들이 이미 내 옆에 있음을 감사하게 됐어요. (한승휘)

저에게 사진을 찍는 행위는 그 당시의 좋은 감정들과 기억들의 기록으로 그 자체가 이미 치유적인 행동이에요. (라온)

내가 좋아하는 것을 주제로 진행된 본 사진치유 활동은 주제가 주는 긍정적 힘은 물론 욕구와 결핍, 부재까지 마주하는 경험을 하게 했고, 이를 통해 자기를 온전히 바라보고 깨닫는 성찰을 이루며 자기성장과 자기통합으로 이어지는 데 도움이 되었다. 카밧 진(Kabat-Zinn)은 매 순간 자신의 내면과 접촉해 조화로운 몸, 마음, 영혼의 에너지가 하나로 통합되어 편안히 이완되는 체험 속에서 집착을 내려놓고 자기통합을 경험하는 것을 치유라고 했다.[30] 따라서 본 활동을 진행하면서 연구 참여자들이 마주하고 깨달은 다양한 변화 경험들이 치유적 활동으로 이어졌음을 알 수 있다.

📁 결론 및 제언

본 연구는 사진치유 활동에 참여한 한국사진교육학회 사진치유치료분과 연구원들의 변화 경험의 본질을 이해하기 위한 현상학적 연구로, 본 장에 해당하는 사진치유 활동은 각 회기 당 4시간씩 4회기에 걸쳐 진행했다. 그 후 1년 동안 주기적인 연구 모임으로 자료를 보완해 연구 결과를 도출했다. 참여 연구원들의 진술을 토대로 한 변화의 경험은 임파워먼트, 자기직면과 자기성찰, 소유욕의 심리적 만족, 욕구와 결핍의 공존, 치유적 활동의 5개 영역으로 나누어 볼 수 있었는데, 이를 변화의 과정 측면에서 살펴보면 다음과 같다.

'내가 좋아하는 것'을 떠올리고 찾아서 사진을 찍는 동안 기분전환, 힘, 활력, 만족감, 활동성 등을 부여받았으며, 찍은 사진을 10장 정도로 추려내는 과정에서 자신이 현재 가장 중요하게 생각하는 것이 무엇인지를 살피는 계기가 되었다. 또한 고른 사진으로 인터뷰를 하면서 상담사의 물음에 답을 하는 과정 중에 그동안 보지 못했던 자신을 직면하고 깊이 있게 탐색하는 경험을 했다. 이러한 과정 중에 자신이 좋아하는 대상

_____ 30 김연금(2014) ; Kabat-Zinn(1998)

이 적거나 없다는 것도, 자신이 좋아하는 것이 현재 존재하지 않는다는 결핍도 마주하게 되었다. 사진치유 활동 중에 자신이 인지하지 못했던 혹은 인정하고 싶지 않았던 모습들을 자연스럽게 보게 되고, 상담사가 던지는 물음에 답을 하는 동안 이전보다 넓어진 시각으로 자신을 정의내리고 자신과 타협하고 인정하며 다독이는 경험을 했다. 이는 사진치유의 의미를 넘어 데이비드 크라우스(David Krauss)가 '사진의 이미지와 창작과정을 조직적으로 응용해 내담자의 생각과 행동에 긍정적인 변화를 추구하는 것'이라고[31] 정의한 사진치료에 있어서도 매우 유의미한 결과라고 할 수 있다.

위와 같은 연구 결과와 함께 본 연구의 한계점과 제언을 덧붙이고자 한다. 먼저 연구의 한계점으로는 본 활동에 참여한 대상 대부분이 사진을 전공하고 사진 관련 직업에 종사하고 있다는 특수성에 있다. 이러한 이유로 참여자들은 사진을 전공하지 않은 일반인들에 비해 사진치유 활동을 함에 있어 수행능력과 호감도가 높았으며 이는 변화 경험에 미치는 긍정적인 영향에도 장점으로 작용했다고 볼 수 있다. 또한 본 프로그램은 한국사진교육학회 사진치유치료분과 연구활동의 일환으로서 사진치유 활동을 개발하고 그 효과를 경험해보기 위한 것으로, 연구원을 치료 대상으로 적용한 것이 아니며 치료사 교육과정도 아니라는 입장에 그 한계점이 있다고 하겠다. 그러나 이러한 한계에도 불구하고 사진치유 활동 중 연구 참여자들이 겪은 변화의 경험들은 매우 의미 있다. 또한 사진이라는 대중적인 매체로써 누구나 쉽게 접근할 수 있고, 따라 할 수 있는 예술치유 활동이라는 점에서 본 연구활동의 의미가 크다고 할 수 있다. 이러한 점을 감안한 후속연구를 위해 다음과 같이 제언한다. 먼저 사진치유 프로그램 대상자를 사진 전공자로 한정하지 않고 더욱 폭넓은 대상자로 넓힌다면 풍부한 자료를 바탕으로 한층 객관적인 분석결과를 도출할 수 있을 것이다. 또한 필수품으로 자리한 휴대폰 속 카메라의 대중성을 활용해 점점 깊어가는 현대인의 심리적 고충을 스스로 다독일 수 있는 자가치유 프로그램을 연구·개발한다면 매우 유익한 연구 활동이 될 것으로 보인다.

---

31   이소영(2008)

마치며

　내 안에 휘몰아치는 힘겨운 감정들로 무기력한 날들을 보내던 때에 본 연구활동에 대해 알게 되었다. 꽤 오랫동안 나를 따라다닌 우울감과 무기력함을 떨쳐버리고 싶었지만 병원의 문턱을 넘기엔 용기가 부족했고, 그만큼 깊다고 생각하지는 않았던 터라 본 사진치유 활동을 직접 경험하고 자가치유의 방법을 모색해보기로 했다. 1년여 동안 여섯 가지 주제로 진행된 사진치유 활동을 체험하면서 '나'를 직면하는 시간을 갖게 되었고, 나마저도 돌보지 않았던 '나'를 위로하고 다독였다. 시간을 살면서 출렁이는 파도처럼 삶은 여전히 너울대지만 잠시 서서 잔잔해지기를 기다릴 수 있는 '마음'을 들였다. 잠시 잊고 있었던 친구가 툭툭 어깨를 두드린다.

　한동안 들지 않았던 카메라를 둘러메고 작은 초록색 의자를 들고 뒷동산에 오른다. 강렬함이 한풀 꺾인 오후의 포근한 햇살이 드리운 산길 위에 의자를 내려놓고 눈으로, 귀로, 코로, 피부로 느껴지는 따스함을 담는다. 의자보다 길게 늘어진 그림자가 흙길 위에, 푸른 풀잎 위에, 여린 꽃잎 위에 하품을 하듯 드리워진다. 내가 좋아하는 오후의 평온함을 주섬주섬 마음에, 카메라에 담는다. 반짝, 마음 한편에 작은 불이 켜진다.

| need only one chair, 정은영, 2017 |

3장. 자화상

Self Portraits

"나를 찍어요"

이 모습이 나인가요?

Self Portraits

한경은

들어가며

1 마음 살펴보기

자유연상하기
나만의 자화상 정의 내리기
자화상과 관련한 이전 경험 나누기

2 자화상의 정의와 치유적 의미

3 자화상 사진의 치유적 경험

연속촬영 자화상
타인이 찍어주는 자화상
자화상 촬영 후 경험 나누기
상담자와 내담자 역할 인터뷰 경험하기

4 자화상 사진의 치유적 의미

실제의 나를 보게 하는 자기직면의 힘
자기표현을 통한 감정정화의 힘
다양한 정체성을 수용하는 힘

5 자화상 사진치료에서 상담자의 역할

촬영할 때 내담자의 심리작용 살피기
찍은 사진을 고르고 보면서 통찰하도록 이끌기

마치며

자화상

| 한하운[32] |

한번도 웃어본 일이 없다
한번도 울어본 일이 없다

웃음도 울음도 아닌 슬픔
그러한 슬픔에 굳어버린 나의 얼굴

도대체 웃음이란 얼마나
가볍게 스쳐가는 시장끼냐

도대체 울음이란 얼마나
짓궂게 왔다가는 포만증이냐

한때 나의 푸른 이마 밑
검은 눈썹 언저리에 매워본 덧없음을 이어

오늘 꼭 가야 할 아무 데도 없는 낯선 이 길머리에
쩔룸 쩔룸 다섯 자보다 좀 더 큰 키로 나는 섰다

어쩌면 나의 키가 끄으는 나의 그림자는
이렇게도 우득히 웬 땅을 덮는 것이냐

지나는 거리마다 쇼윈도 유리창마다
얼른 얼른 내가 나를 알아볼 수 없는 나의 얼굴

_____ 32   한하운(1920~1975) : 「가도가도 황토길」, 「보리피리」, 「나는 나는 죽어서 파랑새되리」,
「천형」 등.

들어가며

자화상, 나를 알아가는 치유의 선물

나병을 앓았던 시인은 자신의 얼굴을 "얼른 얼른" 알아볼 수 없다고 말한다. 이 말은 단지 흉한 자신의 얼굴만을 말함은 아닐 것이다. 허기진 웃음과 묵직한 울음이 슬픔으로 굳어버린 얼굴이기에, 고독한 그림자를 끌고 있기에, 결국 낯선 것은 자신의 얼굴이나 길이 아닌 자기 존재 그 자체였을지도 모른다. 그래서 시인은 유리창마다 비친 자신의 얼굴을 얼른 얼른 알아볼 수가 없다. 얼굴은 존재를 담고 있으니까, 몸은 그 존재를 지고 있으니까. 시인은 굳은 얼굴과 쩔룸한 몸을 자신만의 언어인 시어로 표현하며 존재를 사유한다.

사진을 찍는 사람은 자신 앞에 펼쳐진 세계에서 프레이밍(framing)이라는 과정을 통해 자신만의 시선으로 존재를 비춘다. 시인의 언어는 그가 바라본 존재와 세계의 내적 이미지이다. 사진 찍는 사람이 만들어낸 이미지 역시 그의 내적 언어가 된다. 그래서 시어(詩語)나 사진 모두 언어이자 이미지이다.

자화상은 내 모습이 찍힌 이미지이다. 내 모습이 찍힌 이미지를 통해 나를 만난다. 자화상에는 내 얼굴이든 내 몸의 일부이든 어쨌든 '나'의 어떤 것이 찍혀있다. '나'라는 명제는 '타인'을 전제로 한다. '나' 이외의 존재가 있어야 '나'라는 것도 성립된다. 그리고 나와 타인이 있기 전에 즉 '나'와 '너'라는 명사적 항들이 있기 전에, 관계의 동사적 사건, 즉 만남이 있어야 한다.[33] 사진의 장(field)에서는 '사진 찍기'라는 행위가 바로 너와 나를 이어주는 '만남'이 될 수 있다. 만남이 먼저 이루어져야 타인과 내가 구분되고, 그 다음에 비로소 내가 존재할 수 있게 된다. 따라서 사진의 결과가 어떻든 간에 '사진 찍기'라는 행위만으로도 이미 나를 만날 수 있게 되는 것이다.

사진을 찍으면서 나를 만나기 시작했다면, 그 다음은 프린트된 사진을 보면서 한 번 더 나를 만나게 된다. 그런데 사진에 찍힌 내 모습을 보는 일이 매번 반갑지 만은 않다.

---

33 박준상, 「빈중심」, 그린비, 2008, p.216.

오늘의 내가 여실히 기록된 사진 안에, 바로 거기에 때로는 보기 싫은 나, 인정하고 싶지 않은 내가 거대한 벽처럼 버티고 있을 때가 있다. 한 연구원은 커다란 모니터 화면에 즉물적으로 나타난 자신에 모습에 충격을 받은 후로 카메라 앞에 바로 서지 않고, 그림자나 유리창에 비친 모습처럼 간접적으로만 찍게 됐다고 한다. 이렇듯 사진의 사실성은 사진을 보는 일을 부담스럽게 하거나 거부감이 들게도 한다. 하지만 바로 이러한 점 때문에 사진에 찍힌 나를 보는 일은, 자신을 보는 다양한 시선과 조우하며 자기이해의 폭을 넓힐 수 있게 한다.

자화상 작업은 지나치던 일상에서 예기치 못한 오늘의 나를 만나게도 한다. 또 다른 연구원은 자화상 작업을 하던 중에 예전에 찍었던 자화상을 찾아보게 되었는데, 결혼 후 찍은 사진 중 독사진은 단 한 장도 없고 남편과 아이 사진만 발견했다고 한다. 사진을 찍긴 했지만 마음에 들지 않게 변한 자신의 모습을 남기고 싶지 않아서 모두 지워버린 것이다. 이 사실을 인지한 후 가족사진을 찬찬히 다시 들여다 보면서 자신이 누리고 있는 행복을 자각하고 감사한 마음을 느꼈다고 한다. 이후 자신의 변해버린 모습도 조금씩 받아들일 수 있었다고 한다.

자화상을 찍는 이유는 바깥에 있는 자신에게 안에 있는 나를 소개하고 알리는 것이다. 그렇다면 왜 나를 자신에게 소개하고 알리는 일이 필요할까. 스스로를 위로하고 칭찬하고 사랑하기 위해서가 아닐까. 자화상의 수신인은 타인이 아닌 바로 자신이기에, 자화상은 자신과의 대화에 몰입하게 하는 통로가 된다.

나는 최근 '벌거벗은' 자화상을 찍은 작품 〈비가시적 전망(Invisible Vision, 2017)〉시리즈를 통해 나를 만났다. 시인 한하운이 슬픔으로 굳어진 자신의 얼굴을 보며 지독한 외로움을 직면하고 스스로를 위로했듯이, 나는 수치의 발원지였던 내 몸을 드러내며 몸과의 화해를 시도했다. 몸에 새겨진 고통스러운 기억을 하나하나 끄집어내어 '자해와 자살, 도피와 진격, 고립과 내맡김'[34] 등의 동사를 수행하며 억압되고 부끄러웠던 나를 표현했다. 원초적인 몸의 신호를 읽고 몸과 대화를 나누며 사진을 찍는 과정은 곤혹스럽기도 하고 유쾌하기도 했다. 그렇게 2년여 동안의 지속적인 자기개방 시간은 나의 상처를 보듬고 욕구를 검증하는 자기치유의 덤을 선사했다. 내 몸을 비루하고 굴

_____ 34 양효실, 「조금 늦을 네게, 듀얼 모노드라마: 한경은 작품집, 몸의 귀환」, KT&G 상상마당, 2017, p.64.

욕적으로 바라보던 시선이 거두어졌고, 이제는 내 몸이 '그냥 그렇다'고 생각한다. 벌거벗고 껑충껑충 뛰어다니며 한없이 자유로웠던 경험은 자화상이 아니었더라면 감히 할 수 없었고, 굳이 할 필요도 없었지만, 결국 했기 때문에 신기하고 통쾌한 시간을 내게 선물할 수 있었다.

본 장은 자화상과 관련한 경험을 나누는 것으로 시작해, 리더 김문희를 포함한 연구원 여섯 명이 3주 동안의 집중적인 연구과정을 거쳤다. 첫 주는 긴장을 이완하고 자화상과 관련된 연상들을 풀어내는 자유연상하기를 한 후에 자화상 촬영실습을 진행했다. 둘째 주는 자화상 사진을 다루는 과정에서 사진가와 상담자의 역할과 차이에 대해 토의하고, 내담자의 어려움은 무엇인지, 또한 그것을 다루는 방법에 대해 논의했다. 마지막 주에는 연구원들이 팀을 정해 상담자와 내담자의 역할을 해보며 인터뷰 실습을 하고 연구결과 보고서를 공유했다.

이 장의 자화상은 타인이 찍어주는 자화상에 중점을 두었다. 본인이 혼자 찍는 자화상에 관한 실례와 논의는 기존의 사진치료 관련 책과 논문에서 여러 번 다룬 반면, 타인이 찍어주는 치유적 자화상에 대한 안내와 결과보고는 거의 없기 때문이다. 타인이 도와 함께 찍어주는 자화상은 자기표현이나 자기이해는 물론이고, 내가 타인에게 어떻게 보여지기를 원하는지 자각할 수 있고 타인과의 관계를 볼 수 있다는 점에서 유익하다. 여러분도 타인이 찍어주는 자화상을 통해 자화상 작업의 또 다른 재미와 의미를 느껴보기를 바란다.

이 장에서는 연구원들이 실제 탐색했던 위와 같은 연구과정을 충실히 따라가며 안내할 것이다. 1절, 마음 살펴보기는 자화상과 관련해 어떤 기억과 인상을 가지고 있는지부터 살펴보는 단계이다. 자유연상과 자화상 정의내리기 활동으로, 본 작업에 들어가기에 앞서 마음을 열고 생각과 느낌을 알아보는 방법이다. 2절, 자화상의 정의와 치유적 의미에서는 사진 자화상의 개념적 정의를 살펴보고, 자화상 연구의 이론적 근거와 목적을 제시한다. 3절, 자화상과 관련된 경험 나누기에서는 사진가·교육자·상담자·감상자의 입장에서 자화상 사진과 관련된 경험을 나누며, 교육·치료·감상 등 여러 현장에서 다루는 자화상 작업의 다양성과 차이점을 공유한다. 4절, 자화상 사진의 치유적 경험에서는 '연속촬영 자화상'과 '타인이 찍어주는 자화상'의 촬영 기법과 인터뷰까지의 구체적인 방법들을 소개하며 독자들이 실습해 볼 수 있도록 자세히 안내한다. 5절,

자화상 사진의 치유적 의미에서는 그 간의 과정들을 종합해 자화상 작업이 지니는 치유적 효과와 한계·가능성에 대해 이야기할 것이다. 마지막으로 6절, 자화상 사진치료에서 상담자의 역할은 상담자가 내담자의 심리작용을 살피고 통찰을 이끄는 방법과 과정, 유의점에 대해 살펴보는 단계이다.

자화상을 통해 나의 외면과 내면을 바라보는 일은 용기가 필요하다. 어렵고 수고로운 걸음 후에야 맞는 휴식이 달콤하듯이, 자화상 작업 후에는 값진 선물을 받게 된다. 때로는 선물의 포장이 예쁘지 않아서 '이게 진짜 선물이 맞아?'하고 풀어 보지도 않고 외면하고 싶을 때가 있다. 하지만 마음에 들지 않는 겉모양 때문에 열어 보지 않아 그 안에 들어있는 값지고 소중한 선물의 진짜 알맹이를 놓치게 된다면 너무 안타까운 일이다. 그 선물이란 '나를 알아줌'으로써 지금-여기(here & now)의 내가 허락되는 일이다. 우리는 자화상을 통해 나의 과거를 존중하고, 오늘을 살며, 내일을 받아들이는 일을 더 쉽고 더 깊이 경험할 수 있다. 그러면서 내가 나인 이유를 알고 살아가는 의미를 찾을 수 있을 것이다. 혹시 만나고 싶지 않은 나를 마주할 때 나의 어두운 그림자가 따라온다면 그것도 잘 살피고 귀하게 여기면 좋겠다. 그림자가 짙다는 것은 빛 또한 밝다는 뜻이니, 그 안에서 또 다른 나의 긍정적인 면과 장점의 빛도 만나게 될 것이다. 이 과정이 모두 자신을 알아가는 깨달음의 여정이자 선물이 된다. 나를 표현하는 즐거움과 내가 미처 몰랐던 나를 만나는 감동을 느끼며 자신과 깊은 관계를 맺을 수 있기를 바란다.

1. 마음 살펴보기

나에게 자화상은 _____ 이다.

마음 살펴보기는 말 그대로 현재의 마음을 살펴보는 과정이다. 이는 자화상 관련 주제로써 자유연상하기, 나만의 자화상 정의 내리기, 자화상과 관련된 이전 경험 나누기로 구분한다. 본격적인 촬영에 앞서 함께하는 사람들과 가볍고 편안하게 이야기를 나누며 긴장을 이완하는 시간이다. 몸과 마음을 이완하는 과정을 거치면 좀 더 정직하게 자신과 만날 수 있기 때문이다. 동시에 카메라 앞에서 어떻게 해야 할지 모를 당혹스러움과 부담감에 대한 마음의 준비도 할 수 있다.

자유연상을 통해 자신도 모르게 튀어나오는 단어들을 확인하면서 자화상에 관한 나의 인상과 가치 등을 살펴본다. 나만의 자화상 정의내리기는 '나에게 자화상이란'을 주제로 개인적인 경험을 집단원과(혹은 상담자와) 나누며 자화상 작업에 대한 부담감 또는 기대감을 공유하는 작업이다. 비슷한 경험을 공유하면서 집단원과 친밀감을 형성할 수 있고, 나와 다른 경험을 통해서는 다른 사람을 좀 더 이해하는 시간을 가질 수 있다. 이 과정에서는 자화상에 대한 호기심을 불러올 수 있다. 반면에 촬영에 부담이 있는 사람이라면 무거운 마음을 내려놓을 수도 있다. 본 연구과정에서 경험 나누기 시간에는 사진가, 사진교육자, 상담자, 감상자로서의 경험을 나누며 다양한 분야에서 사진의 기능을 확인하기도 했다. 이로써 사진을 대할 때 겪는 어려움이나 우리가 가져야 할 마음가짐 등을 나눌 수 있었다. 사진 관련 직업을 가지고 있지 않은 일반 내담자들이라면 개인적인 경험을 나누면 된다.

📁 자유연상하기

의자나 바닥에 편안히 앉아 눈을 감고 심호흡을 한다. 신체를 이완하면서 몸의 각 부위에 느껴지는 감각에 집중해본다. 이렇게 내 몸의 감각에 집중하는 것은 몸 자각을 통해서 자신의 상태를 인지하도록 하는 작업이다. 나의 얼굴과 몸을 카메라에 노출하기 전에 마음의 눈으로 나를 한 번 바라보면 긴장을 자각하고 풀 수 있으며, 이후 카메라 앞에 섰을 때 자신에게 더욱 편안히 집중할 수 있도록 돕는다. 그런 후에 자화상과 관련된 기억이나 인상을 떠올려 본다. 내면에 집중하며 '내가 나를 촬영하는 것'이 어떠한지, 사진을 찍는 것이 부담이 되는지 혹은 기대감이 생기는지 내 마음을 들여다본다. 이렇게 잠시 명상을 한 후에, 자유연상을 시도한다. 아래 자유연상을 안내하는 지시문을 읽은 후, 빈 종이 가운데에 '자화상'이라고 쓴다. 연상되는 단어, 문장, 장면 등

을 자유롭게 적는다. (*자세한 내용은 아래의 '따라 해보세요'를 참조)

연구원들은 리더가 제시한 지시문을 따라 마음 살펴보기를 진행했다. 자유연상하기를 통해 나온 단어나 문장들만으로도 각자의 경험과 기억, 생각과 가치, 인상과 느낌들이 드러났다. 단어들을 종합해보니 크게 네 가지로 구분되었다.

개인적인 경험에서 나온 인상과 관련된 단어들
"타인의 시선", "나를 드러내는 것의 두려움", "열등감", "나의 가족", "돌이키고 싶은 것들", "생소함", "몰입과 회피"

사진 교육자로서의 경험과 관련된 단어들
"학교 교사", "사마귀(사진으로 마음을 나누는 귀한 친구들)", "나의 직업", "정체성", "소속"

감상의 경험에서 비롯된 단어들
"누드", "예술로 승화", "그들의 생각을 들여다보는 것이 즐거움", "반 고흐", "별이 빛나는 밤에", "퍼포먼스"

상담자의 경험에서 나온 단어들
"자존감", "논문", "소통", "알아차림", "들어주기, 알아주기, 안아주기"

떠오르는 대로 나열한 단어들 안에는 이미 각자만의 구체적이고 내밀한 경험, 정체성과 존재감, 가치와 지향점이 녹아있었다. 그렇기 때문에 자화상을 촬영하기 전에 마음을 살펴보는 일은 자신의 과거와 현재, 미래를 간단한 방법으로 조망할 수 있는 효과 좋은 준비운동이었다. 집단으로 활동한다면 각자 작성한 자유연상의 내용을 집단원과 함께 나누어본다. 나만 부담스럽고 힘듦이 아님을 알고 공감할 수 있으며 서로의 기운을 북돋울 수 있다.

▶ 따라 해보세요.
자유연상 마인드맵 만들기
'자화상'하면 떠오르는 내용들을 단어나 짧은 문장으로 써보는 과정입니다. 편안한 음악을 나지막히 들려주면 더 좋습니다. 상담 현장에서는 상담자가 내담자에게 다음의 지시문을 읽어주며 이완과 연상을 유도합니다.

눈을 감고 마음을 편안히 합니다.

음악을 들으면서 심호흡합니다.

긴장을 풀고 숨을 깊이 들이쉬고 내쉬면서 어깨에 힘을 뺍니다.

손은 무릎 위에 올려놓고 턱을 살짝 아래로 당겨 줍니다.

(편안히 음악을 듣는다)

이제 조용히 '**자화상**'이라는 단어를 떠올려 보세요. (잠시 침묵)

내가 처음 자화상을 찍었을 때는 언제인가요?

자화상하면 떠오르는 게 뭔가요?

어떤 사진이 떠오르나요?

떠오르는 뭔가가 있으면 눈을 뜨고,

종이 가운데에 '**자화상**'이라 쓴 후 자유롭게 적어보세요.

"

자유연상 마인드맵 작성하기의 순서:
이완하기 → 주제 연상하기 →
연상된 내용을 자유롭게 표현하기(단어나 문장, 그림으로 표현)

"

🗀 나만의 자화상 정의내리기

'나에게 자화상이란'을 주제로 자기만의 정의를 내려 보았다. 그리고 최초로 찍은 자화상이나 자신에게 의미 있는 자화상 작업에 대해 이야기를 나누었다. 주목할 만한 것은 특별히 치유적인 목적을 가지고 자화상을 촬영한 것이 아님에도 불구하고, 어떤 부분에서든 치유적인 의미를 갖고 있다는 것을 발견한 점이다. 그 중 몇 개의 사례를 소개한다. 아래의 글은 연구원들이 자신의 자화상을 공개하며 직접 쓴 글이다.

한경은
"다시 보면 더 좋은 선물"[35]

| 최초의 셀프포트레이트, 2007 |

그때의 나: 그 시절 나는 '늦된 시작'을 했다. 잘 다니던 직장을 그만 두고 늦깎이 학생이 되었고, 야금야금 모은 푼돈과 쥐꼬리 퇴직금을 털어 넣었다. 일하지 않고 공부만 하는 내 인생 최고의 호사를 부릴 때였다. 나이가 많아 학교에서 아이들과 어울리지 못하면 어쩌나, 나이 먹은 만큼 잘하지 못하면 어쩌나 불안했다. 그리고 그 두려움 옆에 설레임과 용기의 잔을 두고 매일 홀짝홀짝 들이킨 시간은 나를 꽤 만족스럽게 키워냈다.

다시 돌아보니: 현재의 나는 '그저 걷는' 사람이다. 쫓기며 달려도 보았고 내 발에 걸려 넘어지기도 했다. 웅크리고 앉아 흐느껴도 보았고, 길가에 드러누워 노래도 불렀다. 지금도 나는 삶이 내게 오라는 곳으로 가는 중이다. 때로는 오라는 손짓의 방향이 달라 보이기도 하고, 부르는 소리가 잘 들리지 않기도 한다. 그럴 땐 지난 내 발자국을 돌아보고, 몸의 감각을 살피고, 앞선 사람들에게 조언을 얻는다. 그리고 다시 내 보폭과 심박수에 맞게 걷는다. 치열하게 살았던 지난 나에게 애썼고 장하다고 전하고 싶다.

자화상은 이런 것 같다. 찍을 당시에는 현재의 나만 보이고, 그것을 나중에 다시 돌아보면 그때의 나와 지금의 내가 동시에 보인다. 그래서 자화상이 주는 선물은 나중에 풀어 볼 때 더 깊은 의미를 지니는 것 같다.

---

35 「월간사진」, 2016년 5월호, "사진가의 청춘(한경은)" 꼭지에서 발췌

이정희

"나를 들여다보는 일"

자신을 들여다볼 수 있는 매체가 되는 사진. 내 얼굴일 수도 있고 몸일 수도 있으며 내 주변의 사람, 나의 습관, 관심, 상처, 꿈 등이 자화상이라고 생각한다.

류기상

"가장 친근한 모델을 찍으면서 표현의 욕망을 채워주는 것"

낯가림이 심한 나에게 내 자신은 가장 친근한 모델이자, 표현하고자 하는 대상에 대한 욕망이었다. 초등학생 때부터 중고등학생 때까지 사진반 활동을 하면서 많은 자화상을 담아냈다. 오히려 대학에 가서는 수업시간에 발표해야 하는 과제 때문에 자화상을 많이 찍지 못했지만, 학부 졸업 작품으로 만들었던 '신화를 꿈꾸며'라는 나의 자화상은 지금도 가장 특별한 작업이 되었다. 너무나도 잘하고 싶었던, 너무나 잘나고 싶었던 1992년. 아름다웠던 기억을 환기 시키는 자화상이자, 그 안에는 위대한 작가를 꿈꾸었던 청년 류기상이 보인다.

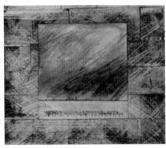

정승원
"그 또한 나"

　자화상은 언제부터인가 내가 거의 다루지 않는 주제가 되었으며, 이제는 되도록 카메라에 찍히는 것을 피하려고 한다. 예전, 특히 어릴 적에는 필름 한 롤을 찍으면 그 안에 마치 이름표처럼 내 사진이 한두 장쯤은 꼭 들어있었다. 함께 촬영을 나갔던 동아리 친구들과 번갈아 가며 서로를 찍어주거나, 마치 사진 끄트머리에 박힌 날짜처럼 단체 사진이 인증샷으로 들어있었다. 그러나 나이 들어가는 것을 느끼면서부터였을까. 사진 속 적나라하게 드러난 내 모습에 적잖이 충격을 받은 후부터였을까. 카메라 렌즈를 정면으로 바라볼 용기가 사라졌다. 성형수술 못지않은 효과를 뽐내는 카메라 앱이 나오면서 아주 가끔 '그 시간의 나'를 기록하는 의미로 셀카를 찍어보지만, 하얀 거짓말쟁이 앱이 쏟아낸 내 모습은 진짜가 아니기에 그것을 이름표처럼 대문사진에 걸어 두지는 않는다. 그렇다고 자화상을 전혀 안 찍는 것은 아니다. 요즘 들어 사진 안에 '나'를 담는 방법은 직접적이지 않도록, 무언가에 반영되거나 비친, 또렷하지 않은, 사실적 묘사가 아닌, 흐릿한 분위기나 느낌을 전해주는 방식이다. 이러한 이미지로 자화상이 표출되는 이유는 아직 온전히 사랑하지 못하는 나 자신을 마주할 용기가 부족해서가 아닐까.

　연구원들은 이렇게 예전에 찍었던 최초의 자화상이나 좋아하는 자화상을 열어보면서 자화상이란 무엇인지 자신만의 정의를 내려 보았다. 불안과 설렘으로 고군분투하

는 사람, 가족의 일부분으로 밀려나 자신을 볼 겨를이 없었던 사람, 자신의 드러나는 모습과 숨겨진 모습을 보는 사람, 자기 자신이 가장 친근한 모델이자 욕망의 대상이었던 사람, 자신을 적나라하게 드러내기보다 은유적이고 시적으로 표현하는 사람. 모두 다양한 환경 속에서 자기만의 역사를 만들며 각자의 방식으로 자신을 표현하는 사람들이었다. 나를 표현하는 것 자체가 치유적이다. 그래서인지 연구원들은 당시에 자화상을 찍으면서 분명히 다양한 치유적 경험을 했음을 확인할 수 있었다. 그리고 지금은 예전보다 더 정직하게 자신을 바라볼 수 있는 용기를 가질 수 있게 된 듯 보였다.

📁 자화상과 관련한 이전 경험 나누기

연구원들은 사진가, 사진 교육자, 상담자이기도 하다. 어떤 사람은 사진가이자 상담자이기도 하며, 어떤 사람은 사진가이자 교육자이다. 그리고 우리는 모두 감상자가 된다. 우리가 어떠한 역할을 하든지 간에, 각각의 역할에는 그 분야만의 어려움과 보람, 즐거움 등이 녹아있었다. 사진으로 하는 우리의 역할이 다르듯이, 다양한 사진 분야에서 내가 사진으로 무엇을, 어떻게 경험할 수 있는지를 아는 일은 사진으로 자신을 표현하고 이해하는 일에 도움이 될 것이다.

📑 사진가로서의 경험

자화상은 필자인 내게 예술가로서의 열등감을 직면하게 한 애증의 주제이다. 대학시절 좋아하고 존경하는 선생님에게 이러한 말을 들었다. "셀프 작업을 할 수 있는 사람은 타고나는 것 같아. 나도 그런 축엔 못 끼는데, 너도 아닌 것 같네." 이 말이 '너는 자화상을 찍을 만큼 예술적이지 않고 특별하지 않은 사람'이라고 들렸다. 그때 우리 과에는 모지락스럽고 날 냄새 나는 누드 자화상을 찍는 여학생이 있었다. 대부분의 교수님들에게도 좋은 평을 들었고 나도 그 처절한 진정성에 감탄했다. 그 여학생의 작품을 보며 대부분의 사람들이 보이는 반응은 '아무나 못하는 거다', '대단하다'였다. 나의 열등감은 바로 이 부분에서 건드려진 것이다. 나는 '아무나'가 아닌 대단하고 특별하고 천부적인 재능이 있는 사람이고 싶었던 것이다. 세월이 지나 조금 더 성숙한 지금의 나는 그리 대단하기를 원하지 않는다. 그리고 천부적인 재능이 없어도 괜찮다. 대신 탁월함을 원한다. 탁월함은 타고나는 것이 아닌 묵묵히 노력하는 것이라는 걸 이해할 수 있게 되어서 다행이다. 자화상은 점점 괜찮은 것들이 많아지는 나를 보게 한다.

사진 교육자로서의 경험

연구원들은 자신도 대면하기 어려워 잘 찍지 않으면서 학습자들에게 자화상 촬영을 해보자고 제안한 점에 대해 반성했다. 한 연구원은 다음과 같이 말한다. "예술강사인 저는 보통 첫 수업 시간에 자화상 촬영을 할 때가 많아요. 아이들에게 꼭 전신이 나오지 않아도 된다고 하면서 손이든 어디든 자부심 있는 부위를 사랑스럽게 찍으라고 하거든요. 그런데 막상 저는 자신의 단점만 보고 부인하고 회피하느라 사진을 안 찍으면서 아이들한테는 강요하고 있었다는 생각이 들었어요." 이 경우에서 알 수 있듯이 지도하는 교육자는 반드시 본인이 직접 자화상을 촬영하면서 어려움이 무엇인지를 겪어보고, 회피의 감정을 회복하는 과정을 이해해야 한다.

상담자로서의 경험

사진치료 현장에서 이루어지는 자화상 작업은 내담자에 관한 많은 정보를 상담자에게 제공한다. 자화상을 찍을 때 내담자의 태도를 관찰할 수 있으며, 자화상 사진을 보면서 현재의 자아상·정체성 등을 확인할 수 있다. 또한 폴라로이드나 휴대폰으로 찍고 바로 출력해서 대화를 시작할 수 있는 접근 방식은 내담자가 사진을 보며 자신의 느낌이나 경험을 자연스럽게 이야기하도록 도와준다. 아동의 경우는 자기가 보여주고 싶었던 포즈에 대한 이야기가 많이 나온다. 성인의 경우는 대개 특정한 포즈를 잘 취하진 않지만 사진을 보면서 자연스럽게 자기 이야기를 많이 하게 된다. 사진을 찍는 것뿐만 아니라 액자를 만들면서 더 만족스럽게 꾸민다거나, 원하는 공간에 놓게 하면서 자기 내면과 자기가 보는 자신에 대한 이야기를 풀어나갈 수도 있다.

감상자로서의 경험

서승연은 영화 〈비비안 마이어를 찾아서, 2015〉에 등장하는 비비안 마이어의 기록적인 자화상에 대해 이야기했다. 비비안은 가정부로 일하면서 일상의 소소한 장면들과 자화상을 찍었다. 서승연은 다양한 장소와 각도에서 투박하게 찍은 비비안의 자화상을 보며 자신이 보는 내 모습과 남이 보는 내 모습의 차이에 대해 생각했다고 한다. "내 사진은 내가 봐서 마음에 들지 않는 거지, 다른 사람이 본다면 그렇지 않을 수도 있겠지요. 사진 찍는 것에 부담을 줄이고 남들에게 보여지는 내 모습에 신경을 덜 써야겠다고 생각했어요."

정승원은 자화상 하면 떠오르는 사진작가인 신디 셔먼(Cindy Sherman)이나 낸 골딘(Nan Goldin)의 작품이 전혀 끌리지 않는다고 말했다. 그러한 사진들이 궁극적으로 말하고 싶은 것이 뭘까 하는 의문이 들기 때문이다. 이에 대해 리더는 자화상을 통해 내면의 그 무엇을 표현하는 것뿐만 아니라, 겉모습을 연출하고 과장하기도 하면서 외부로 향하는 작가의 관점을 표현할 수 있고 거칠거나 흉한 외면의 실체를 보여줄 수도 있다고 설명했다. 덧붙여 자화상은 미래의 내 모습을 찍어보는 방법으로도 접근할 수 있는데, 이것은 비록 현재의 내 모습은 아니지만 상상력을 발휘해서 나를 과시하거나 과장해보면서 자신이 원하는 긍정적인 이미지를 강화시켜 치유적인 효과를 얻을 수 있다고도 말한다. 이렇듯 꼭 창작활동이 아니라 자화상 작품을 감상하면서도 얼마든지 풍부한 인지활동과 정서적 경험을 할 수 있으며, 창작행위로 이어질 수 있게 하는 발판을 만들기도 한다.

2. 자화상의 정의와 치유적 의미

자화상이 무엇인지 알아보기 전에 상위 범주인 초상에 대해 살펴볼 필요가 있다. 초상(Portrait)의 사전적 정의는 '사진, 그림 따위로 나타낸 사람의 얼굴이나 모습'[36]을 말한다. 영문 portrait의 어원[37]은 14세기 라틴어 'portray'이다. portray는 por(forth, 안에서 밖으로)와 traire(trace, 발자국을 따라가는 일·자국/draw, 꺼내다·뽑아내다)가 합쳐진 말이다. 즉 초상이란 인물 내면의 어떤 자국을 외부로 꺼내어 그림, 사진, 조각 등으로 표현한 산물이다.

이 어원으로 연결지어 초상의 한 종류인 자화상 사진(self-portrait photography)의 정의를 살펴보면, 초상을 만드는 제작자 스스로가 자신 내면의 무엇을 뽑아내어 표현한 사진이라고 할 수 있다. 어원으로만 봐도 자화상에는 인물의 내면이 노출된다는 해석이 가능하다. 시대나 제작자에 따라 정도의 차이가 있겠지만, 자화상을 제작할 때에는 자기에 대한 관심, 자기애, 그리고 자기정체성을 규명하고자 하는 열의와 집착이 중요한 동기[38]로 작용한다.

여러 학자들과 문헌은 자화상의 의미와 긍정적인 자기탐색 기능에 대해 밝히고 있다. 미국의 미술비평가 존 워커(John walker)는 자화상이 실제보다 자신을 미화시키는 요소가 있기는 하지만, 근본적으로 자아발견을 위한 노력이며 자아탐구의 과정이라고 말한다.[39] 예술 평론가 로라 커밍(Laura Cumming)은 자화상이란 절대로 사실에 대한 확

---

36 국립국어원 표준국어대사전
37 어원 사전 사이트 www.etymonline.com
38 조선미, 「화가와 자화상」, 예경, 1995, p.295.
39 신경애, 『현대사진에 나타난 셀프 포트레이트의 내면성 연구』, 경성대학교 석사학위 논문, 2001, p.3.

인 자료로 활용할 수 없다고 말하며, 초상화와 달리 이미지가 얼마나 그럴 듯하게 꾸며지거나 사실과 얼마나 거리가 있는지 상관없이 언제나 내부로부터의 충동인 심층적 진실을 드러낸다고 말한다.[40]

사진가이자 사진치료 개척자인 주디 와이저(Judy Weiser)는 자화상을 치유의 한 방식으로 간주한다. 자존감, 자기 인식 그리고 자신감 같은 이슈는 대부분 치료에서 아주 중요한데, 자화상 사진치료는 자신을 보다 명확하게 만드는 중요한 도구라고 했다[41]. 연구팀의 리더이자 사진심리상담사인 김문희도 자화상 촬영은 자존감과 관련되어 자기표현, 자기인식, 자기성찰을 돕는다고 한다. 특히 현재의 자기 상(Image)을 직면하게 하는 데 탁월하다고 말한다. 그만큼 자각(self awareness)을 위한 좋은 방법이라면서 자화상 촬영의 치유적 기능을 강조한다. 덧붙여 자기를 사물에 빗대어 상징적으로 표현하는 것과, 자화상을 통해서 자기를 직접적으로 표현하는 것은 대상(소재)의 차이일 뿐 자화상의 동일선상에 있는 맥락이며 그 또한 충분한 의미가 있다고 설명한다. 이처럼 여러 정의들을 살펴보면 자화상은 자신의 모습과 감정, 개성을 표현하는 수단을 넘어서 일종의 자기고백적인 의미를 내포하며, 이는 매우 강력하고 유익한 치유 기능을 하는 것으로 보인다.

낸 골딘은 1980년대 후반에 트랜스젠더와 드랙퀸들의 일상을 담은 파격적인 사진으로 주목받기 시작했다. 하지만 나는 낸골딘의 사진 하면, 애인에게 맞아 멍이 든 얼굴을 찍은 자화상이 가장 먼저 떠오른다(《The Ballad of Sexual Dependency》에 실려 있다). 그 역시 "이 사진 덕분에 애인에게 다시 돌아가지 않을 수 있었다"며 "사진이 자신의 삶을 구원했다"고 말한다.[42] 낸 골딘이 멍든 자신의 얼굴 사진을 보며 느꼈을 분노와 슬픔을 짐작할 수 있다. 그 힘으로 폭력적인 애인에게 다시 돌아가지 않겠다는 다짐을 하며 자신을 지켰을 것이다. 이렇게 자화상은 내가 현재 당면한 이슈나 주된 정서를 표현하고 그것을 극복할 방법을 제시하기도 한다. 이것은 바로 자화상 자체가 지니는 자기표현을 통해 내면의 자아를 강화시키는 기능이라고 할 수 있다.

심리상담자와 함께 하는 전문적인 치료(치유)과정을 거친다면 자기성찰과 수용이라

---

40   로라 커밍, 김진실 역, 「화가의 얼굴, 자화상」, 아트북스, 2012. pp.9-10.

41   주디 와이저, 「사진치료기법」, 심영섭 외 2인 역, 학지사, p.57.

42   http://fototapeta.art.pl/index.html

는 치유적 효과를 더 높일 수 있다. 예를 들어 평소 감정표현이 자유롭지 못하거나 부정적인 감정 자체를 억압하는 내담자와 자화상 작업을 한다고 가정하자. 이때에는 슬픔, 기쁨 등 특정한 감정을 표현해보는 작업을 할 수 있다. 상담자는 내담자가 자기표현을 하면서 기쁨과 해방감을 느끼고, 그동안 감정을 억압했던 자신과 화해할 수 있도록 돕는다. 내담자는 상담자의 안내에 따라 특정한 감정에 머무르고 그 감정이 표현된 자기를 어떻게 느끼고 인식하는지 탐색한다. 그러면서 감정을 느끼고 표현하는 일은 잘못이 아니라 자연스럽고 자유로운 일이라는 걸 알 수 있게 된다. 상담자는 내담자에게 사진을 찍기 전에 어떤 생각과 느낌이 드는지 질문하고 자신을 깊게 탐색하는 과정은 의미 있는 시간이라고 안내한다. 동시에 내담자가 사진을 찍는 과정을 관찰해 내담자 스스로가 보지 못하는 모습을 반영해준다. 사진 결과물을 보면서는 사진을 어떻게 보고 느끼는지, 연상되는 기억이나 인물이 있는지, 사진 속에 바꾸고 싶은 것이 있다면 무엇인지 등을 탐색하면서 내담자가 자신의 내면과 깊이 만나고 통합해 나갈 수 있도록 지원한다. 주디 와이저는 자화상 사진은 자신을 객관적으로 보게 해 외적인 자신과 이상화한 내면의 자기 이미지를 비교하는 자기반영적 관찰을 통해 정체감을 확립한다[43]고 말했다.

사진치료에서의 자화상 촬영은 주체(내담자)가 치유하고자 하는 자발적인 의도를 가지고 심리전문가와 함께 일련의 과정을 통해 결과물을 만들어낸다. 치유적 의도란 자기표현, 자기탐색, 정체성 확립, 자존감 향상 등이 될 수 있다. 치유적인 과정이란 상담자와 내담자 간의 신뢰를 전제로, 상담자가 내담자의 정서나 태도를 관찰하고 반영하면서 자기인식을 할 수 있도록 돕는 것을 말한다. 이러한 과정은 내담자가 평가나 판단을 받지 않는 안전한 환경에서 자신의 감정과 생각을 표현할 수 있도록 한다.

사진치료에서 자화상을 촬영하는 방법은 다양하다. 첫째, 직접 스스로를 촬영하는 방법이다. 타인의 시선에서 벗어나 자유롭게 자신을 표현할 수 있으며 심리적인 부담이 크지 않다. 둘째, 주제나 촬영방법은 자신이 정하지만 사진은 누군가가 대신 자화상을 찍을 수 있도록 도와주면서 하는 방법이다. 이 방법은 자화상을 더욱 효과적으로 촬영하고록 돕기 위한 것이며, 주인공과 촬영자와의 관계를 들여다 볼 수 있는 방법으로 카메라가 아닌 타인 앞에서 반응하는 자신을 볼 수 있다. 타인의 시선 앞에서

43　주디 와이저, 「사진치료기법」, 심영섭 외 2인 역, 학지사, p.56.

내가 얼마나 편안해하거나 민망해하는지, 또 그 이유는 무엇인지 탐색할 수 있다. 셋째, 자신을 표현하기 위해서 자신의 그림자를 찍거나 거울이나 유리 등에 반영된 모습을 찍을 수 있다. 자신을 드러냄에 부담이나 저항이 많은 사람에게 유용한 방법이다. 넷째로, 나를 상징하는 물건이나 기타 여러 소품을 이용해서 은유적으로 표현하는 방법이 있다. 이는 자기노출을 꺼려하는 내담자가 점진적으로 자기표현을 할 수 있게 하는 좋은 방법이다. 마지막으로 메이크업(혹은 분장, 페이스 페인팅 등)이나 의상, 소품 등을 적극적으로 활용해 자신이 원하는 이미지를 과감히 연출하는 방법도 있다. 자기표현에 저항감이 없고 적극적인 사람들이 즐기며 활동할 수 있다. 반면에 자기표현을 꺼리는 경우에는 분장이나 가면 뒤로 잠시 숨어 안전하게 자신을 드러낼 수 있는 방법이기도 하다.

3. 자화상 사진의 치유적 경험

본 절에서는 연구원들이 실습한 자화상 촬영의 구체적 방법을 안내한다. 자화상을 촬영하는 방법은 자신이 직접 찍는 방법, 나의 요청에 따라 타인이 대신 찍어주는 방법, 거울이나 유리에 반영된 모습을 찍는 방법, 나를 상징하는 물건이나 소품을 이용해 은유적으로 찍는 방법 등 다양하다. 본 연구에서는 '연속촬영 자화상'과 '타인이 찍어주는 자화상 촬영'을 실시해 그 의미를 살펴본다. 이 작업은 상담자와 내담자가 1:1로 할 수도 있고, 집단일 경우 함께 하는 집단원과 파트너가 되어 할 수도 있다.

연속촬영 자화상은 카메라의 연속촬영 모드를 활용해 우리가 의도하지 않은 무의식적인 자화상을 찍는 것이다. 자신이 직접 찍거나 다른 사람이 대신 촬영해도 무방하다. 이 기법의 핵심은 연속촬영 모드를 사용해 최대한 자연스럽게 자신의 모습을 다각도록 살펴볼 수 있는 기회를 제공하는 데 있다. 찍히는 순간을 직접 통제하기 힘든 상황을 조성해놓고, 자신도 모르는 모습을 만나게 하기 위해서이다.

타인이 찍어주는 자화상은 촬영자의 도움을 받아 어떻게 찍힐지 예상하면서 자유롭게 나를 표현하는 방법이다. 이 경우에는 내담자가 촬영자(집단작업일 경우 파트너가 촬영자가 되고, 개인작업일 경우 상담자가 촬영한다)에게 거리나 구도 등 표현하고 싶은 내용을 요청한다. 이는 자신이 어떻게 보여지기를 원하는 사람인지 통찰할 수 있으며, 타인과 관계를 맺을 때 드러나는 감정과 행동을 살필 수 있다. 연속촬영 자화상과 타인이 찍어주는 자화상은 나도 모르게 드러나는 내 모습과, 보여지고 싶은 내 모습을 통합적으로 알 수 있게 한다.

촬영에 앞서 상담자가 확인해야 할 것들

이제 본격적으로 상담자와 내담자가 함께 하는 자화상 촬영방법에 대해 알아보자. 먼저 상담자는 촬영 전에 내담자가 긴장을 이완할 수 있는 시간을 준다. 카메라 앞에 서면 아무래도 긴장이 되는데 이때 심호흡을 하면 좋다. 상담자는 내담자에게 "지금 마음이 어때요?" 또는 "지금 기분이 어때요?"라고 물으면서 내담자의 상태를 점검해 준다. 무엇을 표현하고 싶은지, 나는 어떤 사람인지에 관해 대화해도 좋다. 상담자는 내담자에게 '자화상을 찍어보는 것은 스스로 내 자신이 어떤 사람인지 생각해 보는 시간이 될 것이고, 당신이 만족스러울 때까지 사진을 찍을 수 있다'고 말해주어 편안해 지도록 돕는다. 내담자 자신이 원하는 대로 찍을 수 있다는 사실을 알면 훨씬 여유로 워지고 기대감도 생길 수 있다.

그 다음에는 상담자가 내담자에게 사생활 보호와 비밀이 보장됨을 반드시 알려주는 것이다. 다른 모든 작업도 마찬가지이지만 특히 자화상 작업은 내담자의 모습이 직접적으로 드러나는 경우가 많기 때문에 각별히 신경을 써야 한다. 다음과 같이 구체적으로 안내한다. "내담자와 나눈 이야기는 상담자가 절대 외부에 노출하지 않는다, 내담자가 원하지 않으면 자화상 촬영은 언제든지 중지할 수 있다, 필요하다면 사진도 이 자리에서 파기할 수 있다, 내담자의 사진은 상담자가 갖지 않는다." 이러한 안내는 상담자에 대한 신뢰를 높일 뿐 아니라 내담자의 불안을 줄일 수 있다. 내담자는 안전하다고 느껴야 불안해하지 않고 자신을 드러낼 수 있다. 리더인 김문희는 불안도가 높은 내담자가 1년이 지나도록 자화상 촬영을 힘들어했던 사례를 전하며, 사생활 보호와 비밀보장에 대한 이해와 실천을 강조했다. 이제 준비가 되었다면 카메라 세팅을 하고 촬영을 시작해보자.

연구원들은 모두 핸드폰 카메라를 이용했다. 또한 연속촬영 자화상을 찍을 때 한 번은 직접 찍고, 한 번은 다른 사람이 찍어주는 방식 모두를 경험했다. 연속촬영 자화상은 금방 찍을 수 있기 때문에 별도의 시간제한을 두지 않았다. 참고로 소요시간은 대략 5분 정도이다. 타인이 찍어주는 자화상은 15분 동안 진행했다. 촬영시간은 현장상황과 내담자의 특성에 따라 융통성 있게 결정하면 된다.

📁 연속촬영 자화상

 의식하지 않는 상황에서 우연적인 요소가 가미되어 나타나는 자기 모습을 보게 하는 방법이다. 빠르게 연속촬영해 찍히는 사람의 '어떻게 보이고자' 하는 의도를 많이 반영하지 않고, 평소에 의식하지 못했던 자기 모습을 볼 수 있다. 어떤 사람들은 자신의 의도를 많이 반영하려는 태도를 보이는 사람도 있는데, 촬영 후 사진을 고르면서 인식하지 못한 부분을 확인하며 자기자각을 이끌 수 있다. 자신이 직접 찍거나 타인이 찍어줄 수 있다.

목적	자의식 강화하기 자기이해 돕기 자기 직면하기 나의 정체성 알기
대상	모든 사람
사용 매체	연속촬영이 가능한 모든 사진기나 휴대폰 카메라
촬영 방법	카메라의 연속촬영 모드를 설정한다. 전신 또는 얼굴 등 내가 찍고 싶은 부분을 연속촬영 모드로 촬영한다. 찍히는 순간의 내 모습을 연출하지 않는다.
강조점	카메라를 최대한 의식하지 않는 모습이 찍힐 수 있도록 한다.
촬영 제시문	카메라의 연속촬영 모드를 활용해 자화상을 촬영해보세요. 평상시 자신의 모습을 담거나, 뒷모습처럼 내가 보지 못하는 곳을 찍어보려 합니다. 핸드폰 카메라에서 셀프 모드와 연속촬영 모드로 혼자서 직접 촬영해도 되고, 다른 사람이 찍어줘도 좋습니다.
효과	나도 모르는 내 모습, 본 적 없던 내 모습을 확인하며 자기인식과 통찰의 기회를 가질 수 있다.

연속촬영 자화상 촬영방법 1

직접 핸드폰 카메라를 이용해 촬영하는 경우

• 준비물: 휴대폰 카메라, 프린터

① 핸드폰 카메라를 셀프 모드로 설정한 후 카메라를 자기 얼굴에서 시작해 머리 뒤쪽을 거쳐 다시 정면까지 한 바퀴 빙 돌려가며 빠르게 연속 촬영한다. 일종의 노파인더 샷으로 파인더를 보지 않고 찍는다. 내 얼굴의 앞모습, 옆모습, 뒷모습이 다양하게 촬영되도록 한다. 주변의 공간은 신경 쓰지 않아도 된다. 카메라나 사진 찍는 사람을 의식하지 않는 자신의 모습이 찍히게 한다.

② 연속촬영된 사진 중에 마음에 드는 한 장을 골라 프린트한다.

③ 프린트한 사진을 보고 상담자나 집단원과 이야기를 나눈다.

연속촬영 자화상 촬영방법 2

다른 사람이 핸드폰 카메라를 이용해 촬영해주는 경우
(상담자나 다른 집단원이 찍어줌)

• 준비물: 휴대폰 카메라, 프린터

① 핸드폰 카메라를 상대의 얼굴에서 시작해 머리 뒤쪽을 거쳐 다시 정면까지 한 바퀴 빙 돌려가며 빠르게 연속촬영한다. 상대 얼굴의 앞모습, 옆모습, 뒷모습이 다양하게 촬영되도록 한다. 주변의 공간은 신경 쓰지 않아도 된다.

② 연속촬영된 사진 중 내담자(사진의 주인공)가 마음에 드는 한 장을 골라 프린트 한다.

③ 프린트한 사진을 보고 상담자나 집단원과 이야기 나눈다.

| 연속촬영 자화상 예시(다른 사람이 찍어줌) |

🗀 타인이 찍어주는 자화상

자신이 어떻게 찍히는지 의식하면서 촬영하는 자기주도적 자화상이다. 촬영자(상담자)에게 "나를 이렇게 찍어주세요."라고 요구하면, 촬영자는 내담자가 원하는 구도나 앵글을 맞추면서 찍어준다. 적극적으로 연출하며 찍을 수도 있다. 나의 어떤 면을 표현하고 싶은지, 표현하면서 어떤 생각과 느낌을 가졌는지, 표현된 내가 어떻게 보이는지 등을 탐색할 수 있다.

목적	자의식 강화하기 자기이해 돕기 자기 직면하기 나의 정체성 알기
대상	모든 사람
사용 매체	모든 사진기, 휴대폰, 필요시 삼각대나 셀카봉
촬영 방법	찍히는 순간의 내 모습을 의식하면서 자유롭게 표현한다.
강조점	촬영자(집단원이나 상담자)는 주인공이 표현하고 싶은 모습이 찍힐 수 있도록 돕는다.
촬영 제시문	자신의 개성이 담긴 모습을 의식하면서 촬영해보세요. 나를 잘 드러낼 수 있는 모습을 마음껏 연출해보세요. 자신을 잘 살펴보면서 원하는 나의 모습을 찍어보세요.
효과	나는 어떻게 보여지기를 원하는 사람인지 통찰할 수 있으며, 타인과 관계 맺을 때 드러나는 감정과 행동을 살필 수 있다.

타인이 핸드폰 카메라를 이용해 촬영한 경우

• 준비물: 셀프 모드가 가능한 휴대폰 카메라 (혹은 디지털 카메라)

① 카메라를 셀프 모드로 설정하고 타이머를 맞춘다. 타이머 시간은 내담자가 정한다.

② 카메라 스크린을 내담자 쪽으로 향하게 한다. 내담자는 마치 거울을 보듯 화면 속 자신을 보면서 의식적으로 모습을 연출한다.

③ 내담자는 찍힐 준비가 되면 상담자(촬영자)에게 신호를 주고, 상담자는 셔터버튼을 눌러준다. 셔터를 누르면 미리 설정해놓은 셀프타이머가 작동하면서 정해놓은 시간이 흐른 후 사진이 찍힌다. 3초든 10초든 그 시간 동안 내담자는 스크린을 보며 자신이 어떻게 찍힐지 예상하고 준비한다. 필요하다면 삼각대나 셀카봉을 사용할 수 있다.

• 상담자와 함께 작업하는 이유
상담에서는 내담자가 찍힐 때의 장면과 모습이 모두 중요한 정보가 된다. 이때 내담자의 행동을 관찰하며 이해할 수 있다. 혹시 내담자가 혼자 찍기 원한다면 그렇게 해주고 옆에서 지켜보아주면 된다.

| 타인이 찍어주는 자화상 예시 |

연속촬영 자화상과 타인이 찍어주는 자화상 중 어느 방식을 먼저 진행해도 좋으나 본 연구모임에서는 연속촬영 자화상을 먼저 수행했다.

상담자(혹은 사진을 대신 찍어주는 집단원)는 촬영하는 동안 내담자가 원하는 대로 할 수 있도록 지지해준다. 타인이 찍어주는 자화상 촬영 시 셀프타이머를 설정할 때도 초 단위를 내담자가 선택하게 한다. 내담자는 셀프타이머의 숫자를 보면서 표정을 짓거나 행동을 취할 여유를 가질 수 있다. 타이머를 작동하지 않고 상담자가 임의대로 찍는다면 엄밀히 말해 자화상이 아니다. 내담자의 전적인 권한을 잊어서는 안 된다. 내담자는 자신의 방향으로 된 화면을 보면서 자신이 어떻게 보여지는지 알고 촬영할 수 있다. 표정과 제스처 등을 바꾸어가며 보이고 싶은 대로 찍는다. 상담자는 찍힌 사진을 보여주며 마음에 드는지 물어보고 원하는 만큼 더 찍을 수 있다고 말해준다. 장소도 여러 번 옮길 수 있으며 촬영을 마친 후에는 내담자가 원하는 사진 한 장을 고르고 프린트해 보며 상담자와 이야기를 나눈다.

리더의 팁
활동을 시작하기 전에 내담자에게 자화상이 무엇인지 설명해주세요.

자화상은 자기를 표현할 수 있는 좋은 방법입니다.
사진을 찍으면서 자신을 좀 더 이해하고 알 수 있게 될 거라고 알려주세요.
상상력을 발휘해서 마음이 가는 대로 자유롭게 찍어보길 권하며
내 몸이나 손, 그림자 등 어떤 것을 응용해도 좋다고 설명해줍니다.
이로써 사진은 나에 관한 많은 걸 보여준다고 안내합니다.

📁 자화상 촬영 후 경험 나누기

자화상 촬영을 실습한 6명의 연구원들은 촬영 소감을 나누었다.

정유정은 타인이 찍어주는 자화상 작업을 할 때 누군가 옆에서 건네는 "이렇게 하는 건 어떨까요?"라는 등의 말로써 연속촬영 자화상 때 혼자 찍었던 것보다 훨씬 마음이

편했다고 한다. 서로 의지하고 지지를 받는 것이 스스로에게 도움이 된다고 자각한 경우이다. 서승연은 타인이 찍어주는 자화상 촬영 시간이 길게 느껴졌고 자신을 보는 누군가의 사선이 부담스러웠다고 한다. 리더는 그러한 상황이 왜 부담이 되는지 생각해볼 필요가 있다고 조언했다. 촬영자가 마음을 상하게 하는 행동을 했는지, 아니면 자신을 표현하는 행위가 어색하게 느껴졌는지, 다른 사람 앞에 자신을 드러내는 것이 불편했는지 등 스스로 통찰해보기를 권했다.

한경은은 자신이 상대방을 찍어줄 때 최대한 개입하지 않으려고 의식적으로 노력했다고 말했다. 리더가 "그 말은 개입하고 싶었다는 얘기네요?"라고 하자 그 말에 수긍하며, 카메라 화면 안에 불필요한 선이 보였지만, 나는 '지켜봐주는 사람'이고 싶어서 아무 말도 하지 않았다고 대답했다. 자기 마음에서 일어나는 어떠한 발동을 감지하고 스스로 조절한 경우이다. 이는 자화상 사진을 찍는 것을 도와주면서도 충분히 자신의 내면을 관찰하고 성찰할 기회를 가질 수 있음을 보여준다. 이정희는 타인이 찍어주는 자화상 촬영을 할 때 상대에게 이것저것 요청하는 데에 미안한 마음이 들어서 원하는 대로 찍지 못했다고 말했다. 그러한 경우 촬영자(상담자)가 어떻게 해주었으면 했냐는 리더의 질문에 '괜찮으니까 천천히 하라'고 말해주었으면 좋았겠다고 답했다. 신뢰하는 사람이 자신의 조급한 심정을 알아주고 성급함을 다스려 주었으면 하는 마음이다. 이정희는 누워서 찍는 작업을 처음 시도해보았는데, 몇 번 시도하면서 '잘 안 된다'는 마음이 들었고 '내가 욕심이 많구나'라고 자각했다. 리더가 '자신이 요구도 많고 욕심도 많다'고 생각하는지 되물었더니, "그러고 보니 일상에서도 상대에게 요구가 많고 내 뜻대로 안된다고 생각한 적이 많았던 것 같다"며 수긍했다. 누군가가 자화상을 찍어주는 경험을 하면서 평소 대인관계의 패턴을 인지하고 수용하게 된 경우이다.

혼자 하는 작업보다 타인의 지지를 받을 때 마음이 편한 사람도 있었고, 타인의 시선이 부담스러워 홀로 작업하는 것이 편한 사람도 있었다. 누군가는 상황에 개입하고 싶은 마음을 자각했으며, 또 누군가는 타인에게 자신이 원하는 것을 요구할 때 마음이 불편하기도 했다. 어느 쪽이 낫거나 좋다고 말할 수 없지만 무엇보다도 자신을 자각한 점이 중요하다. 각자의 성향과 성격, 경험과 사고의 유형에 따라 다를 뿐이다. 평상시에 의도적으로 연출하지 않은 내 모습은 어떻게 보이는지, 나는 사람들에게 어떻게 보이고 싶은 사람인지, 그러한 내가 또 다시 어떻게 느껴지는지를 자각하면서 자신을 이해하면 된다. 관계 안에서 나는 어떻게 반응하는지, 그 반응은 무엇이 편안하고 불편하기 때문인지를 점검하면서 관계를 살피고 자신을 수용할 수 있도록 노력한다.

■ 치료와 교육의 차이: 잘 찍고 싶은 마음에 관해

치료와 교육의 가장 큰 차이는 과정과 결과 중 어디에 중점을 두느냐이다. 치료는 결과보다 과정을 중시한다. 수년간 교육 현장에 있던 연구원들은 작업 과정보다 사진 결과물에 신경을 많이 쓰는 모습을 보였다. 사진에 내가 잘 나왔으면 좋겠다는 마음뿐만 아니라 상대방을 "잘 찍어줘야 할 텐데"라는 마음까지도 결합한다. 이정희는 사진 결과물에 자신의 욕심이 드러나는 것 같아서 불편한 마음이 들었다고 한다. 자신의 모습이 만족스럽게 보이고 싶고, 자신도 다른 사람의 사진을 잘 찍어주고 싶은 마음이 들었다는 것이다. 치료임상보다는 문화예술교육 전문가로 더 많이 활동한 류기상은 본의 아니게 작업 결과를 중시했던 마음 때문에 겪은 아쉬웠던 임상치료 경험에 대해 고백했다. 그는 직접 키가 비슷한 내담자들이 서로의 자화상을 찍어줄 수 있도록 팀을 정해주었다. 그때는 비슷한 눈높이를 가진 사람들끼리 함께 하는 것이 더 편할 것이라고 생각했기 때문이다. 이에 내담자들이 소통할 수 있는 충분한 시간과 환경을 제공하지 못하고, 스스로 파트너를 선택할 수 있도록 자율성을 부여하지 못했음에 대해 아쉬워했다. 편리함을 우선 했던 것은 아마 결과를 중시했던 마음인 것 같다고 전했다.

리더는 이러한 점이 바로 사진을 하는 사람들(사진가, 사진교육자)의 성향이라고 지적한다. '좋은 사진'을 골라 보여주고 싶은 마음은 좋은 교육자의 자세가 될 수는 있지만, 바람직한 상담자의 태도는 아니라고 강조한다. 교육에서는 학습자가 만들어내는 결과에 초점을 맞추고 마지막에 전시 등의 여러 형식을 통해서 남에게 보여주고 성취감을 경험하게 하는 경우가 많다. 교육이 아닌 치료현장에서는 결과보다는 과정이, 남에게 보이는 것 보다는 자기표현의 자율성과 자기성찰로 이끄는 자기이해가 더 중요하다.

기대에 충족되지 않는 결과를 받아들이는 방법에 대해 설명해주
세요.

'사진이 잘 찍혔으면 좋겠다, 잘 나왔으면 좋겠다'라는 생각은 인
간적인 바람이고 욕구입니다. 대부분의 사람들은 자신의 모습이
긍정적이거나 이상적으로 나오기를 바라는 경향이 많습니다. 이
런 마음 때문에 사진의 결과가 만족스럽지 못하다면, 진심으로 받
아들이기가 쉽지 않지요. 더욱이 자신의 예상과 다른 모습이나 부
정적인 점이 보일 때는 사실 많이 당황스러운 마음이 들기에 더욱
인정하기가 어렵습니다.

 만약 우리가 늘 충족된 결과만을 받아들이려고 한다면 어떻게 될까
요? 아마도 자신의 보고 싶지 않은 또 다른 진실은 외면하는 상황이
발생할 겁니다. 그렇게 되면 결국 자신을 온전히 볼 수 없게 되겠지
요. 심리치료는 잘난 면이나 잘된 결과만 인정하는 것이 아니라 인
식하지 못하는 다른 면도 함께 있음을 배우는 것이기도 합니다. 관
점을 확장하는 경험입니다. 비록 사진의 결과를 받아들이고 싶지
않은 마음이 올라온다고 해도, 그 속에는 자신이 추구하는 어떤 마
음도 함께 있습니다. 결과의 반대편에 있는 어떤 것을 진정 원한다
는 뜻이니까요. 이 점을 생각하면서 기대에 만족하지 않은 사진을
다시 보기를 권합니다.

📁 상담자와 내담자 역할 인터뷰 경험하기

인터뷰 질문지[44]

인터뷰를 시작하면서 마음보기
1. 자화상 촬영을 하면서 느낌이 어땠나요?
2. 촬영하면서 어려운 점이 있었나요?
3. 무엇을 표현하고 싶었나요?

모든 사진을 다시 보고 검토하기
4. 지금 찍은 여러 사진들을 보면서 어떤 감정이나 생각이 드나요?
5. 사진을 보면서 마음에 어떤 일이 일어나고 있나요?
   즉각적으로 떠오르는 것은 무엇인가요?

가장 마음에 드는 사진 한 장을 골라서 이야기하기
6. 이 사진에 대해서 이야기해 주시겠어요?
7. 사진을 보면서 어떤 느낌이 드나요?
8. 이 사진에서 특히 눈에 띄는 점은 무엇인가요?
9. 당신에게 이 사진이 흥미로운 요소가 무엇인지 말해줄 수 있나요?
10. 이 자화상이 좋은 이유는 무엇인가요?
11. 이 사진이 당신에 관해 보여주지(드러내지) 않는 사실은 무엇인가요?
12. 이 사진에서 변화시키고 싶은 부분이 있나요?
13. 이 사진에 제목을 달아보시겠어요?
14. 이게 당신 같으세요? 내가 나처럼 보이나요?
15. 이 사진에 얼마나 오랫동안 주의를 기울일 수 있나요?
   만약 그렇지 못하다면 그 이유는 무엇일까요?
16. 자화상을 찍으면서 느끼거나 배운 점이 있나요?
17. 그밖에 자화상 사진에 대해 하고 싶은 말이 있나요?

---

[44] Moonhee Kim, Self-Awareness in Expressive Therapies: The Relationships Between Photography and Mindfulness Meditation. Lesley Graduate University, 2010, 논문의 질문지를 참조해서 만든 질문지.

이와 같은 질문들이 갖는 의미가 있다. 첫째, 내담자가 자신을 바라보는 자아상에 대해 탐색할 수 있다. 자신을 긍정적으로 보는지 부정적으로 보는지, 내가 보는 내 모습이 중요한지 타인에게 보이는 내 모습을 더 중시하는지도 탐색할 수 있다. 둘째, 내담자가 자신에 관해 미처 생각하지 못했던 바를 일깨울 수 있다. 그것은 긍정적인 자아상이 될 수도 있고 외면하고 싶었던 부분일 수도 있다. 어떤 쪽이든 자기이해의 폭을 넓히고 자신을 있는 그대로 수용할 수 있도록 이끈다. 셋째, 내담자의 욕구나 소망을 확인하며 자의식을 강화할 수 있다. 자신이 원하는 것과 느낌, 생각을 분명히 인식하고 표현하는 일은 자의식을 강화하고 자존감을 높인다.

위와 같은 질문들이 갖는 치유적 의미가 크지만, 예시는 말 그대로 예시일 뿐이다. 내담자의 특정한 상황이나 성격, 현재 당면한 문제 등에 따라 질문의 내용이 달라질 수 있다. 내담자의 자각을 도울 수 있도록 질문의 순서나 내용에 얽매이지 말고 유연하게 대응한다. 상담자가 질문의 내용이나 순서를 생각하다 보면 내담자의 말에 귀 기울일 수 없고, 내담자의 언어와 행동을 반영할 수도 없다. 인터뷰의 주인공 또한 내담자이므로 내담자의 감정과 표현의 흐름을 파악하고 진심으로 이해하는 자세가 더 중요하다.

생각과 느낌 구분하기

인터뷰할 때 놓치지 말아야 할 점은 내담자의 언어 표현에서 생각과 느낌을 구분하는 것이다. "자화상을 찍을 때 기분이 어땠나요? 혹은 느낌이 어땠나요?"라고 느낌을 물었는데 "뚱뚱해 보여요. 다시 찍고 싶어요."처럼 생각을 이야기하는 사람이 있다. 반대로 사진을 보면서 어떤 생각이 드는지 물었는데 "뚱뚱해 보여서 짜증이 나요."처럼 느낌으로 대답하는 경우도 있다. 물론 생각과 감정을 섞어서 표현하는 사람들도 있다. 상담자는 내담자의 이런 점을 정확히 반영해주면서 진행하는 것이 필요하다. 예를 들면 "제가 지금 감정을 물었는데 생각을 말씀하셨어요. 다시 한번 여쭤볼게요. 그때 어떤 기분이 드셨어요?"라고 다시 질문할 수 있다. 이러한 구분이 중요한 이유는 생각과 느낌은 동시에 일어날 수도 있지만 같은 것은 아니기 때문이다. 생각은 부분적(일시적)이고 느낌은 전체적(신체적)이다. 생각은 사물이나 상황을 헤아리고 판단하는 작용이기 때문에 해당 사물과 상황에만 속한다. 느낌은 '두근거린다', '얼굴이 빨개진다' 같은 몸의 변화를 알게 하며 감정을 수반하기 때문에 몸과 마음이 전체적으로 작동한 결과이다. 생각은 단단하고 느낌은 유연하다. 생각은 가치체계와 신념에 따라 고착되는 경우가 많지만, 느낌은 그때그때 변화하며 흐른다. 그렇기 때문에 생각에 매몰되지 않고 느낌을 알아차리는 일은 지금-여기에 집중할 수 있는 가장 좋은 방법이다.

사진으로 현재에 초점 맞추기

사진을 보며 이야기를 할 때 과거의 경험이나 특정한 사건이 떠오르는 경우가 많다. 그러다 보면 현재의 나를 이해하려는 목적을 벗어날 수 있다. 누군가에 대한 미움과 원망의 말을 쏟아놓거나 혹은 자신을 방어하거나 합리화하기 위해 애쓰면서 정작 자기이해를 위한 주제에서 벗어나곤 한다. 물론 과거의 부정적인 경험과 사건 재인식은 필요하고 중요하다. 하지만 지금 그 사건에 대한 언급이 시기적으로 적절하지 않거나 내담자가 무의식적으로 현재의 감정을 드러내고 싶지 않아 다른 이슈로 말을 돌리는 것이라면, 상담자는 내담자에게 다시 사진으로 주목하게 하면서 자기탐색에 초점을 맞추도록 한다.

이때 사진의 힘을 최대한 활용한다. 이야기가 상담의 주제를 벗어났을 때 관심을 사진으로 다시 돌려 이야기하다 보면 현재로 돌아올 수 있다. 어떤 사진에 시선과 관심이 가는지, 사진에서 표현되지 않은 바가 있다면 무엇인지, 그것은 나와 어떤 연관이 있는지, 사진에서 가장 나 같은 점은 무엇인지, 사진에서 변화시키고 싶은 게 있다면 무엇인지 등 내담자 스스로 본인을 볼 수 있도록 유도한다. 또한 얼마나 사진과 자신에게 집중할 수 있는지 알아볼 수 있는 질문으로 "이게 당신 같으세요? 내가 나 같은가요?"라고 물어볼 수 있다. 마무리 단계에서는 자화상을 찍으면서 어떤 생각이 들었는지, 배운 점은 무엇인지, 더 하고 싶은 이야기가 있는지 물어본다. 자기 신념이나 계획을 포함해 과거, 현재, 미래를 총괄하며 마무리한다.

4. 자화상 사진의 치유적 의미

프랑스의 철학자 롤랑 바르트는(Roland Barthes) "사진은 무엇을 보여주고 어떻게 표현하든 간에, 보이는 대상을 말하는 것이 아니라 비가시적인 그 무엇, 즉 보이는 것 너머를 말한다."[45]라고 설명한다. 자화상 촬영도 마찬가지로, 가시적인 '몸적' 주체로서의 나뿐만 아니라 내면을 표현하는 일이 된다. 내면의 그 무엇이 표현되는 과정과 결과를 나누며 자화상 작업이 주는 치유적 기능과 효과에 대해 살펴보자.

🗀 실제의 나를 보게 하는 자기직면의 힘

로라 커밍은 "자화상은 단순한 초상이 아니라 다른 종류의 진실을 드러내는 특별한 수단[46]이라고 말한다. 진실은 사진 결과뿐만 아니라 사진찍기 전체 과정을 통해 나타난다. 사진을 찍기 위해 준비하는 과정에서는 긴장감이나 기대감이 얼마나 어떻게 드러나는지, 사진을 찍으면서 무엇을 중시하게 되는지, 찍은 사진을 고르면서 선택하고 배제하는 기준은 무엇인지, 사진을 보며 인터뷰하면서 스스로를 어떻게 바라보고 표현하는지 등을 살펴보면 몰랐거나 피하고 싶었던 자신을 만나게 된다. 이러한 순간을 직면이라고 하는데, 받아들이기 원치 않는 것, 회피하고 싶은 것이나 최소화하려는 것을 알게 된다.

자신의 밖에 떨어져 나가 있던 것이나 안쪽 깊숙이 숨겨진 것을 직면할 때 우리는 낯선 감정과 맞닥뜨린다. 타인의 요구를 거절하지 못하고 쉽게 이용당했던 이유가 타인

---

45 롤랑 바르트&수잔 손택, 송숙자 역, 『바르트와 손탁: 사진론』, 현대미학사, 1994. p.12.

46 로라 커밍. 김진실 역. 「화가의 얼굴, 자화상」, 아트북스, 2012. p.14.

의 인정과 사랑을 갈구했기 때문이었음을 알게 되면 자신이 애처롭고 가엽게 느껴질 수도 있다. 타인과 친밀하고 지속적인 관계를 맺지 못했던 이유가 사랑받지 못할 것이라는 왜곡된 신념 때문이었음을 직면하면 깊은 슬픔이 차오를 수도 있다. 직면을 통해 미처 몰랐던 내면의 힘과 용기를 발견할 수도 있지만, 대부분의 경우 보고 싶지 않거나 인정하기 싫은 나를 만나게 된다. 그래서 직면은 힘들지만 이 과정을 거쳐야만 치유에 이른다. 자각과 변화의 출발이 바로 직면이기 때문이다.

촬영을 마친 후 경험담을 나누는 시간에 서승연은 다음과 같은 직면의 시간을 가졌다.

서승연 : 촬영 시간이 엄청 길게 느껴졌어요. 누군가 나를 보고 있는 게 부담스러웠어요. 파트너는(촬영자) 단지 카메라를 들어주고 셔터버튼을 눌러주는 역할이었지만, 어쨌든 그 앞에서 제가 움직이고 뭔가를 해야 한다는 자체가 부담스러웠어요.

한경은 : 어떤 점이 그렇게 부담스러웠을까요?

서승연 : 나를 솔직하게 표현하는 게 잘 안돼요. 나를 보는 사람이 있다는 걸 의식하니까 가식 없고 꾸밈 없는 진짜 내 모습을 드러내는 게 불편해요.

한경은 : 진짜 내 모습, 꾸밈없는 내 모습은 어떤데요?

서승연 : 평소 사람들에게 드러나는 나는 긍정적이고 밝은 이미지예요. 하지만 저는 어둡고 이중적인 면도 많아서 그런 것을 표현하고 싶은데, 그렇게 잘 안돼요.

한경은 : 어둡고 이중적인 나를 표현하면 어떻게 될 것 같나요?

서승연 : 사람들이 나를 보는 시선이 바뀔 것 같아요. 부정적이고 어두운 모습을 보면 사람들이 내게 다가오기 불편할 것 같아요. 그런 경험이 있어요. 가족들이 제가 무기력하고 힘든 모습을 보고 "너무 무섭다, 딴 사람 같다, 그런 표정 짓지 말아라."라고 했거든요.

한경은 : 결국 나의 어두운 면을 보이면 사람들이 나를 멀리하고 떠날까봐 두려웠나 보군요.

서승연 : 맞아요. 나를 싫어할까봐, 나를 떠날까봐 겁이 나요. 그래서 좋은 면만 보여주려고 애썼네요.

한경은 : 힘든 나를 감추고 씩씩한 척 하느라 힘들고 외로웠겠어요. 그런데 나를 있는 그대로 표현했을 때 상대방에게 받아들여지고 위로 받았던 경험은 없나요?

서승연 : (잠시 생각에 잠긴 후) 위로받은 기억이 없어요. 힘들고 우울한 나를 주변 사람들에게 보이지 않거든요.

한경은 : 지금 기분이 어떤가요?

서승연 : 쿡- 하고 뭔가가 가슴을 찌르는 것 같아요. 눈물이 날 것 같아요.

서승연은 자화상을 찍을 때의 불편했던 감정을 돌아보고 이야기를 나누는 과정을 통해서 자신이 겉으로 드러나는 긍정적인 면을 중시했던 이유를 알게 되었다. 그는 힘들고 우울한 자신을 드러냈을 때 그 감정이 받아들여지지 못했던 경험이 많았다. 그래서 밝은 모습을 보이지 않으면 사람들이 자신을 싫어할 것이라는 왜곡된 신념이 만들어졌고, 사람들이 자신을 떠날 것만 같은 과도한 불안을 안고 있었다. 이 사실을 알게 된 후 서승연은 그렇게 불안해했던 자신을 안쓰럽게 느끼는 감정이 촉발되었다. 그리고 상담자 역할로 인터뷰를 한 필자의 공감어린 이해와 위로를 받으면서 있는 그대로의 자신을 표현해도 괜찮다는 안도감이 생겼다. 서승연이 경험한 자기직면은 자화상을 찍는 과정이 어땠는지 탐색하며, 자각을 돕는 상담자의 질문에 답하면서 직면을 이룬 경우이다.

촬영을 마친 후 찍은 사진을 보면서도 직면이 이루어진다. 이때 자기직면의 힘은 사진의 사실성을 전제로 한다. 거울을 통하지 않고서는 내 모습을 실제로 볼 수 없을뿐더러, 현실에서 내가 어떻게 보이는지 스스로 자각하기는 쉽지 않다. 중간매체로서 카메라가 기능하는 객관적 거리감은 우리가 인식하지 못하는 부분들까지도 잡아채어 사실적으로 보여준다. 자신의 모습을 초상화로 그려서 바라보는 것과 사진으로 찍어 보는 것에는 큰 차이가 있다. 그림의 경우 마음에 들지 않는 부분을 빼거나 원하는 것을 추가해 자신을 미화할 수 있지만, 사진은 오늘의 내 모습을 여과 없이 있는 그대로 보게 한다.

정유정은 자신의 자화상을 보면서 아래와 같이 말하며 사실성이라는 사진의 본질이 자기직면에 기여하는 힘을 확인했다.

> "배경이 현실이기 때문에 오늘의 나를 직면하는 데 더 효과적인 것 같아요. 그림으로 자화상을 그리라면 흰 종이 위에 내 모습만 그리고 말 것 같은데, 사진은 장소가 드러나니까 찍을 당시의 시간과 공간에 포함된 나를 분명히 볼 수 있어요. 사진 안에 내가 미처 보지 못했던 다른 무엇이 보이냐는 질문을 받고 사진 속 김문희 선생님(리더)을 발견했거든요. 그걸 보는 순간 갱년기의 우울과 무기력에만 관심을 두고 있던 내가 '맞아, 나는 이런 공부를 하고 있지.' 하며 스스로가 대견하고 힘이 나는 것 같았어요."

만족스럽지 못한 자신을 보면서는 자기직면에 저항이 생길 수도 있다. 이러한 저항의 순간을 알아차리고 원인을 찾아본다면 더 깊은 내면의 여행이 가능하다. 저항이란 내담자가 억압된 감정과 기억을 꺼내 보며 의식화하는 과정에서 주저하거나, 상담자에게 협조하지 않는 태도를 말한다. 저항은 다양한 태도로 나타나는데 침묵하거나, 맥락에 맞지 않게 웃거나 울기도 하며, 내면의 어두운 면을 인정하기 싫어서 일부러 밝은 표정을 짓는다거나, 긍정적인 언어로 자신의 속내를 감추며 방어하기도 한다.

남에게 보여지는 것이 부담스러워 사진 찍는 시간이 길게 느껴졌다고 이야기한 서승연은, 사진을 보면서 인터뷰할 때 유난히 '행복', '편안함'이라는 단어를 많이 사용했다. 타인에게 행복하게 보여지고 싶은 마음을 피력하기 위해 노력하는 것처럼 보였다. 그다지 인상이 밝아 보이지 않게 나온 자신의 사진을 보며 "원래는 이렇지 않은데", "사실은 그렇지 않은데"라고 말하며 사진 속 자신의 모습을 직면하길 꺼려하는 태도를 비쳤다. 보이는 것에 대한 불편함, 오해받고 싶지 않은 마음, 자신이 생각하는 모습 그대로 상대방이 받아주기를 원하는 마음이 자신을 방어하고 미화하는 태도로 드러난 경우이다.

이럴 때 상담자는 내담자의 말씨, 표정, 몸의 태도 등을 반영해 내담자의 자기직면을 돕는다. 부드러운 태도로 내담자의 마음을 읽어 내담자가 편안하게 마음을 열 수 있도록 지원해야 한다. 또한 상담자는 내담자의 행동에서 나타나는 모순이나 불일치를 반영해 직면을 돕고, 내담자 스스로는 자신이 저항하고 있지 않나 알아차리려는 노력이 필요하다.

🗂 자기표현을 통한 감정정화의 힘

자화상 작업은 자기를 자유롭게 표현하면서 감정을 정화하는 기능이 있다. 카타르시스라고도 하는 이것은 "내면에 감추어져 있거나 억눌려 있는, 즉 잠재의식 속에 자리잡은 감정을 표출함으로써 긴장과 불안을 해소하는 과정"[47]이다. 쉽게 말하면 카타르시스는 실컷 수다를 떨거나 펑펑 울고 난 후 가슴이 후련해지는 것과 비슷한 정화의 느낌이다. 이러한 정화는 강렬한 정서를 동반한다는 특징이 있다. 보통은 눈물과 웃음으로 경험하지만, 영화나 드라마의 주인공에게 감정이입을 하면서도 카타르시스를 느

——————— 47 홍유진, 『내 안의 나를 깨우는 통합예술치료』, 학지사, 2017, p.32.

낄 수 있다. 정화가 중요한 이유는 통찰과 함께 나타나기 때문에 변화와 성장의 중요한 계기가 된다는 점이다[48]. 하지만 역설적으로 통찰이 없는 감정만의 정화라면 문제해결이나 변화는 요원할 수 있다. 그렇기 때문에 통찰을 위한 개인적 노력이나 상담자의 적절한 안내가 필요하다.

이정희는 자화상을 처음 찍었을 때를 회상하며 다음과 같이 말했다. "처음으로 나를 찍어봤는데 굉장히 충격적이었어요. 나를 어떻게 표현할까 고민하면서 허수아비 옆에서도 찍어보고, 소주병도 들고 찍어 보고, 다양한 표정도 지어보는데, 자꾸 눈물이 나더라구요. 카타르시스였겠지요." 이정희가 흘린 눈물은 '내가 이런 걸 할 수 있다니' 하는 놀라움과 기쁨, 자기연민과 자기위로의 의미였다고 한다. 눈물을 흘릴 수 있는 것도 힘이다. 에너지가 없으면 눈물도 흘릴 수 없다. 그리고 그 눈물의 의미를 받아들였기에 자화상 작업의 치유적 의미가 더해졌을 것이다.

카타르시스는 다른 경로나 타 매체를 통해서도 경험할 수 있지만 사진작업을 통한 정화는 사진이 가진 연극적 특성에서 그 독특성과 차별성이 발휘된다. 수잔 손택은 "사진이라는 매체는 '사진찍기'라는 행위를 통해서 존재에 관심을 기울이며, 카메라 앞에 선 대상을 특별하고 신비롭게 만든다."[49]라고 했다. 즉 무대 위 배우처럼 관객의 관심과 주목을 받으며 신비로운 존재가 되는 것이다. 롤랑 바르트는 『카메라 루시다』에서 "어느 날 나는 내 자신이 렌즈에 의해 관찰당한다고 느꼈다. 나는 포즈를 취하는 동안 내 자신을 구성하고, 순식간에 다른 육체로 만들고, 미리 앞질러 스스로를 이미지로 변형시켜 버린다."[50]라고 언급했다. 카메라를 통해 촬영되는 순간 나는 객체적인 이미지로 표상된다는 의미이다.

사진찍기라는 행위는 주인공을 특별하고 신비롭게 만든다는 수잔 손택의 말과, 렌즈에 의해 자신이 관찰당한다고 느낀 롤랑 바르트처럼, 나도 비슷한 경험을 한다. 셔터 릴리즈를 들고 자화상을 찍을 때는 혼자 있어도 결코 혼자가 아닌 것 같은 기분이 들곤 한다. 카메라 앞에 섰을 때 나를 바라보고 있는 시선이 있다고 느껴지는데, 그 시선은 '작은 나'를 바라보고 있는 '큰 나'라고 생각되었다. 따라서 카메라 앞은 무대처럼

---

48   강현식, 『꼭 알고 싶은 심리학의 모든 것』, 소울메이트, 2010. p.356.

49   수잔 손택, 이재원 역, 『사진에 관하여』(1973) 시울, 2005. p.35.

50   고선경, 「사진매체 특성을 통한 다중적 자아연구」, 홍익대학교 석사학위논문, 2006, p.12.

배우가 주목받는 공간이 되고, 작은 나를 바라보는 큰 나와 카메라 렌즈는 관객이 된다고 느낀다. 그리고 나는 무대 위 주인공이 된다. 어떠한 연출도 하지 않고 자연스러운 내 모습을 찍겠다고 마음먹더라도, '사진 촬영'이라는 분명한 의식 아래 있기 때문에, 자연스러움이라는 '의도'가 담긴 사진을 찍을 수밖에 없다. 최대한 자연스럽게 연기하는 배우처럼 말이다.

이렇듯 혼자 찍는 자화상은 마치 모놀로그처럼 연극적인 수행의 기능을 한다고 볼 수 있다. 자화상은 꼭 자연스러운 모습으로만 찍는 사진이 아니기 때문에 어떠한 포즈를 취하거나 과감한 연출을 할 때는 더욱 더 연극적이 된다. 바로 이 점이 다른 매체에서 느끼는 카타르시스와 다른 지점이다. 사진찍기의 연극적 특성(보이지 않는 무대와 관객, 연기하는 주인공)은 그림이나 영화를 감상하면서 느끼는 수동적인 카타르시스나, 노래를 부르거나 운동을 하면서 느끼는 직접적 카타르시스라 하더라도 이와는 또 다른 정화할 때의 깊이와 특별함을 부여한다. 타자의 시선(카메라)을 마주하며 나를 표현하고 감정을 분출하는 과정과, 이후 사진을 감상할 때의 카타르시스가 더해져 사진은 다른 매체보다 훨씬 강력한 정화의 기능이 작동된다.

📁 다양한 정체성을 수용하는 힘

"나는 누구일까", "이렇게 살아도 좋은가", "내 인생은 어디를 향해 가는가" 등의 질문은 진지한 자기인식을 모색하고, 추구하는 삶의 방향성을 탐구하는 데 필수적인 물음들이다. 우리는 이러한 의문과 모색을 통해 과거에 집착하거나 불안해하며 미래를 부유하는 대신, 현실에 뿌리를 내리고 지금의 자신을 긍정하는 성장의 단계로 발돋움한다. 바로 인생의 여러 발달단계에 걸맞은 적절한 자아정체감을 확립하는 것이다.

정체성은 청소년기뿐만 아니라 어른들에게도 여전히 중요한 문제이다. 나이를 먹고 사회적 역할이 확장되면서 정체성도 변화하고 다양해진다. 성인이 되면 많은 역할이 생기고 그 역할에 맞는 사회적 요구가 더 강해지기 때문이다. 이러한 내용을 두고 영국의 사회학자이며 문화연구가인 스튜어트 홀(Stuart Hall)은 정체성을 '해마다 날짜가 달라지는 기념일(movable feast)'이라고 표현한다. 즉 정체성은 우리를 둘러싼 문화 체계

들 속에서 형성되고 끊임없이 변형된다는 설명이다.[51]

수험생 자녀를 두고 있고 사진교육을 하는 한 연구원은 자화상 작업 중 수험생 부모로서의 정체성과 사진교육자로서의 중첩된 정체성의 혼란을 직면했다. 자신이 누군지 모르겠고, 뭘 어떻게 표현해야 할지, 어떠한 세계관을 담아야 할지 힘들다고 토로했다. 사진을 찍으면서 '나는 누구인가'라는 질문을 계속 하게 됐는데, 이는 결국 '엄마'와 '사회인' 사이에서 상황에 따른 역할의 전환이 유연하지 못한 것이 원인이었다. 이 연구원은 사회적 입지를 확장하고 싶은 욕구와 자녀에게 최선을 다하지 못할 것 같은 불안이 공존하고 있다는 사실을 직면했다. 그리고 인터뷰를 통해 자신의 성취를 위해 애쓸 점을 강구하고, 불필요하고 과도한 죄책감을 내려놓기 위한 노력이 필요하다는 점도 받아들였다.

정체성은 자기개념(self-concept)의 핵심적인 요소이다. 자기개념이란 구조화되고, 일괄적이며, 통합된 자기지각의 패턴이다. 이는 자기상(self-image)과 자기존중을 포괄하는 개념이다.[52] 예를 들어 자신에게 상처를 준 사람을 원망하며 억울해하는 피해자 정체성, 나는 쓸모없는 사람이고 성공하지 못할 거라고 생각하는 실패자 정체성, 내가 원하는 것은 무엇이든지 가질 수 있고 이룰 수 있다고 생각하는 특권의식의 정체성, 사랑하는 사람은 나를 떠나고 말 것이라는 버림받은 자의 정체성 등은 우리를 특정 사고와 행동유형의 틀로 구속하고 한계 짓는 정체성들이다. 당연히 이러한 정체성을 가진 사람은 부정적이거나 편협한 자아상을 갖게 되며 자기존중감도 낮을 수밖에 없다. 또 시간의 흐름이나 역할변화에 따라 중년이나 노년, 부모, 퇴직자 등 우리의 정체성은 변화한다. 거역할 수 없는 흐름이라면 편안하고 자연스럽게 수용하는 편이 건강한 내면에 도움이 된다. 이러한 경우 자화상 작업이 기존의 고착된 정체성으로부터 벗어나 새로운 대안적 정체성을 찾고 확립하는 데 도움을 줄 수 있다. 사진은 바로 그 사람이 누구인가를 입증하며, 이 세상의 유일한 존재로, 인생의 시기에 맞게 빛날 존재로 남겨주기 때문이다.

---

51 고선경, 「사진매체 특성을 통한 다중적 자아연구」, 홍익대학교 석사학위논문, 2006, p.4.

52 백지연, 「중년여성가장의 정체성 변화」, 단국대학교 박사학위논문, 2014. p11. 재인용.

한 인물(이하 제이)이 자화상 작업으로 정체성을 수용한 과정을 소개하려 한다. 제이는 십대 후반부터 성 정체성의 혼란을 느꼈고 이후 성전환 수술을 하겠다는 소망을 갖게 되었다. 목욕을 할 때도 자신의 몸을 보지 못할 정도로 여성의 몸을 갖고 있는 자신을 수치스러워 했다. 그러한 제이와 2년여 동안 누드 자화상 작업을 진행했다.

거울을 보지 않는 제이가 자신의 누드 사진을 보며 "다음에는 이렇게 하고 싶다, 저렇게 하고 싶다."는 욕구를 표현하게 되었다. 물론 초반에는 사진을 보기보다는 촬영을 더 즐거워했다. 그러면서 제이는 낯설고 보기 싫었던 자신의 몸을 자연스럽게 계속해서 보게 되었고 점점 그 몸에 익숙해져갔다. 2년여 동안 수십차례, 수천 컷의 사진을 찍으며 제이는 자기 몸이 괜찮아 보이기 시작했고, 마음에 드는 사진을 크게 프린트해 자신의 방에 걸어두었다. 그는 이제 목욕을 할 때마다 그동안 미워했던 몸에게 미안했고, 또 사랑한다고 말한다고 한다. 제이가 그렇게 부정하고 외면했던 자신의 성 정체성을 수용할 수 있기까지는 긴 시간동안의 지속적인 촬영, 그리고 날선 감정과 솔직한 욕구를 표현할 수 있는 수용적인 분위기와 든든한 지원자가 있었기 때문에 가능했다.

하지만 과연 한두 번의 촬영으로 정체성을 수용할 수 있을까? 최소한 정체성에 대한 문제를 직면하고 어떤 노력의 필요성을 알 수 있을지 모른다. 자각과 인지까지는 가능하다는 뜻이다. 하지만 수용은 그 다음 과정이다. 더 깊은 차원의 정서적 통찰과, 현실에서 부대끼고 갈등하는 과정과, 자신의 역사를 이해하고 소화하는 시간을 필요로 한다. 특정한 정체성을 인식하기도 쉽지 않은데 인정하고 받아들이기까지는 결코 말처럼 쉬운 일이 아니기 때문이다. 따라서 자화상 작업의 치유적 기능 중 정체성의 수용 부분은 긴 시간동안 꾸준히 작업해야 한다는 점과, 안전한 치료 환경 또한 지속적으로 유지되어야 한다는 조건 그리고 한계가 있기도 하다.

정체성의 수용은 계단을 하나씩 밟고 올라가는 것처럼 단계별로 나아가는 과정이다. 앞서 언급했던 엄마와 사회인으로서 정체성의 혼란을 느꼈던 연구원의 경우, 자화상 사진을 찍으면서 어떻게 표현해야 할지 모르는 당황스러움을 '자각'했다. 그리고 유연한 역할 전환을 위해 과도한 죄책감을 내려놓는 것이 필요함을 '인지'했다. 엄마와 사회인의 두 가지 정체성을 모두 자연스럽게 받아들이기까지는 시간이 필요하기 때문에 인터뷰 당시 그가 어떠한 정체성을 '수용'했다고 말할 수 없다. 물론 그가 유연하고 자유로운 정체성을 위해 일상에서 꾸준히 노력한다면 그 또한 엄마와 사회인으로의 두 가지 정체성을 유연하게 오고가며 자유로워질 수 있을 것이다. 내가 긴 시간 동안 함께하며 목격한 제이의 경우는 2년여 동안 수십 차례 자화상을 찍으며 부정과 부인, 갈등과 재혼란, 익숙해지고 괜찮아지며 받아들이는 과정을 거쳤기에 부인했던 정체성을 수용하는 경험까지 도달할 수 있었다(제이가 이루어낸 치유의 결과가 전적으로 자화상 촬영 덕이라는 뜻은 아니다. 자화상 촬영과 동시에 제이가 개인적으로 노력한 치유의 과정도 있었다는 것을 밝힌다).

이렇듯 자화상 작업은 현재 당면한 정체성 문제를 자각할 수 있게 하고, 변화가 필요한 고착된 정체성을 자신의 인생 흐름에 맞게 전환할 필요가 있음을 인지하게 한다. 그리고 변화의 의지를 가지고 지속적인 노력과 시간을 들인다면 단단히 굳어진 정체성을 유연하게 하고, 특정한 다른 정체성으로의 변환까지 수용할 수 있게 한다.

5. 자화상 사진치료에서 상담자의 역할

앞에 정리한 것과 같이 자화상 사진치료는 실제의 나를 보게 하는 자기직면의 힘, 자기표현을 통한 정화의 힘, 다양한 정체성을 수용하게 하는 힘을 지녔다. 이렇듯 치유적인 기능이 있긴 하지만, 다른 피사체를 보는 것과 달리 '나'를 사진으로 보는 일은 꽤나 부담스러운 작업이므로 다른 작업보다 저항도 클 수 있다. 따라서 치료과정을 안전하게 운영하고 치유적 효과를 극대화하기 위해서는 상담자의 역할이 매우 중요하다.

📂 촬영할 때 내담자의 심리작용 살피기

연구원들 대부분이 자화상 촬영을 하면서 "쑥스럽다, 당황스럽다, 안절부절하다, 시선처리가 어렵다"고 말했다. 사진에 관련한 다양한 경험이 있고, 연구원들끼리 충분한 라포가 형성되었는데도 온전히 편하지 않았다는 뜻이다. 그러니 사진을 찍어본 경험도 많지 않고, 낯선 사람들과 자화상을 찍어야 하는 내담자나 일반인들이라면 부담은 더욱 클 것이다. 치료장면에서는 이러한 점을 잘 살펴야 한다.

류기상은 자신을 드러내는 행위를 마치 벌거벗은 듯 느꼈기 때문에, 친밀감이 형성되지 않은 사람과 자화상 작업을 함께 한다면 무척이나 힘들 것 같다고 말한다. 이어 자화상 촬영시 내담자가 겪을 수 있는 심리적 부담감에 대해 류기상은 본인이 진행한 치료현장의 대학생 사례를 제시했다. "친구들끼리 충분히 소통하게 한다고 했는데도 불구하고 참여자들은 자화상 작업을 어려워했어요. 대부분의 여학생들은 예쁘게 찍히는지에 신경을 많이 쓰고, 남학생들은 시선을 맞추는 것 자체를 어려워해요. 카메라 렌즈가 눈이나 마찬가지니까요." 서승연도 동의하며 "시선과 표정에 신경이 쓰이고 마음이 불안정하고 걱정이 됐어요."라고 말했다.

치료실의 물리적 환경과 더불어 상담자나 집단원과의 신뢰 관계는 자화상 촬영의 중요한 전제가 된다. 치료현장에서 진행하는 자화상 촬영은 혼자 하는 것이 아니다. 상담자가 있고, 또 함께 하는 다른 참여자가 있는 경우도 많다. 나도 믿음직스러운 동료 연구원과 파트너가 되어 촬영했기 때문에 큰 불편함 없이 재미있게 임했지만, 만약 그렇지 못한 상황이라면 하다못해 오늘 내 피부 컨디션이 어떤지, 땀구멍이 너무 크게 보이진 않을지, 못생겨 보이진 않을지까지 걱정했을 것 같다.

자화상 작업은 사진 찍는 것 자체로 부담이 크다. 특히 치료현장에서의 자화상 작업은 치유라는 특별한 목적이 있기 때문에 자신의 취약점이 드러나면서 부정적으로 진단될 수 있다는 부담이 더욱 클 수 있다. 상담자는 자화상 작업에 이렇게 긴장과 불안을 자극하는 요소가 많다는 사실을 반드시 알고 있어야 한다. 그래서 자화상 사진을 찍기 전에는 항상 워밍업을 충분히 해주고 라포형성에 신경을 쓰도록 한다. 그렇지 않으면 실행 자체가 어렵고 또 시작하더라도 중간에 내담자가 촬영을 거절하거나 포기하는 경우도 발생할 수 있다. 이러한 어려움이 있기 때문에 내담자에게 자화상이 어떤 장점이 있는지 알려주고, 과정에 대해서도 자세히 설명해주어 부담을 줄이도록 한다. 촬영 직전에도 알려야 하겠지만 몇 주의 시간을 두고 지속적으로 알리는 것도 좋다. 촬영의 부담을 줄이기 위해, 전에 찍은 자화상 사진을 가지고 오도록 요청해서 치료 작업을 할 수도 있다. 이렇게 자화상 작업의 어려움에 대해 언급한 이유는 다만 이 작업에 대한 무게감을 알고 가자는 뜻이니 너무 큰 부담을 갖지 않기를 바란다. 알기만 해도 모르고 저지르는 실수를 방지할 수 있으니까 말이다.

리더인 김문희는 내담자가 겪는 불안과 두려움이라는 심리적 작용을 내담자 스스로 알 수 있게 하고 적절히 처리할 수 있도록 돕는 것이 중요하다고 말한다. 상담자는 내담자의 문제점이나 이상행동을 발견한다면 그대로 전달하지 말고, 내담자가 사용하는 언어나 표정과 태도 등을 반영해주는 방법을 주로 사용한다. 그러기 위해서는 판단하지 않는 행동관찰이 반드시 필요하다. 또한 행동관찰을 하는 상담자는 심리학적 이론을 갖추고 충분히 훈련되어 있어야 한다. 연속촬영 자화상 작업 시 사진을 찍어준 상대방을 관찰한 내용으로 간단한 예시를 보이겠다. 언어적·비언어적인 요소 모두를 면밀히 관찰하고 분석할 필요가 있으며 언어와 표정, 제스처 등을 통합적으로 이해할 필요가 있다.

> (내가 찍어준 사람의 표정과 태도는) 고개를 약간 숙이고 눈을 아래로 내리깔며 입꼬리를 올려 웃음을 보였다. 또한 오른쪽 뺨에 두어 번 오른손을 갖다 대었다. 어깨를 한 번 움츠렸다 폈다. 목소리는 차분하게 가라앉은 편이다. 표정은 약간 긴장한 것처럼 보였다. 촬영 직전에 "아~ 잠깐만!", "아직 준비가 안 된 것 같아요."라고 말했고, 촬영 후에는 찍힌 사진이 마음에 들지 않은 듯 "다시 찍어주세요."라고 말했다.

자기를 들여다보기가 쉽지 않은 이유는, 그 직면의 과정이 좋은 것만 보여주지는 않기 때문이다. 하지만 자기를 긍정적으로 보거나, 과장해서 표현하는 사람들은 자화상 작업을 그렇게 어려워하지 않는다. 반면에 자신에 대해 부정적인 관점을 가진 사람들이나 우울한 사람들은 대부분 자신을 비하하고 자책하는 경향이 크다. 이런 성향을 갖고 있는 사람들은 무엇을 봐도 비판적으로 보기 때문에 자화상 작업을 더욱 힘들어하며 찍은 후 좌절하는 경우도 있다. 불안이 큰 사람들은 때로 촬영 전부터 긴장하면서 당일에 나타나지 않거나, 사진을 찍는 도중에 거부하는 경우도 있다. 이러한 상황이라면 다시 자화상을 찍자는 제안은 오히려 불안을 증폭시킬 수도 있다. 상담자가 이러한 이해 없이 촬영할 짝을 지어준다거나 격려 차원에서 무조건 괜찮다고만 하면 안 된다. 심한 경우에는 모욕감을 느낄 수도 있다. 편안하고 자연스럽게 이야기를 나누거나 적응할 수 있는 충분한 시간을 주어 쑥스러움과 민망함을 해소하도록 안정적으로 다뤄주어야 한다. 특히 우울이나 불안증 같은 문제를 갖고 있는 사람들은 서두르지 않고 내담자가 준비되었을 때 진행해야 한다.

반면에 새로운 것을 좋아하고, 호기심과 활동성이 많으며, 모험을 즐길 줄 아는 사람들에게는 자화상 작업이 효과적일 수 있다. 자극을 추구하고 충동적인 성향을 보이는 부류는 대개 이 활동을 즐거워한다. 이러한 사람들은 대개 말이 많거나, 다른 사람들보다 먼저 행동을 시작하고 주도적으로 움직이기를 좋아하고, 신체활동에 대한 부담이 크지 않기 때문에 자화상 작업을 쉽게 할 수도 있다. 따라서 집단장면에서 상담자는 불안하고 긴장한 사람에게는 따뜻하고 지지적인 태도로 접근해야 하며, 활동적인 사람들에게 먼저 시작을 제안하는 것이 자연스러운 분위기 형성에 도움이 된다. 이 와 같이 내담자의 성격을 파악하면서 상황에 따른 적절한 운영방식을 선택해야 한다. 앞에 나설 수 있는 사람들에게는 기운을 북돋우고, 부담스러워 하는 사람들에게는 호 기심을 자극한다.

📁 찍은 사진을 고르고 보면서 통찰하도록 이끌기

촬영 후 연속촬영 자화상과 타인이 찍어준 자화상 각각에서 마음에 드는 사진들을 프린트한다. 장수는 제한이 없다. 프린트 여건이 허락한다면 원하는 만큼 출력해서 인 화물로 보는 것이 좋다. 하지만 인원이 너무 많거나 시간이 부족하다면 각 파트에서 마 음에 드는 사진 한 장씩만 출력해도 무방하다. 사진의 크기는 손에 들고 보기에 좋고, 친숙한 스냅사진 크기인 4x6인치나 5x7인치 정도가 적당하다.

이 과정에서 중요한 것은 상담자(촬영자)가 내담자(참여자)의 사진 선택에 관여하지 않 으며, 내담자가 자발적인 선택을 할 수 있도록 돕는다. 이 장면에서도 내담자의 태도 를 관찰하면 중요한 정보를 얻을 수 있다. 혹시 내담자가 다른 사람에게 자신의 사진 을 선택해달라고 하지는 않는지, 다른 사람의 의견에 영향을 받는 정도는 어떠한지, 아 예 다른 사람의 의견에 맡겨버리지는 않는지 등을 살펴보면서 내담자의 자율성과 관 계 의존도를 파악할 수 있다. 그리고 다른 사람에게 의견을 묻는 내용도 중요하다. "어 떤 게 잘 나왔냐", "어떤 사진이 예뻐 보이냐", "어떤 사진이 가장 나 같아 보이냐" 등 의 질문은 내담자가 자신에 대해 무엇을 중요하게 생각하는지를 알 수 있다. 자신의 외 모가 중요한지, 내면을 보길 원해서 그것이 잘 표현됐는지가 중요한지도 주인공이 선 택한 사진에서 드러날 수 있다. 이렇게 사진을 선택하는 과정은 촬영과정 못지않게 내 담자의 자율성과 자존감, 타인의 시선에 영향을 받는 정도, 가치관 등을 확인할 수 있 는 기회가 된다.

인화된 사진을 보며 리뷰하는 과정 그리고 사진을 보며 스스로 대화하는 과정이 결 합하면 통찰의 깊이가 더해진다. 서승연은 인화된 사진을 가만히 바라보고 있자니 사 진 속 자신의 모습에서 밝고 긍정적인 모습을 찾을 수 없었고, 경직되어 있고 우울한 느낌마저 들었다고 한다. 그 느낌에 집중하고 있으니 사진을 다시 찍고 싶은 마음이 들었다고 한다. 긍정적이고 유연하게 변화하고 싶은 바람이 사진을 다시 찍고 싶은 욕구로 드러난 것이다. 이정희는 자신의 자화상을 누구에게 주고 싶은가를 생각했을 때 엄마가 떠올랐다고 한다. 여전히 자신에게 많은 도움을 주고 있는 엄마가 돌아가신다면 내 삶을 흔들어놓을 수도 있을 것이라는 불안감을 느꼈다고 한다. 동시에 자신의 노화에 대한 걱정과 불안이 엄마의 늙어감과 죽음에 대한 불안으로 이어진 것 같다고 통찰했다. 이와 같이 사진을 가만히 바라보면서 사진 속 자신과 대화하며 나의 욕구를 살펴보는 것, 이 사진을 누구에게 주고 싶은지의 질문에 답하면서 내게 영향을 미치는 사람과 삶의 연관성을 짚어보는 것, 이러한 과정으로 자신을 깊이 알아가고 이해하며 통찰을 얻을 수 있다.

자화상은 자신에 대해 알아가고 깨닫게 하며 긍정적인 변화의 자극제가 된다. 과거에 매여 있거나 '상상하는 나'에서 벗어나 '현재의 나'를 직면하게 한다. 자유로운 자기표현으로 표현의 욕구를 충족시키며 카타르시스를 경험할 수 있다. 고착되어 있거나 왜곡된 정체성을 해체해 나이 들고 변화하는 역할에 따른 정체성을 받아들일 수 있는 유연함을 획득하게 한다. 이 모두를 통합하면 통찰과 치유라는 소중한 선물을 받게 된다.

통찰은 자신의 심리적 문제에 대한 인식과 깨달음이다[53]. 고통 받는 이유와 원인을 깨달을 수 있어야 변화와 성장이 가능하다. 나아가 진정한 통찰은 단지 머리로만 아는 것이 아니라 정서적 경험이 함께 발생해야만 진정한 변화로 이어진다.[54] 한 연구원은 예전에 비해 자화상 촬영이 많이 익숙해졌다고 말하며, 이제는 자화상을 찍으면서 '내가 이렇게 보이는 사람이야'라고 인정하려고 애쓰는 것까지 느낄 수 있다고 한다. 보이는 자신의 모습을 받아들이는 것은 '지금-여기'에 살며 현재에 만족하겠다는, 결국 자신을 있는 그대로 온전히 수용하는 통찰의 성과이자 변화의 의지이다. 사진 촬영을 하는 동안 드러난 행동의 이유를 이해할 수 있게 되고, 자기이해도가 높아지면 타인을 이해하는 폭도 넓어지게 마련이다.

그렇다면 자화상 작업이 모든 사람에게 통찰을 주는가? 자화상이 치유적인 기능을 한다고 해서 모든 사람이 자기직면을 하는 것은 아닐 테며, 직면한다고 해도 자신을 보

_____ 53, 54 강현식, 『꼭 알고 싶은 심리학의 모든 것』, 소울메이트, 2010. p.190.

는 데 한계가 있지 않느냐는 한 연구원의 질문이 있었다. 리더인 김문희는 자화상 작업을 한다고 해서 모두 진정한 자아를 만나는 것은 아니라고 말하며 그 한계를 인정한다. 개인의 인지 발달단계, 성격과 기질, 심리 성숙도에 따라 자신을 직면하는 정도와 깊이가 다르기 때문이다. 그렇기 때문에 전문 심리상담자의 개입의 필요성이 강조된다. 상담자와 대화를 하면서 자신을 만나기 위한 노력과 몰입이 가능해야 치유 효과도 증가한다. 물론 자기성찰을 할 수 있는 자원을 소지한 사람은 상담자의 개입 없이도 어느 정도 치유 효과를 얻을 수 있다. 하지만 자신을 객관화하는 과정과 자기중심적 사고에서 벗어나 넓은 관점을 가질 필요가 있다면 상담자의 안내를 받는 것이 더 효과적이다. 자화상이 아무리 자기직면과 자기이해 같은 치유기능을 가지고 있다고 해도 그것을 실행하는 주체의 지혜로운 통찰력과 치유의 의지와 환경에 따라 효과는 달라질 수 있다.

리더의 팁

내담자의 통찰을 이끌기 위한 질문 목록은 무엇인가요?

어떤 질문을 하느냐에 따라 내담자의 반응과 직면의 정도가 달라지겠지만 기본적으로 자신을 들여다보게 하는 자기 질문 목록들이 있습니다. 내담자가 자기 사진을 보면서 스스로 답변하게 하는 질문들이지요. "나만이 알 수 있는 내 모습은 무엇인가? 이 사진을 보고 남들은 알 수 없는 나의 특징은 무엇인가? 내가 생각하는 나의 장점은? 내가 자랑하고 싶은 것은? 나에게 아쉬움이 있다면? 이 사진을 누구에게 보여주고 싶은가? 보여주기 싫은 사람이 있다면?" 이런 식의 질문들은 자신과 관련한 많은 이야기를 할 수 있게 합니다. "과거의 사진과 현재 사진을 비교하면 어떤 차이가 있나? 내가 좋아하는 모습은 어떤 모습인가? 그것이 왜 좋은가?" 이러한 의문들을 풀어가면 자신의 정체성에 대한 많은 얘기들이 나올 수 있습니다.

마치며

지금-여기의 나를 바라보고 허락하기

사람의 오감 중에서 가장 우선적이며 넓은 범위를 지니는 것은 '시각'이다. 본다는 것은 인식의 결정적 매개이자 지식의 근원이다. 촉각이나 미각은 사물이 감각기관에 직접 닿지 않으면 대상을 알 수 없다. 반면 시각은 보는 대상과 맞닿아 있으면 그것을 절대로 볼 수가 없다. 보기 위해서는 일정 정도 이상의 거리가 필요하다. 사진의 본질도 '본다'는 것이다. 사진을 중심으로 하는 렌즈 기반 매체는 바로 이러한 시각적 특징을 가장 명확하게 드러낸다. 렌즈와 사물이 닿아있으면 상을 담아낼 수가 없다. 최소한의 초점거리가 필요하다. 즉 사람의 눈으로 대응되는 렌즈, 타자 및 세계를 의미하는 피사체, 이 둘은 거리를 두고 '바라보는 행위'를 통해 사진 이미지로 창조된다. 이것은 자신과 타인을 거리를 두고 객관적으로 바라봄에서부터 시작되는 치유적 행위와 닮아있다.[55]

'얼른 얼른 내가 나를 알아볼 수 없는 나의 얼굴'. 나병을 앓았던 시인의 자화상을 다시 떠올려본다. 시인은 그 험한 얼굴에 묻어있는 고독과 슬픔을 시어로 뱉어내며 자신을 직면한다. 그리고 한때의 '이마는 푸르고 눈썹은 검었을 때'를 통과한 나이 지긋한 시인은 스스로를 위로하고 자신의 운명과 삶을 받아들인다. 시인이 그랬을 것처럼, 내 얼굴이나 몸을 사진으로 찍어 찬찬히 바라보는 일은 용기가 필요하다.

얼마 전 사진치료 프로그램 개발을 위해 시험용으로 자화상을 찍었다. 그 사진을 가만히 보고 있자니 편안해지고 부드러워지는 마음을 느꼈다. '어라? 왠일이지?' 하는 생각이 들었다. 동시에 이제는 점점 내가 중년을 받아들이고 있다는 사실을 깨달았다. 예전보다 예쁘지도 않고 매력적으로 보이지 않더라도 한결 편안한 표정으로 부드럽게 변한 내가 만족스럽게 느껴졌다. 나이대에 따라 갖게 되는 자원도 변해간다. 젊을 때

---

55 한경은, 「치유적사진예술체험이 자폐청소년의 사회적 상호작용에 미치는 영향」, 예술에서 치료까지 제2호, 2016

는 윤기 나는 피부, 군살 없는 몸매, 거침없는 패기, 무엇이든 할 수 있을 것 같은 자신감 등이 나를 어필하고 키우는 재산이었다. 이제는 싫든 좋든 크게 동요하지 않는 단단함과 나와 다름을 이해하고 포용하는 힘이 커지고, 받아들여지는 것이 많아지고 있다. 그리고 이러한 힘은 사람들과 함께하고 나눌 수 있는 자원이 된다. 솔직히 노인이 된 내 모습이 잘 그려지지는 않는다. 하지만 분명히 깊은 주름과 검버섯이 드리워질 테고, 몸의 탄력은 더 떨어져 흐물흐물해지고 아마 키도 줄어들 것이다. 그리고 나는 더 편안하고 자유로우며 웃는 모습이 지금보다 더 아름다운 할머니가 되기를 소망한다. 그 할머니는 세상과 사람과 자연을 좋아하고, 사람들도 할머니를 잘 따르고 좋아할 것이다. 최근에 찍은 자화상은 또 이렇게 지금의 나를 보게 했고 허용하게 했다. 덤으로 미래의 나를 수용하는 연습도 하게 했다.

자화상은 내가 자신과 어떤 관계를 맺고 사는지, 스스로를 어떻게 바라보고 있는지를 보여준다. 자신을 표현하면서 억압된 감정을 분출하고 정화할 수 있을 것이다. 인생의 각 시기와 사회적 역할에 따른 정체성을 탐색하면서 생명력과 에너지를 회복시켜줄 것이다. 시작이 힘들지 막상 통과하고 나면 잘했다 싶은 일들이 있다. 나를 기다리고 있는 내면의 '여린 나'를 기꺼이 허락하며, 자화상이 주는 선물을 꼭 뜯어보기를 바란다.

4장. 사진일기

Photo Diary

"하루, 또 하루,
그리고 또 하루가 온다."

다른 나날,
같은 듯 같지 않은 날들을
어떻게 보내나요?

사진으로
보고, 느끼고, 말하는
일기

Photo Diary

허슬기

• 들어가며

1 • 살펴보기

    나에게 일기란

2 • 선행연구

    일기의 정의
    일기의 효과
    사진일기의 정의
    사진일기의 목적
    사진일기의 특징
    예술작품을 통해 본 사진일기

3 • 사진일기의 경험

    일상을 기록한 사진일기
    주제가 있는 사진일기
    사진일기 쓰기

4 • 사진일기의 치유적 의미

    사진일기의 치유과정과 의미
    사진일기의 한계점
    사진일기의 치유적 효과성

    마치며

들어가며

　나에게는 그저 밀린 숙제일 뿐이었다.

　초등학교 시절 개학이 가까워지면 밀린 일기를 몰아쓰기 위해 그때서야 일기장을 꺼냈다. 아침에 일어나 책상 위 일기장을 보며 '오늘은 꼭 다 써야지.' 하고 마음먹다가도 놀다보면 늘 내일로 미루고는 했다. 결국 개학 전날 기억도 제대로 나지 않는 지난날을 떠올리며 억지로 부리나케 일기를 썼다. 그렇게 쓴 일기장을 제출하고 나면 담임 선생님은 귀신같이 내가 일기를 한꺼번에 썼다는 것을 알아챘다. 지금 와서 생각해보면 나라도 바로 알 것 같다. 일기를 매일 잘 챙겨서 쓴 친구들의 공책은 많이 닳아 있다. 그러나 내 일기장은 그렇게 빳빳하고 깔끔할 수가 없었다. 그야말로 새 일기장 티가 확 났던 것이다. 이러한 일들로 인해 결국 나에게 일기는 학창시절 내내 밀린 숙제를 해야 하는 귀찮은 존재였다.

　그래도 시간이 지나 초등학교 때 쓴 일기장을 보면 그렇게 반가울 수가 없다. '맞아, 그때 이런 일이 있었지!', '나랑 친하게 지냈던 친구들은 뭐하고 사나?' 등 여러 생각을 하게 되고 그 시절의 나를 회상하게 만든다. 얼마 되지 않는 일기장이지만 이것만큼이라도 모아두기를 참 잘했다는 생각과, 일기가 전해주는 소중함을 어렸을 때 깨달았으면 하는 안타까움도 생긴다. 좀 더 일찍, 일기를 썼더라면 과거의 나를 무수하게 만날 수 있는 기회였지 않았을까 하는 아쉬운 마음에서다. 그래서 일기를 다시 써보자 마음먹지만, 그리 오래가지 않는다. 습관과 사람의 성향이라는 것이 참으로 무섭다. 아마도 일기란 날마다 써야 한다는 생각에 부담이 되는 것일지도 모른다. 이는 나뿐만 아니라 다른 누군가도 충분히 비슷하게 느낄 수 있다. 그럼에도 지금의 나는 계속해서 사진일기를 쓰고 있다.

　매일 쓰지 않아도 된다고 마음먹으면 좀 더 수월해진다. 또한 글을 쓰지 않고 사진으로만 남긴다고 생각하면 누구나 어렵지 않게 시작할 수 있다. 더욱이 특별한 카메라를 가지고 있지 않아도 된다. 손안에 늘 지니고 있는 스마트폰 카메라를 이용해 때로는 특별하고 때로는 소소한 일상을 촬영하는 것이다. 그렇게 틈틈이 남기고 싶을 때 사진일기를 작성하면, 어렵지 않게 일기를 통해서 자신을 성찰할 수 있다.

일기는 내가 놓치고 있었던 순간에 대해 다시 한 번 인지하고 확인하는 데 큰 도움을 준다. 특히, 글로 쓰는 일기보다 사진일기가 더 큰 도움을 줄 때가 있다. 사진은 시각적 언어의 역할도 가지고 있기 때문에 그 안에 보이는 내용이 지시적이고 구체적이며 정확하기 때문이다. 글쓰기는 주관적이다. 나의 생각과 감정을 위주로 글을 쓰게 되고, 그렇다보니 내 사고의 틀에 갇히기도 한다. 그러나 사진일기를 남김으로써 자신에 대해 좀 더 들여다보고 나를 둘러싼 환경을 인지하는 데 큰 도움을 받을 수 있다.

연구원들은 사진일기를 쓰고 읽고 다시 보고 경험을 나누는 과정에서 자신을 열어보이고 서로의 마음과 생각을 나누면서 사진일기를 통한 치유의 긍정적인 면을 경험했다. 이처럼 자신이 직접 느끼고 깨우치는 과정으로 성장하면 더 멋진 나와의 만남을 이룰 수 있다.

본 장은 한국사진교육학회 사진치료치유분과 위원장인 리더 김문희가 치유활동으로서 사진일기를 제안했고, 한 달간 개인별로 사진일기를 자유롭게 촬영한 후에 그 과정을 경험하고 공유하면서 느끼고 배운 점을 정리한 글이다.

이 장에서는 먼저 생각나누기의 일환으로 연구원들에게 일기란 무엇인지 이야기를 나누었다. 그리고 선행연구를 통해 일기와 사진일기에 대한 정의를 알아보았다. 더불어 사진일기를 작업한 예술가들의 사례를 정리해 보았다. 다음은 이 장에서 제일 중요한 부분이다. 연구원들이 직접 '일상을 기록한 사진일기'와 '주제가있는 사진일기'의 형식으로 사진일기를 찍으면서 느꼈던 감정과 과정이 담겼다. 이번 작업을 바탕으로 연구원들이 치유적인 관점으로 사진일기를 다시 보면서 자신이 느꼈던 치유경험에 대해 그 의미를 함께 나누었다. 마지막으로 연구원들이 사진일기를 쓰면서 겪었던 한계점 및 불편사항에 대해 함께 고민했고, 사진일기의 효과에는 무엇이 있는지 어떠한 방법으로 풀어가면 좋을지에 대해서도 이야기했다.

Dear My Diary
너만이 날 알고 있겠지
그때의 나의 진심을
Dear My Diary
너만이 날 기억하겠지
쓰라린 내 아픔을

Dear My Diary
오직 너만이 날 위로해주네
그때의 나의 진심을
Dear My Diary
너만이 날 기억하겠지
쓰라린 내 아픔을

Dear My Diary
Dear My Diary
Dear My Diary

| 원써겐(1sagain), '오래된 일기장' 중에서 |

1. 살펴보기

> **나에게 일기는 _____ 이다.**

📁 나에게 일기란

사진일기의 본 작업에 앞서 연구원들이 사진일기를 활용한 경험을 함께 나누었다. 교육자로 활동하는 연구원들은 교육 현장에서 어떠한 형태로 일기를 활용하고 진행을 했는지 이야기해 주었고 개인 일기를 작성해온 연구원들은 그에 대한 경험을 나누면서 작업을 시작했다.

📝 교육적인 경험 나누기

나는 사진학과에 진학하고자 하는 입시생들을 가르친 적이 있다. 입시생들은 포트폴리오를 준비하는데 보통 하나의 주제에 맞는 여러 사진을 찍고 의도한 바를 글로 써야 한다. 포트폴리오를 만들기에 앞서 나는 입시생들에게 주제를 정한 사진일기를 쓰라고 권했다. 하나의 주제를 정하고 그에 맞는 사진을 매일 찍으라고 했다. 그리고 한 줄이라도 좋으니 그 사진을 왜, 무슨 의미로 찍었는지 메모하라고 했다. 일주일 간격으로 확인하면서 한 달의 시간이 흘렀다. 최종적으로 그들의 사진일기를 검토하게 되었다. 자신이 걸어 다니는 길의 신호등을 찍은 학생도 있었고, 매일 같은 시간 같은 장소에서 하늘을 찍은 기록 이외에도 다양한 사진일기들이 나왔다.

그중 가장 인상 깊었던 입시생이 있었다. 그는 얼굴표정을 그린 박스를 뒤집어쓴 자신의 모습을 찍었다. 주제는 '자신감 되찾기'였다. 어느 순간 사람들 앞에서 감정을 드러내기가 어려워졌고 점점 감정을 숨긴 채 살다 보니 어느새 자신감까지 잃어버렸던 그 입시생. 그는 날마다 감정을 담은 표정을 박스에 그렸다. 그리고 그 박스를 뒤집어 쓴 채 야외에서 자신의 모습을 카메라에 담았다. 뒤로 갈수록 사진일기 속 박스의 표정은 밝아졌고 배경 또한 집 앞에서 사람 많은 광장으로 바뀌었다. 글 또한 자신의 자신감을 되찾겠다는 주제로 간결하고 뚜렷했다. 충분히 자신의 주제를 사진으로 표현했고, 그 의미를 분명하게 글로 나타냈다. 중요한 포인트를 제대로 짚어낸 입시생이었다.

위의 사례를 비롯한 많은 입시생이 사진일기를 잘 수행해 주었고 글 또한 빠짐없이 적었다. 같은 주제로 매일 사진을 찍고, 한 줄이라도 글을 덧붙이니 상당한 사진이 모이고 다양한 이야기들이 나왔다. 그 중에서 괜찮은 사진을 선택하고 그 사진에 딸린 글을 엮어서 에세이를 작성했다.

이렇게 완성한 에세이에서 입시생들의 글솜씨가 사진일기를 쓰기 이전보다 눈에 띄게 향상되지는 않았다. 그러나 이전보다 좀 더 구체적이고 뚜렷해졌다. 게다가 입시생들은 자신의 작품을 어떻게 글로 표현할지에 관한 고민이 줄어들었다고 했다. 그래서 또 다른 포트폴리오를 만들 때도 사진일기를 활용하겠노라고 이야기했다. 참고로 박스를 쓴 자신의 모습을 사진일기로 작성한 입시생은 사진학과에 합격했다. 내게 감사 인사를 전하면서 사진일기 수업이 자신에게 아주 큰 도움을 주었다고 말하기도 했다.

류기상은 대학에서 카메라에 대한 이해도를 높이고 본인의 이야기를 잘 표현할 수 있도록 사진일기 수업을 2년 동안 했다. 그는 사진일기 수업을 시작한 날, 초등학교 때 쓴 그림일기를 연상시키면서 사진일기 과제를 내주었다. 이후 학생들이 가장 많이 한 질문이 바로 "교수님, 이 사진일기를 다른 사람도 보나요?"였다고 한다. 류기상 연구원은 수업이므로 사진일기를 당연히 공개하고 공유한다고 생각했지만 이는 그리 쉽지 않은 문제임을 알게 되었다. 그래서 사진일기의 공유를 원하는 학생들의 경우는 질문 및 피드백을 쪽지로 전달해주는 방식으로 바꾸었더니 학생들 사이에서 반응이 무척 괜찮았다고 한다.

류기상은 학기가 끝나고 학생들의 과제를 검토한 결과, 매우 흥미로운 사실을 발견했다. 비공개한 학생들의 일기를 보니, 이들은 성적에 상관없이 자존감이 매우 높은 학생이거나 반대로 자존감이 굉장히 결여된 학생들이었다는 사실을 알 수 있었다. 그리고 일기를 공개한 다수의 학생들은 교수에게 칭찬과 인정을 받고 싶어 한다는 것을 인지했다. 류기상 연구원은 이러한 학생들에게 따로 시간을 내 소집단으로 추가 상담을 진행했다고 했다.

그는 사진일기를 이용한 수업을 처음 진행했던 터라 부족한 점이 있었다고 했다. 하지만 교수와 학생 간의 관계형성이 매우 새롭고, 사진을 가르침에 있어서 무척 재미있었던 경험이었다고 말했다. 아쉬운 점은 사진을 전공하는 학생들을 대상으로 수업을 진행하다보니 학생들이 사진의 기술적인 부분을 더 중요시 했다는 점이다. 반면에 자신의 내적인 감정과 생각 표현을 여전히 어려워하고 부담스러워하는 학생들도 있었다고 한다. 그는 사진일기 수업의 긍정적 효과를 경험한 후, 그 다음 강의에도 계획서에 사진일기를 포함했다. 여전히 학생들이 공개여부를 가장 많이 질문하고는 하는데, 이에 류기상 연구원은 사진일기의 공개에 관한 불안감을 줄일 수 있도록 충분히 설명해 주는 것이 중요하다고 느꼈다. 그렇지 않으면 수업의 진행이 불가능하기 때문이라고 덧붙였다.

라온은 초등학교 수업에서 사진일기를 다루었다. 그는 그림을 그리거나 글로만 쓰는 일기보다 학생들이 더 쉽게 접근할 수 있었다고 했다. 특히 글쓰기를 어려워하는 친구들이 의외로 많았는데, 사진일기는 그러한 친구들도 큰 부담 없이 일기를 시작할 수 있게 해주었다. 학생들의 사진일기 내용은 친구들과의 우정, 인상 깊었던 꿈 이야기, 가족 이야기, 지신의 이름에 관한 이야기, 학교를 오가다 만난 하늘, 잔디밭 속 개미 등 친근한 일상 이야기가 대부분이었다. 또한 사진일기가 개인적임에도 SNS를 통한 일상 공유가 보편화된 까닭인지 다른 사람들 앞에서 발표하거나 공유하는 것에 매우 개방적이었다고 말한다. 서울구로남초등학교 학생들의 경우 동강국제사진제의 사진일기 공모에 당선된 친구들이 많았고, 그로 인해 자신감·자존감이 높아진 것을 보았다고 한다.

앞서 언급한 사례 속 학생들을 보면, 전반적으로 자신이 하고자 하는 이야기를 글로 풀어내기를 어려워한다. 글도 자꾸 써보아야 솜씨가 늘어나므로 일기를 작성해보라고 권하기도 한다. 하지만 형태가 없는 생각을 글로 표현하는 일기는 학생들에게 여전히 난제다. 처음부터 잘 하려고 애쓸 필요는 없다. 하지만 사진일기는 자신의 생각을 글로 표현하기까지의 초석이 되기에 괜찮은 시작이 되지 않을까 한다.

어릴 적 그림일기를 썼던 기억을 떠올려보자. 자신의 생각을 그림 대신 사진으로 표현한다면 좀 더 수월하지 않을까? 사진은 이미 많은 내용을 보여주고 있다. 사진을 통해 이미 눈에 보이는 바를 추가적인 글로 쓰기는 쉽다. 꾸미지 않아도 된다.

리더의 팁

사진일기를 수업에 사용한다면 우선 작성목적, 실시방법이나 실행과정에 유념하면서 진행해야 합니다. 어떤 대상과 목표점을 향해 진행할 계획인지 생각해야 합니다. 대상에 따라 목적은 달라집니다. 단순한 하루의 기록일 수도 있고 내면을 표현할 수도 있고, 자아성찰이 될 수도 있습니다. 어떤 목적을 설정할지 학생과 나누면서 사진일기에서 얻을 수 있는 가능성을 알리는 것이 도움이 됩니다. 일기 쓰는 습관을 형성하기 위해 사진일기를 이용하는 것은 좋은 방법입니다.

1. 쉽게 생각하자

일반적으로 일기가 숙제일 때는 심리적인 부담감과 거부감이 생길 수 있고, 특히 지속적으로 쓰는 일 자체가 쉽지 않습니다. 그렇기 때문에 학습자들의 부담을 줄일 수 있는 방법을 안내하거나 적절한 동기부여가 필요합니다. 사진은 '찍고 싶은 대로, 어떤 것을 찍어도 충분하다'고 알려주면서 심리적으로 부담이 가지 않도록 해줍니다. 찍은 만큼 더욱 얻게 되는 기록, 추억, 기억, 정보, 자산, 의미, 성찰 등에 대해 나누는 것은 동기 강화에 좋을 것입니다.

2. 공유는 선택 사항이다

사진일기는 촬영한 사진 자체로서 개인의 정보이며 일기가 됩니다. 사진일기의 진행방식에서 사진이 주는 이미지는 개인적인 의미를 담고 있습니다. 사진의 공개는 바로 이런 사적인 내용을 드러냄과 같습니다. 따라서 개인의 허락 없이 개방하지 않도록 합니다. 수업의 일환이라고 해도 공개할 것인지, 개별적으로 작업할 것인지 반드시 선택하게 해 스스로 자신을 보호하고 안전하게 하도록 할 필요가 있습니다. 또한 사진일기 때문에 타인의 사생활을 침범하는 사진을 찍거나 외부에 누군가의 사적 이미지를 허락 없이 공유하지 않도록 사진윤리의 가르침도 필요합니다.

3. 작품 사진 촬영이 아니다

마지막으로 학생들에게 사진일기는 예술 작품을 만드는 과정이 아니라 자신의 마음을 사진으로 매일 기록하고 표현하는 과정임을 충분히 알려주세요. 작품 창작에 치중하는 것이 아니라 보고 느낀 대로 자연스럽게 찍어가면서 자기성찰이 일어나도록 유도하는 것이 중요합니다.

나는 그동안 썼던 일기를 보며, 당시에 무슨 일이 있었는지 그때의 나는 무슨 생각을 하고 살았는지 알 수 있었다. 또한 과거의 글을 통해서 나의 미래를 내다볼 수도 있었다. 왜냐하면, 전과 비슷한 상황이 펼쳐졌던 날에는 과거보다 좀 더 성숙하게 행동했던 나를 발견하기 때문이다. 이로 인해 미래의 내 모습은 현재보다 더욱 근사하지 않을까 하는 생각도 해본다.

김문희는 사진일기를 활용했던 이야기를 들려주었다. 자신을 찾아오는 내담자들에게 일기를 미션으로 제시했을 때 힘들어하는 사람이 많았다고 한다. 일기를 쓰려면 마음의 여유를 가지고 자신을 돌아보는 회상능력과 전체를 통합적으로 보는 인지능력을 필요로 한다. 그것이 쌓여 내면의 큰 성찰로 이끄는데, 심리적으로 힘들 때는 이 능력을 잘 발휘하지 못해 내담자들이 일기작성에 어려움을 가지는 것 같다고 한다. 그래서 생각날 때 마다 간단하게 메모라도 적어오도록 했는데, 꾸준히 메모를 해오는 내담자에게는 좋은 치료 결과가 있었다고 한다. 글이 쌓이면서 처음에 썼던 글과 나중에 쓴 글이 어떻게 다른지 내담자 스스로 알아차렸고 전과 다른 자신의 변화에 만족했다고 한다.

류기상에게 일기는 초등학교 때 선생님에게 '참 잘했어요'라는 별표를 받고 싶어 써야만 하는 숙제였으며, 방학 때에는 몰아서 쓰느라 이야기를 만들어내는 창조적 쪽대본이라고 했다. 날씨를 맞추어 밀린 일기를 적으려고 가족들에게 물어보고 상상을 통해 하지도 않았던 일을 만들어 냈으니 말이다. 이렇게 완성한 그림일기는 초등학교 5학년 때부터 한꺼번에 몰아보는 즐거운 책이 되었고, 일기가 가지고 있는 과거의 환영 같은 매력에 이후부터는 진지하게 쓰기 시작했다. 중학교 때까지 일기를 매우 성실하게 썼고, 이사를 할 때는 품안에 챙기는 소중한 물건이 되었다고 한다. 아마도 자신의 아버지가 메모와 일기쓰기를 좋아하고, 시와 수필을 좋아하던 문학 소년이어서 그 영향을 받은 것 같다고 한다. 대학생 때는 밀착인화의 자투리 혹은 실패한 인화지에 그림일기 같은 형식으로 낙서 혹은 메모처럼 남겼다. 그 낙서나 메모는 자연스럽게 작업으로 이어져 그 당시의 메이킹 사진을 어려움 없이 작품 활동에 활용하기도 했단다.

| 신화를 꿈꾸며, 류기상, 1992 |

정유정은 사진일기 작업 당시, 갱년기를 겪는 중이라고 했다. 그는 갱년기에 작성한 일기를 보면서 자신이 신체 변화에서 오는 어려움에 대해 반복적으로 호소함을 발견했고, 지금 이 순간 마주하는 모든 것들이 자신의 삶에 큰 영향을 미친다는 사실을 직면하게 되었다. 더불어 일기를 쓰면서 그것을 극복하기 위한 방법을 찾았다고 한다.

한승휘는 고등학교 때부터 써온 자신의 두꺼운 일기장 8권을 어머니가 버린 적이 있다고 한다. 왜 버렸냐고 항의하자 남자 이름이 너무 많다는 것이 이유였다고 했다. 결혼한 여자가 그러한 물건을 왜 가지고 있냐는 핀잔이 덧붙여졌다. 그 후 한승휘는 노트에 일기를 쓰지 않았다. 어머니뿐만 아니라 다른 사람도 열어볼 수 있다는 생각에 컴퓨터로 일기를 쓰고 암호로 파일명을 정하고 애매한 이름의 폴더에 감추어버렸다고 한다. 갑자기 자신이 죽으면 누군가가 자신의 물건들을 정리하면서 일기장을 발견하지 않기를 바라고, 누군가가 읽지 않기를 바라는 마음이다. 이러한 생각에 차라리 글을 쓰지 않는 편이 편할지도 모른다고 생각하면서도 일기를 쓰지 않을 수는 없다고 한다. 왜 그럴까 그 이유가 무척이나 궁금한 찰나, 한승휘는 "일기를 쓰는 시간이 오롯이 자신과 접속하는 시간이기 때문"이라고 진심을 담아 말했다. 그 시간 안에서 벌거벗고, 토하고, 용트림하며 자신의 감정을 폭발시킬 수 있는 '날 것'의 나를 만나는 시간을 절대 포기할 수 없기 때문이다.

나는 앞서 연구원들의 일기에 관한 경험을 들으면서 일기는 '보물창고'라는 생각을 했다. 자신의 이야기를 담아놓을 수 있는 무한대의 특별한 공간이기 때문이다. 자신이 살아온 하루하루를 소중히 작성해 얼마든지 채울 수 있다. 그 공간에 들어서면 과거의 나를 만날 수도 있고, 잊고 있었던 일들도 접하게 된다. 과거의 기록을 통해 '이때는 내가 이랬구나!' 하며 자신을 뒤돌아 보는 경험은 누구에게나 공통적으로 나타나는 듯하다. 더불어 이 보물창고의 공간은 아주 사적이기에 다른 이들에게 공개하기가 꺼려질 만큼 비밀스러운 공간이다.

리더의 팁

사진일기 활용법: 상담할 때

1. 일기는 내담자가 원하는 목표를 향해 가려 할 때 도움이 되지만 상담자의 의지로 쓰게 할 수는 없다. 그래서 내담자의 의향을 물어 일기쓰기를 권할 수 있다. 자발성과 의지가 높은 사람에게 더 많은 효과가 있겠지만, 의지가 높지 않더라도 그러한 점을 수용하는 것이 심리상담에서 필요하다.

2. 글로 쓰는 일기보다 사진으로 일상을 기록하는 방법에 대해 알려준다. 사진이 하나 둘 모이면 저절로 일기처럼 기록되므로, 글쓰기 부담을 줄일 수 있다고 권한다. "오늘 하루 인상 깊은 장면을 사진으로 찍어 보세요~ 무엇이든 상관없어요. 그냥 찍고 싶은 것을 담아보시면 돼요." 늘 지니고 다니는 휴대폰으로 사진을 찍다 보면, 우리는 그 속에서 나눌 이야기가 많다는 사실을 쉽게 알 수 있을 것이다.

나를 알려면 스스로에게 질문하고 이야기하며 답할 수 있어야 한다. 그러기 위해서는 나에게 접근할 수 있는 어떠한 방법이 필요하다. 나는 그 방법으로 사진일기를 추천한다. 사진일기를 작성하고 다시 봄으로써 내가 무엇을 하며 살고 있는지, 잘 살고 있는지, 무엇을 원하는지, 상처받은 일은 무엇인지, 기분 좋았던 일은 무엇인지, 감정은 어떻게 변화하는지 등 나에 관한 논점을 모두 들여다볼 수 있다. 또한 일련의 이야기들에 하나씩 질문을 던지고 스스로 답함으로써 나를 알 수 있다. 사진을 바라보고 있으면 전에는 관심을 두지 않았던 곳에 시선이 가고 그것에 대한 정보를 얻을 수 있다. 이번 경험나누기는 연구원들이 일기를 통해 나는 누구인지, 내가 어떤 사람인지 경험한 내용을 공유함으로써 일기의 역할과 그 중요성을 깨달은 뜻깊은 작업이었다.

그러한 의미에서 연구원들 각자가 생각하는 일기에 대한 정의를 아래와 같이 내려보았다.

일기는 숙제이자 쪽대본이다.   -류기상
과거의 내 일기는 남에게 보여주기 위해 써야 했던 기록.   -정유정
나에게 일기는 감추고 싶은 것임과 동시에 자신과의 접속.   -한승휘
일기란 타임머신이다.   -서승연

그렇다면 여러분에게 일기는 무엇인가?

2. 선행연구

　일반적으로 일기는 우리가 앞으로 논의할 자기성찰이나 치유보다는 글쓰기의 수단으로 많이 활용되고 있는 듯하다. 이번 기회로 글쓰기 수단의 일기에서 벗어나 자신의 치유를 위해 작성해보는 것은 어떨까? 일상생활에서의 일기쓰기는 생각을 정리하는 나만의 공간으로 자신을 성장시키는 최적의 장소이다.

📁 일기의 정의

　사전적 의미에서 일기(日記)란 개인이 일상에서 체험하는 경험, 생각, 감상 등의 제반 사항을 하루 단위로 기록하는 비공식적, 사적 기록이다. 일기는 보통 일일 단위로 기록하지만, 작성하는 개인에 따라 천차만별이며 강제성이 있는 공적인 기록이 아니므로 쓰는 간격에 따라서는 사실상 주기(週記)나 월기(月記)가 되기도 한다.[56] 특별한 목적하에 남기는 공식적인 기록은 보통 일지(日誌)라고 하나, 과거의 일기는 오늘날과 달리 일지와 일기의 성격을 함께 가지는 경우가 많았다. 일기는 작성자가 작가이면서 동시에 유일한 독자인 특이한 글쓰기이다. 따라서 어떠한 글쓰기보다 사적인 비밀이나 속마음이 적나라하게 표현된다. 일반에 공개된 일기의 일부-안네의 일기-는 문학사에 족적을 남기는 작품이 되기도 한다. 실제의 일기가 문학작품이 되는 한편에, 일기의 형식을 따온 문학작품도 다수 존재한다.

미국의 에세이 작가이자 예술평론가인 수잔 손택(Susan Sontak, 2013)은 자신의 일기와 노트를 바탕으로 쓴 책『다시 태어나다』에서 일기를 다음과 같이 정의한다. "일기는 자아에 대한 나의 이해를 담는 매체다. 일기는 나를 감정적이고 정신적으로 독립적인 존재로 제시한다. 따라서 그것은 그저 매일의 사실적인 삶의 기록이 아니라 오히려 그 대안을 제시한다." -1957년 12월 31일 일기 중에서.[57]

또한 톨스토이가 일기문학의 정수라고 평가한『아미엘의 일기』의 저자인 앙리 프레데릭 아미엘(Henri Frederic Amiel)은 일기를 이렇게 표현했다. "일기는 고독한 인간의 위안이자 치유이다. 날마다 기록되는 이 독백은 일종의 기도. 영원과 내면의 대화, 신과의 대화이다. 이것은 나를 고쳐주고 혼탁에서 벗어나 평형을 되찾게 한다. 의욕도 긴장도 멈추고 우주적인 질서 속에서 평화를 갈구하게 한다. 일기를 쓰는 행위는 펜을 든 명상이다."[58]

그리고 미국의 문학자 겸 사상가인 헨리 데이비드 소로(Henry David Thoreau)는 자신의 저서『소로의 일기』에서 일기를 아래와 같이 비유했다. "나의 일기는 추수가 끝난 들판의 이삭줍기다. 일기를 쓰지 않았더라면 들에 남겨져 썩고 말았을 것이다. 먹기 위해 살듯이 일기를 쓰기 위해 산다면 환영할만한 삶은 아닐 것이다. 내가 매일 일기를 쓰는 이유는 신들을 위해서이다. 일기는 선불로 우편요금을 내고 신들에게 매일 한 장씩 써 보내는 나의 편지이다."[59]

📁 일기의 효과

일기는 일상의 기록을 남기는 수단이기도 하며, 자신의 생각을 정리하는 공간 또는 자신의 내면을 들여다보기 위한 수단 등의 다양한 목적을 가진다. 이러한 일기의 다양한 활용에는 공통점이 있다. 바로 일상과 감정의 기록을 통해 다시금 객관적 관점으로 자신을 뒤돌아 볼 수 있다는 점이다. 이 점이 바로 일기를 써야 하는 가장 중요한 이유이다. 자아성찰을 위해 일기를 꾸준히 쓰다 보면 긍정적인 삶의 변화가 나타난다.

저널치료사 이봉희의 저서 '저널 치료와 실제: 이론과 사례'에서는 글쓰기의 중요성

---

57   수잔 손택(2013), 다시 태어나다(수전 손택의 일기와 노트), 김선형 역, 이후.
58   앙리 프레데릭 아미엘(2007), 아미엘 일기, 이희영 역, 동서문화사.
59   헨리 데이비드 소로(2017), 소로의 일기, 윤균상 옮김, 갈라파고스.

에 대해 다음과 같이 이야기한다. 언어를 종이에 글로 쓰는 중요한 이유는 보이지 않는 생각과 느낌, 태도, 믿음, 상상을 시각적 형태로 보이기 때문이다. 그것을 보고 읽는 것은 그 언어들이 표현하는 여러 감정들에 형태와 실체를 부여하는 것이며 글쓴이를 문제와 분리시켜서 개인적인 고통의 여러 측면을 성찰하게 하게 해주기 때문이란다. 일기는 우리의 경험을 밖으로 내어놓는 방법으로서 쓰인 글에 거울처럼 비친 자신을 바라볼 수 있게 해준다. 또한 시간이 지난 후 다시 읽어보는 저널은 같은 사건과 경험이나 감정을 새로운 관점에서 바라보게 함으로써 한층 더 깊은 자아에 대한 이해를 가능하게 해준다고 한다.[60]

또 다른 저서에서도 일기의 긍정적인 영향을 언급하고 있다. 캐슬린 애덤스는(Kathleen Adams)는 저널치료를 문학치료에 도입한 선구자이다. 그는 자신의 저서 '저널치료: 자아를 찾아가는 나만의 저널쓰기'에서 일기에 대한 효용성으로 다음과 같이 이야기한다. 일기는 자신의 삶을 기록하는 도구로, 자아를 발견해 이를 개발하거나 미래를 위해 성찰할 수 있고 타인과의 관계에서 발생하는 다양한 문제들에 대처하거나 해결하는 데 도움이 된다. 과거의 상처나 심리적 외상을 치유해 고통을 극복하는 효과를 준다고도 이야기한다.[61] 이처럼 캐슬린 애덤스가 말한 일기의 효용성은 개인의 삶에 광범위한 영향을 준다. 삶을 기록하는 행위는 자아의 이해는 물론이고 더 나아가 삶을 감지하고 더 나은 방향으로 나아갈 수 있는 능력을 만들기 때문이다.

일기쓰기는 개인에게 긍정적인 변화를 선물해준다.[62] 그러기 위해서는 무엇보다도 하루를 뒤돌아보는 시간을 가졌음에 만족하면서 부담 없이 쓰는 것이 중요하다. 혹여나 일기의 수준에 대해 신경이 쓰인다면 그런 점은 걱정하지 않아도 된다. 자신의 일기를 타인이 보고 평가할 일은 없다. 어떠한 형식도 요구되지 않으니 자유롭게 쓰면 된다. 또한 매일 써야 한다는 선입견도 떨쳐내자. 기억에 남은 하루가 있다면 그 때에만 써도 된다. 단, 너무 미루면 일기쓰기 과정을 포기하게 되므로 일정기간에 한 번씩 지난 시간을 뒤돌아보는 것이 좋다. 또한 글로 쓰는 것이 아니라 사진을 이용해서 하루를 돌아보아도 좋다.

다음의 몇 가지 사항들은 미국의 인본주의 심리학자인 나탈리 로저스(Natalie Rogers)가

---

60   캐슬린 아담스(2006), 저널치료의 실제, 강은주 · 이영식 · 이봉희 역. 서울: 학지사.
61   캐슬린 아담스(2006), 저널 치료: 자아를 찾아가는 나만의 저널 쓰기, 서울: 학지사.
62   조성웅(2013).

저서 『인간중심 표현예술치료』에서 일기를 쓰는 방법의 사고를 확장시킬 수 있는 목록을 정리한 것이다. 일기를 쓰는 데 어려움이 있는 사람은 다음의 제안을 따라 해보자.[63] 처음에는 힘들겠지만 꾸준히 하다 보면 일기로 자신의 감정과 행동패턴을 분석할 수 있게 된다. 이러한 과정을 통해 자기를 이해할 수 있는 힘이 길러진다.

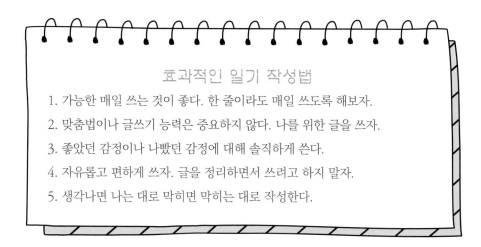

효과적인 일기 작성법

1. 가능한 매일 쓰는 것이 좋다. 한 줄이라도 매일 쓰도록 해보자.
2. 맞춤법이나 글쓰기 능력은 중요하지 않다. 나를 위한 글을 쓰자.
3. 좋았던 감정이나 나빴던 감정에 대해 솔직하게 쓴다.
4. 자유롭고 편하게 쓰자. 글을 정리하면서 쓰려고 하지 말자.
5. 생각나면 나는 대로 막히면 막히는 대로 작성한다.

나탈리 로저스는 그림일기에서도 자기표현이 가진 힘과 깊이를 경험할 수 있다고 말한다. 그림일기는 글 외에 그림을 추가로 그려 넣는 것을 말하며 보통 일기와 크게 다르지는 않다. 그림일기를 쓰는 방법은 다음과 같다.

첫째, 오랜 시간을 투자하지 말라. 하루 10~20분 정도면 충분하다. 자신의 느낌을 빠르게 그림으로 표현한다. 낙서하듯이 가볍게 그린다. 다양한 감정과 느낌들이 손끝을 통해 종이 위에 그려지도록 한다. 색채, 선, 이미지 등으로 표현해보자.

둘째, 눈을 감고 그려보자. 현재의 감정에 집중해야 한다. 내 손에 든 펜과 종이를 느껴보자. 손이 이끄는 대로 펜이 흘러가도록 해보자. 다 그린 후에는 종이 위의 그림이 어떠한 모양이든 그대로 받아들이면 된다. 결과물에 너무 연연하지 말자. 익숙했던 손의 움직임 패턴이 깨지면 새로운 나를 관찰할 수 있는 가능성이 열린다.

그림일기는 추상적일 수 있고 정확한 그림처럼 생생할 수도 있다. 그림을 지속적으로

———————— 63   나탈리 로저스(2007), 인간중심 표현예술치료, 이정명 · 진미향 · 전태옥 옮김, 시그마프레스.

빠르게 그리면 변화하는 감정을 읽을 수 있다. 이처럼 나탈리 로저스는 6개월 정도 꾸준히 그림일기를 쓰고 다시 보면 더욱 깊은 통찰과 자기인식을 할 수 있다고 이야기한다.

📁 사진일기의 정의

사진일기는 말 그대로 사진으로 기록하는 형식의 일기이다. 사진의 특성 중 하나인 기록성이 빛을 발하는 작업이다. 사진은 찍히는 그 순간을 매우 구체적이고 정확하게 묘사한다. 자칫 기념사진으로만 보일 수도 있으나 생활 중심으로 기록하는 사진일기는 찍는 사람의 생각과 감정이 고스란히 개입되고 표현된다. 그렇기에 사진 안에는 단순한 기록사진 차원이 아닌 내적인 공간이 생기는 것이다. 찍는 사람의 선택에 의해 촬영되고 결과로 보이기 때문에 자아의 개입은 당연히 이루어진다. 즉, 선택 과정에서 자아의 내적 활동이 발생하므로 사진일기는 자서전의 성격을 가지고 있다.

사진작가 자끄 앙리 라르띠끄(Jacques-Henri Lartigue)는 인터뷰에서, 지나가 버리는 경이로움을 포착하기 위해 사진을 찍는다고 말했다. 그는 사진으로 찍는 일상의 기록도 일기와 같으며 그 행위로 매 순간의 삶을 중요시했음을 알 수 있다고 덧붙였다. 위대한 날은 없었지만 자신을 열광시키는 것은 무엇이든 중요하며, 그것으로 일상의 삶은 언제나 변화할 수 있고 소중하다고 말한다. 이는 행복한 순간들의 추억을 기록(사진, 일기)하는 행위가 삶에 중요하다는 의미이다.

또 다른 사진작가 낸 골딘(Nan Goldin)은 특별한 날이나 연출된 장면이 아닌 그의 일상에서 일어나는 이야기를 사진으로 남겼다. 그는 자신의 사진 기록을 통해 진실한 자아를 발견했고 그 안에는 솔직한 자신에게 향한 이야기들이 담겨 있다고 했다. 즉, 사진일기를 통해 일상 속의 진실한 나와 마주하게 되었던 것이다.

이처럼 사진일기는 일기형식으로 사진을 기록함으로써 자신의 생각과 감정을 정리하고 자기이해가 가능하도록 해준다.

📁 사진일기의 목적

사진치료의 대가인 주디 와이저(Judy Weiser)는 자신의 저서 『사진치료기법』에서 사진이 가지는 힘에 대해 다음과 같이 이야기한다. 개인적으로 의미를 발견하거나 간직하기 위해 찍은 사진은 그 사람의 중요한 정보를 반영한다. 사진을 찍기로 결정했을 때 그 순간을 살펴봄으로써 사실적, 정서적 정보들, 지속적인 주제와 흥미, 개인적 은유와 상징을 알 수 있다. 혹은 촬영 당시에 알지 못했던 자신에 대한 지각도 암시할 수 있다. 사진이라는 비언어적 회상(Retrospection)을 통해 자신에 대해 알고 이해하게 된다.[64]

가끔 사람들은 사진 속에서 항상 그 곳에 있었던, 그러나 전혀 느끼고 있지 못했던 무언가를 찾아낸다. 우리는 사진 속의 사람들, 공간, 감정 그리고 추억을 통해 자신에게 다가간다. 이 관계들 안에서 감정적으로 연결되는 부분들을 주의 깊게 살펴보아야 한다. 그리고 그 연결성과 패턴들은 감추어졌던 것임을 알게 된다.

사진일기는 「일기 형식으로 표현된 사진에 관한 연구 논문(정진희)」에서도 언급하듯이 자신의 일상을 자신만의 시각으로 표현한 사진기록으로써 자아와 정체성의 문제점을 인식할 수 있게 한다.[65] 자칫 사진일기를 개인의 일상에 대한 외적인 모습으로 볼 수 있지만, 이는 지극히 주관적인 작업이다. 노영윤의 논문 「사진일기와 그림 동화 개작을 통한 자기 발견과 그 효능」에서는 일상 속에서 개인의 생각과 경험들을 기록하는 사진일기는 쉽게 접근할 수 있는 것처럼 보이지만 자아탐구에 있어서 그 역할이 매우 크다고 말한다. 사진일기는 끊임없이 자아가 확립되는 것을 지켜볼 수 있는 공간이다. 이 공간에서 현재 자신의 상태를 여러 각도로 관찰하고 자신의 성향을 파악하며 '자기발견'을 할 수 있게 된다.[66]

📁 사진일기의 특징

사진일기는 많은 말이나 글쓰기를 하지 않아도 사진 한 장만으로 그날의 이야기를 잘 보여준다. 누구를 만났는지, 무엇을 했는지, 어떤 일이 벌어졌는지 등 상세한 사실을 알려준다. 이것은 사진일기가 지닌 강력한 힘이다. 펜으로 쓰는 일기는 지나간 시간이 단 하루일지라도 기억을 바탕으로 글을 쓴다. 기억은 희미해지기 쉽다. 하지만 사진일기는 흐릿해진 기억에 대한 안전한 보루다. 부정할 수 없는 정확한 사실을 선명하게 보여준다. 게다가 당시에 미처 찾아내지 못한 순간을 재발견해 놓쳤던 사실을 재인

---

64   주디 와이저(2012), 사진치료기법, 심영섭·이명신·김준형 역.
65   정진희(2001).
66   노영윤(2015), 사진일기와 그림 동화 개작을 통한 자기 발견과 그 효능, 겨레어문학회.

지하게 한다. 그래서 사진일기는 글로 쓴 일기보다 좀 더 사실적이고 객관적인 기록으로 그날의 이야기를 정확히 다시 보게 한다.

또한 사진일기를 통해 자신이 다짐하는 미래의 모습을 시각적으로 계획할 수 있다. 예를 들어 '올해의 목표는 다이어트'라는 계획을 세웠다고 가정하자. 글로 쓴 일기는 세부적으로 '5kg을 빼서 백화점에서 봤던 A브랜드의 주황색 원피스를 입어야지.'라는 글로 표현한다. 이에 반해 사진일기는 그 옷을 찍어 스마트폰 배경화면에 설정할 수 있다. 이로써 꿈꾸는 목표를 더 자주 눈에 띄게 해 수시로 생각할 수 있다. 뿐만 아니라, 포토샵을 이용해 해당 옷을 입은 자신의 모습을 연출할 수 있다. 이렇게 연출된 사진은 가상의 꿈을 현실화해 보여줌으로써, 스스로에게 꿈을 이룰 수 있도록 의지를 불태우는 긍정적인 효과를 준다.

글이 할 수 없는 시각적 부분을 표현하면 삶의 긍정적인 변화를 경험할 수 있다. 세계적인 화장품 회사 에스티로더사의 주인인 에스티 로더(Estée Lauder)는 자서전에서 성공을 끌어들이는 마음의 에너지를 가지는 방법에 대해 이렇게 밝혔다. "당신의 꿈을 시각화하라. 만일 당신이 마음의 눈으로 이미 성공한 회사, 이미 성사된 거래, 이미 달성된 이윤 등을 볼 수 있다면, 실제로 그런 일이 일어날 가능성이 정말 높아진다." 이렇듯 자신이 꿈꾸는 바를 제대로 시각화하기 위해서 사진일기를 추천한다. 편한 마음으로 부담을 지우고 형식에 매이지 않고 사진을 찍으면 된다. 과거를 뒤돌아보고 미래를 생각하며 순간순간 삶의 모습을 남기는 것이 중요하다.

리더의 팁

사진일기 VS 그림일기

사실적인 묘사나 단순한 기록의 유용성을 본다면, 아무래도 사진일기가 그림보다는 더 현실적입니다. 그림일기는 사진의 현장성과 묘사력에는 당연히 미치지 못할 것입니다. 그러나 여기서 현실적이라는 것이 무엇일까 생각해볼까요? 사진은 외면의 현실을 묘사하는 능력은 높지만 그림은 내면의 현실을 표현하는 데 더 현실적일 수 있습니다. 그림은 마음속의 이미지를 표현하면서 자신의 마음을 상징적으로 구체화할 수 있습니다. 사진은 외현화된 현실에서 그 내적 현실의 의미를 찾아가는 특징이 있습니다. 이와 같이 그림일기나 사진일기의 특징이 달라서 뭐가 더 자신에게 용이한 접근인지는 사람마다 다를 수 있습니다. 사진일기의 장점을 활용하는 것은 바람직하나, 일기를 쓰는 사람에게는 글, 그림, 그리고 사진 중에 어떤 것이 더 쉽게 자신의 마음을 표현하고 성찰을 도울 수 있는지를 살펴보는 관점도 필요합니다.

📁 예술작품을 통해 본 사진일기

아드리엔 휴즈(Adriene Hughes), 소피 칼(Sophie Calle), 조 스펜스(Jo Spence) 3명의 사진작가는 사진일기의 접근방식으로 자신의 작품을 표현했다. 이들은 각자의 인생에서 마주친 시련을 극복하는 데 사진을 이용했다. 힘든 상황을 사진으로 기록하면서 사진 속의 자신과 끊임없이 이야기하는 방식이었다. 이를 통해 작가들은 육체적이나 정신적으로 스스로를 치유했다. 그리고 이들의 작업이 작품으로 공유됨으로써 사진일기 작업은 치유적인 부분과 함께하고 있음을 보여주었다.

먼저, 아드리엔 휴즈의 이야기이다. 그의 개인 홈페이지에는 작품들과 함께 관련 스토리들이 언급되고 있다. 그중 사진일기 형태의 작품에서는 다음과 같이 이야기했다. 사진작가로서 활발히 활동하던 그는 어느 날 자신이 암에 걸렸다는 사실을 알게 되었다. 그리고 자신의 투병일기를 사진으로 남기기 시작했다. 아래 사진은 항암치료를 위해 머리카락을 자르는 그의 모습이다. 이 순간 그는 잘리는 머리카락과 함께 자신의 정체성도 사라지는 듯 큰 좌절감을 느꼈다.

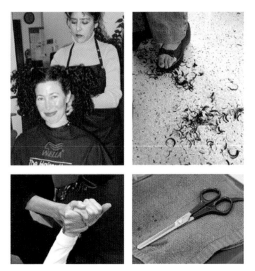

© Adriene Hughes

" How I lost my breast, got a haircut,
and won a big prize"

병원 치료를 받으면서 점점 나약해지는 자신을 발견한 그는 자신의 사진을 암환자들의 인터넷 사이트에 공유했다. 그리고 다른 암환자의 사진을 보면서 자신만 나약해진 것이 아니라는 사실을 깨달았다. 그래서 누군가 자신의 투병 과정이 담긴 사진을 보면서 공감하고 마음의 치유를 받기를 바라면서 가감 없이 공개했다. 심지어 자신의 수술 과정까지 사진으로 남겼다. 이렇게 매일 자신의 일정을 사진으로 기록하면서 그는 스스로를 위로하고 치유하는 방법을 터득했다. 덕분에 힘든 투병생활을 잘 견뎌내었다.[67] 또한 완치 후에는 자신이 기록한 일련의 사진일기를 하나의 포트폴리오로 만들어 인터넷에 올렸다.

두 번째는 소피 칼의 이야기이다. 내가 누구인지, 여기가 어디인지, 무엇을 해야 할지 전혀 알 수 없는 암흑 상황을 경험한 이들이 꽤 많을 것이다. 소피 칼은 꾸준히 기록된 사진을 관찰하다 보면 내가 어디로 가야할지 무엇을 해야 할지 등을 발견할 수 있을 않을까라는 생각을 실천에 옮긴 사진가이다.

소피 칼은 자신이 기록하고 수집한 자료들을 가지고 그 안에서 의미를 찾기도 하고 새로운 내용으로 재탄생시키기도 했다. 그는 자신의 미래를 보려면 어디로 가서 무엇을 해야 하는지에 대한 질문과 함께 '언제 그리고 어디에서(When & Where)' 프로젝트를 시작했다. 장기 프로젝트가 되었던 이 작업 후, 소피 칼은 이렇게 말했다.

> "나는 내 인생을 스스로 만들어 나갈 수 있다고 생각한다. 점쟁이의 말을 따라 여행을 한 '언제 그리고 어디에서(When & Where)' 시리즈는 자의적인 것과 우연적인 것이 결합된 작품이다. 게임의 규칙은 내가 정한다. 정해진 규칙 안에서 일이 어떻게 펼쳐지는가는 우연에 맡기는 것이다."
>
> – 313 아트프로젝트 중에서

소피 칼은 지속적인 사진기록을 통해 지루한 일상을 새로운 방향으로 전환할 수 있는 계기를 만들었다. 자신을 위한 새로운 환경과 이벤트에 녹아들어 바쁘고 지친 일상에서 떨어져 자신을 다시 바라볼 수 있게 해주었다. 그의 사진을 통해 따분한 일상 속 많은 상황들이 나와는 상관없이 일어나는 일들인 것 같지만 사실은 모두 나의 선택으

———————— 67   아드리엔 휴즈 웹사이트.

로 생성되고 있음을 알 수 있다. 이렇게 그는 평범한 일상도 조금은 멀리서 보게 하며, 하나의 일도 다양한 관점과 모습으로 보일 수 있고 그 안에 수많은 가능성의 존재들이 있다는 사실을 전해주고 있다.

"내 삶을 객관적으로 보고 나니 치유가 되더라."

– 313 아트프로젝트 중에서[68]

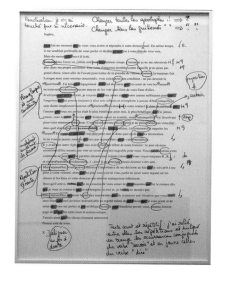

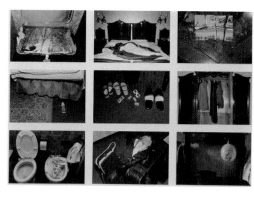

© Sophie calle

| Take care of yourself, 2004 | | L'hotel, 1981 |

    세 번째 작가는 조 스펜스이다. 병원에서 유방암에 걸린 자신의 몸이 물건처럼 다루어지는 것에 화가 나고 경제적, 정신적 한계를 느낀 조 스펜스는 카메라 렌즈를 통해 스스로 병을 극복하고자 치료 과정을 사진으로 기록하는 작업을 했다. 사진을 통해 자신의 병과 고통을 직시하고 이것을 사람들과 공유하면서 10여 년 동안 병과의 싸투를 벌인 끝에 완치 판정을 받았다. 그의 작업은 많은 사람들에게 영감과 용기를 주었고 사진의 치유적 힘을 보여줌으로써 사진 담론에 중요한 획을 그었다.

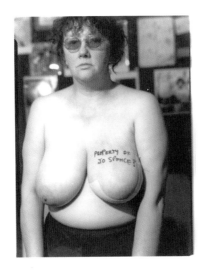

© Jo Spence

조 스펜스는 '건강의 사진(A Picture of Health)' 프로젝트에서 'How do I begin to take responsibility for my body?(제 몸에 대한 책임을 어떻게 질 수 있을까요?)'라는 제목의 사진 콜라주를 만들었다.[69]

또한 그는 유방절제 수술에 앞서 자신의 유방에 'Property of Jo Spence?(조 스펜스의 소유물?)'라고 쓴 채 덤덤히 초상사진을 찍기도 했다. 이 사진은 수술실에 가지고 들어간 사진으로 수술 직전에 촬영했다. 사진은 그가 자신의 몸이 병원이 아닌 자신의 소유임을 스스로에게 각인시키는 데에 부적과 같은 역할을 했다. 이처럼 그는 자신의 육체에 대한 스스로의 권리에 의문을 제기하고 능동적 주체가 되기 위한 여성의 은유로서 사진일기 기록을 남겼다.

---

[69]　조 스펜스 웹사이트.

3. 사진일기의 경험

사진일기를 기록하는 두구와 방법은 연구원들마다 각자의 선택에 따라 달랐다. 필자의 경우에는 항상 휴대하는 스마트폰 카메라를 활용해 쉽게 작업할 수 있는 방법을 선호했다.

기록 방식에 있어서는 한 달 동안 일상을 기록하는 사진일기와 하나의 주제를 가지고 작성해보는 사진일기로 나누어 진행했다. 한 달간 사진일기를 작업한 후에는 토의하고 자신의 경험을 이야기하는 시간도 가졌다.

📁 일상을 기록한 사진일기

하루의 일을 사진으로 기록하는 일기이다. 한 장의 사진이면 하루의 이야기를 충분히 담아낼 수 있다. 기록된 사진은 자신의 일상과 자신을 돌아볼 수 있도록 이끌어 준다.

촬영 방법	매일 나에게 의미가 있는 순간을 찍는다. (대상과 상황에 따라 기간을 설정해보는 것도 좋다.)
강조점	- 자신에게 진솔하게 사진을 찍어나간다. - 특별한 감정과 상황들을 느낀 대로 사진으로 기록한다. - 자신의 감정과 생각 등을 잘 대변할 수 있는 피사체를 선택해본다.
촬영 제시문	- 나의 일상을 매일 사진으로 기록해보세요. - 자신의 감정과 생각을 솔직하게 표현해보세요. - 나에게 중요한 일들을 사진으로 찍어보세요.

사진일기 작성 팁	– 일기는 읽기 쉽고 간결하게 작성한다. – 이벤트적인 내용만 기록하지 않는다. – 늘 새로운 소재를 찾아 주변을 관찰한다. – 자유로운 형식으로 작성한다. – 본래 느꼈던 감정, 생각을 자연스럽게 표현한다.
효과보기	– 사진일기를 보고 또 다시 보면서 스스로에게 질문을 던져본다. – 사진일기를 통해 나는 무엇을 말하고 있나요? – 사진일기에서 반복적으로 보이는 것이 있나요? – 나의 생각과 감정이 반영되었나요? – 사진일기가 나를 알아가는 데 도움이 되었나요?

■ 활동사례 1

나는 사진일기 작업을 하면서 나의 일상이 담긴 일기장이 따뜻하고 정감 있는 분위기를 가졌으면 좋겠다고 생각했다. 그 일환으로 개성 있는 나만의 북 아트 형태 사진일기장을 만들고자 시도했다. 아날로그 작업 형식으로 시간은 많이 소요되었지만 그 과정은 재미있었다. 사진을 인화해서 노트에 붙이고 스티커도 붙이는 등 학창시절 들고 다니던 다이어리 꾸미듯이 정성스럽게 사진일기를 완성해갔다. 이렇게 일기를 만드는 과정의 즐거움에 더해 좋은 습관까지 하나 생겼다. 평소 익숙하던 장소도 한 번 더 둘러보게 되었고, 무심코 지나치던 것들에 관심을 가지고 자세히 관찰하는 습관이다. 생활 속의 모든 것들에 시간을 가지고 들여다보고 기억하고, 이것을 기록할 수 있는 사진일기는 보물 같은 존재임을 이번 작업을 통해 알게 되었다.

나의 사진일기는 주제가 없다. 내가 있는 공간, 분위기, 감정, 사물들을 그때그때 기분에 따라 나의 시선으로 기록했다. 주제가 없다고 해서 의미가 없는 것은 아니었다. 최대한 매일 일상을 기록했고 지금 이렇게 정리를 하는 과정에서는 기록들이 모두 특별한 의미로 다가온다.

| 일상 1 |

| 일상 2 |

| 일상 3 |

| 일상 4 |

찍으면서 물론 하루도 빠짐없이 무엇이라도 찍어야 한다는 강박적 사고가 발동되기도 했다. 그러다 보니 하루를 보내다가도 이쯤에서 하나 찍어야지 하면서 의식적으로 사진촬영을 했다. 하지만 그것이 나쁘진 않았다. 의식이든 무의식이든 지속적으로 촬영하다 보니 조금씩 여유가 생기고 내 일상의 주변을 관찰하고 생각하는 시간을 가질 수 있었다.

다시 보니 사진일기 속의 사진들은 내가, 어디서, 무엇을, 누구와 했는지 기록해 주었다. 주로 나의 일상은 그 순간이 지나면 잊혀지거나 과거가 되어버린다. 하지만 사진일기를 보고 있노라면 그 당시의 감정을 다시금 느낄 수 있고, 그 상황의 기억들이 떠오른다. 이번 작업을 통해 일상 속 나의 정체성을 다방면으로 관찰했다. 그동안 엄마로서 육아에 온 신경을 쏟으며 지내던 나의 또 다른 정체성을 명확히 알 수 있었다. 그로 인해 내 주변의 모든 것을 새롭게 인지하려고 노력하고 관찰하게 되었다. 그리고 이렇게 글로 정리하면서 끊임없이 진정한 나를 찾고자 하는 욕망을 발견하고 있다. 엄마로서의 일상뿐만 아니라 나라는 사람 그 존재 자체에 중심을 둔 일상 기록에 의미를 두었다. 그렇게 한 달간의 활동을 마치고 사진일기를 보니 그 안에는 폭넓은 나의 활동 영역과 모습들이 담겨있었다. 지금의 나는 한 아이의 엄마, 어느 집안의 딸, 한 남편의 아내, 교육자, 기획자, 지역 청년활동가, 예술가로서 충분히 모든 역할을 나름 잘 소화해내고 있으며, 주변 사람들로부터 인정과 신뢰를 받고 있다는 것을 알 수 있었다. 그렇게 내 삶에 매우 만족하고 있음을 알게 되었다. 그저 바쁘고 힘든 생활들의 연속이라고만 느꼈던 삶이 나의 존재를 가치 있게 해주는 모든 시간들이었음에 헛되지 않았다는 생각으로 기분이 좋았다.

그동안 걱정과 불안에 나의 정체성이 흐려지는 것 같았으나 이번 경험을 통해 열심히 살고 있는 나의 모습들을 볼 수 있었다. 이렇게 지나간 내 생활이 고스란히 담긴 사진들이 지금의 나를 웃음 짓게 해주었다. 행복하고 좋았던 순간들만 있었던 것은 아니지만 지난 후에 다시 보니 그 모든 날이 참으로 행복했음을 느꼈다.

■ 활동사례 2

류기상은 다사다난한 일을 겪으면 사진일기를 1, 2차로 작업했다. 심신이 지쳐 있고 힘들어도 해야 한다는 생각으로 틈틈이 사진 일기 작업을 했고, 자신만의 시간 속에서 다시 되돌아보며 많은 생각을 했다고 한다.

또한 사진일기 속 자신이 '이게 내 모습인가?' 인정하고 싶지 않은 모습이라고도 말했다. 자기관찰을 통해 자신을 인식하는 과정이 벌거벗은 진짜 자신의 모습을 비추었다고 한다. 류기상은 주변 사람들에게 더 보여주고 싶고 드러내고 싶고 자신의 부족함을 채우려고 하는 마음이 무의식 안에 보였다고 한다.

찍으면서 그는 사진일기를 하면서 경험한 힘들었던 점에 대해 이야기했다. 개인적인 상황과 환경들로 인해 신경 써야 할 일이 많아서 더 작업이 힘들었다고 했다. 그 과정에서 불쑥불쑥 올라왔던 부정적인 감정을 다른 곳으로 분출하지 않고 자신 스스로 풀어갔다는 사실에 의미를 두었다. 즉, 굉장히 힘들었던 일이 많이 발생했지만, 사진일기로 견딜 수 있었다는 생각이 들고 이것은 굉장히 중요한 경험이라고 말한다. 사진을 찍으면서 쌓여 있는 스트레스를 분출했더니 타인과의 관계 회복은 물론이고, 마음이 조금씩 정리가 되고 편해졌다고 한다.

다시 보니 그는 사진일기가 자신의 올 8월과 9월에 대한 작은 보고서 같은 느낌이라고 한다. 그리고 자신의 깊은 내면과 만날 수 있는 가장 저렴한 소통의 여행이라고 했다. 반복적으로 마주한 감정과의 소통은 귀중한 경험이다. 그는 작업을 하는 한 달 동안 고스란히 자신의 모습을 들여다보았고 주어진 시간과 일들에 대한 자신의 반응과 감정 변화를 통해 내면을 만났다. 일을 하면서 힘들고 지쳤다는 이유로 바라볼 때마다 부정적으로 보이던 관계와 사건들도 시간이 지나서 보니 긍정적으로 이해가 되었다. 특히 가까이 있는 가족, 친구 등의 관계에 대한 소홀함을 사진일기를 통해 볼 수 있었고 그 안의 관계에서 오는 나의 위치가 자신을 중요하게 만들고 있다는 것을 알았다고 말한다. 좋은 관계와 틀어지는 관계들 사이에서 자신의 행동을 차분하게 다시 들여다보고 스스로 생각하는 시간도 가졌다. 이를 통해 사진일기는 소통의 힘이 될 수도 있다는 것을 알았다고 한다. 이후 일기에 대한 연구 보고서를 작성할 때 힘은 들었지만 오로지 혼자의 시간이 자신 안으로 쌓여 왔다는 것에 대해 스스로 격려해주었다.

■ 활동사례 3

라온이 사진일기를 작업한 방식은 스마트폰으로 촬영한 사진을 SNS에 업로드하는 것이었는데, '나만 보기'로 설정하고 앱을 사용해 편집하거나 바로 올리는 식이었다. 지극히 개인적인 내용의 일기라 공유(친구나 일반인들 열람)하지 않도록 한 것이다.

라온은 직접 촬영한 기록 외에도 포털사이트 기사나 포스트를 읽다가 그날의 감정을 대변할만한 이미지나 일러스트 등을 발견하면 그것을 올리기도 했다고 한다. 라온은 부담 없이 일상을 기록함으로써 자기 나름의 표현으로 그 감정과 생각들을 남긴 것으로 보인다.

찍으면서 라온은 사진 촬영이 습관이 되어 있지 않아서 놓치는 부분도 있었고 시간이 지나고 나서 '아! 맞다' 하고 생각나는 경우도 있었다고 한다. 다행히도 스마트폰 카메라로는 길을 가다가도 마음에 드는 장면이 있으면 꼭 찍고 지나다녔기 때문에 사실상 큰 어려움은 없었다. 그렇게 2~3장 정도만 촬영하고 그 중에서 사진을 선택해 작성했다. 주로 스마트폰에서 촬영부터 편집까지 완료한 사진을 사용했다. 사진을 편집하면서는 '내가 시각적인 부분이나 외적인 부분을 중시하나?' 하는 궁금증이 유발되기도 했다고 한다.

다시 보니 근래에 많은 것들이 디지털화되면서 사진도 앨범이나 액자에 담아 추억을 떠올리며 보기 보다는, 화면 속 이미지를 감상에 가까운 느낌으로 보는 추세이다. 그래서 그는 한 달 동안 SNS에 기록한 사진을 인화하고 종이에 글을 써서 앨범으로 만들어 보았다. 그렇게 아날로그 느낌이 물씬 풍기는 사진일기를 보고 있자니 마음에 갑자기 동요가 일었다. 이러한 물리적인 작업을 하면서 자신의 감정을 추스리고 지나간 일들을 생각해 보니 큰일이 아니었음을 깨달으면서 마음을 가라앉혔다고 한다.

■ 활동사례 4

정유정은 사진일기를 찍으면서 주로 자기 생각만 했다고 한다. 그리고 신체적으로 민감하고 반복적으로 스트레스를 받는 체질임을 알게 되었다고 한다. 그는 찍은 사진들을 다시 보니 우연치 않게 촬영할 때에는 눈에 보이지 않았던 주변의 사물과 풍경들을 발견했다. 그리고 그것들이 전달해주는 표현하기 힘든 감정에 굉장한 충격을 받았다. 이번 경험을 계기로 자신을 자각하며 스스로 시간을 좀 가져야겠다고 생각했다. 또한 자신의 속상한 마음은 다른 사람에게도 전이될 수 있다는 사실과, 이렇게 세상은 돌고 돈다는 것을 느꼈다고 한다.

📁 주제가 있는 사진일기

자신이 좋아하거나 관심 있는 분야를 주제로 정하고 그것을 기록한다. 이는 현재 자신의 논점이 무엇인지 알 수 있고 그것을 통해 자신을 표현하고 이해하는 데 도움이 된다.

촬영 방법	특정 주제를 선택해 사진을 찍는다. (기간은 대상과 상황에 따라 설정된다.)
강조점	– 자신에게 진솔하게 사진을 찍어나간다. – 특별한 감정과 상황들을 느낀 대로 사진으로 기록한다. – 자신의 감정과 생각 등을 잘 대변할 수 있는 피사체를 선택해본다.
촬영 제시문	– 내가 다루고 싶은 주제를 중심으로 사진을 기록해보세요. – 주제와 관련한 자신의 감정과 생각을 솔직하게 표현해보세요. – 주제와 관련한 나에게 중요한 일들을 사진으로 찍어보세요.
효과	– 간접적으로 표현되는 자신을 통해 나를 이해할 수 있다. – 최근 나의 이슈가 무엇인지 알 수 있다. – 강력한 자기 직면의 효과를 준다. – 자신에게 집중하는 시간을 가질 수 있다.

■ 활동사례 1

　김문희는 사진일기를 진행한 리더이지만 연구자들과 함께하는 사진일기의 치유적 경험을 위해 참여했다. 그는 초반에 매일 사진일기를 찍었지만, 차츰 상담을 마친 후 내담자들이 남긴 흔적에 관심을 가지면서 주제가 있는 사진일기로 방향을 잡았다. 그리고 자신의 사진일기를 에프터 세션(After session)이라고 불렀다.

　찍으면서 김문희는 평소 내담자들이 작업한 사진이나 미술 결과물을 상담 자료로 기록해두지만, 이번에는 그들이 남긴 흔적들까지도 포괄해 사진일기로 기록했다. 내담자가 앉았던 의자, 휴지, 신고 간 슬리퍼, 쓰고 남긴 미술 재료나 오려지고 남은 사진들, 심지어 음료를 마시고 간 컵조차 찍었다. 내담자들이 남긴 모든 것, 그는 '흔적도 이 사람이다'라는 생각이 들었다고 한다. 흔적들의 형태는 다양하고 때로는 예측할 수 없었던 것들로 나타났지만 그들만의 패턴과, 그들이 가고 난 빈 자리에서도 많은 것들이 보인다는 것을 알 수 있었다고 했다. 그런데 점점 시간이 지나며 자신을 투영하고 반영하는 사진들을 발견하면서 스스로 어떻게 느끼고 생각하는지에 초점을 두고 기록했다고 한다.

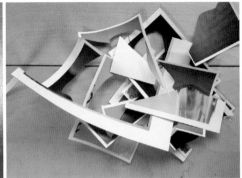

| 부러진 연필 | 　　　　　 | 사진을 콜라주한 후 |

다시 보니 그는 사진일기를 쭉 다시 보면서 초반에는 자기감정에 치중해 표현했다가 점점 내담자에게 초점이 가는 자신을 보았다고 한다. 따라서 자신이 생각보다 더욱 내담자에게 에너지를 많이 쏟음을 알아차렸다. 그래서 자신과 내담자 사이의 균형감을 갖추는 것이 필요하다는 자각이 들었다고 한다. 한편 내담자들의 흔적 사진도 그들의 작업 결과물과 마찬가지로 사생활 차원에서 보호해야겠다는 생각을 했다.

사진일기의 전 과정에 대해 그는 다음과 같이 말한다. "사진을 찍으면서 그들의 모습을 남기고 싶었어요. 그런데 사진을 다시 보면서 내 모습을 마주했어요. 사진을 매개로 만남의 의미를 다시 봐요. 부족함도 느끼고 반성도 돼요. 그들과 충분히 나누지 못한 마음이 있다는 것을 사진을 찍으면서 새삼 알게 되고요. 이 과정이 나를 그들과의 더 깊은 진정한 만남으로, 그리고 성장으로 이끌어 주는 것 같습니다." 김문희는 이 작업이 상담사로서 자신과 내담자를 돌아보는 성찰의 과정으로 의미가 있었다고 말한다. 이는 사진일기가 반응성 예술 작업의 일환이 되며 자기를 돌보는 셀프 슈퍼비전이 될 수 있음을 의미한다.

📱 활동사례 2

한승휘는 매일을 기록하지는 않았지만 그때그때 중요한 마음이 움직일 때마다 작업을 했다. 주제는 '사랑을 보내는 나의 마음'이다. 한 달 동안 변화하는 마음의 과정이 담겨 있고 사진마다 제목과 글이 있다. 나는 날마다 사랑을 어떻게 보내고 있는지, 관계 안에서 관계를 생각하거나 바라보는 모습을 기록했다.

아래 4장의 사진은 한승휘가 기록한 사진일기이다. 사진을 순서대로 보면 그의 관점이 어떻게 변하게 되었는지를 짐작할 수 있다. 이별을 겪은 그의 사진일기 초반 대부분은 사물들 사진이며, 상실의 대상 중심으로 기록되어 있다. 그러나 시간이 지나면서 사진 속에 담긴 모습의 중심은 그 자신의 주변 관계와 공간으로 이동했음을 볼 수 있다. 그는 사진 일기를 쓰면서 반복적으로 들여다보았다. 오늘 작성했으면 일주일 전의 내용을 다시 보면서 자신이 어떻게 변해가고 있는지 확인했다고 한다.

| 사진 1 |

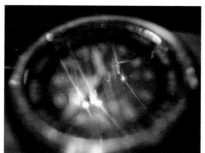

| 사진 2 |　　　　　　| 사진 3 |　　　　　　| 사진 4 |

한승휘는 사진일기가 직면과 탐색의 과정을 시각적·상징적으로 표현하면서 훨씬 더 강력한 도구로 작용한다는 점이 글과 다르다고 했다. 자신의 의식이 진화하는 과정과 변화하는 과정을 이미지로 봄으로써 자신에 대해 강력하고 빠르게 파악할 수 있으며, 그 상징들이 가지고 있는 다양한 의미들로 인해 더 깊고 다양하게 자신을 탐색할 수 있다고 말했다.

찍으면서 한승휘는 주로, 어떠한 감정이 일어난 상태를 찍었다고 한다. '사진으로 지금 이 감정을 표현해야겠어.'라고 생각하니 촬영이 재미있다고 느껴졌고 자신의 감정과 딱 맞는 사진을 찍으면 기분이 풀리는 것을 느꼈다. 그래서 다양한 사진을 찍는 활동 자체가 굉장한 치유 활동으로 생각된다고 한다. 또 스스로를 대견하게 느꼈던 작업이라고 말했다.

다시 보니 그는 존재에 대한 애틋함과 사랑의 마음을 느낄 수 있었다. 다시 보는 것이 힘들어서 빨리 벗어나고 싶다고 생각하면서도 계속 들여다보고 있었다. 그렇게 자신이 변해가는 과정을 계속 보면서 스스로를 성장시켰다.

글쓰기에 대한 저항감이 있는 사람도 텍스트 없이 자기표현을 충분히 할 수 있다는 점이 글일기와 사진일기의 차이점이 아닐까 한다. 예술가들이 자신을 매체로 자기표현을 하고 이야기를 하듯이 말이다.

이렇게 사진일기는 사진을 이용한 일기 양식으로 마음을 표현하는 것이다. 이미지가 기록을 남기고 기억 회상을 돕고 감정 표현을 돕는 비언어로서의 기능을 한다. 사진이 전달해주는 비언어성의 힘은 언어의 표현을 넘는다. 직감적이며 미묘한 감성의 사진은 언어의 직접성보다 폭넓을 수 있다. 일기가 은밀한 기록인 것처럼, 사진은 객관적인 기록이지만 사진에 찍힌 그 의미는 찍는 사람만 알 수 있다. 자신이 알 수 있도록 사진에 약간의 캡션을 보여주는 것만으로도 사진일기는 충분하다.

사진일기에 '꼭' 글을 써야 한다면 그것도 부담이 될 수 있다. 사진일기에 글을 넣는 것은 선택이다. 그러나 사진일기에 글이 들어간다면, 글의 장점을 포함할 수 있다. 예를 들면, 사진을 보고 짐작하기 어렵거나 알 수 없는 내용인 경우, 혹은 자신의 생각을 의식적으로 나열하고 정리해 통합 표현하는 것이나 시간이나 장소 등의 구체적이고 지시적인 정보를 제공하고 싶을 때 유용하다. 또한 촬영 의도와 배경 등을 알리고자 할 때, 또는 구체적인 언어로 표현을 첨가하고 싶을 때 등도 해당한다. 사진일기에 글이 들어갈 필요가 있는지 스스로에게 물어보는 것도 좋다.

사진을 찍는 것은 비언어 작업이지만, 글은 인지적인 언어 작업이다. 결국 사진을 찍고 글을 쓴다면 좌우 뇌를 모두 사용하는 통합 작업이 된다. 중요한 것은 사진일기는 사진만으로 해야 한다는 것이 아니라 사진을 이용한 일기를 쓰는 것이고, 일기의 형식을 하나 더 넓혀 일기의 효과를 갖도록 돕는 데에 있다.

📁 사진일기 쓰기

주   제

_____

┌─────────────────────────────────┐
│   │
│   │
│   │
│   │
│   │
│   │
│   사   진   │
│   │
│   │
│   │
│   │
│   │
│   │
└─────────────────────────────────┘

_____

_____

_____

_____

년   월   일

4. 사진일기의 치유적 의미

　이번 연구의 목적은 개인적인 일상을 사진일기로 남김으로써 그 안에서 감성, 내면 등을 읽고 자신을 돌아보는 데에 있다. 연구원들은 사진을 찍으면서 경험하는 순간들을 일기 형식으로 카메라에 담았다. 치유과정의 일환으로 자신의 이야기를 표현하는 사진일기 작업 중에 느꼈던 감정이나 경험을 함께 나누며 진행했고 내용은 다음과 같다.

📁 사진일기의 치유과정과 의미

자각과 성찰

　'에프터 세션(after session)'이라는 주제로 상담을 마친 후에 내담자가 있던 자리를 사진일기로 기록한 김문희는 자신이 상담사로서 내담자들에게 영향을 주지만 그도 역시 영향을 받는다는 상호관계성을 확인했다. 사진일기를 통해 상담 장면과 내담자에 관한 기억이 다시 떠오르고 내담자를 새롭게 알아가면서 그들을 통해 자기 자신을 보는 상호관계가 자연스럽게 일어났다. 수많은 내담자들의 흔적에서 자신의 모습을 자각하고 성찰할 수 있었던 것이다. 그는 "상담하면서 나도 힘들었구나, 이렇게 많이 애쓰고 있었구나!" 하는 자기관찰에서 자기연민이 훅 올라왔다고 했다. 만약 사진일기를 찍지 않았으면 이렇게까지 내담자에게 에너지를 쏟으면서 일하는 자신을 몰랐을 것 같다고 했다. 심리적인 에너지의 균형을 찾아가고 자신을 돌볼 필요가 있다는 것을 자각하도록 도운 사진일기는 성찰로써 치유적인 의미를 준다고 말한다.

자기발견과 조절

라온은 사진일기를 하면서 감정그래프를 그려보았다. 매일의 작업 후에 완성한 전체적인 감정그래프의 모습을 보면서 자신을 지각하고 그에 따른 자신의 행동을 이해할수 있었다. 이를 통해 자신도 잘 몰랐던 감정의 변화를 알았다. 감정그래프가 바닥으로 떨어졌거나 내려와 있을 때 그것을 상쇄하기 위해 어떠한 행동을 하는데, 예를 들어 무척 힘들거나 지칠 때 기분을 환기하기 위해 가까운 갤러리를 가거나 친구를 만나수다를 떠는 등이다. 이는 자신이 여행을 유독 좋아하는 이유 중 하나라고 한다. 이를통해 자기애가 있음을 알았고 힘들거나 우울한 상태에 빠졌을 때, 그 상황을 비관만 하지 않고 자신을 추스르려 노력한다는 것을 느꼈다.

의식전환과 직면

주제가 있는 사진일기를 작업한 한승휘는 인생의 이슈를 좀 더 명확하게 이해할 수있었으며, 이와 관련된 문제를 다루고 해결하는 데 많은 도움이 되었다고 한다. 이처럼 사진일기는 글로 쓰는 일기와는 다르게 의식 전환의 과정을 시각적으로, 상징적으로 확인할 수 있어서 강력한 자기직면의 도구가 될 수 있다. 한승휘는 이 작업을 통해자기를 직면할 수 있는 시간을 가졌으며 변화의 방향이나 질에 대해 의식적으로 에너지를 쏟을 수 있었고 상상력과 창의성 증진과 함께 자기표현을 할 수 있었다고 덧붙였다. 또한, 한승휘는 찍은 사진들을 보면서 당시 경험했던 심리적 상황을 끄집어내어 반복적으로 이야기하면서 치유되어가는 모습을 보였다.

소통과 인식의 변화

류기상은 이번 사진일기 작업으로 내면의 나와 소통할 수 있는 여행을 다녀온 것 같다고 이야기한다. 그는 이번 활동을 통해 부정적인 경험이나 기억이 긍정적 인식으로변화했다. 또한 가까운 관계들을 돌아보고 들여다볼 수 있는 계기였다고 한다. 과거의 기억을 불러일으키고 그 감정을 다시 봄으로써 자신의 인식을 변화시켰다. 이에 조금 더 습관화하고 일정한 자신만의 주기를 만든다면 더 안정될 것이라고 확신하는 모습을 보였다.

📁 사진일기의 한계점

사진일기의 긍정적인 효과들이 있음에도 불구하고 연구원들은 각자만의 어려움과 한계점을 느꼈다고 한다.

📓 매일 찍어야 하는 부담

나를 비롯한 몇 명의 연구원은 사진일기를 매일 찍어야 하는 것이 조금은 부담스러웠다. 반복되는 일상 안에서 의식적으로 매일 촬영한다는 것은 사실 쉽지 않은 일이었다. 그래도 연구원들은 이번 작업을 위해 한 달 동안 사진일기를 잘 진행해 주었다. 덕분에 꾸준한 작업의 매력과 이를 통한 자아성찰의 시간을 가질 수 있었음이 긍정적인 측면이다.

📓 잘 찍으려 하는 마음

기술적으로 잘 찍으려고 하는 점은 사진일기 작업을 함께한 대다수의 연구원들이 사진 전공자들이었다는 점에서 나타났다. 그들은 단 한 장의 사진을 찍더라도 빛, 구도, 초점 등 기술적인 부분들을 먼저 생각한다. 그렇기 때문에 쉽게 촬영하지 못했다고도 말한다. 사진을 전공하지 않는 사람들에게는 이러한 부분이 큰 문제가 되지 않을 수 있다. 그러나 전공자들은 '카메라 앵글이 좋았으면', '초점이 아웃 포커스 됐으면 좋았을텐데' 등의 기술적인 면을 많이 아쉬워했다. 필자의 경우에도 촬영에 신경 쓰느라 촬영해야 하는 그 순간을 놓치기도 했다. 또한 그렇게 어렵게 찍어 놓고도 막상 일기에 쓸 사진을 고를 때 자꾸 기술적으로 접근하게 되었다. 이러한 내 자신이 사진일기를 쓸 때 가장 경계해야 하는 대상이었다. 노출에 문제가 있고 초점이 나가더라도 사진 속에서 자신이 남기고자 하는 바, 나타내고자 하는 의미가 나오도록 내용에 초점을 두는 것이 매우 중요하다.

📓 개방의 어려움

이렇게 작업한 사진일기는 연구원들과 대화를 나누면서 더욱 의미 있게 전환되었다. 사진일기 작업을 시작함과 동시에 다른 사람들에게 나의 일기장을 오픈한다는 것은 불편하게 다가왔다. 그래서 타인에게 공개해도 상관없을 사진들을 주로 찍었다. 사실 어떻게 보면 솔직하게 나의 일상을 담은 것이 아닌 타인을 의식한 사진들이다. 그래도 이러한 나의 사진일기를 연구원들과 함께 나누면서 공감과 이해의 반응을 보고 나니, '나는 행복한 사람이구나, 지금 아주 잘 살고 있구나' 하는 긍정적 생각이 들었다.

혼자 하는 치유작업의 한계성

사진일기는 사실 혼자서 하는 사진치유적 활동이다. 그래서 여러 명이 함께 진행한 이번 사진일기에서는 앞서 말한 어려움이 자연스럽게 발생할 수 있다. 이는 개인적으로 진행한다면 생기지 않을 부담이다. 자신의 사적인 이야기를 드러내는 행위가 망설여진다면 공개하지 않아도 된다. 일기를 나눌 마음의 준비가 안 되었거나 원하지 않으면 안 하는 것이 맞다. 리더 김문희는 꼭 타인과의 나누기를 통해서가 아니라도 사진일기를 통해 자기가 얻고 느낀 점이 무엇인지만 이야기해도 괜찮다고 말한다. 공개가 중요한 것이 아니라 그것을 통해 자신이 배우고, 성찰한 내용이 있는 것이 더 의미가 크기 때문이다.

사진일기의 치유적 효과성

일상의 특별함

어느 날, 버스를 타고 가던 중 하늘이 너무 예뻐 사진을 찍었다. 그 하늘 사진 속에는 동네 이정표가 함께 찍혀 있었다. 항상 동네의 이곳저곳을 다니면서 늘 보아왔던 이정표인데, 사진 속에서는 내 동네가 아닌 타인의 동네 속 이정표처럼 낯설었다. 사진을 보면서 '우리 동네가 이렇게 생겼네, 이런 것도 있네.'라는 점을 새삼스레 인지할 수 있었다. 이런 평범한 일상 속 특별한 순간이나 감정을 경험한 뒤에는 사진일기가 점점 재미있었다. 자아성찰을 위해서 일부러 찍은 사진이 아니라, 별 의미 없이 찍은 사진 속에서 미처 알지 못했던 감정을 깨달으니 내 주변이 소중하게 보이기 시작했다.

사진일기 작업의 하루하루가 모여 한 달이 되고 두 달이 되면서 내 삶의 전반적인 패턴이나 변화를 한 눈에 볼 수 있었다. 나의 의지로 찍은 지극히 주관적인 사진들을 한 걸음 물러나 살펴보는 과정을 거치면서 나라는 사람의 삶에 대해 조금은 객관적으로 바라볼 수 있는 힘이 생겼다. 아마도 시간이 흐른 후 당시 상황의 느낌이나 감정이 수그러들어서 그런 것이 아닐까?

퇴근 후 순간의 감정과 상태 변화를 작은 메모와 함께 꾸준히 기록했던 류기상은 그 안에서 자신의 표정, 모습, 공간, 상황 등을 객관적으로 다시 바라보게 되었다. 그 과정에서 느껴졌던 답답함과 어려움을 지금은 자유롭게 느끼면서 긍정적인 시선으로 보게 되었다고 한다. 이는 사진의 기록적 특성과, 솔직하게 글을 쓰게 되는 특성을 통해 자신의 경험이나 기억을 객관적으로 직면하고 부정적인 생각을 긍정적으로 변화시킬 수 있음을 보여준다.

명료화

머릿속 번잡한 생각을 사진과 글로 표현하면 간단명료해진다. 이후 자신이 표현한 사진일기를 보면서 실타래처럼 엉켜있던 생각들이 정연해져감을 알아차리게 된다. 이러한 과정으로 생각을 정리하는 시간들은 점점 짧아지고 표현은 더 뚜렷하고 분명해진다. 류기상은 이러한 과정을 경험하면서 자신의 마음가짐과 관점을 변화시킬 수 있었다.

정유정은 갱년기에 보이는 신체적, 감정적 변화를 기록하면서 사진을 찍고 선택하는 과정이 모두 쉽지는 않았다고 했다. 하지만 사진을 다시 보는 과정을 통해 자신의 정체성, 욕구와 기대, 무의식의 탐색을 경험하고 성숙하며 발전하는 데 매우 만족스러운 작업이라고 했다.

반성과 성찰

정유정과 한승휘의 사례를 보면 사진일기는 자신을 돌아보는 효과적인 방법 중 하나임을 알 수 있다. 발생한 일에 대한 나의 행동과 감정을 기록하다 보면 나는 어떠한 사람인지 타인의 입장에서 객관적인 시선으로 보게 된다. 그래서 자신의 행동에 대해 반성하고 그러지 않겠다는 각오가 따른다. 물론 바로 고쳐지지는 않는다. 비슷한 일이 발생하고 내 행동이 전과 유사했음을 느낄 때마다, 각오 또한 굳세어진다. 이러한 각오들이 모이면 점점 더 나은 행동을 실천하게 된다.

연구원들은 사진일기를 통해 다양한 자각 반응들을 보였다. 자신이 찍은 사진들을 다시 보면서 사물이나 세상을 바라보는 시각이나 관점에 변화를 주어야겠다는 의식전환과 직면을 경험했다. 또한 사진 속에서 반복되는 패턴을 통해 자신의 성격과 성향을 다시 확인하는 자각과 성찰의 경험, 감정의 영역에서 부정적인 부분이 반복적으로 드러나는 것을 보며 자기발견과 조절을 해 보았다. 또한 감정이 변화하는 과정을 기록하면서 재미를 느꼈고 이로 인한 마음의 치유를 조금씩 경험함으로써 스스로 대견함을 느꼈다고 했다. 처음에는 힘들어도 지속적으로 하다 보면 어느 순간 일기를 쓸 수 있는 힘과 하루를 돌아보는 힘이 생긴다. 이처럼 사진일기를 통해 상징적, 은유적으로 자신을 표현하고 담아냄으로써 내면의 힘이 키워진다. 이 힘이 자라면 통찰이 일어나고 마지막에는 모든 것이 통합된다. 그렇게 되면 어느 순간부터는 사진일기를 쓰는 순간 내용이 정리되고 즉각 눈으로 생각을 읽을 수 있게 된다.

이번 연구는 단지 일시적인 체험형태로 끝나는 순간의 작업이 아닌 사진일기의 안에 담긴 이야기들을 한층 더 깊게 끌어내 소통하는 과정으로 이끌기도 한다. 지극히 사적인 공간의 일기는 자기이해를 위한 여정에 있어 매우 중요한 안내자 역할을 할 수 있다. 구체적인 메시지나 의미를 제공하지 않는다고 해도 개개인의 사진일기는 이렇게 본인을 표현하고 치유의 길로 한걸음 다가갈 수 있게 하는 또 다른 힘을 가진 작업이라고 할 수 있다.

마치며

    본 장에서는 사진치유의 과정으로 사진일기를 다루었다. 이 연구를 시작하면서 과연 사진일기가 마음 치유에 효과가 있는지 궁금했다. 그리고 연구과정에서 그 해답을 찾을 수 있었다. 내 삶을 객관적으로 바라보니 치유가 되었다던 소피 칼의 말에 따라 일기는 시간이 지나서 보면 지난 날들에 대한 기록을 통해 나를 한눈에 볼 수 있는 자료가 된다고 생각한다. 이러한 작업들은 부정적이었던 과거의 기억이나 감정들이 긍정적으로 변하는 치유적 효과를 가져온다. 과거의 시간이 누적될수록 나에게는 더 큰 울림이 전달되었다. 정확한 순간을 보여주는 사진과 생각을 정리하며 쓴 글을 통해 자신의 경험이나 기억을 객관적으로 직면할 수 있었다.

5장. 사진을 이용한 자기상자

Photo Self Box

"나의 모습은
마치 상자 여러 면의 안과 밖 같아."

내가 보는 나와
네가 보는 나는 다르다.
내가 생각한 나와
너에게 보이는 나의 모습 또한.

입체적인 공간 속에
나의 시간의 숨결을 담아본다.

Photo Self Box

이정희

들어가며

1 마음 살펴보기

2 선행연구

나
상자
자기상자
사진을 이용한 자기상자

3 사진을 이용한 자기상자 만들기

사진을 이용한 자기상자 만들기
유의점

4 자기상자의 주제별 치유경험

나는 누구인가
나의 보물 상자
나의 내면과 외면
내가 보는 나와 남이 보는 나

5 자기상자의 치유적 의미

나를 치유하는 사진과 상자

6 어린이를 위한 자기상자

사진으로 마음을 나누는 귀한 친구들(사. 마. 귀)
교육현장에서의 사진활용
어린이가 만드는 '나의 보물상자'
어린이를 위한 보물상자의 치유적 효과
교실 작업에서의 한계점

마치며

들어가며

아버지의 보물상자

결혼하기 전날 밤 아버지께서는 나를 앉혀놓으시고 상자 하나를 보여주셨다. 나무로 만든 그 상자는 단단하고 깔끔해 보였다. 앙 다문 아버지의 입술처럼 잘 맞아보이는 뚜껑이 짝을 맞추고 있었다.

무엇이 들었을까 궁금해하는 내게 상자 속에서 꺼내 보여주신 것은 쪽지, 그림, 편지, 사진 등 내가 아주 어릴 적부터 다 클 때까지 아버지께 드렸다는 작은 선물들이었다. 사실 존재도 잊고 있던 물건이 대부분이었는데, 아버지가 간직하고 싶으셨을만 하다는 생각이 들 정도로 제법 그럴 듯해 보였다. 태어나 처음으로 그렸을 아버지의 얼굴 그림에는 큰 동그라미 하나 안에 작은 동그라미 몇 개가 눈, 코, 입인양 배치되어 있었다. 초등학교 때 어버이날 기념으로 만들어 달아드렸던 카네이션, 손으로 비뚤배뚤 썼던 생신축하 편지며, 고등학교 때 붓펜으로 나름 멋을 내어 써 내려간 붓글씨 편지도 반가웠다. 첫 월급으로 사드렸던 내복도 사진으로 고이 보관하고 계셨다.

상자에서 마지막으로 꺼내 나에게 주신 것은 처음 보는 작은 수첩이었다. 한 장을 펼쳐보니 꼭꼭 눌러 쓰신 아버지의 필체가 눈에 들어왔다. '사랑하는 큰 딸 정희에게'로 시작된 아버지의 첫 편지. 평소 묵뚝뚝하고 엄하신 줄만 알았던 아버지의 딸에 대한 첫 사랑고백이었기에 솟아오르는 눈물을 참을 수 없었다. 뒷장에는 나의 뿌리와 우리 집안의 내력이 적혀있었다. 시집가는 딸이 행여 잊을세라 내가 누구인지 늘 기억하라고 적어주신 선물이었다. 아들처럼 의지하던 큰 딸에게 주시는 아버지의 특별한 편지와 선물…. 나는 지금도 그날 밤에 보여주신 아버지의 사랑을 잊을 수가 없다.

아버지는 상자에 넣을 것이 하나씩 생길 때마다 뚜껑을 열고 넣으며 그동안 모아둔 보물들의 의미를 다시 한 번 음미하셨을 테다. 아이를 낳고 기르다 보니 지금은 그 마음이 더 잘 느껴진다. 한 장 한 장 사진에 아이들을 담을 때마다, 나만 이해할 수 있는 발음으로 부르는 '엄마' 소리를 들을 때마다, 유치원이나 학교에서 엄마를 생각하는 시간을 가졌다며 작은 결과물을 가져올 때마다 얼마나 사랑스러웠던가. 그 순간을 영원히 기억하고 싶었던 마음…. 아버지도 사랑하는 딸에 대한 마음을 그렇게 간직해오셨으리라.

당신의 아이가 자라온 시간, 그로부터 받았던 기쁨들이 사랑이라는 이름으로 고이고이 간직된 당신의 보물상자. 지금도 그 상자는 나의 빈자리를 대신해서 여전히 아버지 곁을 지키고 있다.

─────────────── ○ ───────────────

'사진을 이용한 자기상자'는 아버지의 보물상자를 연상하게 한다. 상자는 무엇과도 바꿀 수 없는 또 하나의 나를 의미한다는 것을 나는 20여 년 전에 아버지를 통해 경험했다. 이것은 내가 사진치유의 많은 활동 중에 '사진을 이용한 자기상자'에 대한 글을 쓰기로 한 이유이다.

이 장에서는 사진의 힘과 더불어 상자의 치유적인 효과에 대해 다루었다. 본문을 시작하기에 앞서 '나', '상자', '자기상자'의 의미를 연구했고, 선행된 연구를 조사했다. 본문에서는 사진을 이용한 자기상자 만들기에 대한 방법을 제시했다. 그리고 연구원들이 체험해본 결과를 공유함으로써 치유적 효과에 대해 살펴보았다. 이에 기초해 사진이라는 매체를 자기상자에 이용했을 때 어떤 효과와 특성을 보이고 발전하는지를 알아보았다. 연구원들의 작업과정이나 결과물 등은 흐름에 따라 제시하고 사진으로 덧붙여 이해를 도왔다. 글의 후반부에는 사진을 이용한 자기상자를 초등학교 어린이들에게 적용한 예를 소개했다. 이로써 치료현장뿐만 아니라 교육현장에서도 사진을 이용한 자기상자의 치유적 효과를 체험할 수 있는 길을 제시하고자 했다.

이 장을 통해 독자는 상자가 치료에 어떻게 활용되고, 상자작업에 활용된 사진이 어떻게 그 힘을 발휘하는지 살펴볼 것이다. 또한 작업에 임한 사람들이 치유적 경험을 하는 과정을 지켜볼 것이다. 상자와 사진을 이용해 일상에서 자신을 탐색하고 이해하고 수용하며 나아가 스스로 치유할 기회를 얻기 바란다.

1. 마음 살펴보기

나는 _____ 이다.

2. 선행연구

아무도 모르고 있는 나는 무엇인가
그리고 지금 여기 있는 나는 누구인가

- 김광규 시 '나' 중에서

"

📁 나

일반적으로 '나(자기, SELF)'는 몸과 마음을 가졌고 일상을 살아가는 존재이다. '나'는 이름과 역할이 있고 사회적 지위와 직업을 가지고 있다. 사회적 관계 속에서 살아가고 있고 감각과 감정을 지니고 있으며 희로애락을 경험한다. 인간은 성장하면서 어느 시기부터 타인과 다른 나, 즉 '자기'에 대한 인식이 생기는 걸까?

심리학자인 칼 로저스(Carl Rogers)는 '어린 유아는 자신의 내부에서 지각되는 자기 경험과 외부 타인에 의한 경험을 구별하기 시작하면서 자기 존재에 대한 인식이 발달한다'고 말했다. 즉, 유아기부터 자기 존재에 대한 인식이 발달한다는 것이다. 그는 개인이 자신에 대해 지니고 있는 지속적인 체계적 인식을 '자기(self), 또는 자기 개념(self-concept)'이라고 함으로써 자기란 현재 자신이 어떤 사람인지에 대한 개인의 인식, 즉 자아상을 의미한다고 했다.

사람들은 성장하며 타인과의 관계 속에서 스스로에 대해 생각한다. 그리고 끊임없이 자기에 대해 탐색하고 연구하고 노력한다. 더욱 나은 자신이 되기 위해서다. 하지만 이는 쉽지만은 않다. 시인 김광규는 '나'를 탐색하는 시를 썼다. 그는 '나는 아버지의 아들이고 / 나는 아들의 아버지이고' 등 가족의 구성원으로, 직업인으로, 사회적 역할로서의 '여러 자기'는 '오직 하나뿐인 나'가 아니라며 확실한 '나'의 정의란 무엇인지 시를 통해 질문한다. 미국의 애니메이션 영화 〈아노말리사(ANOMALISA)〉[70]에서는 현대인들의 권태로운 일상에서 자신의 존재를 잃고 방황하는 한 작가에 대해 이야기한다. 주인공은 점점 삶에 지쳐가며 모든 사람들을 낯설게 느낀다. 어느 날 그는 아내를 다그친다. '당신은 누구냐'고. 이 때 아내가 하는 말은 명언이다. "내가 누군지 나도 몰라. 그러는 당신은 누군데? 자신이 누군지 답할 수 있는 사람 있어?" 이 절규는 자신이 누구인지 안다는 것은 어렵고도 중요한 문제라는 것을 잘 보여준다.

자기에 대한 용어들은 심리학과 정신분석학을 중심으로 오랜 기간 동안 연구되어왔다. 대표적인 세 학자를 살펴보면, 우선 지그문트 프로이트(Sigmund Freud)는 개인의 성격이 기본적으로 이드(id, 원초아), 에고(ego, 자아), 수퍼에고(super ego, 초자아)로 구성되어 있다고 했다. 그는 원초아와 초자아를 무의식으로, 자아를 의식으로 구분했다. 원초아는 성격의 가장 원시적인 체계로, 생물학적이고 본능적인 요소이며 출생 시에 이미 존재한다. 자아는 이성과 분별을 뜻하며, 원초아의 쾌락적 원리와는 달리 현실의 원리를 따른다. 자신이나 타인에게 해를 끼치지 않고 원초아의 욕구를 충족시키는 것이 목적이다. 초자아는 인간이 사회화 과정을 통해 습득하게 되는 합리적인 사회적 가치, 규범, 윤리체계를 말한다. 바람직한 사회생활을 위해서 필요하다. 이 세 가지 요소들은 함께 존재하며, 개인이 처한 상황이나 조건, 발달 단계에 따라 상호 갈등, 긴장관계를 이루게 된다. 어느 것이 우위에 있느냐에 따라 개인의 성격이 결정된다.

칼 융(Carl Gustav Jung)은 분석심리학에서 우리의 마음을 의식과 무의식으로 나누었다. 그에 의하면 의식은 우리가 알고 있는 마음(conscious), 무의식은 우리가 모르고 있는 마음(unconscious)이다. 의식의 세계에는 '나(ego)'가 사회에서 바라는 상을 충족시키기 위해 페르소나라는 가면을 쓰고 끊임없이 노력하고 있다. 무의식의 세계에는 그림자, 아니마(무의식적인 여성성) 와 아니무스(무의식적인 남성성), 자기라는 요소가 있다. 외적 인격인 페르소나[71]에 대응하는 무의식인 내면인격의 어두운 부분이 그림자다. 자아가

70　　카우프만과 듀크 존슨 감독, 2015.

71　　'가면'을 나타내는 말로 '외적인격' 또는 '가면을 쓴 인격'을 뜻하며 분석심리학자인 융에 의해 세상에 널리 알려졌다.

클수록 그림자도 커지는데, 이 그림자를 발견하고 수용하는 일은 온전히 자기자신이 되기 위한 중요한 과정이다. 그림자와 아니마·아니무스를 의식화해 자기를 실현하는 것이 인격 성숙의 목표이다.

개인심리학의 창시자인 알프레드 아들러(Alfred Adler)는 인간을 더 이상 분류하거나 분리할 수 없는 완전한 통합체로 보았다. 인간은 자신의 삶을 만들어가며 자유와 책임을 지는 주체적 존재로, 현재를 바탕으로 미래지향적인 삶의 목적을 향해 노력한다. 그는 이러한 인간을 개인의 독특한 성격 및 생활양식의 형성, 그리고 인생의 목표를 추구하는 역동적인 '창조적 자아'라고 했다. 그의 이론은 무의식보다 현실의 주관적 지각을 더 강조했고, 개인의 일상적이고 실제적인 삶에 뿌리를 두고 있다.

이렇듯 서양에서는 자아의 개념을 정립하고 자아를 잘 이해하며 존중하는 과정이 중요하다고 강조한다. 반면 동양에서는 '나'를 버리고 만물과 하나가 되라고 가르친다. 예를 들어 불교에서는 '나'를 '무아(無我)'라고 표현한다. '현실적으로 생멸변화(生滅變化)하는 내가 없다는 것이 아니고, 고정불변하는 실체나 본체가 없다'는 것이다. 즉 '나'는 실제로 존재하는 것이 아니라 잠시 나타난 것처럼 보일 뿐이며, 이것을 깨닫는 것이 진정 자신을 깨닫는 것이라고 한다. 도교에서는 물아일체(物我一體)를 추구한다. 사물과 자신의 합일을 이상적으로 본다. 그러므로 나를 찾기보다는 모든 사물을 차별하지 않고 하나라는 의식으로 절대자유의 경지에 이르러야 한다는 것이다. 만물일체의 절대경지에서는 호접지몽(胡蝶之夢)에서처럼 장자도 나비도 꿈도 현실도 구별되지 않는다고 한다. '나'와 '나 아닌 것(피아, 彼我)'의 구별이 없이 객관사물과 자신은 하나가 되는 것이다.

📁 상자

상자(BOX)는 예로부터 우리 생활에서 흔히 볼 수 있는 도구이다. 상자는 여러 가지 재료로 만들고 모양도 가지각색이며 쓰임도 다양하다. 무엇인가를 담을 수 있는 공간이 있고, 뚜껑에 의해 안과 밖이 나누어지며, 크기도 다양하다. 우리가 흔히 주변에서 볼 수 있는 네모난 모양의 종이나 나무로 된 상자뿐만 아니라 봉투, 주머니, 가방, 자동차, 집 또는 건물, 그리고 어마어마한 양의 데이터가 담겨 있는 컴퓨터의 가상공간도 무엇인가를 저장하고 보관하거나 밀폐할 수 있다는 의미에서 상자라고 할 수 있겠다.

 상자의 특징은 다음과 같이 크게 다섯 가지로 나눌 수 있다. 첫째, 내용물을 담거나 보관하고 저장한다. 흔히 어린아이들의 장난감이나 기저귀 상자부터 시작해 우리 전통에서 흔히 볼 수 있는 뒤주, 간장이나 된장을 저장하는 장독 등 다양한 형태의 상자가 있다. 돈을 넣어두는 지갑 또는 책이나 소지품을 넣는 가방도 같은 역할을 한다.

 둘째, 충격 · 해충 · 햇빛 · 먼지 · 추위나 습기 · 위험 등으로부터 내용물을 보호한다. 계란을 감싸고 깨지지 않도록 보호하는 계란상자, 부서지지 않도록 포장한 택배나 선물상자, 옷이나 약을 해충으로부터 보호하는 옷장과 약장, 나아가 이집트의 피라미드, 모세의 계약의 궤, 홍수로부터 생명을 안전하게 보호한 노아의 방주 등이 그 예이다. 조선시대에는 3년 상을 치르는 동안 혼백을 담아 모시던 혼백상자도 있었다고 한다. 죽은 사람의 시신을 넣는 관과 위패를 모시는 신주도 이에 해당한다.

 셋째, 안에 든 것이 밖으로 나오는 것을 차단하거나 안과 밖을 격리시킨다. 액체를 담는 병, 범죄자를 가둔 감옥뿐만 아니라, 지니가 담긴 알라딘의 요술램프나 그리스 신화에 나오는 판도라의 상자 등을 예로 들 수 있다. 생 텍쥐페리(Saint Exupery)의 작품 어린왕자에서는 비행사가 양을 가둔 상자를 그려준다. 같은 작품에서 보아뱀이 삼켜버린 코끼리도 이미 밖으로는 나갈 수 없는 상태이다. 만일 안과 밖이 통하도록 연결하려면 뚜껑을 열거나 자물쇠를 이용하는 등의 힘을 가해야 한다.

 넷째, 상자는 스스로 장식물의 역할을 하기도 한다. 조선시대 여성들이 사용하던 경대(화장대)나 자개장, 반짇고리 등을 그 예로 들 수 있다. 상자 자체가 아름다운 경우 내용물과 그것을 소유한 사람의 품격을 향상시킨다. 중요한 내용이 들었다는 생각이 들수록 상자를 더 잘 꾸미고픈 욕구가 생길 수도 있고, 마찬가지로 아름다운 상자를 보았을 때 그 안에 중요한 것을 보관하고픈 생각을 할 수도 있다.

 다섯째, 안이 보이지 않음으로써 생기는 또 하나의 특징은 안쪽의 공간을 비밀리에, 그리고 동시에 매우 안전하게 보관할 수 있다는 것이다. 상자 안에 나 혼자만 보고 싶은 것, 나 혼자만 기억하고 싶은 것, 너무 소중해서 잘 간직하고 싶은 것, 또는 절대로 기억하고 싶지 않은 것이나 더 이상 내 소유가 아니라고 생각하는 것 등을 넣고 뚜껑을 닫음으로써 외부로부터 보호하거나 은폐 · 격리할 수 있다. 이것은 상자의 치료 · 치유적인 특성으로, 다음에 나오는 '자기상자' 등 예술치료에서 상자를 이용하는 매우 중요한 이유가 되어준다.

상자에 대해 이야기할 때 간과할 수 없는 부분은 바로 뚜껑이다. 상자는 대부분 뚜껑(또는 뚜껑의 역할을 하는 것)이 있기에 안에 '무엇이 들어있는지' 알 수 없는 경우가 많다. 그로 인해 궁금증이 유발되고 호기심이 발동되며 상자 안에 무엇이 들어있을지 생각하는 재미가 있다. 이러한 재미와 호기심은 발전해 문학과 영화, 오락물 등으로 거듭나기도 한다. 미국의 작가 프레드 울프(Fred Wolf)는 짧은 애니메이션 영화 〈더 박스(The Box)〉[72]를 통해 영화 속 사람들이 주인공의 상자 안에 무엇이 들어있을지에 대한 호기심으로 상상력을 동원해 내용물을 알고자 온갖 방법을 시도하는 모습을 보여준다. 영화가 끝날 때쯤 그 상자는 노아의 방주까지 연결되면서 진가를 발휘하고, 영화는 오스카상을 수상한다.

아울러 '상자 안에 든 물건의 주인은 누구일까?'라는 상상도 우리를 즐겁게 한다. 영화 〈아멜리에(Amelie of Montmartre)[73]〉에서는 주인공 아멜리에가 장난감 상자의 주인이 누구인지 찾으면서 그의 자아 찾기를 시작한다.

한편 우리나라에서는 상자와 같은 역할을 하는 도구로 보자기를 많이 사용해왔다. 보자기는 한자 보(褓)와 비슷한 음인 복(福)에서 유래했을 것으로 생각되며, 접으면 좁은 공간에 보관할 수 있고 버려진 헝겊만 있으면 손쉽게 만들 수 있기 때문에 서민 생활에서도 널리 사용되었다. 보자기 천의 재질과 무늬는 그 자체만으로도 충분히 장식의 효과가 있어 내용물을 더욱 고급스럽고 기품있게 보이도록 해줄 수 있다. 보자기의 매듭은 내부의 공간을 밖으로부터 차단하거나 격리하고 내용물을 보호한다는 면에서 상자의 뚜껑과 같은 역할을 한다고 볼 수 있다.

특히 보자기는 틀이 고정되지 않아 어떤 모양이나 크기의 내용물도 자유롭게 담을 수 있다. 보자기 아트디자이너 이윤영은 보자기가 어떠한 모양도 그대로 감싸고 지켜주고 포장해준다는 의미에서 포용의 철학을, 자신이 감싸고 있는 물건 본연의 모습을 그대로 살려주므로 배려의 철학을 가지고 있다고 했다. 또 언론인이자 문학평론가인 이어령은 '보자기는 물건의 모양 그대로를 감싸 안아 보자기 속에 싸인 물건이 주체가

---

72   프레드 울프 감독, The Box, 미국, 1967.
73   장 피에르 주네 감독, 아멜리에(Amelie of Montmartre), 프랑스, 2001.

되도록 해준다'고 했다. 책을 싸면 책보, 밥을 싸면 도시락, 아이를 업으면 포대기가 되어 책과 밥, 아이가 주인이 되도록 한다는 것이다. 이러한 보자기의 특성은 정형화된 틀로서 존재하는 상자와 비교할 때, 대상의 본질과 조화를 중요시하고 관점에 따라 유연한 사고를 가능하게 하는 동양적 철학을 단적으로 말해주고 있다.

📁 자기상자

자기상자, 즉 셀프박스(Self Box)라는 용어는 셀프(자기)와 박스(상자)를 합성한 단어로 미술치료에서 키예스(Keyes)가 처음 사용하기 시작했다. 그는 사람들에게 상자 안에 자신을 상징할 수 있는 것을 넣고 상자의 바깥에 그림을 그리거나 붙이기 또는 좋아하는 물건을 직접적으로 눈에 보이도록 하는 방식 등으로 남들에게 보이고 싶은 바를 표현하도록 했다. 이 장에서는 이 셀프박스를 직역해 상자로 자기를 나타내는 작업을 '자기상자'라고 부르도록 하겠다.

자기상자는 상자의 치유적 특징을 활용한다. 상자 안쪽의 공간과 바깥 면은 개인의 내면적인 모습과 외면적인 모습에 은유된다. 상자의 뚜껑은 안과 밖의 공간을 구분하고 가림으로써 안쪽이 보이지 않게 한다. 개인의 마음 또한 스스로 드러내지 않는 한 들여다볼 수 없음과 비슷하다. 상자 안에 무엇인가를 담고 뚜껑을 닫고 안과 밖을 장식하는 일말의 과정은 자기의 숨겨진 모습과 무의식·욕구 등을 탐색하고, 밖으로 보이는 모습을 살펴보며 다양하게 표현하는 과정과 일치하는 점이 많다. 이 과정은 개인으로 하여금 감정의 투사와 역동을 불러일으키며, 뚜껑을 이용해 그것을 드러내거나 감추거나 밀폐하는 경험을 하게 함으로써 목적하는 심리적 결과를 가져온다. 즉 상자가 개인의 삶과 만나 치료적 역할을 하게 되는 것이다.

자기상자에서 상자의 치료적 의미는 라퀠 패럴-커크(Raquel Farrell-Kirk)의 논문에서 특히 잘 찾아볼 수 있다. 이 연구는 상자가 비밀, 통합, 안전, 상징의 네 관점에서 의미가 있다고 보고한다. 첫째, 상자는 뚜껑에 의해 그 안의 공간이 밀폐됨으로써 비밀스러워진다(비밀). 둘째, 내면과 외면이 있어 서로 반대의 성질을 함께 다룰 수 있다(통합). 셋째, 상자의 안쪽은 외부로부터 보호되기 때문에 내담자들은 이로 인해 안전하다는 느낌을 가질 수 있다(안전). 넷째, 상자의 공간은 실제로는 좁지만 상징적으로 볼 때 무한한 문제들을 수용할 수 있는 안전하고 자유롭고 커다란 공간이다(상징). 특히 상자 내부의 공간은 미술치료에서 내담자로 하여금 문제들의 복합성을 잃지 않으면서도 감당할 수 있는 크기로 그 범위를 축소해주는 기능을 한다.

상자의 치료적 특성을 이용한 심리치료와 예술치료는 예술치료사들의 연구를 통해 어렵지 않게 발견할 수 있다. 먼저 최보나는 '상자가 수수께끼 같은 호기심과 환상 공간 같은 기대감을 불러일으키고, 기억의 저장소로서의 의미를 가지며, 공간과 공간을 나눔으로써 자신과 바깥 세상의 분절된 모습을 나타낸다'라고 했다.

사진을 이용한 '자화상 상자(self-portrait box)' 프로그램을 개발한 심리학자 제리 프라이리어(Jerry pryrear)와 예술치료사 이렌느 코빗(Irene Corbit)은 상자의 치료적 특성을 이용해 융의 심리학에서 말하는 페르소나를 탐색했다. 그들은 상자의 안과 밖 각각의 여섯 면을 임의로 신체, 영, 가족, 사회, 직업, 정서적인 페르소나로 나누어 내담자로 하여금 상자의 바깥 여섯 부분에는 개인의 공적인 페르소나를, 안쪽의 여섯 면은 개인적인 삶, 즉 개인의 진정한 본성을 표현하게 했다.

전문상담사 데보라(Deborah)는 상자를 활용해, 내담자로 하여금 삶에 있어서 무엇이 나쁘고 좋은지 구분하게 하도록 했다. 부정적인 생각을 상자 안에 담아 보관하게 하고, 원할 때는 뚜껑을 덮거나 열어 부정적인 생각을 개념화하고 시각적으로 표현하도록 도왔다. 이러한 활동은 상실을 경험한 내담자들에게 적당하며, 언제든지 자신이 원할 때 뚜껑을 여닫을 수 있다는 생각이 그들에게 도움이 된다고 한다.

가족심리치료사인 클레어 멜레신(Clair Mellethin)은 10대와 20대 소녀들을 대상으로 한 자기상자 작업을 통해 상자를 자신의 내면과 외면으로 구분하도록 했다. 내면·외면을 구분하는 상자활동을 하면 소녀들은 스스로를 어떻게 보는지, 다른 사람은 자신을 어떻게 인식하게 되는지를 식별함으로써 자부심과 자신감을 향상할 수 있다.

미술치료사인 나타샤 샤피로(Natasha Shapiro)는 긍정(affirmation)상자라는 이름으로 상자 작업을 했다. 긍정상자는 상자에 확신이나 긍정적인 생각 또는 영감을 주는 인용구 등의 문자·문구를 넣거나 붙임으로써 긍정적인 의미를 갖는 특별한 상자를 만드는 작업이다. 이로 인해 많은 사람들이 자부심과 자신의 가치, 자신감을 향상시킬 수 있었다고 한다. 그리고 그것을 매일 봄으로써 더욱 좋은 효과를 기대할 수 있다고 한다.

한편, 음악치료에도 자기상자를 활용한다. 신아정이 개발한 음악프로그램 '보물상자'는 음악을 감상하면서 자신이 채우고 싶은 꿈, 소망, 희망, 욕심, 욕망 등을 적어 보물주머니에 넣게 한 후 하나씩 꺼내면서 노래를 만들어보는 과정이다. 그는 이 작업을 통해 현실을 바라보는 시야를 얻고 자신의 가능성을 확대해 발견함으로써 적극성과 자신감, 성취감을 경험할 수 있다고 했다.

　예술가들은 자신을 표현하는 작품의 도구 또는 방법으로 상자를 사용하기도 한다. 이 때의 상자는 작가의 개념이나 의미·사상을 담는 틀이며 다양한 예술작품으로 재탄생한다. 세계적인 팝 아티스트인 앤디 워홀(Andy Worhol)은 식료품매장에서 흔히 볼 수 있는 상자들을 쌓아 〈캠벨스프캔 연작〉을 만들었다. 조각가인 조셉 코넬(Joseph Cornell)은 상자 안에 버림받은 물건들을 콜라주해 집, 가족, 어린 시절, 문학, 추억과 향수 등을 나타냈다. 투명한 상자 안에 살아있는 사람들을 진열해 자신의 보물이라는 의미로 개인적인 박물관을 표현한 사진작가 김아타의 〈뮤지엄 프로젝트〉도 상자를 상징적으로 사용한 대표적인 예이다. 자신의 작품 세계를 한 눈에 볼 수 있도록 〈여행가방 속 상자〉를 만든 미술가 마르셀 뒤샹(Marcel Dychamp)처럼, 전시 〈Show Must Go On(2013)〉에서는 우리 프로젝트 연구원 중 일원인 작가 한경은이 자신의 작품세계가 담긴 가방 또는 상자를 전시하기도 했다.

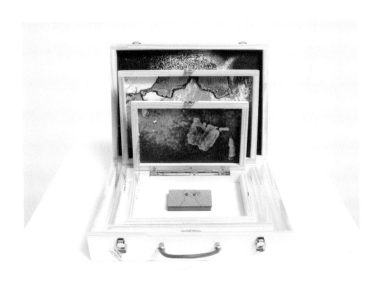

| 한경은, 위버멘쉬(Übermensch), 전시 'Show Must Go On',
Praxis Space, ICAS, 싱가포르, mixed media, 나무상자에 사진프린트, 2013. |

📁 사진을 이용한 자기상자

사진을 이용한 자기상자(PHOTO SELF BOX)는 자기상자와 사진의 만남이다. 이는 자기상자에 자신을 표현함에 있어 사진을 주된 매체로 이용하는 방법이다[74]. 사진은 자기상자를 꾸밀 때 다음과 같은 이유로 여타의 매체보다 더 직접적인 자신을 담아낼 수 있다.

- 사진 안에는 자신만의 경험, 기억, 의미가 담겨있다.
- 사진은 개인의 과거와 현재를 연결해준다.
- 사진을 고르는 과정에서 자신의 모습을 투사하고 통찰할 수 있다.
- 상자에 이용할 때 선별한 사진들끼리 서로 연관되고 충돌하는 상호작용이 일어난다.
- 선택한 사진을 어느 곳에 붙일지 결정하는 과정에서 더욱 적극적으로 내면의 생각들을 도출하고 정리할 수 있다.

---

74   앞서 언급한 제리 프라이어의 자화상 상자는 사진을 이용한 자기상자의 한 예다.

3. 사진을 이용한 자기상자 만들기

> "
> 미술과 사진은 두 가지 서로 다른 방향으로부터 자신에게 접근한다. 미술
> 은 우선 이전에 승화되어서 종종 자아에게 알려지지 않았던 무의식을 표면
> 으로 끌어낸다. 사진은 자기의 바깥에 있는 이미지(상징적 자료의 풍부한
> 자원뿐 아니라 객관적인 자료)를 가지고 시작한다. 외재적 이미지는 그 다
> 음에 일반화되어 내적 자아와 통합될 수 있다.
> 　그러므로 나는 미술과 사진이 서로를 보완한다고 생각한다.
>
> － 램버트(Lambert)
> "

📁 사진을 이용한 자기상자 만들기 순서

📝 주제 정하기

자신을 표현하기 위한 주제들은 여러 가지가 있을 수 있다. 아래의 주제들은 사진을 이용한 자기상자 작업에 적용할 수 있는 몇 가지 예시이다. 작업을 할 대상이나 목적, 상황에 따라 응용할 수 있다.

■ 나는 누구인가?

목적: 자기탐색, 이해, 표현, 정체성 형성

작업방법: '자신을 표현'한다고 생각하고, 상자와 사진을 이용해 떠오르는 대로 작업한다.

효과: 스스로를 탐색하고 자각할 수 있다. 자기인식을 높이고 자기성찰을 이끈다.

■ 나의 외면과 내면

목적: 자기탐색, 성격과 기질 이해, 정체성 형성

작업방법: 상자와 사진을 이용해 자신이 아는 자신의 내면과 외면을 표현한다.

효과: 자신의 내면과 외면에 대한 성찰과 통합을 이끌고 긍정적 자원을 강화할 수 있다.

■ 내가 보는 나와 남이 보는 나[75]

목적: 자기탐색, 이해, 정체성 형성, 자존감 향상, 자부심과 자신감 향상

작업방법: 상자의 외부는 타인들이 자신을 어떻게 생각할지에 대한 생각을 중심으로 꾸미고, 상자의 내부는 자신이 생각하는 자신을 표현한다.

효과: 사고와 감정을 이완시킨다. 억압된 감정을 표현하고, 자신과 타인의 시각을 비교하는 내면을 탐색할 수 있다.

■ 나의 보물상자

목적: 자기탐색, 이해, 긍정 강화, 자부심과 자신감 향상

작업방법: 자신에게 소중한 것들을 찾아보고 그것들을 대표할 수 있는 사진이나 물건을 상자에 담거나 붙이고 꾸며 표현한다.

효과: 자존감과 자신감을 증진하고 긍정 마인드를 강화한다. 스스로 에너지를 발견할 수 있다.

■ 자서전

목적: 일대기 탐색, 자기이해, 자기통합

작업방법: 나의 일대기를 보여줄 수 있는 준비물을 구성해 작업한다. 어떤 것을 바깥에 놓고, 어떤 것을 안에 놓을지 생각하며 일대기를 나타내본다.

효과: 기억 회상을 통해 긍정적·부정적 사건을 재해석하고 재평가하면서 인생 통합과정을 가질 수 있다.

---

75 '나의 외면과 내면'은 자신의 관점에서 생각하는 외면과 내면의 모습을 표현하는 것이고, '내가 보는 나와 남이 보는 나'는 상자의 바깥 부분에 타인이 자신을 어떻게 볼 것 같은지에 대한 생각을 표현하는 것이다. 타인이 자신을 어떻게 생각하는지에 대한 '사실'이 아니라 본인의 '추측'을 중심으로 표현한다는 점이 중요하다.

■ 잊고 싶은 기억

목적: 자기이해, 위로, 상처 치유, 자존감 회복, 직면

작업방법: 지금 다루기 힘든 감정, 사건, 기억 등을 상자에 밀폐해 안전하게 숨긴다.

효과: 힘들게 하는 기억과 감정들을 현재로부터 분리해 심리적 안정을 돕는다.

■ 애도

목적: 애도, 상실의 감정 위로, 일상으로의 회귀

작업방법: 떠나보내야 할 소중한 것을 상징하는 사진으로 안과 밖을 꾸민다.

효과: 슬픔을 표현하고 소중한 기억에 감사하며, 떠나보내는 의식을 통해 마음을 위로하고 극복하게 한다.

상자와 사진, 꾸미기 재료 준비하기

■ 상자

무엇보다 자신이 원하는 상자를 준비하는 것이 중요하다. 재질과 크기, 모양 등을 제한하지 않는다. 가방이나 바구니, 보자기 등 상자의 역할을 할 수 있는 것도 좋다. 자유롭게 선택하며, 마음에 드는 것이 없다면 직접 만들어도 된다. 다만 뚜껑이 있는 상자를 선택할 것을 권한다. 뚜껑을 열거나 덮는 과정이 지닌 상자의 치료적 속성을 활용하기 위해서이다. 작업에 임하는 사람이 상자 준비를 못 했을 경우를 대비해 진행자는 미리 다양한 상자를 준비해두고 원하는 것을 선택할 수 있게 한다.

■ 사진

사진의 종류는 다양하게 준비할 수 있다. 되도록 자기를 나타낼 수 있는 사진이나 좋아하는 사진, 자화상 사진을 준비하기를 권한다. 사진의 범위에도 제한을 두지 않는다. 자신이 찍은 사진, 다른 사람이 찍어준 사진, 잡지 사진, 스크랩 사진, 엽서 사진 등 자기의 모습을 표현하기 위한 모든 사진이 가능하다. 새롭게 사진을 찍어도 좋고 기존의 사진 중에서 골라도 좋다. 창조적이거나 영적인, 긍정적이거나 부정적인, 정적이거나 동적인, 걱정스럽거나 희망찬, 우울하거나 힘이 넘치는 등 자기의 감정이나 상태가 표현된 어떠한 사진이라도 수용하도록 하자. 상자의 주제나 작업 당시의 심리적 상황에 따라 선택할 수 있는 사진도 달라진다. 사진의 스캔, 복사, 확대, 축소 등을 자유롭게 할 수 있는 환경

이면 자신이 원하는 것을 표현하는 데에 더욱 집중할 수 있다.

■ 꾸미기 재료

사진만으로 주제를 표현할 수 없는 경우 다양한 미술재료나 일상의 소품을 사용한다. 자신을 나타내는 상징이나 은유적인 물건들로 그림을 직접 그려 넣어도 좋다. 물감이나 파스텔, 크레파스 등 간단한 색칠도구, 나아가 페인트, 스프레이도 사용할 수 있다. 상자의 안이나 겉을 색칠하거나 포장하는 행위도 가능하고, 자신이 원하는 것을 표현하기 위해 머릿속에 떠오르는 그 어떠한 재료라도 좋은 매체로 활용할 수 있다. 예를 들면 헝겊, 한지 및 색종이, 포장지, 풀, 칼, 가위, 스티로폼, 끈, 테이프나 장식용 리본, 구슬, 인조보석, 거울, 나무 조각, 나뭇가지, 돌조각, 단추, 깃털, 반짝이 풀, 꽃, 그림, 글자나 낱말들 등이 있다.

자기상자 꾸미기

사진과 상자·꾸미기 재료를 다 준비했으면 이제 주제에 맞게 자신만의 상자를 만들면 된다. 최대한 자유롭게 자신이 원하는 대로 표현하며, 상자의 안과 밖을 모두 꾸미도록 한다.

유의점

주제를 정할 때

작업을 할 대상과 목적, 상황에 따라 응용이 가능하다. 대상이 같은 목적으로 모인 집단인지 목적 없이 임의로 모인 집단인지에 따라 제시하는 주제가 달라야 할 것이다. 같은 주제라 할지라도 대상에 따라 준비할 재료나 제시어를 달리해야 한다. 예를 들어 '보물상자'라는 주제는 남녀노소 불문하고 쉽게 접근할 수 있는 주제이지만, 어린이인 경우의 보물은 주로 눈에 보이는 것들이라 최대한 이미지에 대한 준비를 많이 해야할 것이다. 그러나 노인의 경우에는 '보물상자'라는 주제 안에 '자서전'이나 '애도' 등의 주제가 포함될 수도 있으므로 눈에 보이지 않는 것들을 어떻게 표현할지에 대한 적절한 도움이 필요할 수 있다. 그리고 이때 작업자에게 올라오는 감정들도 적절하게 경청하고 반응할 수 있어야 한다.

📑 작업을 하는 동안

진행자는 작업과정을 주의 깊게 관찰하며 작업하는 사람들이 온전히 작업에 몰두할 수 있도록 돕는다. 진행자는 그들이 스스로 모든 것을 선택하도록 하고 자율성을 최대한 지지한다. 도움이 필요하거나 재료가 더 필요해 보이면 다가가 물어보고 도움을 준다. 작업 중 작업자가 말을 걸면 잘 들어주고 적절한 반응을 보여준다. 특이해 보이는 작업 내용은 작업을 마친 후에 어떤 의미인지 물어보도록 한다. 작업의 결과보다는 표현하고 싶은 내용에 초점을 둔다.

📑 작업시간

작업시간은 최대한 충분히 제공하는 것이 좋다. 실제로 작업을 해보면, 사진을 미리 준비했어도 오리고 자르고 붙이는 등 상자 자체를 꾸미는 물리적인 시간이 많이 걸린다. 자신의 내면을 잘 표현할 수 있도록 시간을 넉넉히 할당하면 치유의 과정과 결과에 더욱 효과적일 수 있다. 시작할 때에 시간을 미리 약속해두는 것도 좋다. 예를 들어 '2시간씩 3회기에 걸쳐 작업할 것'이라고 약속하면 작업자는 각 시간에 알맞게 작업의 양을 생각하고, 진행자는 작업 과정을 단계적으로 혹은 상황에 맞게 준비할 수 있다. 경우에 따라서 단회기로 마칠 수도 있지만 10회기 등 오랫동안 작업하기도 한다. 주어진 시간 내에 작업을 마치지 못하면 상황에 따라 개인적인 시간을 더 두어 작업해도 좋고, 다음 회기에 계속하거나 집에서 완성해올 수도 있다.

📑 작업을 마치며

작업의 결과물을 토대로 자신이 왜 이런 식으로 자기상자를 표현했는지에 대한 이야기를 나눈다. 진행자가 전문상담가인 경우에는 작업을 한 후 적절한 질문을 통해 작업자의 내면을 함께 들여다보고 에너지를 강화해줄 수 있다. 전문상담가가 아닌 경우에는 상담에 대한 충분한 훈련이 되어있지 않으므로 작업에 대한 이야기에 너무 깊이 들어가지 않는다. 작업자가 자신의 결과물에 대해 이야기를 하는 과정에서 스스로 만족하고, 다른 작업자의 이야기를 들으며 마음을 나눌 수 있도록 하는 것만으로도 충분하다.

4. 자기상자의 주제별 치유적 경험

❝

마치 나비가 고치에서 벗어난 직후 날개를 말릴 시간이 필요한 것처럼
내담자는 점점 드러나고 있는 알아차림을 받아들이는 데 시간이 필요하다.

- 제리 프라이어(Jerry L. Fryrear), 이렌느 코빗(Irene E. Corbit)

❞

자기상자의 치유적 경험을 위해 참가한 연구원은 리더 김문희를 포함해 모두 여섯 명이다. 모두 2회기에 걸쳐 사진을 이용한 자기상자 작업을 했다. 연구원들은 작업 전 마음나누기 시간에 사진을 이용한 자기상자에 대해 각자 경험했던 바가 있는지에 대해 이야기했다. 그런데 사진과 교육에 대한 경험이 많았음에도 불구하고 정작 상자를 교육에 활용한 경험이나 자기상자에 대한 경험은 없었다고들 했다. 사진을 이용한 자기상자가 치유적인 의미가 있다는 사실에도 의아해했다. '상자에 나를 표현'한다는 활동에 대해 무척 기대하면서도 두려워하는 기색이었다. 연구원들이 당시 자신의 마음을 표현한 내용을 요약하자면 다음과 같다.

■ 나를 표현하는 것에 대한 기대와 두려움

- 나에 대해 생각하는 것이 부담스럽다.
- 무엇을 표현해야할지 잘 모르겠고 생각이 많아졌다.
- 나에 대해 개방했을 때 일어날 일들이 두렵다.
- 내 안에 무엇이 있는지 궁금하다.

■ 자기상자에 대한 기대와 두려움

- 상자는 나를 담는 곳이니 신중하게 골라야겠다.
- 뚜껑은 외면과 내면을 구분 짓기 위한 것이라고 생각된다.
- 상자의 크기나 모양에 따라 결과물이 많이 달라질 수도 있을 것 같다.

■ 사진을 이용한 자기상자에 대한 기대와 두려움

- 사진으로 상자를 꾸민다는 것은 처음 들어본다.
- 사진을 이용해 나를 상자에 표현해야 한다니 어떻게 해야할지 걱정된다.
- 사진을 이용한 자기상자 작업이 어떻게 치유로 작용할지 궁금하다.
- 어린이, 노인 등 현재 수업하고 있는 사람들에게 적용할 수 있으면 좋겠다.

이러한 기대와 두려움을 안고 연구원들은 스스로 선택한 주제를 토대로 사진을 이용한 자기상자 만들기를 진행했다. 이어지는 내용은 각 연구원들이 경험한 과정과 주제에 따른 치유경험에 관한 것이다.

📁 나는 누구인가?

나는 누구인가?는 내가 누구인지에 대해 탐색하고 자각하며 표현해보는 작업이다. 자신이 누구인지에 대한 질문을 던지고, 떠오르는 대로 작업한다. 작업을 하면서 나의 마음에 무엇이 올라오고 내려가는지 살펴본다. 자신을 어떻게 표현하고 싶은지 스스로에게 묻고 답하면서 별 계획 없이 또는 계획을 가지고 만들다보면, 어느새 상자에서 나의 모습을 발견할 것이다.

이 주제를 선택한 연구원은 정유정이다. 그는 50대 여성으로 작업 당시 갱년기를 맞아 자신의 정체성과 가족과의 사이에서 어려움을 겪고 있었다. 작업에 들어가기 전 그는 무언가를 만든다는 활동이 부담스럽다고 말했다.

정유정은 주제 표현을 위해 사진을 선택하는 과정에서 다음과 같은 경험을 했다고 한다. 첫째, 어릴 때의 사진을 보며 자신의 어린 모습과 기억을 떠올렸다. 둘째, 가족·집·대자연·꿈·사진 등 자신에게 소중했던 것들에 대해서 생각했다. 셋째, 지금의 자신이 있기까지 주변에 많은 사람들이 있었다는 것을 알게 되었다. 넷째, 부모님 사진을 대면할 때에는 왠지 모르게 가슴이 뭉클했다.

그는 신발상자의 뚜껑 안쪽에 부모님의 최근 사진을 붙이는 것으로부터 자기상자 작업을 시작했다. 인생의 처음부터 지금까지 자신을 보고 지켜주시는 분이 부모님이기 때문이라고 했다. 부모님의 뒷모습 사진을 골라서 붙이고, 사진 뒤로 종이를 길게 이어 붙여서 길처럼 표현했다. 그 길 위에 그가 자라온 과정이 나타난 사진들을 순서대로 붙여 점점 부모님 사진과 가까워지도록 했다. 사진을 다 붙인 뒤에는 길게 낸 그 종이 길을 두루마리처럼 말아서 상자 안에 고이 넣었다.

상자의 겉면은 포장지로 감싸고 꽃 사진을 붙인 뒤 화려한 색으로 칠하고 금가루를 입혔다. 그 위에 망사천으로 한 번 더 상자를 감쌌다. 화려한 색과 금가루, 망사천으로 포장된 겉모습은 자신이 가지고 싶은 미래의 모습이라고 했다. 지금은 갱년기를 겪느라 힘든 시기를 보내고 있지만, 앞으로 상자의 모습처럼 중후하고 우아한 삶을 살며 화려하고도 멋스러운 모습으로 변화하기를 바라는 마음이란다.

| 자기상자 내부. 어릴 적 사진부터 자라온
과정을 차례대로 붙였다. |

그는 자신의 작품에 대해 이야기하며 자신에게 부모님이 얼마나 소중한 분인지, 그리고 자신이 있기까지 얼마나 많은 분들과 소통하며 관계했는지 관심있게 바라보았다고 했다. 다음은 작업 과정에 대한 그의 이야기다.

어릴 때의 사진을 붙이면서는 부모님이 원망스러웠던 기억이 떠올랐어요. 부모님이 저를 미워하고 오빠만 좋아해서 맛있는 음식도 오빠에게만 주셨다고 생각했거든요. 오빠가 성장이 부진해서 부모님이 많이 걱정하시고 신경쓰셨다는 것을 나중에야 알게 되었어요. 다 그럴만한 이유가 있었던 건데 그때는 그걸 모르고 상처를 받았어요. 제가 부모가 되어보니 이제서야 그 마음을 알 것 같아요.

얼마 전부터는 아버지가 병원에 자주 가시는데, 가실 때마다 저를 데리고 가시더군요. 이유를 여쭤보니 "네가 내 주치의다." 하시는 거예요. 좋으면서도 한편으로는 솔직히 부담스러웠어요. 과거에는 부모님이 저의 보호자였는데 이제는 내가 부모님의 보호자가 된다고 생각하니 가슴이 먹먹하더라구요. 사진을 출력하다보니 이런저런 기억이 떠오르면서, 지금의 나를 만드는 데 가장 큰 영향을 주신 분이 바로 부모님이라는 생각을 하게 됐어요. 보답하기 위해서는 무엇보다 제가 건강해야겠지요.

더 추가하고 싶은 것이 있느냐는 리더의 질문에 돌아가신 시어머니와 함께 찍은 사진을 붙이고 싶다고 했다. 시어머니는 배움이 짧으셨음에도 불구하고 늘 버팀목이 되어주셨고, 특히 자신이 고민하고 주저할 때마다 '중심을 잡아라'라는 말씀으로 자신의 판단과 결정에 영향을 주셨다고 한다. 그런데 사진을 고르다보니 시어머니와 단 둘이 찍은 사진은 하나도 없어서 아쉬웠다고 했다. 그는 다음의 말로 작업을 마무리했다.

"앞으로 더 찾아봐야겠어요. 저에게 소중한 것을요."

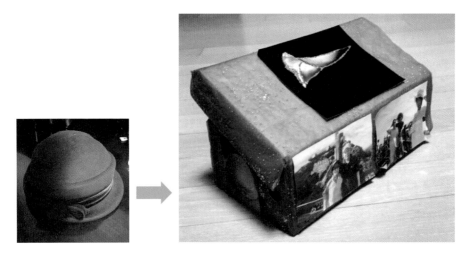

| 작업 후 시어머니가 생전에 쓰시던 모자를 사진으로 촬영해 상자 옆면에 붙였다. |

📁 나의 보물상자

나의 보물상자는 자신에게 소중한 것들을 찾아보고 그것들을 대표할 수 있는 사진이나 물건을 상자에 담거나 붙이고 꾸미는 작업이다. 자신이 소중하다고 생각하는 것이 담긴 사진들을 고르는 과정에서 기쁨과 즐거움을 느끼고, 상자를 꾸미고 표현하면서 카타르시스를 느낀다. 특히 에너지와 자존감이 낮은 사람들은 자신에게 얼마나 많은 보물이 있는지 알게 됨으로써 위로를 받고 치유를 경험한다.

■ 참여 연구원 1 이정희(본인)

나(이정희)는 가족을 사랑하는 40대 여성이다. 나의 경우 자기상자 작업을 한다고 하니 왠지 나와 남, 안과 밖, 삶과 죽음 등 상반되는 개념들이 떠올랐다. 상자의 안과 밖이라는 이분법적 느낌 때문인 듯하다. 나의 기저에는 기쁨과 우울이 극단적으로 나뉘어 있는 것 같은데, 나의 안에는 무엇이 있고 밖에는 무엇이 있는지 혼란스러웠다. 또 사진을 고르며 어떤 사진을 안에 붙이거나 밖에 붙여야할지 고민이 되었다. 기쁨과 우울을 표현할만한 사진은 무엇인지, 나의 기쁨과 우울은 다 안쪽에 있는데, 바깥까지 표현하려면 어떻게 해야 하는지…. 너무 깊이 생각하다보니 우울해지기까지 했다.

안과 밖을 한참 고민하다가, '에라 모르겠다. 내가 좋아하는 사진을 고르다보면 어떻게든 되겠지.' 하는 생각으로 사진을 고르기 시작했다. 어떠한 사진을 고르든 어차피 내 모습이라는 생각에서였다[76]. 그런데 사진을 고르다보니 다른 사진들보다도 나의 아이들과 가족사진들이 계속해서 눈에 들어왔다. 가족사진과 아이들 어릴 적 모습이 담긴 사진들을 보면서 정말 행복해졌다. 그제서야 우리 가족의 사진이 들어있는 보물상자를 꾸며야겠다는 생각이 들었다.

나는 보물상자라는 이름답게 자기상자의 겉을 진짜 보물이 들어있을 것만 같아보이도록 화려하게 꾸몄다. 마치 영화 속에 등장하는, 열면 보물이 우루루 쏟아질 것만 같

---

[76] 이러한 부분에서 '나의 보물상자'라는 주제는 '나는 누구인가'라는 주제와 상통할 수 있다. 다른 주제들도 마찬가지로 서로 교차되고 중첩되는 부분들이 있다.

은 대표적인 이미지처럼 말이다. 시간이 꽤 걸렸는데, 나의 보물을 소중히 담기 위해서 그 정도의 노력은 당연하다고 생각했다.

보물상자의 뚜껑 안쪽에는 환하게 웃으며 손을 내밀고 있는 남편의 사진을 붙였다. 바로 옆에 예쁘게 웃는 나의 사진을 나란히 붙이는 것도 잊지 않았다. 이렇게 해두면 상자를 열자마자 행복해질 수 있을 것 같았다.

상자 안에는 두 묶음의 사진들과 조개, 꽃다발 등을 가지런하게 놓았다. 조개와 꽃다발 등의 장식물들은 보물을 빛내기 위한 것이다. 두 묶음의 사진은 각각 좋은 기억들과 아픈 기억들을 상징한다. 좋은 기억 사진에는 세 아이들과 남편 등 나의 가족과 내 미래의 모습을 상징하는 사진들을 넣어두었다. 더불어 내가 존재할 수 있었던 원천이라는 의미로 부모님의 사진을 함께 담았다. 아픈 기억이 담긴 사진 묶음은 나의 열등감과 좌절, 실패의 기억이 담긴 사진들을 포함하고 있다. 그 사진들을 담으면서 가슴 아픈 기억들이 떠올랐지만 이 기억들도 결국 지금의 나를 있게 한 과정이었다고, 그러므로 나의 보물로 소중하게 간직해야겠다는 데까지 생각이 미치게 되었다.

| 뚜껑을 열면 남편이 활짝 웃으며 손을 내밀고 있다. |

작업을 마친 뒤 나는 나의 보물이 잔뜩 들어있는 보물상자를 다른 연구원들에게 자랑하듯 펼쳐보였다. 왠지 뿌듯하고 마구 자랑하고픈 마음이 들었기 때문이다. 환한 웃음으로 나의 가족들을 소개하고, 좋은 기억과 나쁜 기억 등 지금의 나를 있게 한 순간들이 담긴 사진들을 소개했다. 알라딘의 요술램프에서처럼 뚝딱 하면 나오는 금은보화가 아니라, 영화 타이타닉 첫 장면의 보물상자에서 주인공이 찾아낸 목걸이처럼 오랜 시간이 묻어있는 나의 기억이 담긴 사진들을. 그리고 그 사진들을 고르고 붙이고 상자를 완성하며 느꼈던 기쁨과 다양한 감정들 때문에 나는 적어도 그 시간만큼은 세상을 다 가진 듯 행복했다.

질문있어요!

사진을 상자에 담거나 붙이는 데에 차이가 있나요?

김문희: 담는 것과 붙이는 것은 차이가 있습니다. 상자는 담는 공간이지만 사진을 담기만 하는 것은 특정위치에 두지 않는다는 뜻이 되고 붙인 사진은 그 위치에서 고착된 결합의 의미를 갖습니다. 사진을 상자 안에 붙이지 않고 담아두기만 한다면 자리를 옮기거나 순서를 바꾸거나 넣고 빼는 것이 자유로울 수도 있습니다. 그러나 사진을 붙이면 고정된 그 위치에서 상징적인 의미를 갖습니다. 즉, 어떤 대상과의 관계성을 보여줍니다.

사진을 붙이는 위치나 순서에 따라서도 무의식적인 역동을 알 수 있습니다. 사진을 상자의 윗면에 붙였다면 쉽게 남들에게 보이게 하려는 의미를 가지며, 바닥에 사진을 붙이거나 놓았다면 내면의 무의식과 그림자를 상징할 수 있습니다. 붙인 사진 주변에 어떤 사진을 가까이 붙이거나 거리를 두는지, 또 어떤 순서로 붙이는지에 따라 관계의 의미를 은유적으로 표현한다고 볼 수도 있습니다. 이런 고민은 무의식적인 심리 역동을 의미합니다. 사진상자는 이런 과정을 거치면서 지금 현재와 의식적인 통합이 일어난다고 볼 수 있습니다.

류기상은 40대 남성이다. 그는 상자를 '생각을 담는 틀'이라는 의미로 생각하고 매우 신중하게 골랐다고 한다. 그가 준비한 상자에는 작은 구멍이 뚫려있었고, 겉에는 아프리카 초원의 풍경이 그려져 있었다. 안을 들여다볼 수 있는 구멍이 좋았고, 겉의 풍경은 아내에 대한 추억을 떠올리며 선택했다고 한다.

류기상은 상자를 꾸미기 위해 과거의 사진을 들여다보던 중, 아버지가 갑작스럽게 돌아가셨던 기억이 강하게 떠올랐다고 했다. 그래서 상자의 뚜껑에 아버지의 산소 사진을 붙임으로써 아버지의 죽음을 표현했다. '부재하지만 여전히 존재'하는 아버지가 자신과 가족을 지금껏 잘 지켜준 것 같아, 수호신이라는 의미로 제일 윗부분에 붙였다고 한다.

상자의 안쪽에는 그의 보물을 상징하는 사진들을 붙였다. 아기의 탄생에서부터 시작해 지금까지의 경험 중 보물이 될만한 기억이 담긴 사진들이다. 아이의 어릴 적 발 사진을 제일 아래에 붙인 후 시간의 흐름에 따라 차곡차곡 나선형으로 붙여나갔다. 그는 '돌아가는 선풍기처럼 에너지가 뿜어나오도록 힘을 싣겠다'는 의지를 밝혔다. 안쪽의 옆면에는 가족의 탄생을 알리는 결혼사진을, 바깥쪽 옆면에는 연애시절 사진을 붙였다. 상자에 원래 있던 이국적인 그림이 외국에서 아내를 처음 만났을 때의 이미지와 잘 어울린다는 이유였다.

> 저에게 일어난 사건 중 가장 큰 사건은 어린 나이에 아버지가 돌아가셨다는 거예요. 아버지가 돌아가신 이후 저는 아버지의 부재와 장남·장손으로서의 무게감으로 무척 힘들었지요. 어린 나이에 어떻게 그 고통을 참아냈는지 모르겠어요. 생각해보니 아버지가 돌아가신 연세와 지금의 제 나이가 같네요. 사진을 고르고 오리고 붙이는 작업을 하면서 사진 속 순간들의 감정이 되살아나서 묘한 느낌이 들었어요. 잠시나마 그때 그 순간으로 돌아간 것 같더군요.
> 상자 안은 레이어(Layer)처럼 아이의 성장과정과 가족의 구성과정을 층층이 얹고 싶었어요. 모든 것은 과거로부터 시작하니까요. 작업 후 상자의 구멍을 통해 안을 들여다보니 제 삶이 객관적으로 보이는 것 같아요. 마치 남의 삶을 '엿보는 것'처럼 느껴져서 재미있어요.

류기상은 아버지의 산소 사진을 상자의 제일 위쪽에 붙임으로써 아버지가 지금까지 자신의 가정을 지켜주셨다는 의미를 상징으로 나타냈다고 했다. 어찌보면 아버지와 아내의 무의식적인 서열 같아 보이기도 했다. 위쪽은 아버지, 안팎의 옆면은 아내, 그리고 안쪽 바닥부터 위로 나선형처럼 쌓아 올린 아이들과 가족과의 추억들…. 이로써 그의 보물상자는 안과 밖이 오롯이 그를 드러내고 있는 듯 보였다.

| 류기상, 상자에 난 구멍으로 결혼사진이 들여다보인다. |

📁 나의 내면과 외면

나의 내면과 외면은 상자의 외부를 자신의 외면적인 모습에, 내부를 자신의 내면적인 모습에 빗대어 표현하는 활동이다. 스스로가 생각하는 자신의 외면적인 모습과 내면적 모습을 표현하는 작업으로, 상자의 안쪽에는 '남들이 뭐래도 나는 이런 사람이야'라는 의미를 품고 있다. 남들은 모르는, 나만이 알고 있는, 나만의 고유함들에 대해 표현해볼 수 있다. 바깥쪽에는 남에게 보이고 싶은 나의 모습이나 매력 등 남들에게 어필할 수 있는 내용을 표현해본다.

이 주제는 40대 여성 연구원 한승휘가 선택했다. 그는 사진을 고르기 위해 컴퓨터 앞에 서너 시간을 머무르며 깊이 고민했다고 한다. 그리고 깊은 생각 끝에 어린 시절보다는 최근의 모습에 집중하기로 했다. 그는 예쁘고 활기차 보이는 사진, 고단하고 지쳐 보이는 사진, 우스꽝스럽고 못생겨 보이는 사진, 개구지고 장난스러운 사진, 우울하고 슬퍼 보이는 사진, 부끄럽고 창피한 사진 등이 고루 들어있는 80여 장의 사진을 골랐다. 아름다운 모습뿐만 아니라 추한 모습들까지도 모두 자기의 모습이고, 다 껴안고 싶기 때문이란다.

의식적인 노력이 없어도 내가 찍은 사진을 통해 자신을 보는 건 자연스럽고 당연한 일 같아요. 어떤 사진을 선택하고 어떤 사진을 제외하는가 하는 기준에 대해서도 깊이 생각해봤어요. 생각과 감정이 어떻게 올라오는지도 알아차리려고 집중했어요. 그렇게 사진을 고르는 시간 동안 저는 사진 속의 시간과 장소로 들어가졌어요. 당시의 감정을 느끼며 웃기도 하고 울기도 하고…. 사진을 고르는 과정에서 기꺼이 그 감정을 받아들이며 저 자신과 만나는 소중한 시간이었어요. 지금 이렇게 성장한 제가 대견스럽기까지 했고요.

그가 자신을 표현하는 작업을 위해 선택한 상자는 위아래가 매우 좁고 몸통이 길쭉한 모양이었다. 입구와 폭이 넓으면 너무 개방되고 노출되는 것 같아 부담스럽다고 했다. 작업 후에 알게 된 부분이지만, 그는 상자의 깊이로 슬픔, 외로움, 불안, 그리고 힘의 깊이를 나타내보려 했다고 한다. '수직적 깊이감을 통해 무의식적인 스펙트럼을 표현하고 싶었다'는 이유이다.

작업을 시작할 때 그는 자신의 정신과 마음을 쫙 펼쳐놓고 들여다보고 가꿀 수 있다면 좋겠다며 상자의 이음매를 모두 뜯어서 펼쳐놓았다. 그러고는 상자의 안쪽을 검정색으로 칠해나갔다. 의도했던 새까만 색이 기대에 미치지 못하자, 하던 작업을 중단하고 문구점까지 가서 검정색 래커를 사와 다시 칠했다. 평소대로라면 귀찮았겠지만, 상자는 이미 자기 자신이므로 귀찮음이란 있을 수 없다며 아주 새까맣게 칠했는데 그 모습이 아주 열정적으로 보였다.

상자 안쪽의 칠 작업이 모두 끝나자 수분이 마르는 동안 바깥쪽에 사진을 몇 장 가지런히 붙였다. 수분기가 어느 정도 마른 뒤에는 칠한 부분 중 옆면이 될 부분의 아래쪽부터 차례로 사진을 붙여나갔다. 뚜껑이 될 부분까지 사진을 붙인 뒤 전체적으로 금은색, 보라색 반짝이 풀을 이용해 장식하고 마지막으로 상자를 다시 조립해 붙였다. 작업을 마친 뒤 상자를 한참 들여다보던 그는 상자의 바깥쪽에 붙어있는 사진을 모두 떼어냈다.

상자 안쪽에 배치된 사진을 통해 저는 저의 내면의 모습을 많이 봤어요. 그 사진들은 드러내고 싶지 않은 죄책감과 수치심을 상징해요. 그건 상자 안쪽에만 있어요. 확실히 안쪽 면이 더 깊은, 숨기고 싶은 내면이라는 걸 알겠어요. 물론 제가 좋아하는 저의 밝은 모습도 안쪽에 많이 넣었어요. 즉, 안쪽에는 슬픔과 장난끼, 자연스러움과 대담함, 진지함과 유머러움 등이 고루 공존해요. 그게 제 내면의 힘이 아닐까 싶어요.

바깥쪽에는 사진을 왜 붙였을까 생각해 봐요. '본래의 나', '내가 원하는 나', '유일하고 고유한 나' 보다 '그래야만 하는 나', '그래야만 할 것 같은 나', '보통 인, 평범한, 정상적인 모습으로 보여지기 위해 노력하는 나'의 모습이었기 때문인 것 같아요. 그런데 작업을 하다 보니 안과 밖 사진들의 정서와 느낌이 서로 크게 다르지 않았어요. 생각보다 다양한 모습이 안과 밖에 골고루 있더군요. 이제는 본래의 나로 돌아가고 싶기에 다 떼버렸어요.

자신의 내면과 외면이 그리 다르지 않다는 것을 발견하고는 굳이 바깥에 사진을 붙일 필요성을 느끼지 못했다는 것이다. 한편, 깊이를 강조한 그가 상자의 안쪽 부분에 표현하고 싶다던 '내면의 깊이'에 대해서는 다음과 같이 이야기했다.

처음에는 바닥에 촛불이나 새싹 사진을 놓으려 했어요. 그런데 하다 보니까 검고 깊은 바닥이 마음에 들어서 그대로 드러나 보이는 게 더 좋겠다 싶었어요. 대신 금빛으로 자유롭게 선을 그려놨어요. 무의식이었을까요? 그 선이 어떤 '힘'인 것 같아요. 안에서 깊이 올라오는 내면의 힘! 어쨌든 아무 사진도 없는 검은 바닥에 있는 저 금빛 문양이 저는 마음에 들어요.

사진 중에 가장 아래쪽 깊숙이 붙여놓은 건 제 등을 찍은 사진이에요. 흑백사진인데, 그 안에는 저의 수치심과 죄책감이 깊이 서려 있어요. 그런데 붙여진 사진들을 보니 점점 위쪽으로 올라올수록 그 수치심과 죄책감이 스스로 용인되어져 있는 거예요. 의도하지 않았는데도 그것을 드러낼 용기가 생긴 거죠.

그리고 보니 바닥에 붙이려 했다던 촛불 사진은 뚜껑 안쪽에 붙어 있었다. 스스로 용인하는 과정을 거쳐 이제 촛불로 속내를 밝혀도 된다는 의미였을까?

사진을 고르고 상자를 선택해서 사진을 붙이는 과정이 저의 삶의 과정과 고스란히 닮아있는 것 같아요. 세상을 탐색하고 이해하며 수용하고 성장해왔잖아요. 성실하고 열정적이고, 시행착오를 거치더라도 어떻게든 저만의 길을 찾아가는 저의 성향과도 닮았어요. 그리고 작업하면서 생각보다 제가 힘이 있다는 걸 발견했어요. 요새 제가 불안이 심해지고 슬픔도 좀 많아졌는데, 그럼에도 불구하고 저의 힘을 보게 되니까 기운이 나요. 정말 다행이다 싶어요. 이 안에 정말 엄청나게 시꺼멓고 우울하고 슬픈 것만 들어가 있는 줄 알았는데 하다보니까 그렇지만은 않다는 걸 알게 되었거든요.

| 상자의 뚜껑 부분에 새싹과 환한 촛불 사진이 붙어 있다. |

| 상자의 안쪽을 위에서 촬영한 모습. 검게 칠해 자신의 내면의 깊이를 강조했다고 한다. |

작업과정에 대한 경험을 나눈 후 그는 매우 흡족해하며 상자의 뚜껑을 닫았다. 필요할 때 꼭 다시 열어보고 싶다면서, 다음엔 보물상자도 만들어보고 싶다고 덧붙였다. 몇 개월 후 나는 그에게 자기상자를 어디에 두었느냐고 넌지시 물어보았다. 그는 상자를 사진으로 찍어 보내주었는데, 사진 속의 상자는 책장에 다른 책들과 함께 놓여 있었다. 그에게 있어서 상자는 책과 같기 때문인데, 자신의 결핍에 대한 보상이며 과거와 현재의 여러 선택에 대한 결과를 나타낸다는 것이 이유라고 한다. 그는 내 질문 덕분에 자기상자를 다시 들여다보는 시간을 가지게 되었다며 다음과 같이 이야기했다.

> 결과물을 다시 보는 것이 이렇게 의미가 있을 줄 몰랐어요. 위로가 되네요. 요즘 해야만 하는 일들이 쌓여 있어 내가 이것들을 과연 다 해낼 수 있을까 싶고, 그로 인한 불안과 조급증이 커져 힘든 상황이에요. 그런데 상자가 저에게 이렇게 말하네요. '그래. 이렇게 하면 되는 거야. 아직 시동이 걸리지 않은 것일지도 몰라. 이제 시동을 걸고 움직이기 시작하면 괜찮아질 거야.'

📁 내가 보는 나와 남이 보는 나

내가 보는 나와 남이 보는 나는 '내가 생각하는 나'와 '남이 나를 어떻게 생각할까에 대한 나의 생각'을 상자의 안과 밖에 표현하는 작업이다. 내가 보는 나의 모습은 상자의 안쪽에, 남들이 생각할 것 같은 나의 모습은 바깥쪽에 붙인다. 남들이 자기를 이렇게 보리라고 믿는 것은, 실제로 그들이 말해주어서 아는 경우도 있겠지만 내 스스로 생각하고 판단한 바가 대부분일 것이다. 이 활동은 다른 사람이 해준 말보다는 자신의 생각에 초점을 두고 자신이 주체가 될 수 있도록 돕는 것이 중요하다.

본 작업에 참여한 40대 여성 연구원은 윤시우이다. 결혼 후 십여 년의 경력 단절 기간을 보냈고 몇 년 전부터는 자신의 정체성을 탐색하며 사진교육을 하고 있다.

윤시우는 다른 연구원들과 시간이 맞지 않아 따로 자기상자를 만들어 온 뒤 리더와 함께 상자에 대한 경험을 나누는 시간을 가졌다. 다음은 당시 녹취한 대화 중 일부를 정리한 내용이다.

윤시우 '남이 보는 나'를 알기 위해서 지인들에게 저를 떠올렸을 때 어떤 생각이 드는지 물어봤어요. 제가 느끼는 그들의 생각과 그들이 말하는 것이 얼마나 다른지 궁금했거든요.[77] 어떤 분은 저를 예쁜 서랍장에 비유했어요. 서랍 칸칸마다 다양한 재능들로 채워져 있을 것 같대요. 제 생각에도 제가 다양한 분야에 관심이 있고 그 분야에 대해선 잘 할 수 있는 재능이 있는 것 같아요. 그리고 '열심히 산다'는 말도 많이 들었어요. 제가 봐도 참 열심히 살았어요.

    그런데 그들이 봤을 때는 그냥 열심히 사는 거지만, 제 입장에선 꼭 해야 하는 일이나 어쩔 수 없이 하는 일들이 대부분이어서 힘들고 스트레스를 많이 받아요. 순간순간 에너지가 떨어지고, 그런 상황이 반복되다가 힘이 바닥까지 고갈되면 그럴 때는 정말 아! 정말 뭐라고 해야 하나…. 번아웃 된 상태?

    그래서 상자의 안쪽을 청회색 파스텔로 칠하고 그곳에 작은 의자 사진을 붙였어요. 잠시 쉬고 싶다는 생각에서요. 상자의 바깥면에는 제가 사진과 관련된 일을 하기 때문에 카메라 사진을 붙였어요. 카메라의 렌즈는 상자에 난 구멍에 딱 맞도록 맞췄어요. 상자 안에 꼬마전구를 넣어 불을 켜면 렌즈를 통해서 빛이 나올 수 있도록요.

김문희 상자의 겉을 통해 본 '남들이 보는 나의 모습'은 아름답고 멋지고 밝고…. 그런데 상자를 열어보면 어둡고 파란 공간에 딱딱한 저 의자…. 안과 밖의 대비가 크네요. 그나마 이 빛(꼬마전구)이라도 있으니까 여태까지 버티고 살아오지 않았을까 싶어요.

    그런데 구멍을 통해 나오는 빛의 크기가 작아보여요. 원래 상자에 뚫려있던 구멍이라지만 선생님이 더 확장시키지는 않으셨네요. 주어져 있으니까 거기에만 맞추고 있는 상태인 거죠. 주어졌으니까 어쩔 수 없이 하는 것과, 힘들지만 내가 상황을 잘 만들어보겠다 하는 것은 다른데요, 선생님의 삶은 어떤 것 같으세요?

윤시우 현재 제 삶에는 (상황을 만들 만한) 에너지가 거의 없어요. 이럴 때도 있고 저럴 때도 있고…. 그런데 남들도 다 이렇게 살지 않을까요?

김문희 '남들도 다 똑같아'라는 말이 맞는 얘기이기도 하겠지만 그로 인해 묻혀버리는 지금의 내 마음, 내 고통은 반복되지 않을까 싶어요. 선생님 스스로 자존감을 회복하기 위해 '무엇이 필요한가, 어떻게 해야 되는 건가' 하는 생각을 하는 게 더 바람직하지 않을까요? 힘들지 않도록 쉬는 것도 좋지만, 필요한 것들을 이 안에 채우면서 나에게는 어떤 장점이 있었는가를 다시 한 번 끄집

---

77 이 인터뷰에는 '자신이 느끼는 그들의 생각'에 대한 이야기가 빠져있다. 후에 그에게 다시 물었을 때, 남들이 자신에 대해 조용하고 여성스럽고 때로는 조금 까다로운 사람이라고 생각할 것 같다고 이야기했다. 이 작업 당시 그러한 자신의 생각과 다른 사람들의 생각을 비교해보기 위해 직접 친한 지인들에게 물어보았다고 한다.

어내는 것도 좋을 것 같아요.

　이 안에 빛을 넣었다는 것은 참 멋진 생각이네요. 선생님 스스로 빛이라고 인정하고 있다는 거잖아요. 남들이 보기에 열심이라는 것도 선생님이 그만큼 노력을 하고 있기 때문이지요. 이처럼 일상에서 오는 무게감을 어떻게 감당하고 어떻게 대하느냐에 따라서 인생이 달라질 것 같아요.

　이후 둘은 상담자와 내담자의 입장에서 대화하며 상자에 필요한 부분을 추가하는 방식으로 작업을 진행했다. 김문희는 윤시우가 상자에 필요한 부분을 더 채워 넣어 완성할 수 있도록 대화를 이끌어나갔으며 그 결과 윤시우는 자기상자에 필요한 자원과 긍정에너지를 얻었다고 말했다. 이 부분은 상담자의 역할이 중요하다고 생각해 둘의 동의를 얻어 대화의 내용과 상황을 비교적 자세히 실었다.

김문희　안과 밖의 균형을 맞추기 위한 것, 그리고 선생님(윤시우)을 좀 더 풍요롭게 하기 위한 것들을 한 번 생각해볼까요? 자, 여기 물건들과 사진들이 많이 있어요. 선생님은 어떤 게 있으면 기분이 좋을 것 같으세요?

윤시우　먼저 조금 자유로웠으면 좋겠어요.

김문희　오케이, 자유하면 떠오르는 상징이 뭐가 있을까요?

윤시우　자유로움의 상징…. 글쎄요, 하늘?

김문희　하늘, 좋아요. 하늘을 표현해 볼 수 있나요?

윤시우　(하늘을 붙인다)

김문희　(상자의 내부를 가리키며) 자, 여기는 선생님 공간이에요. 선생님만의 시간이고 선생님만의 내면이에요. 이제 하늘이 들어왔어요. 환해 보이네요. 선생님이 가진 능력과 앞으로의 가능성들을 더 생각해봐요. 그것들이 반짝거리는 금덩이일지라도 내 눈에 안보이면 그냥 지나칠 수밖에 없거든요.

윤시우　그러게요. 제가 생각하기에 저한테는 재능이 많은 것 같은데, 뭐든 잘할 수 있을 것 같은데…. 무엇으로 더 채울까요? 좀 쉬고 싶다는 생각이 자꾸 드니까 여행에 관한 것들이 자꾸 보이네요. 그냥 저런 햇살 좋은 나무 그늘에 앉아서 하늘을 보면서 쉬고 싶다는 생각…. 나 혼자서, 좀 떨어져서…. (침묵)

딱딱해 보이는 저 의자를 편안하고 따뜻하고 밝게 꾸미고 싶어요. 쉴 수 있는 느낌이 들도록. 그리고 위로? 위안? 이런 느낌의 것들이 좀 있으면 좋겠네요. 푹신푹신한 느낌, 편안한 느낌의…. 구름?

김문희　(상황을 살피며) 구름? 솜도 드릴까요?

윤시우　아, 솜도 괜찮겠어요. 이런 작업도 되게 좋네요. 촉감도 좋고요. 저는 잡지에서만 찾아서 했는데….[78]

김문희　(계속 관찰하면서) 조금씩 더 선생님이 원하는 것과 근접해가나요?

윤시우　이 안에 더 많은 것을 넣고 싶지는 않아요. 다만 전구가 밝지 않아서 제가 원하는 만큼의 빛이 나오질 않네요. 그래도 상자의 안을 꾸미면서 마음이 좀 가벼워졌어요. 이 솜털처럼요. 만져지는 촉감도 좋네요.

김문희　그래요. 자, 이제 다시 겉면을 보면 어떤가요?

윤시우　(뚜껑을 덮고 살펴보며) 상자의 안보다 화려하네요. 나름 열심히 살아왔기 때문인 것 같아요. 중간중간 심하게 방전이 될 때가 있었지만요.

김문희　방전될 때 이렇게 열어보면, 어떨까요?

윤시우　(뚜껑을 열며) 불빛이 제일 눈에 들어오네요. 좀 차분해지면서 편안해져요…. 밖은 화려해보여도 내면이 그렇지 않은 걸 제가 아는데, 그래서 주저앉을 때마다 에너지원이 될 만한 게 필요한데…. 불빛처럼 여기에 담은 것을 조금이라도 제가 누릴 수 있으면 좋겠어요.

김문희　그렇게 하세요. 선생님 것이잖아요.

　　남들은 그가 상자의 바깥처럼 화려해 보인다지만, 그가 스스로 생각하는 자신의 모습은 힘이 없다고 했다. 그래서 상자 안은 어둡고 차갑다. 작고 딱딱한 의자 하나와 불을 켤 수 있도록 조작된 전구가 전부였다. 리더는 그런 그에게 몇 가지 질문을 통해 개입했고, 윤시우는 이후 파란 하늘, 솜구름, 세계지도 등을 더 채워 넣으며 자신이 필요한 에너지를 내기 위해 필요한 요소를 탐색해갔다. 모든 작업을 마친 후 새롭게 구성된 자신의 상자를 들여다보며 그는 다음과 같이 이야기했다.

78　푹신푹신한 이미지의 사진은 직접 느끼는 촉감과 같을 수 없다. 그러한 의미에서 다양한 미술매체를 동시에 이용하는 편이 좋다.

남들이 볼 땐 제게 상자의 바깥처럼 다양한 재능과 호기심과 에너지가 있다지만 제가 보는 저는 그렇지 않고 주저앉을 때가 많았어요. 그런데 지금 보니 남들이 저를 바라보는 시선과 비슷한 모습이 저에게 어느 정도 있었던 것 같아요. 특히 열심히 살아가고 있는 저의 모습이 그래요…. (중략) 뚜껑을 열면 빛이 제일 눈에 들어와요. 앞으로 너무 심하게 방전될 때, 그래서 에너지원이 될 만한 것이 필요할 때 이 상자를 열어보면 한결 기분이 나아질 것 같아요. 여기에 담은 것들을 들여다보고 기운을 찾을 수 있으면 좋겠어요.

이후 그가 보여준 자기상자 사진 속에는 의자에 편안히 기대 쉴 수 있도록 놓았다는 쿠션이 보였다. 음악도 자신에게 굉장히 큰 위로이자 에너지원이라며 상자 안에 스피커도 넣고 싶다고 했다. 그가 넣고 싶은 것이 점점 많아진다는 것은 작지만 긍정적인 변화로 여겨졌다.

| 상자의 겉면에 다른 사람들이 이야기해준 예쁜 서랍장, 잘 어울릴 듯한 구두, 카메라 등의 사진을 붙였다. |

| 어두운 청회색의 내부. 처음에는 꼬마전구와 의자 사진만 있었으나 지금은 하늘, 구름, 들판, 그리고 모자를 쓴 자신의 모습이 보인다. 나중에 집에 있는 장난감 쿠션을 찾아 의자 위에 올려두었다. |

5. 자기상자의 치유적 의미

"

작은 변화가 일어날 때 진정한 삶을 살게 된다.

- 톨스토이(Tolstoy)

"

📁 나를 치유하는 사진과 상자

연구원들은 작업에 참여하면서 작업 전과 비교해 여러 가지 중요한 것들을 깨닫고 얻었다고 이야기했다. 자신을 상징하거나 은유하는 사진을 상자 안팎에 붙이며 꾸밈으로써 어떤 이는 줄곧 즐겁고 행복하게, 어떤 이는 지난하고 힘든 시간을 거치며 자기를 통찰해나갔다. 평범했던 상자는 이제 나를 상징하며 나를 객관적으로 들여다보는, 나만에 의한, 나만을 위한, 나만의 특별한 자기상자가 되었다. 그들이 체험한 치유적 효과에 대해 살펴보자.

정유정은 자신이 누구인지 상자에 표현하는 작업을 하기 위해 먼저 사진을 통해 자신의 삶을 회상하고 탐색했다. 성장과정에서 주변인들과 소통·관계하면서 받았던 도움을 비롯해 부모님에 대한 이해와 시어머니에게 감사하는 마음을 크게 느꼈다. 앞으로 건강관리와 함께 소중한 것을 더 잘 지키고 찾아보겠다며 책임감 있는 자세를 가졌다. 갱년기를 맞아 자신의 정체성이 흔들리고 가족과의 관계에서 힘들어하던 그는 이 작업을 통해 과거를 회상해볼 기회를 가졌고, 소통과 관계의 중요성 및 감사하는 마음을 갖게 되었다. 부모님을 다시 이해하게 되었고 앞으로 우아하게 살 것이라며, 부모님과 가족을 위해서라도 더 열심히 살아야겠다고 했다. 긍정적인 자극과 관점의 변화, 자존감과 자신감 향상이 그가 작업을 통해 얻은 효과이다.

'나의 보물상자' 작업에서 이정희는 상자를 꾸미기 전 상자의 안과 밖이라는 상반된 개념으로 인해 깊이 고민하다가 우울감에 빠졌는데, 사진을 고르는 과정에서 가족과의 행복한 순간을 발견하면서 우울했던 마음이 점차 신나는 마음으로 전환되었음을 이야기했다. 사진이라는 도구를 통해 가족의 어린 시절과 자신의 삶을 자기탐색하고, 힘들고 어려웠던 순간들조차 자신을 존재하게 한 근원이었다고 이해한다. 그 시간과 존재에 대한 재발견을 통해 기쁘고 행복한 감정뿐 아니라 자신에 대한 뿌듯한 감정에까지 발전했다. 여기서 자기탐색, 이해, 생각의 긍정적인 전환과 임파워링이라는 치유적 효과를 볼 수 있다. 상자를 꾸미면서는 가족 하나하나를 떠올리면서 '보물'을 구체화했고, 그것을 더 의미 있게 꾸미기 위해 '적극적'으로 주변(재료)을 탐색하고 노력했다. '나에게 이런 보물이 있었지'하는 인식은 스스로에게 이런 힘을 제공하며, 동시에 관점과 기분을 긍정적으로 끌어올린다. 더불어 그는 다양한 재료들을 접함으로써 신선하고 흥미로운 자극을 받고, 풍요로움과 만족감을 느꼈다. 후에 이런 감정의 변화를 이야기하며 주변인들에게까지 유쾌한 기분을 파급하는 효과를 줬고, 자신감과 성취감이 충만한 모습이었다.

류기상은 사진을 보며 자신에게 중요한 순간이 언제인지, 그때 얼마나 행복하고 얼마나 불행했는지, 그것을 어떻게 이겨냈는지를 회상했다. 작업과정에서 마치 구멍을 들여다보듯 더욱 깊이 자신의 과거를 직면하고 이해할 수 있었다고 했다. 그리고 아버지의 죽음으로부터 가족의 탄생까지 이어지는 과정을 상자에 표현하면서 힘들었던 어린 시절의 기억을 가족에 대한 감사로 전환했다. '나의 보물상자'라는 주제는 그가 자신을 통찰하고 되돌아봄으로써 자신에게 존재하는 중요한 것들을 자각하고, 그로 인한 자신감과 자존감을 향상시켰으며, 긍정적인 감정의 변화를 일으켰다.

한승휘는 작업을 통해 내면과 외면을 탐색하는 과정을 거쳤다. 그는 자신의 여러 사진을 통해 밝고 환한 모습뿐만 아니라 죄책감이나 수치심 등 어두운 모습이 존재함을 자각했다. 상자를 어둡게 칠함으로써 자신의 어두운 내면을 드러내려 하는 과정은 고통스러운 도전이었을 것이나, 후에 뚜껑에 빛을 밝히려는 노력도 했다. 그는 이 과정에서 자신의 내면에 생각보다 큰 힘이 있음을 깨달았다. 이후 내면과 외면의 균형적인 조화를 통해 자신의 그림자를 용인하고 드러내며 감싸 안고, 그것이 앞으로 살아가기 위한 힘이며 자신이 받아들여야 할 과거임을 자각했다. 생각의 전환, 정체성 형성, 내면과 외면의 조화, 임파워링 등이 사진을 이용한 자기상자에서 한승휘가 경험한 치유적 효과로 보인다. 그는 사진을 이용한 자기상자 작업을 통해 심리적 보상을 받고 자신을 격려하며, 스스로에게 계속 힘을 주고 있다.

윤시우는 '남이 보는 나와 내가 보는 나' 작업을 위해 주변 사람들의 시선과 함께 자신의 상태에 대해 깊이 탐색하고 통찰한다. 남들은 재능있고 열심히 살아가는 그가 좋아보인다고 했지만, 그는 자신이 처해있는 상황에 힘들고 지치며, 자신의 정체성조차 흔들릴 정도의 좌절을 느끼고 있었다. 그러나 상자에 자신의 상태를 표현하고, 필요한 에너지를 찾아봄으로써 빛과 의자뿐만 아니라 스스로를 위로할 자유(하늘)와 삶에 대한 의지(여행)를 넣게 된다. 이로써 방전될 때 꺼내 볼 수 있는 새로운 에너지원을 얻었다. 즉, 자신에게 필요한 것이 무엇인지 탐색함과 동시에 임파워링, 긍정강화라는 치유의 힘을 경험했다. 그에게 상자작업 없이 "당신이 보는 자신의 모습과 남들이 보는 당신의 모습이 어떻게 다른 것 같습니까?"라고 물었다면, 그리고 그가 자신의 생각을 말로써 설명했다면 이러한 내면의 탐색과 이해가 가능했을까? 그랬다면 처음부터 그가 "저는 제 마음에 환한 전구를 켜두고 싶어요."라고 하지는 않았을 것이다. 사진을 골라 상자에 붙이면서 자신을 표현하며 마주하는 자신의 본모습, 깊은 통찰, 그리고 리더의 적절한 개입은 그가 자신의 부정적인 측면을 어떻게 수용하고 긍정적으로 전환해야 할지 방향을 제시한 것으로 보인다.

결론적으로 연구원들은 사진을 이용한 자기상자를 통해 자신을 탐색하고 통찰하는 가운데 감사하는 마음이 생겼고 복잡한 감정을 긍정적으로 변환했으며, 자존감과 자신감이 향상되었다고 말한다. 또한 결과적으로 내면의 힘을 자각했고 사진과 상자로부터 임파워링의 효과를 보았다. 어떤 이는 깨달았다고 하고 어떤 이는 마음이 편해졌다고 하는데, 이는 모두 치유의 효과를 가리킨다.

그런데 이러한 치료적 효과가 있음에도 불구하고 몇몇 연구원들의 경우 자신을 들여다보는 과정에서 어려움을 겪거나 사진을 보며 투사와 감정의 역동이 일어나 힘들어 하는 경우가 생겼다. 이처럼 사진들 간의 상호작용이나 연관성, 새롭게 알았지만 아직은 받아들이기 힘든 인식이나, 이해되지 않는 감정과 생각들이 떠오를 수 있다. 이러한 경우에는 마음을 열고 진행자와 충분히 대화를 나누면서 그 의미를 탐색해 볼 필요가 있다.

6. 어린이를 위한 자기상자

"

나

가족

핸드폰

4월 17일에 뺀 따끈따끈한 내 이빨

내가 만든 최고의 비단벌레 표본

버킷리스트

동생이 태어나기 전의 가족사진

엄마와 언니가 만들어준 인형

가족과의 여행

아이돌

- 아이들이 말한 '나의 보물들'

"

📁 사진으로 마음을 나누는 귀한 친구들(사. 마. 귀)

장 피아제(Jean Piaget)는 초등학교의 시기를 '구체적 조작기'라고 정의하며 이 시기의 아이들은 다양한 경험과 시행착오를 통해 자신을 알아가야 한다고 했다. 한국 교육개발원 자료에 의하면 이때 아이들에게 자신에 대한 복잡하고 추상적인 개념이 생기기 시작한다(자아인식 능력). 초등학교 후반부로 갈수록 자기에 대한 설명이 추상적이 되고, 내면의 심리적인 묘사도 가능하게 되며, 다양한 영역(학업, 신체, 가족, 관계, 취미 등)에서의 자기를 인식하게 된다. 그러므로 구체적이고 다양한 경험과 시행착오는 자신을 알아가고 자신에 대한 개념을 세우기 위한 핵심적 과정이다.

그런데 이렇듯 중요한 시기에 대한민국의 많은 아이들이 공부에 대한 압박과 스트레스로 몸살을 앓고 있다. 학교 수업을 마치면 사교육을 추가로 받느라 바쁘다. 부모들은 아이들을 보살피기보다 사교육비 벌이에 더 많은 시간을 보내고 있다. 통계청에 의하면 아이들이 하루에 가족과 함께 하는 시간은 30분도 채 되지 않는다[79]. 특히 아이들은 성적, 학업, 시험이나 부모와의 갈등으로 인한 스트레스가 많았는데[80], 이렇게 우울함 속에서 지치고 방치된 아이들은 점점 인터넷 중독, 우울증, 학교폭력 등 여러 문제에 노출되어가고 있다[81]. 성장하며 자신을 알아가야 할 시기임에도 불구하고 자신의 내부로 한없이 침잠하거나 자신감과 자존감이 떨어지기도 한다.

20년이 넘도록 초등학교에서 아이들을 가르치는 나로서는 이러한 아이들의 상황이 아프게 와닿았다. 모든 아이들에게 해당하는 상황은 아니지만, 한창 놀이와 배움의 즐거움을 통해 자존감, 자긍심, 자신감, 사회적 행복감을 느낄 시기에 우울감과 스트레스를 앓는 아이들이 결코 적은 숫자가 아니었다. 나는 이 아이들이 친구들과 함께 놀고 즐기며 서로에게 위로가 되어주고 함께 성장하는 기쁨을 배울 수 있는 방법, 생각과 마음을 나누며 서로에게 귀한 친구가 되어줄 수 있는 방법이 없을까 고민하게 되었다.

그러던 중 사진을 배우게 되었는데, 내게 있어 사진은 역동적인 활동으로서 촬영 전의 고찰, 그리고 촬영 이후 결과물을 다시 들여다보는 일괄의 과정에서, 사진이나 대상뿐만 아니라 나 자신에 대해서도 적극적으로 생각하게 되는 치유적인 힘이었다. 아이들도 즐겁고 자연스럽게 다양한 사진을 찍고 여러 사진 놀이와 사진을 활용해 마음을 들여다보는 등의 활동으로 사진의 치유적 효과를 경험할 수 있다는 믿음이 생겼다. 아이들이 사진을 통해 자신이 사랑받을 가치가 있고 소중한 사람이며 자신도 친구들을 비롯한 누군가에게 소중한 것을 나누어줄 수 있는 사람임을 깨닫게 될 것이라는 확신이었다.

곧 나는 이러한 생각을 바탕으로 치유가 함께하는 사진동아리를 만들었다. 비록 학교 업무도 바쁘고, 아이들도 학원에 쫓겨 충분한 시간을 낼 수 없었지만, 간절한 바람

---

79 통계청, 가족과 함께 하는 생활 시간량, 2009년 59분에서 2014년 29분으로 해마다 감소하고 있다.

80 보건복지부, 한국아동종합실태, 2017.

81 2017 교육부 학교폭력실태조사, 학교폭력 건수가 점점 늘고 있고 초등학교의 비율이 가장 높다.

으로 시작한 동아리였던 만큼 하나둘 아이들이 사진을 매개로 모여들었다. 우리는 서로의 바쁜 시간을 소중하게 배려하며 짧지만 충분히 즐겁고 친근하고 만족스러운 사진놀이로 시간을 보냈다. 이렇게 만들어진 사진동아리는 2010년부터 쭉 '사진으로 마음을 나누는 귀한 친구들(약칭 사마귀)'이라는 이름으로 지금까지 운영되고 있다.

📁 교육현장에서의 사진활용

사진동아리 사마귀 활동뿐만 아니라 평소 학교 수업 중 창의 체험활동이나 정규 동아리 수업시간에도 사진 활동시간을 넣어 글쓰기와 함께 진행이 가능하다. 국어·영어시간에는 사진으로 말하기, 수학시간에는 기준에 따라 긴 것과 짧은 것을 어떻게 비교할 수 있는지 사진을 매개로 설명할 수 있다. 사회시간에는 동네 마을지도를 사진으로 찍어 표현하기도 하고 과학시간에는 관찰, 속도 등에 셔터스피드를 활용한 사진 활동을 도입할 수 있다. 미술시간에는 여러 가지 창의활동과 더불어 사진을 이용하고, 음악시간에는 음악을 들으며 사진을 찍는다거나 음악 감상 후 활동으로, 또는 사진과 음악과 감성을 아우르는 수업을 이끌어낼 수 있다. 체육시간에는 신체의 다양한 움직임이나 협동활동 등에 응용할 수 있고 그 밖에도 교사와 아이들의 창의적 사고에 의해 여러가지 놀이에 사진을 활용할 수 있다.

📁 어린이가 만드는 '나의 보물상자'

'보물'이라는 낱말은 그 자체에서 행복감과 에너지를 뿜어낸다. 이로 인해 아이들은 자신감, 희망, 감사 등의 긍정적인 감정을 얻을 수 있으리라 기대된다. 미술치료사 정현희는 '상자를 꾸미는 활동 자체가 심상, 승화, 창조성이라는 미술치료적 의미'를 지니고 있으므로 어린이들은 이 작업을 통해 미술, 사진, 상자의 치유적 힘을 동시에 경험할 수 있다고 했다.

다음은 내가 몸담고 있는 서울시 소재의 한 초등학교에서 '사마귀' 및 일반학급 어린이들을 대상으로 사진을 활용한 '나의 보물상자 만들기'를 적용한 사례이다.

목적

스스로 자신의 보물이 무엇인지 탐색해보고 그 내용을 사진을 활용해 상자에 표현함으로써 자존감과 자신감을 향상하고 성취감과 행복감을 느낄 수 있다.

세부 목표

- 자기탐색 및 자기이해
- 자기표현 및 감정표출로 인한 자존감 및 자신감 향상
- 즐거움과 성취감 경험
- 에너지 강화

나의 보물상자 만들기 수업 지도안(p.219 참고)

나의 보물상자 만들기 활동지(p.220 참고)

작업 과정 소묘

■ 보물상자 소개와 사진 준비

보물상자 만들기에 대한 이야기를 꺼내자 아이들은 '보물상자'라는 말이 신비하게 느껴진다며 모험만화나 영화에서 많이 보았다고 했다. 보물을 상자에 넣자고 했더니 어떻게 가지고 와야 하느냐고 질문했다. 너무 크다거나 눈에 보이지 않는다거나 지금은 사라지고 없다는 등의 이유였다. 물건도 좋지만 사진이나 그림도 좋고, 눈에 보이지 않는 것일 때에는 그것을 상징할 수 있는 다른 방법을 찾아보자고 했더니 제법 깊이 생각하는 눈치였다.

대부분의 아이들은 처음 접하는 보물상자 작업에 대해 '재미있을 것 같다, 신난다, 두근거린다, 궁금하다, 빨리 만들고 싶다'는 등의 반응들을 보였다. 사진을 사용한다고 하니 사진을 어떻게 찍어와야 할지 또는 어떻게 골라와야 할지 걱정하거나 무척 기대하는 등 엇갈린 반응들도 있었다. 이름이 '보물상자'인 만큼 잘 만들어야겠다는 부담과 함께 만들어진 결과물에 대한 기대감도 꽤 많이 느끼는 것 같았다.

나의 보물상자 만들기 수업 지도안(예시) 80분

주제	사진을 이용한 보물상자 꾸미기	
활동목표	자기탐색, 자기표현, 성취감, 행복감	
준비물	**교사:** 사진이 든 상자 **학생:** 상자, 자신과 보물을 나타내는 다양한 사진과 그림, 물건, 여러 가지 꾸미기 재료, 활동지	
활동과정	활동내용	시간(분)
도입	**동기유발** 교사가 보여주는 상자 안에 무엇이 들었는지 상상하기 - 교사: '상자 안에 뭐가 들었을까요?' - 학생: 음식, 책, 인형, 보석, 사진 여러 가지를 상상해 발표 - 교사: '상자에 가족사진이 들어있는데, 가족은 선생님이 가장 사랑하는 보물입니다.' **활동내용** 사진과 상자, 여러 가지 재료를 이용해서 나만의 보물상자를 만들어 봅시다.	10
전개	**준비해온 사진을 보며 '나의 보물'에 대해 짝과 번갈아 묻고 답하기** - 나의 보물은 뭔가요? (곰인형입니다 등) - 이유는 뭔가요? (아빠가 여행길에 사주셨기 때문입니다 등) - 어떤 사진을 골라왔나요? (아빠와 곰인형 사진입니다 등) **보물상자 꾸미기 방법** - 준비해 온 보물사진과 그림, 글씨 등을 상자의 겉과 안에 붙이며 마음껏 꾸며보세요. - 물건을 직접 넣거나 붙여도 좋습니다. - 뚜껑의 의미도 생각하며 자신만의 특별한 보물상자가 되도록 꾸며보세요. - 자신이 준비한 재료 외에 더 필요한 재료는 친구들과 함께 쓰거나 선생님께 요청하세요.	60
정리	**활동마무리(소감나누기)** - 보물상자를 만들면서 느낀 점, 다 만들고 난 후의 소감 등을 활동지에 쓰고 발표해봅시다. - 친구들의 발표를 잘 듣고 특별히 공감하거나 칭찬할 점에 대해 이야기해봅시다.	10
유의점	- 모둠원은 3~4명으로 구성한다. - 친구들의 이야기를 경청하고 친구의 보물을 존중하도록 한다. - 자신만의 보물상자이므로 자신의 작업에 집중하도록 한다. - 교사는 충분한 꾸미기 재료, 그림, 사진 등을 미리 준비해 아이들이 마음껏 보물상자를 꾸미고 감정을 표출할 수 있도록 돕는다. - 교사는 아이들의 질문이나 이야기에 귀를 기울이고 적극적으로 반응해준다.	

나의 보물상자 만들기 활동지(예시)

사진을 이용한 나만의 보물상자 꾸미기

이름 (   )

나의 보물은 무엇인가요?	
그것이 나의 보물인 이유는 무엇인가요?	
보물상자를 만든다고 했을 때 어떤 느낌(또는 생각)이 들었나요?	
상자의 안과 밖은 어떻게 꾸몄나요?	
상자의 뚜껑은 어떻게 꾸몄나요?	
나의 보물상자를 만들면서 어떤 느낌(또는 생각)이 들었나요?	
다 만들고 보니 어떤 느낌(또는 생각)이 드나요?	

다음의 문항을 읽고 '매우 그렇다'고 생각하면 ◎표, '그런 편이다'라고 생각하면 ○표, '아니다'라고 생각하면 △표를 하세요.

보물상자 만들기가 재미있었나요?		친구들이 발표할 때 경청했나요?	
표현 활동에 적극 참여했나요?		자신을 이해하는 데 도움이 되었나요?	

■ 아이들이 생각하는 보물

보물의 내용에 대한 아이들의 생각은 무척 다양했다. 자신을 보물이라고 생각하는 것을 비롯해 가족, 돈, 애완동물, 음식, 추억 등을 보물의 대상으로 생각했다. 가지고 온 사진이나 물건에는 여자 아이들의 경우 아이돌이나 휴대폰, 화장품 등이, 남자 아이들의 경우 게임기나 미니어처 같은 장난감들이 많이 보였다.

특정한 날에 뺀 자신의 젖니를 사진으로 찍어 온 아이는 그것이 자기의 존재를 증명하는 보물이라고 했다. 가족사진을 준비한 여러 아이들은 상자를 꾸미는 내내 사진 속의 가족들과 눈맞춤을 하며 즐거운 표정을 지었다. 자신의 어릴 적 사진이 보물이라며 상자에 담아 다시 그 시간을 돌아보면 기쁘고 의미있겠다는 아이도 있었고, 노는 시간 이 자신에게는 가장 큰 보물이라며 놀이기구를 만들어 붙이는 아이도 있었다.

자신의 보물이 무엇인지 모르겠다거나 만들기를 못한다고 시큰둥한 아이들도 가끔 있었다. 사진이 많이 없거나 예쁘게 만들 자신이 없어서라고 했다. 한 아이는 보물이 없다며 기운 없어 하더니 정작 만드는 날에는 엄청난 양의 사진을 가져와 나를 놀라 게 하기도 했다.

보물사진을 준비할 때의 느낌에 대해서는 '하나하나 추억이 떠올랐고 그때를 다시 기억할 수 있어서 행복했다', '사진은 지나간 시간을 눈으로 볼 수 있게 하는 유일한 도구이다', '옛 기억이 새록새록 떠올랐다', '옛날로 돌아가볼 수 있었다', '가족사진을 보니 지금 이 시간 가족들이 무엇을 하고 있는지 그립다', '가족이 없으면 못 살 것 같 다' 등의 표현을 했다.

■ 상자 꾸미기

아이들이 준비한 상자는 철로 만든 상자, 과자상자, 신발상자, 스티로폼상자, 헝겊 주머니 등 크기와 모양·재질이 다양했다. 꾸미기 재료로는 전반적으로 반짝이와 스티 커, 별과 하트 등을 많이 준비해왔는데, 이것은 보물의 가치와 자신의 존재감을 동시 에 높이려는 것으로 보였다.

아이들은 미술시간 같다며 준비한 상자에 물건이나 사진을 넣거나 붙이면서 꾸미기 활동에 무척 열심을 보였고, 가족사진 혹은 자신의 사진을 많이 준비해 붙이기도 했 다. 아이들은 사진을 붙이는 과정에서 사진 관련 경험이나 이야기가 하나하나 떠오르 며 기분이 좋아졌다고도 하고, 준비를 하는 과정이 더 재미있고 기대가 커서 신났다고 도 했다. 상자, 꾸미기 재료에 대한 준비와 기대를 많이 했다는 아이들일수록 보물상 자 꾸미기 과정 및 결과물에 대한 만족도가 높아보였다. 기대가 크면 많은 준비를 하 게 되고, 준비하는 과정 자체도 작업의 일부분이며 특히 그 과정에서 사진의 힘을 스 스로 느꼈기 때문일 것이다. 자신의 보물을 잘 지켜야 한다며 단단히 만들겠다는 결연 한 의지를 보이는 아이도 있었는데 그 아이는 소중한 것을 넣어둔 상자가 훼손되어서 정말 속상했던 경험이 있다고 했다.

만들기 솜씨가 좋지 않은 아이들도 이 작업에 있어서는 잘 만들어야 한다는 부담감 없이 자신만의 특별한 보물에 집중하는 모습이었다. 준비물을 잘 갖추지 않은 아이들도 교사가 준비한 다양한 재료를 접하며 무척 즐거워했고, 어떻게 꾸며야 좋을지 모르겠다던 아이들도 점점 친구들과 재료를 나누어 쓰거나 교사가 준비한 여러 재료를 가져다 쓰며 표정이 밝아졌다. 평소 접하기 어려운 특정 재료를 무한정 사용하며 즐거움을 만끽하는 모습도 볼 수 있었다.

■ 상자의 뚜껑

뚜껑에 특별한 장치를 설치하거나 장식을 한 아이들을 살펴보면 상자를 여닫는 것에 대해 의미를 많이 두는 듯 했다. 상자가 가진 특색 중 외부와 내부를 분리하는 역할에 대한 무의식적 이해가 아니었을까 싶다.

아이들이 만든 뚜껑을 살펴보면, 뚜껑을 열지 못하도록 감시하는 눈동자를 붙이는 아이가 있는 반면 아예 뚜껑 자체를 덮지 못하도록 상자를 개방한 아이도 있었다. 상자의 안에서 LED 전구를 넣고 불빛이 새 나올 수 있도록 뚜껑에 구멍을 낸 아이도 있었고, 보물저금통이라며 저금통처럼 구멍을 뚫은 아이도 있었는데, 언제든지 저축하듯 보물을 넣을 수 있도록 한 것이란다. LED 구멍이 안에서부터 밖으로 에너지를 뿜는다면, 보물저금통은 밖에서부터 안으로 에너지를 모으는 것이라고 해석할 수 있다.

상자의 뚜껑을 열지 못하도록 꽁꽁 싸맨 후, 자신이 군대에 가면 풀어보라고 가족들에게 주겠다고 했던 아이는 안에 어떤 보물이 들었냐는 나의 질문에 끝까지 대답하지 않았다. 진행자로서 나는 꽁꽁 싸매진 그 상자 안에 무엇이 들어있을지 궁금하기도 하고, 혹시나 부정적인 기억이나 감정이 들어있지는 않을까 내심 걱정도 되었다. 그러나 더 물어보지 않고 그대로 인정해주었다. 그 아이는 뚜껑의 중요한 역할 중 하나인, 상자 안의 내용을 외부와 차단하고 내부의 내용물을 안전하게 보호·은폐해준다는 의미를 스스로 톡톡히 이해한 듯 보였다.

■ 완성한 보물상자를 보며

완성한 보물상자를 보니 아이들은 상자의 안과 겉에 사진을 붙이고 여러 가지 재료를 이용해 꾸미는 작업뿐만 아니라, 자신 또는 보물의 대상에게 편지를 쓰거나 자신의 버킷리스트가 보물이라며 정성껏 쓰고 꾸며서 상자에 담아두기도 했다. 한 아이는 상자의 겉에서부터 안으로 들어가면서 필름 형태로 사진을 이어붙이고 꾸며 자신의 일대기를 영화화했다. 그 아이는 시작할 때 자신 자체가 소중한 보물이라고 말했는데, 그렇게 보물상자를 꾸민 후에는 스스로가 더욱 자랑스럽다고 했다.

대부분의 아이들은 자신이 만든 보물상자에 대해 '잘 만들지는 못했지만 계속 보고 있으니 정이 간다'거나, '공들여서 만들었기에 보물과 상자가 더 소중하게 느껴진다'고 했다. 너무 예쁘게 잘 만들어서 스스로를 칭찬해주고 싶다고 표현한 아이도 있었다. 뿌듯하다고, 재미있다고, 생각보다 멋지게 만들어져서 좋았다고, 사진 속의 보물들이 다 웃고 있는 것 같다고도 했다. 다 만든 후 자신의 보물을 소중히 지키고자 자물쇠를 가져와 채우고 싶다는 아이도 있었다. 작업 후 작성한 활동지에는 보물에 대해 자꾸 생각할수록 더욱 즐거워진다거나, 다른 보물도 있었는데 준비를 못해서 아쉬웠다거나, 다음에는 어떤 것이 나의 보물이 될까 기대한다는 표현도 있었다. 보물의 소중함과 더불어 자신이 소중한 존재, 보물같은 존재임을 느꼈다는 의견도 많았다. 감사와 행복한 마음이 들었다고도, 자신에게 이런 보물이 있다는 것을 왜 진작 몰랐는지 아쉽다고도 했다. 상자를 집에다 고이 모셔놓고 조심히 다루겠다거나 평생 간직하고 싶다거나, 이 보물들을 나중에 다시 볼 때는 어떤 기분일까 설렌다는 표현도 있었다. 한 아이는 이후 집에 가서 가족들에게 그들의 사진이 많이 붙어있는 자신의 보물상자를 자랑하며 가족과 즐거운 시간을 보냈노라고 일기장에 쓰기도 했다. 보물상자를 나중에 꼭 다시 만들어보고 싶다는 아이의 글을 읽으면서는, 나의 경험과 중첩되는 듯해서 무척 반가웠고, 아이들과 이런 작업을 함께 할 수 있었음이 너무나 감사했다.

■ 소통의 장

작업이 끝난 후 자신의 보물상자에 대해 다른 친구들과 소통하는 시간을 가졌다. 아이들은 작업에 열심이었던 만큼 무척 진지했다. 보물들이 자신에게 소중했고, 보물상자를 꾸미는 시간이 소중했던 것처럼 다른 아이들의 보물도 소중하게 느껴진다고 했다. 작업 후에 진행과정에서 친구들에게 가졌던 호기심과 관심에 관한 이야기를 들으며 '내가 보기엔 별 것 아닌 것 같은데 친구에게는 보물일 수 있구나'라는 이해를 하고, 자신과 다른 경험이나 기억을 가진 점에 대해 흥미로워했다. 아이들은 '친구와 더 친해졌다', '친구들의 다양한 생각을 알게 되었다'는 등 친근함이 생겼고 생각의 방향이 넓어졌음에 대해 이야기했다.

■ 마음 훔쳐보기

- 드디어 기다리던 보물상자 만들기를 했다. 몇 주 전부터 계속 생각하고 고민했다. 내 보물은 ○○○이다. 이 보물들을 잘 보관할 것이다. (최*영)

- 선생님이 꾸미기 재료를 많이 가져오셔서 신이 났다. (유*진)
- 준비물이 많아서 재미있을 것 같았다. 내 상자는 다른 사람과는 다르게 서랍형이라 특별한 것 같아 기쁘고 신났다. (정*용)
- 내 보물상자는 정말 세련됐다. (이*훈)
- 처음에는 보물상자라고 해서 물건을 넣는 건 줄 알았는데 사진을 넣는다고 해서 좀 놀랐다. 잘 못 만들까봐 걱정했는데 내 마음에 들어서 다행이다. (이*모)
- 나는 보물상자가 좋다. 그 이유는 세상에 한 개 밖에 없고, 물건이 아닌 사진으로 만들어서 특별하기 때문이다. 이런 재미있는 활동을 많이 하면 좋겠다. (최*빈)
- 보물상자를 만든다고 해서 궁금했는데 막상 만들어보니 뿌듯했다. 나의 보물이 정말 빛나 보이고 나의 보물을 소중하게 꾸며주는 것 같아서 기분 좋았다. (박*경)
- 보물상자 만들기는 나중에도 꼭 다시 해봐야겠다. 평생 잊지 않을 보물들을 많이 발견했고 그만큼 소중하다는 느낌이 들었다. 내 보물은 내가 지켜야지! (임*윤)
- 너무 예쁘게 잘 해서 내 자신을 칭찬해주고 싶다. (박*영)
- 처음엔 뭘 찍어 넣을지 곤란하고 머리가 혼란스러웠지만, 만들 재료와 사진 등을 챙기는 일이 의외로 기대되고 신났다. 상자에 사진을 넣으면서 즐거움을 느꼈고, 상자를 꾸미는 것도 처음이라서 기대됐다. (이*애)
- 이 보물상자를 집에다 고이 모셔놓고 잘 간직해야지. 볼 때마다 웃음이 난다. (주*린)

어린이들의 작업 결과물 사진

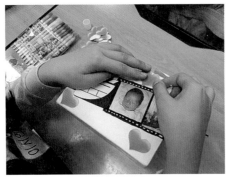

| 자기의 일대기를 필름으로 표현한 어린이. 영화처럼 꾸몄다고 한다. |

| 노는 것이 보물이라는 어린이. 스프링을 이용해 자신이 좋아하는 놀이기구 '방방이(트램폴린)'를 만들었다고 한다. |

| 가족사진, 가족과의 여행, 의미 있던 행사 등을 붙인 보물상자 |

| 자랑스럽고 기뻤던 순간들 |　　| 서로의 작품을 보며 이야기를 나누고 있다. |

📁 어린이를 위한 보물상자의 치유적 효과

'사진을 이용한 자기상자'는 연구원들을 통한 경험에서 알아본 바와 같이 자신을 탐색·통찰할 수 있고 긍정적 감정 강화와 자존감 및 자신감 향상에 도움이 되며, 임파워링 등의 치유적 효과가 있다. 여러 가지 주제의 자기상자 중 '나의 보물상자'는 특히 초등학생들에게 적용하기에 매우 적합하다. 주제에 대한 개념을 이해하기 쉽고, 기술이나 특별한 준비물 없이도 손쉽게 만들 수 있기 때문이다.

보물상자를 만들면 자신의 보물이 무엇인지 생각하게 되고 잊고 있던 좋은 추억과 보물거리들을 떠올리게 된다. 사진으로 들여다보면 막연한 생각보다 구체적이고 선명하게 느낄 수 있다. 좋은 생각만 하니 저절로 마음이 즐거울 것이다. 물건뿐만 아니라 자신의 장점이나 꿈 등도 좋은 보물일 수 있다. '나에게 이런 보물이 있었지, 이걸 지키고 발전시키기 위해 나는 어떻게 살아왔고 앞으로 어떻게 살아가야 하나?'와 같은 생각도 해볼 수 있다. 이 과정에서 행복감과 자존감이 상승하고, 자신감이 생기며, 스스로의 에너지를 발견하게 되면서 즐겁고 기쁜 마음이 든다. 이는 보물상자가 주는 치유적 효과이다.

내가 보물상자 작업에 대해 소개했을 때 대부분의 아이들은 마치 보물을 찾으러 가는 동화 속 해적이라도 된 양 흥분하고 기대했다. 자신의 보물을 찾으러 무지개 끝까지라도 갈 수 있을 것만 같아 보였다. 아이들에게서 마치 영화 설국열차의 마지막 장면처럼, 어떻게든 희망을 찾아나서는 저력이 느껴졌다.

실제로 여러 아이들이 이 작업을 마친 뒤 자신에게 미처 몰랐던 보물들(보이는 것들과 보이지 않는 것들을 통틀어)이 있었다는 것을 알게 되었다며 기뻐했다(자가탐색). 만드는 과정에서 생각이 많이 필요했으나 그만큼 더 재미있었다고 했다(자기이해). 또래 친구들에게서 들은 칭찬과 긍정적 반응으로 자신의 보물에 감사하는 마음이 생겼고, 다른 친구들은 어떤 것을 보물로 생각하는지 들으며 다른 친구들의 보물도 함께 존중해야겠다는 마음도 가졌다고 한다(에너지 강화). 그래서 서로 더 친해졌다는 의견도 많았다. 행복감, 감사하는 마음, 타인을 존중하는 마음과 함께 또래친구가 가장 중요한 나이인 초등학교 고학년 아이들의 욕구를 충족한 것으로 보인다.

또한 아이들은 가족의 소중함과 더불어 자신이 소중한 존재, 보물같은 존재임을 느꼈다고 했다. 이어 자존감과 자신감, 긍정적인 마음의 변화가 일었음을 알 수 있다. '평소 사용하지 못했던 다양한 재료를 사용해서 만족감과 기쁨을 느꼈다'고 표현한 한 아이의 말에서 성취감과 미술의 치료적 기능도 발견할 수 있었다. 어린이들은 이와 같이 작업을 통해 미술, 사진, 상자의 치유적 힘을 동시에 경험한 것으로 보인다. 한편 안타깝게도 자기에게는 아무런 보물이 없다고 시간 내내 상자에 손대지 못하는 아이가 있어 마음을 썼는데, 차차 다른 아이들의 작업을 참고하며 놀이처럼 보물을 찾아가는 과정을 지켜보게 되었다. 서로 보고 배우며 조금씩 자기 표현을 하고 감정을 표출하는 가운데 즐거움과 성취감을 느낄 수 있었으리라.

나는 교사로서 이 작업을 하며 아이들이 행복해하는 모습을 옆에서 지켜보며 함께 기쁨을 느꼈음과 동시에, 일반 수업시간에는 발견하지 못했던 그 아이들의 숨겨진 마음이나 몰랐던 장점, 무엇을 어려워하는지 등 각자의 특성들을 발견할 수 있었다. 이것은 그 아이들을 이해하고 앞으로 매순간 그 아이들의 생활, 관계, 학습 등 여러 방면에 있어 도움을 줄 발판이 될 것임을 확신한다.

📁 교실 작업에서의 한계점

학교에서 진행했던 '사진을 이용한 나의 보물상자' 작업은 어린이들로 하여금 자기이해와 표현, 행복감과 성취감을 맛보고 에너지를 얻으며 타인을 이해하고 존중하는 효과가 있음을 보여주었다. 그런데 교실은 학급 아이들이 함께 생활하는, 평소 수업이 이루어지는 장소이다. 하여 치료를 위해 개인적이고 깊은 대화를 하기에는 시간적으로나 공간적으로 충분하지 않을 수 있다. 저학년 아이들의 경우 자신에 대해 정확히 표현하기 어려울 수도 있고, 고학년이 될수록 또래 친구들의 눈을 의식해 자신의 개인생활을 다른 아이들에게 노출하기 꺼릴 수도 있다. 앞서 상자를 꽁꽁 묶고는 내용을 말하지 않았던 어린이의 경우나 자신에게는 보물이 없다고 슬퍼했던 어린이의 경우처럼 작업 중에 감추고 닫아두고픈 마음이나 투사, 의도하지 않은 상황이 일어날 수 있다. 사진을 활용한 작업이 아이들에게 긍정적인 효과뿐만 아니라 치유적 효과를 가져다 준 것은 사실이라고 해도, 교실에서 학급 아이들 전체를 대상으로 진행되므로 치료·치유활동을 목적으로 하기에는 한계가 있을 수 있다는 것이다.

그러므로 교사가 일반 교육현장에서 작업을 진행하는 경우 깊은 대화와 치료보다는 아이들이 즐거워하고 자신을 긍정적으로 바라볼 수 있도록 긍정강화를 도모하는 데에 초점을 맞추는 것이 중요하다고 본다. 또한 교육적인 접근으로써 아이들에게 친구들이 저마다 다른 추억과 경험을 가지고 있음을 이해하고 그 마음을 존중하며 서로의 것을 소중히 여겨주는 마음을 갖도록 지도하는 것도 의미가 있다. 아이들에게 의도치 않은 상황이 일어났을 때에 교사는 이를 충분히 이해하고 아이의 마음이 다치지 않도록 최대한 이야기를 경청하고 인정해주고 보호해주어야 할 것이다.

| 사진을 이용한 보물상자 |

마치며

사진집이라는 이름의 보물상자

나는 오래 전 아버지가 보여주신 보물상자를 떠올리며 이 글을 쓰기 시작했다. 그리고 사진을 상자에 이용하면서 생기는 치유적 힘을 직접 경험하기 위해 연구원들과 함께 다양한 자기상자를 만들었다. 그 과정에서 얻은 여러 긍정적 효과를 교육현장에서 시도해보았고, 아이들은 내가 그랬던 것처럼 자신의 보물을 들여다보며 즐거워했으며, 나는 그들의 표정에서 흘러넘치는 행복감을 읽을 수 있었다.

어느덧 시간은 흘러, 아버지는 올해로 팔순을 맞으셨다. 아버지가 보여주셨던 보물상자를 떠올리며 아버지를 위한 팔순선물로 사진집을 만들기로 했다. 아버지의 아버지부터 시작해서 아버지의 출생과 성장, 결혼과 출산으로 인한 새 가족 구성, 자녀 양육과 결혼, 부모의 죽음과 손주들의 탄생 및 성장, 그리고 현재에 이르기까지 오랜 시간동안 공을 들여 아버지의 일대기를 사진집에 담았다.

책자를 만들기 위해 아버지의 색 바랜 앨범을 오래 들여다보았다. 그 안에는 일찍 세상을 떠난 남편으로 인해 어렵게 네 형제를 키우셨던 할머니가 계셨다. 두 갈래로 머리를 땋은 앳된 처녀와의 데이트, 꽃같은 그를 신부로 맞은 늠름한 청년이었던 아버지의 결혼식도 보았다. 라일락 꽃나무 굵은 가지에 달려있던 그네는 아버지가 처음 장만한 집에서 우리 남매를 위해 직접 매어주신 것이었다. 어렵던 시절이라 제대로 된 가족사진이 몇 장 되지도 않지만, 어린이 대공원 분수 아래 엄마와 우리 어린 네 남매는 사진을 찍고 계셨을 아빠를 보며 활짝 웃고 있었다. 아내와 네 남매와의 알콩달콩한 일상보다는 어려운 현실과 가정에 대한 책임감에 일터에서 보낸 시간이 더 많으셨을 테다.

아버지가 살아오신 시간들을 사진집이라는 이름의 '보물상자'에 담고 보니, 아버지의 한순간 한순간이 더 소중하게 와 닿았다. 태어나 처음으로 아버지의 일생을 느껴보는 소중한 시간이었다. 이제야 이런 시간을 가지며, 늦었지만 '너무' 늦지는 않았음에 감사하다. 아버지가 보여주신 보물상자를 시작으로 펼쳐진 작업들이 이렇게 열매를 맺게 된 데 대하여도 더불어 감사한다.

6장. 애도사진

Grief with Photography

•

큰 슬픔은
사랑으로부터 나오고
사랑은
그 슬픔을 견디게 한다.

김문희

- 들어가며

1 • 마음 살펴보기

2 • 애도에 대하여

3 • 애도사진의 접근방법

4 • 애도사진의 치유경험

이야기 1: 부치지 못한 수연시
이야기 2: 아들이 남긴 물건
이야기 3: 풀지 못한 앙금
이야기 4: 다시 만날 수 있다면
이야기 5: 하늘이 무너지는 슬픔
이야기 6: 보지도 않고 이별한 아이
이야기 7: 예행연습

5 • 애도사진 경험에 대한 치유의 의미

애도사진의 과정 분석
애도사진의 치유적 의미
애도사진의 결론과 제언

마치며

들어가며

　인간의 탄생은 죽음을 향해 가고 인간의 발달은 죽음을 통해 완성된다. 죽음은 개성화의 마지막 단계이며 삶의 본질이라고 융은 말한다. 삶에는 죽음이 함께 존재하기에 삶 속에서 죽음을 어떻게 만나고 있는지, 그 죽음을 어떻게 생각하고 있는지, 그리고 죽음을 위해 어떠한 준비를 하고 있는지 생각해볼 필요가 있다. 종교학 교수인 에반스 웬츠(Evans Wentz)는 우리가 삶과 죽음에 대한 바른 이해를 갖고 있다면 이 무한한 우주의 모든 구석을 지배하는 '완전한 법칙'이 존재함을 깨달을 수 있다고 말한다.[82] 인생을 제대로 살아가기 위해서 죽음에 대한 사색이 필요하다.

　21세기인 지금, 죽음에 대한 현대인들의 의례는 과거 종교적인 패러다임이 강했던 시대와 더 이상 같지 않다. 유교시대의 3년 상은 오래 전에 자취를 감추었고 불교의 49재는 종교적인 절차의 예로만 남아 있다. 장례식 방문도 애도보다는 인맥관리를 위한 장으로 퇴색되는 경향이 높아지고 있다. 특히 우리나라의 경우 남북으로 분단된 전쟁의 후유증 때문에 아직도 이산가족들의 가슴은 그리움과 고통으로 아프다. 민주화와 산업화의 과정에서 문명의 부조리한 발달로 인한 죽음들도 일어났다. 사회 곳곳에 충분히 해소되지 못한 슬픔이 멍처럼 여기저기 존재한다. 그럼에도 불구하고 경쟁시대의 한국 사회는 일에 쫓겨 사실상 애도를 위한 시간조차 여유롭지 않다. 애도기간조차 형식적인 의례로 치러지고 심지어는 남들에게 슬픔을 보이는 것이 혹여나 민폐를 끼치는 것이 될까봐 신경 쓴다. 더욱이 애도를 위한 상담은 아직은 생소하게 여겨진다. 물질적으로 풍요로운 현대사회이지만, 남겨진 유가족이나 상실을 경험한 사람들은 정신적으로 더 각박한 환경에 처한 것이 현실이다.

　상담을 하면서 나는 많은 죽음을 만났다. 억울하게 당한 죽음, 자살한 사람들, 교통사고로 자녀를 두고 간 아내, 용서할 수 없는 범인의 죽음, 폭력적인 아버지의 병사, 그리고 예기치 않았던 갑작스러운 죽음 등, 이들의 죽음 이후 유가족이나 가까운 이들의

_____

82　Wentz, E.(1995). 티벳 사자의 서, p.37.

가슴속은 검게 타들어갔다. 그 사연마다 슬픔은 말로 다 표현할 수 없다. 많은 내담자들이 부지불식간에 누군가의 죽음과 이별을 상담 중 떠올린다. 무의식적인 아픔이 의식으로 올라오는 것이다. 과거의 상실에 대한 이야기는 자연스럽게 흘러나올 수밖에 없다. 여전히 아프고 힘들고 괴롭기 때문이다. 피할 수 없는 죽음, 죽음을 목격한 상처는 우리의 삶에 무의식으로 잠재되어 어느 순간 드러난다. 이렇게 우리는 애도에 관한 슬픔과 아픔을 숱하게 만난다. 그러나 상실감이 우리에게 어떤 영향을 주었는지, 마음 추스름의 시간이 얼마나 중요한지를 잘 모르는 경우가 많다. 그저 떠난 이에 대한 명복을 빌고 이승과 저승의 세상으로 구별하는 의례에 멈추기 쉽다. 자신의 상실감을 회피하면서 그 슬픔을 온전히 다루지 못하고 우울한 채로 살아가는 애도가 우리의 삶과 사회를 그늘지게 하고 있다. 특히 떠난 사람의 삶이 전해주는 진정한 가치를 깨닫지도 못한 채로 말이다.

삶과 죽음의 경계에서 애도가 우리에게 주는 의미는 무엇일까? 애도는 정서적으로 큰 슬픔을 동반한다. 정신의학자 엘리자베스 퀴블러 로스(E. Kübler-Ross)는 '30분 동안 울어야 할 울음을 20분 만에 그치지 마라.'라고 말한다.[83] 슬픔은 감출수록 마음의 상처가 되기 때문이다. 일반적으로 사람들은 바닥을 치는 깊은 슬픔을 좋아하지 않는다. 그렇기 때문에 더 빨리 벗어나고 싶어 한다. 어서 예전의 생활로 되돌아가기를 원하고 이것이 바람직한 태도라고 생각한다. 충분히 슬픔을 풀어서 건강한 이별을 하지 못하고 가슴에 묻거나 슬픔을 억지로 눌러버린다. 그것이 얼마나 삶을 어둡게 하는지 인식하지 못한 채로 어둠에 묻어둔다.

애도는 상처로 아픈 마음을 회복하려는 노력이다. 그러나 애도를 위한 심리적인 연구와 개입은 그리 많지 않다. 깊은 슬픔에 고통스러워하는 유가족을 대상으로 연구하는 과정자체가 어렵기 때문이다. 그러나 우리에게는 늘 애도가 필요하다. 특히 한국사회에서 급부상하는 자살문제는 사회의 큰 문제이다. 청소년부터 노인에 이르기까지 자살로 인한 깊은 상실감은 사회에 만연해 있다. 상실감을 경험한 우리에게 건강하게 현재를 살아가도록 돕는 애도에 관한 연구가 매우 필요하다. 다행히 인간의 역사를 살펴보면, 애도를 위한 방편이 종교적으로 다양하게 존재한다는 사실과 선현들의 풍부하고 깊은 죽음에 대한 지혜가 긍정적으로 다가온다. 선현들의 지혜와 영원의 철학에서 말하는 종교적인 영성은 인간이 벗어날 수 없는 죽음과 애도에 관한 연구에

83　Kübler-Ross, E. & Kessler, D.(2005). 상실수업, 인빅투스. p.71.

도움이 될 것이다.

　본 연구는 애도를 위한 새로운 치유의 방편으로서 대중적인 매체인 사진을 제시하고 자 한다. 사진이 누구에게나 쉽게 다가갈 수 있기에 효율적인 애도를 돕는 하나의 도 구로서 역할하기를 바라며 애도사진 연구를 시작했다. 이 연구는 사진을 매개로 한 애 도 상담의 가능성과 사진의 치유적 기능을 살펴보는 데 목적을 둔다. 본 활동은 2년 동 안 두 번에 나누어서 2개월간 실시했다. 연구원들이 애도사진의 연구를 위해 상실감을 경험한 참여자로서 동참했다. 연구자는 연구과정에서 어떻게 애도과정이 진행되며 어 떠한 치유적 기능이 나타났는지를 살펴보았다. 애도사진 활동은 사람들이 누구나 쉽 게 접근할 수 있는 사진촬영과 사진을 보면서 대화나누기를 활용한 가장 간단하면서 도 기본적인 사진치료적 접근방식으로 진행했다.

　이 연구과정은 우선 애도에 관한 참여자의 마음을 살펴보면서 관련 경험을 나누는 것으로 시작했다. 그 후 애도사진을 촬영했고, 마지막으로 체험한 내용과 의미를 나 누면서 마쳤다. 본 연구의 연구자는 이 과정의 리더로서 먼저 애도의 필요성을 소개 하며 애도사진의 주제 연구를 제시했고 동의를 받았다. 참여자들이 가져온 애도사진 을 보면서 대화를 나눈 후 이들의 체험과 의미를 '사진을 찍기 전에', '찍으면서', 그 리고 '사진을 보면서'로 나누어 정리했다. 각 과정마다 사진에 다양하게 나타난 참 여자들의 감정, 행동, 그리고 의식의 변화를 볼 수 있었다. 주요한 주제를 중심으로 각각의 내용 속 애도사진의 치유적인 의미를 분석하고 논의하고 그 한계도 같이 살 펴보았다.

　본 애도사진 실행에 있어 단기간에 모든 참여자들에게 개별적이며 맞춤식으로 접근 하기에는 구조적인 한계성이 있음을 미리 밝힌다. 모든 기록은 관찰과 녹음 과 녹취록을 바탕으로 재구성했고 사례에 등장하는 참여자의 이름은 사생활 보호 를 위해 모두 익명으로 처리했다. 그리고 애도사진 작업을 마치고 2년 후에 참여 자들을 다시 만났다. 애도사진의 경험이 참여자에게 어떻게 나타났는지 인터뷰를 통해 그 치유적인 효과에 관한 결과를 들었다. 본 연구는 애도의 경험적 사례연구 로서 치유적인 효과를 살펴보고 효율적인 애도 도구로서의 그 가치를 보는 데 의 의를 둔다.

| 상승과 분리, 김문희 |

　죽음은 인간의 유한한 운명과 삶의 덧없는 무상함을 인식하게 한다. 사랑하는 사람의 상실은 삶의 쓴 약과 같은 경험이다. 이생을 다한 이가 가는 길이 있듯이 남은 이들에게는 새로운 길이 열린다. 보내고 남은 이들은 새로운 역할을 물려받고 새로운 삶을 살아간다. 떠난 이들이 남긴 그들의 흔적과 기억과 감정들 중 무엇을 선택해서 살아갈 것인가. 충분히 슬퍼하고 울었는가. 슬픔, 고통, 그리움은 떠난 사람의 존재 가치를 획득할 때 벗어난다. 죽음과 상실을 통해 과거와 다른 정신적이며 영적인 세계에 대한 인식이 우리에게 새롭게 일어나기도 한다. 분석심리학자 에딘저(Edward F. Edinger)는 "죽음에 관한 성찰은 인생을 영원의 관점에서 관조하도록 인도한다"[84]라고 했다. 이제 사진이 가지고 있는 삶과 죽음의 미학을 애도사진을 통해 만나보기를 바란다.

84　Edinger, F. E.(1985), 연금술의 상징과 심리치료: 마음의 해부학, p.200.

1. 마음 살펴보기

나에게 애도란 무엇인가?
어떤 기억과 감정들이 떠오르는가?
조용히 내 마음을 살펴봅니다.

"

지금, 나에게 애도는 _____ 이다.

"

우리에게 애도란?

애도사진을 연구하기에 앞서, 참여자들은 자신의 경험한 애도를 잠시 떠올려 보면서 그 마음을 적었다.

나에게 애도란 슬픔을 나누는 것이다. 다시 볼 수 없는 그 사람에 대한 나의 미련과 집착을 정리하는 것이다. 축축하고 쓸쓸한 기억에서 벗어나고자 하는 노력이기도 하고 빈자리를 환하게 만들고 싶은 바람이기도 하다.

나에게 애도라는 것은 엄격함, 유교적인 가풍이 갖는 무게감, 남은 사람에 대한 위로와 배려이다. 그 무엇보다도 마흔아홉이라는 젊은 나이에 돌아가신 아버지의 죽음은 나와 어린 형제들과 젊은 어머니에게 고통의 시간이었다. 그 상실의 순간들, 아버지의 부재는 부재로 멈추는 것이 아닌 책임을 지는 것이며, 이것이 나의 애도이자 죽은 자의 상실감을 극복하는 방법이었다.

나에게 애도는 누군가 또는 무엇인가가 나에게서 멀어져서, 다시는 내가 원할 때 볼 수 없는 상태가 된 것이다. 무척 마음이 아프고 슬픈 것이다.

나에게 애도란 후회와 자책을 가지는 이별의 슬픔. 그리고 관계의 분리이다. 애도는 두렵고 무섭고 불안하고 불편한 것이다.

애도, 죽음, 상실…. 사실 이러한 단어들은 나에게 있어 아직은 많이 낯설다. 언젠가 다가올 누군가의 죽음에 애도의 시간을 갖는 것이다.

애도는 피하고 싶은 일을 직면해야 하는 두려운 일이다. 기억을 꺼내어 말하는 것조차 힘든 일이다. 슬픔과 그리움이 어떻게 튀어나올지, 내가 어떤 반응을 보이게 될지 역시 두렵기 때문이다.

지금 나에게 애도란 무엇인지를 나오는 대로 적어보자. 그것이 무엇이든 그 나름의 의미가 있을 것이다.

2. 애도에 대하여

> "
>
> *애도는, 우울은, 병과는 다른 것이다. 그들은 나를 무엇으로부터 낫게 하려는 걸까? 어떤 상태로, 어떤 삶으로 나를 다시 데려가려는 걸까? 애도가 하나의 작업이라면, 애도 작업을 하는 사람은 더 이상 속없는 사람이 아니다. 그는 도덕적 존재, 아주 귀중해진 주체다. 시스템에 통합된 그런 존재가 더는 아니다.*
>
> *– 롤랑 바르트, 애도일기 중에서*
>
> "

사랑하는 사람을 상실했을 때의 정신적인 충격과 심리적 반응을 애도(deuil)라고 한다.[85] 애도의 사전적 정의는 "애정 대상을 상실한 후에 마음의 평정을 회복하려는 정신과정"이다.[86] '애도'의 '애(哀)'자는 상복을 표현한 글자이며 슬픔에 울고 있는 사람의 의미로 '슬프다', '가엾다'라는 뜻을 가지고 있고, '도(悼)'자는 죽음을 슬퍼하고 마음 아파하며 가엾게 여긴다는 의미이다. 한자의 의미로 볼 때, 애도(grief)는 사람의 죽음을 슬프게 탄식한다는 뜻이다. 애도에서의 사별(bereavement)은 "죽음에 의해 사랑하는 사람이나 사물의 상실을 경험하는 개인의 객관적인 상황"을 의미하는 말이다.[87] 한편 사별은 가장 높은 스트레스로 심리적으로 취약함을 갖게 한다.

애도에 대한 관점을 시대별로 보면, 1621년 로버트 버튼(Robert Burton)은 『멜랑콜리의 해부학(The Anatomy of Melancholie)』에서 "애도 또는 슬픔이 우울증의 전형이며 증상

---

85 임진수(2013), 애도와 멜랑콜리, 파워북, p.7.

86 미국정신분석학회, 이재훈 역(2002), 정신분석용어사전, 한국심리치료연구소.

87 이이정(2011), 죽음학 총론, 학지사, p.262.

이요, 가장 큰 원인"이라고 말했다. 1872년 찰스 다윈(Charles Darwin)은 동물의 종 대부분이 애착된 것으로부터 분리될 때 크게 우는 모습을 관찰하고 애도의 뿌리를 설명했다. 프로이트(Freud)는 『애도와 멜랑콜리(Mourning and Melancholia)』에서 애도의 문제를 본격적으로 다루었고 애도작업(Grief Work)이라는 용어를 만들었다.[88]

애도는 소중한 사람의 죽음과 관련한 자연스러운 반응이다. 애도의 주된 정서는 슬픔의 고통이다. 우리는 상실을 경험하면 외부 세계에 대한 흥미가 사라지거나 상실한 사람에 대한 기억에 빠져있거나 새로운 사람에게 관심을 주기가 어려워진다. 자신이나 다른 사람, 그리고 세상에 대한 이해와 생각이 변화하기도 하며 신체적인 변화가 일어나기도 한다. 자신의 행동과 대인관계의 변화가 인지·정서·행동에서 모두 나타난다. 일반적으로 애도에서 나타나는 이러한 심리적인 정서는 병리적으로 보지 않으며 시간이 지나면서 대부분 상실에 적응하고 대인관계에서의 즐거움도 회복한다.

애도의 종류

우리는 누군가의 죽음을 맞이할 때, 제각기 다른 애도를 경험한다. 애도의 반응은 정상적인 애도(normal grief)와 비정상의 복잡한 애도(complicated grief)로 크게 나누어 볼 수 있다. 정상적인 애도는 상실에 대해 건강하고 적절한 반응을 보이며 애도의 강도와 지속기간이 문화사회적 전통의 범위 내에서 이해된다. 반면에 복잡한 애도는 비정상적이고 병적인 애도이며 심리적인 장애나 질환으로 본다. 상실의 충격을 받은 이후 다시 일상의 삶으로 이동되지 않는 상태를 의미한다. 애도의 상태가 만성적으로 현실에 적응하는 데 어려움을 보이거나 우울증으로 이어지는 경우에는 심리치료를 필요로 한다. 애도는 또한 회복의 여부에 따라 해결된 애도(resolved grief)와 해결되지 못한 애도(unresolved grief)로 나눈다. 일반적으로 애도는 일정 기간 안에 회복할 수 있다고 본다. 그러나 자신에게 매우 중요한 사람이 죽은 경우에는 과연 죽음에 관한 애도를 절대로, 완전히, 회복할 수 없다고 보기도 한다. 대상에 따라 회복의 가능성을 유념하고 보아야 한다.

애도의 표현을 보면 정상적으로 애도의 감정을 표현하기 어려운 경우들이 있다. 그런 예가 바로 숨겨진 애도(hidden grief)와 빼앗긴 애도(disenfranchised grief)들이다. 숨겨

---

88 장성금(2010), 가족사별의 상실감 극복을 위한 미술치료 사례연구에서 드러난 애도단계, 한국기독교상담학회지, 227-264, p.3.

진 애도란 애도의 감정을 비밀로 하거나 부정해서 다른 사람이 알지 못한다. 따라서 애도를 경험하고 상실한 사람으로 보이지 않는다. 숨길 수밖에 없는 사회적 상황이나 개인적인 사유들이 있는 경우이며 따라서 애도의 회복은 연기될 수 있다. 빼앗긴 애도는 애도할 기회를 빼앗긴 것이다. 자신이 애도할 자격이 없다고 제대로 애도를 하지 못하는 경우에 해당한다. 이는 사회적으로 인정받지 못하거나 지지받지 못하는 상태에서 상실을 겪었을 때 경험한다. 예를 들면, 문화적으로 인정할 수 없는 결혼을 한 경우의 사별, 인정받지 못하는 동성애 관계의 사별, 남들에게 숨기고 싶은 유산이나 조산 등의 죽음, 죽음의 가치를 인정받지 못하는 애완동물의 죽음 등이 여기에 해당된다. 일반적으로 죽은 사람에게 애도의 감정을 표현할 기회조차 차단당하거나 부정당했을 때에 그 슬픔은 더욱 커지며, 애도의 회복 또한 더욱 길어질 수밖에 없다. 한편 애도에는 예기적 애도(anticipatory grief)가 있다. 죽음을 미리 예상한 상실의 애도 반응이다. 오랜 병으로 사랑하는 사람의 죽음이 임박했을 때 유족들이 미리 상실을 인식하면서 시작하는 애도이다.[89] 준비된 애도로 급작스러운 죽음을 맞이한 경우보다 비교적 죽음에 대해 받아들이는 인정이 높다.

애도의 대상

애도의 대상은 일반적으로 가까운 가족의 일원이나 사랑하는 사람(또는 반려동물)이라 본다. 그러나 대상의 폭을 더 넓게 포함해 애도할 수 있다. 나라를 잃었을 때, 어떠한 이념이나 신념을 잃었을 때, 꿈이 좌절되거나 종교적 믿음과 같은 추상적인 것에 대한 표상을 상실했을 때에도 깊은 슬픔의 애도가 나타난다. 또한 인간은 자신의 몸의 일부를 사고나 수술로 상실했거나 나이가 들어가면서 생물학적으로 신체능력이 노화되고 상실되어감을 느낄 때에도 애도의 과정이 필요하다. 또한 물질적이며 무생물적인 대상에게서도 소유의 상실감을 느낄 수 있다. 예를 들어, 오랜 기간 시간과 정성을 들여 장만하고 꾸민 집이 불의의 사고로 불타버리거나 아니면 그 집을 떠나야 하거나 잃어버리게 되는 경우, 또 현재의 삶을 유지해주던 직장이나 일터에서 퇴직하거나 그만두게 되는 경우에도 애도의 고통이 닥친다. 극단적인 죽음이 아니더라도, 의미 있고 중요한 관계에서 분리가 일어나는 상태에서도 상실감이 나타난다. 이별·이혼·이사·이

---

89   이이정(2011). 죽음학 총론. 학지사. pp.261-267.

민·가족에서의 독립이나 자녀의 분가·출가 또는 가출까지도, 어떤 과정의 종결·절교·질환 등이 그 예가 될 수 있다.

📄 애도의 4가지 반응패턴

애도 심리학자인 윌리엄 워든(William Worden, 1991)은 애도의 반응패턴을 4가지 범주인 신체, 인지, 감정, 행동으로 정리했다. 신체적 반응 패턴은 극심한 슬픔을 경험한 사람의 신체에 나타난다. 위장의 공복감, 가슴이 죄는 느낌, 소음에 민감함, 자아감이 없는 느낌, 숨참, 짧은 호흡, 근육 약화, 에너지 부족, 입마름 등이 있다. 인지적 반응은 애도의 반응이 사고의 패턴에서 나타나는 것을 말한다. 불신이나 혼란스러움, 고인의 생각에 지나치게 몰두하거나 고인이 아직 존재한다는 현존감을 느끼는 것이나 시각·청각적 환각이 일시적으로 나타난다. 비교적 초기에 나타났다 사라지지만 계속 남아서 정서적인 불편을 유발하기도 한다. 감정적 반응은 심리적이고 다양하다. 슬픔, 분노, 죄의식과 자기비난, 불안, 외로움, 피로, 무력감, 충격, 그리움, 해방감, 안도감, 무감각 등이 해당한다. 일반적으로 애도의 초기에 무감각을 경험하는데, 이것은 감정의 홍수로부터 자신을 보호하기 위한 상태이다. 상대적으로 상실 대상에 대한 그리움의 감소는 애도과정이 끝나감을 의미한다고 본다. 행동적 반응은 상실 이후에 나타난 행동이며 시간이 지나면서 안정화되는 반응이다. 상실 초기에는 수면장애, 식사장애, 넋 놓는 행동, 사회적 위축, 고인에 대한 꿈을 꾸기도 한다. 고인의 생각을 일부러 회피하거나 때때로 고인을 부른다거나 긴 한숨을 쉬고, 안절부절못하며 우는 것, 고인이 기억나는 장소를 방문하거나 고인의 물건을 소중하게 간직하는 행동들이다.[90] 이러한 애도반응은 다양하게 나타나지만 시간이 지나면서 변화한다.

📄 애도의 반응과정

사랑하는 사람을 보낸 이후에 나타나는 과정을 애도의 반응과정이라고 한다. 더 이상 대상이 이 세상에 존재하지 않는다는 사실을 인정하지만 상실 전의 상태와 같지 않은 내면의 심리과정들이 나타난다. 상실한 대상에 대한 애착감정을 간단히 정리하기

---

90   Worden, J. W.(1991), Grief counseling and grief therapy: A handbook for the mental Health practitioner(2nd ed.), New York:Springer Publishing Company.

는 쉽지 않기 때문이며, 대개 이러한 반응과정은 자연스럽게 나타난다.

정신분석에서는 애도의 반응과정을 다음과 같이 설명한다. 첫 번째 애도의 과정은 상실의 이해를 수용하고 대처하는 단계이며, 두 번째는 상실한 대상에 대한 애착과 동일시를 벗어나 애도를 수행하는 단계이고, 마지막은 정서적인 생활로 돌아가 새로운 관계를 형성해가는 단계로 나눈다. 존 볼비(John Bowlby, 1980)는 애도의 반응과정을 4단계로 설명하고 있다. 처음에는 상실대상을 인정하지 않는 부인의 단계, 이후 좌절·분노·슬픔의 단계가 나타나며, 시간이 지나 현실을 수용하면서 나타나는 우울과 절망의 단계를 거쳐 마지막은 자신을 추스르며 생활력을 회복하는 재조직과 회복의 단계로 본다. 애도심리학자 퀴블러 로스는 애도의 과정을 부정, 분노, 타협, 우울, 수용으로써 5단계를 제시한다. 그는 애도를 위해서 우선 자신의 고통, 분노, 슬픔 등 부정적인 감정을 인식하고 충분히 느껴야 하며 성공적인 애도는 경험한 부정적 감정을 수용하고 고인을 떠나보냈을 때 이루어진다고 한다. 더 나아가 이는 새로운 자신과의 관계를 다시 형성할 수 있게 해준다고 말한다.[91]

애도의 반응 과정은 우리의 정서적인 성숙 수준에 따라 달라질 수 있으며 특히 고통스러운 정서를 견디는 능력이나 자존감, 그리고 상실대상에 대한 의존도의 정도에 따라 다르다. 상실이 발생한 상황의 외적 요인이나 내적 요인들이 애도 과정의 진행에 영향을 준다고 본다. 애도의 반응은 시간에 따라 달라지며, 일반적으로 6개월에서 1년 정도 걸린다고 보지만 더 걸릴 수도 있다. 고인을 생각하면서 슬픔을 느낀다고 해도 삶의 일상에 적응하면서 살아갈 수 있다면 애도과정을 잘 마친 것으로 본다. 이렇게 정상적인 애도 반응은 시간이 지나면서 적응이 이루어지면 치료를 요하지 않는다. 그러나 상실의 경험을 인생의 큰 스트레스로 이해하는 관점과 애도는 살아가는 데 필요한 생존의 기술이라는 인식이 필요하다.

애도의 병리적 반응

사랑하는 사람의 상실에서 오는 애도는 정상적인 반응이다. 그러나 방어적으로 애도를 하지 않거나 애도의 반응을 지나치게 연장할 때, 이것을 병리적인 애도반응으로 본다. 애도에서 유념할 것은 바로 이러한 병리적 애도 반응이다. 이를 다른 말로 병리적

---

91 고희경(2010), 미술치료프로그램이 유방절제술을 받은 여성의 충격과 스트레스에 미치는 영향, 건국대학교 디자인대학원 석사학위 논문, p.3.

인 슬픔(pathological grief) 또는 해결되지 못한 슬픔(unresolved grief)이라고 말한다. 우울을 느끼거나 삶이 힘겹게 느껴지고 고인에 대한 감정과 고통을 동일시하거나, 관계에서의 어려움을 가지는 현상이다. 생전에 고인과 해소하지 못한 감정이나 죄책감 혹은 후회감 등을 갖는 것은 고인과의 미해결 과제들이 있는 경우이다.[92]

바밀크 볼칸(Vamilk Volkan)은 애도를 하지 않거나 애도 기간을 연장시키는 행위를 "대상과의 연결"을 통해 상실한 대상의 표상을 영원히 간직하려는 시도라고 말한다.[93] 즉 상실대상과 연결된 상태를 무의식적으로 유지하려는 노력이다. 애도, 죽음, 상실이 주는 어두운 무게감에 뒤로 주춤하고 물러서서 무의식적으로 회피한다. 일에(또는 게임) 지나치게 몰두하기, 술이나 약물 복용에 빠지기, 강박적인 행동, 감정을 회피하고 느낌을 축소하는 요인들에 빠지면서 치유를 멈춘다. 이러한 요인들은 상실에 따른 슬픔과 치유 과정을 방해할 수 있다.

프로이트는 『애도와 멜랑콜리』라는 논문에서 애도의 문제를 조명하고 있다. 애도는 사랑하는 사람의 상실을 정신적으로 소화해가는 과정이다. 사랑하는 사람의 죽음을 확인한 후에, 그 사람에게 향했던 리비도(욕망, 본능)를 거두어야 한다. 이것이 애도과정이다. 애도의 어려움은 바로 이 리비도를 철수하는 데 있다. 대상과 관련한 나의 욕망과 본능을 거두는 것을 거부하거나 반발하면, 외부에 관심을 끊고 슬픔에 자아가 위축되면서 우울해지는 과정이 나타난다. 게다가 자신을 비난하고 처벌하는 상태로까지 가게 되면 병리적인 우울증으로 이어진다. 떠난 사람을 어떻게 포기하느냐가 문제의식으로 올라오는 것이다. 대상을 향한 사랑, 증오, 그리고 죄책감 등의 감정들을 애도의 과정에서 제대로 해소하지 않으면 병리적 우울에 빠질 수 있다. 프로이트는 누군가를 애도할 때는 세상이 초라하고 공허하게 느껴지지만, 우울증에 빠지면 자기 자신이 초라하고 공허하다고 했다.[94] 애도는 고인의 부재를 보상할 대상을 찾으면서 우울을 극복할 수 있지만 우울증은 자아가 빈곤한 병리적 애도의 모습으로 나타난다는 것을 이해해야 한다. 한편으로 상실 대상에서 리비도를 철수하는 것은 바로 그 대상과 나와의

92 장성금(2010), 가족사별의 상실감 극복을 위한 미술치료 사례연구에서 드러난 애도 단계, 한국기독교상담학회지 227-264, p.6.

93 정신분석용어사전, 서울대상관계정신분석연구소[한국심리치료연구소].

94 프레데리크 시프테(2010), 우리는 매일 슬픔 한 조각을 삼킨다, 문학동네, pp.50-51.

분리이며 독립을 의미한다. 다시 말하면, 상실을 인정하고 이제는 독립적으로 스스로 살아야 한다는 사실을 받아들이는 것이다. 수용은 사랑하는 이가 떠나버린 현실을 받아들이고 인정하는 것이다.[95]

애도의 목적

애도는 정서적인 고통의 표현과 상실에 대한 적응 반응이다. 애도의 기본 목적은 죽음과 상실이 현실임을 받아들이고 애도 대상에게 가졌던 애착에서 분리되어 자유로워지는 것이다. 워든(Worden,1991)은 애도 상담의 목적을 생존자가 고인과의 관계에서 남은 미해결 과제를 온전히 마치고 최종적으로 잘 보내주는 인사(Good bye)를 할 수 있도록 돕는 것이라 한다. 또한 볼비(1980)는 애도의 목적이 고인과 연결된 감정에서 분리되어 새로운 관계를 맺는 것이라고 한다. 그리고 베로나 카스트(Verena Kast, 1999)는 애도가 애도 작업을 통해 세상과 새로운 관계를 맺는 것이라 설명했다.

애도와 심리상담

심리상담에서의 애도는 일반적으로 개인상담으로 진행한다. 상담은 상실을 경험한 일주일 내 또는 장례가 끝난 후부터 시작하지만, 임종 전이나 사별 직후부터 진행하기도 한다. 수행하지 못한 애도의 과제를 평가함으로써 기억에 의해 자극된 감정이나 감정의 부재를 다룬다. 고인과 연결된 의미 있고 상징적인 물건을 탐색해 애도를 촉진하거나, 애도를 방해하는 요소를 제거하기도 한다. 최종적으로 상실을 인정하고 고인 또는 상실대상과 작별하면서 상담을 마친다. 애도의 심리상담은 일대일 진행이 일반적이지만 개입의 형태는 다를 수 있으며, 다양한 접근(위기개입, 단기역동, 행동치료, 집단, 자조)이 있을 수 있다.

프로이트는 고인이나 상실대상의 기억을 잊어버리는 애착관계의 해체를 주장한다. 애도의 과정은 고인 또는 상실 대상과의 애착을 내려놓지 못하고 저항할 때 악화되기 때문이다. 애착을 유지하고 싶은 욕구는 다시 정상적인 생활로 돌아오게 하는 데 어려움을 가져온다. 애착과 욕구는 쉽게 놓아지지 않는다. 그렇다고 단순히 시간이 낫게 하지도 않는다. 시간이 지나 저절로 회복되는 것이 아니라 이 어려움을 극복하려는 노력

---

95   퀴블러 로스&데이비드 케슬러(2005), 상실수업, p.47.

이 필요하다. 이 과정에서 자신의 삶을 다시 통제하고 적응해간다. 슬픔을 견디고 새로운 인생을 살아가는 것이다.

스트로베와 슈트(Strobe & Schut, 1999)는 애도의 과제이론에서 사랑하는 이의 기억을 소중히 간직하면서 자신의 정서적인 관심과 에너지를 다른 사람이나 활동에 전념하라고 주장한다. 애도의 과업(또는 애도의 과제)은 상실에 대한 심리적인 반응을 다루는 것을 말한다. 상실의 경험을 부정하거나 회피하지 않고 직면하면서, 죽음 또는 상실과 관련한 것을 살펴보고, 상실된 현실을 의식으로 가져와서 대상과의 분리를 시도하는 인지과정이다.

애도과제의 접근방식은 다음과 같다. 애도의 제1과제는 상실의 현실을 받아들인다. 제2과제는 심리적인 애도의 고통을 겪어낸다. 제3과제는 고인 또는 상실대상이 없는 환경에 적응한다. 제4과제는 고인 또는 상실대상을 정서적으로 재배치하고 일상의 삶으로 이동한다. 애도는 죽은 자(상실한 사람)를 잘 보내는 작업이다. 즉, 애도는 두 번의 죽음을 맞이해야한다. 처음은 생물학적으로 일어난 피할 수 없는 죽음이고 두 번째는 상실한 사람의 기억 속에 남아 있는 떠난 자에 대한 기억을 사라지게 하는 죽음이다. 이렇게 두 번의 죽음을 잘 보낼 수 있을 때에 애도작업이 제대로 이루어진다.

건강한 애도는 상실을 통해 나타나는 감정과 사고를 만난다. 이는 인지적이면서 정서적인 작업이다. 애도는 어렵고 시간이 소요되지만 상실의 현실을 직면하면서 진행한다. 남은 유족들은 고인을 생각나게 하는 물건들과 기억, 고인과 관련된 많은 일들을 직면하면서 그것들을 다루어야 한다. 그리고 이 과정의 아픔을 견뎌야 한다. 상실에 대한 회피는 애도의 걸림돌이 된다. 슬픔과 괴로움에 대한 감정과 사고를 회피하지 않고 직면해 상실이 주는 삶의 진정한 의미를 찾으면 이로 인해 긍정적인 변화가 일어난다.

애도과정에서 만성적인 우울증이 진행되고 상당한 시간이 지나도 현실적응에 어려움이 있는 경우에는 심리치료를 필요로 한다. 제대로 애도하지 못한 감정은 반드시 다시 나타나며 자신의 삶을 왜곡시키기 때문이다. 그러나 우리가 기억해야 할 것은 애도의 과정은 한 사람의 일생에서 시간제한이 없다는 것이다. 프랑스의 정신분석학자 자크 라캉(Jacques Lacan)은 "애도는 산 자에게 욕망을 위한 자리를 마련해주는 것이다."[96]라고 말한다. 나와 이별을 한 사람이 차지하고 있던 자리에 다른 사람이 그 자리에 앉을 수 있게 비워주는 것이다. 새로운 이를 사랑할 수 있는 마음을 갖기 위해 우리는 자

96 　임진수(2013), 애도와 멜랑콜리, 파워북, p.22.

신의 속도에 맞춘 애도의 시간과 노력이 충분히 필요하며, 이 과정은 건강한 삶을 영위하기 위해 반드시 완수해야 한다.

예술과 사진에서의 애도

예술은 사람들과의 상호작용을 돕는 매개체이다. 사진치료사인 주디 와이저(Weier, 1999)는 사진이 상담사와 내담자 사이의 중간 매개체로서 역할한다고 주장한다. 예술은 인간 내면의 이미지를 은유와 상징으로 표현하는 비언어적 의사소통이다. 작가의 사상과 감정을 예술적으로 승화해 작품을 보여주고 관람자는 그러한 미적 작품을 통해 작가가 추구하는 욕구와 감정과 의식에 감화받는다.

예술은 다양한 매체를 통해 사랑하는 사람의 죽음, 그리고 죽음이 주는 부재와 이별을 다룬다. 인간존재에 대한 성찰과 사유과정에서 회피할 수 없는 죽음은 많은 예술작품들의 주제이기도 하다. 예술작품의 모든 이미지는 죽음을 삶 속에 환생시키고자 하는 그 열망이기도 하다. 그래서 예술은 죽음에 대한 애도가 되기도 한다. 예술의 허구성과 환영적인 이미지가 인간의 삶의 본질과 죽음의 의미를 되새기게 하기 때문이다. 프랑스 철학자 가스통 바슐라르(Gaston Bachelard)는 '죽음은 무엇보다도 이미지이고 또 이미지로 산다'고 말한다.[97] 미국의 문화평론가 수잔 손택(Susan Sontag)은 사진이 애수적인 환상의 예술이라고 한다. 사진에 찍힌 것은 찍혔다는 것만으로도 이미 애수를 띨 수밖에 없다고 한다. 그 어떤 피사체도, 그것이 아름다운 피사체라도 서글픈 느낌을 주는 이유는 이미 그 대상이 나이가 들고 썩거나 혹은 존재하지 않기 때문이다. 그래서 사진은 모두 '죽어버린 순간'이라고 했다. 사진촬영은 언젠가는 죽을 운명과 연약하고 변하기 쉬운 성질을 기록하는 행위이며, 순간의 기록을 정착시킴으로써 모든 사진은 시간의 불가항력적인 소멸의 흐름 속에서 존재가 덧없이 사라짐을 입증한다.[98] 프랑스의 철학자이며 기호학자 롤랑 바르트(Roland Gérard Barthes) 역시 사진은 찍는 순간 돌아올 수 없는 존재론적인 죽음을 내포하고 있어서 이미 '네가 죽을 것을 기억하라'는 메멘토 모리(memento mori)의 메시지를 포함한다고 말한다.

이태리 사진가 마리오 자코멜리(Mario Giacomelli)의 사진작품은 일상의 모습에서 삶과 죽음, 대지와 생명에 대해 표현하고 있다. 9살에 겪은 아버지의 죽음과 이별의 상처가

---

97   박영택(2014), 애도하는 미술, 마음산책, pp.7-11.

98   수잔 손택(1989), 사진이야기, 해뜸, 1986, p.28.

그의 삶에 영향을 주었다고 한다. 그리고 어머니가 일했던 호스피스 병원에서 노인들의 삶의 고통과 아픔에 관한 사진들을 몇십 년 동안 찍었다. 그렇게 그는 일찍부터 경험한 노인들의 모습에서 죽음을 자연의 일부로 받아들였다. 〈죽음이 찾아와 너의 눈을 앗아가리라(1954~1968)〉에 이러한 내용들이 잘 표현되어 있다.

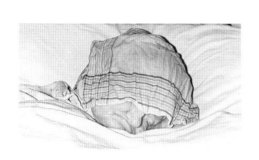

| 죽음이 찾아와 너의 눈을 앗아가리라. |

| 흰색을 기다리는 검은색 |

작품 〈흰색을 기다리는 검은색(The black is waiting for white)〉에서는 사제들이 눈 위에서 춤을 추는 모습을 흑백의 강한 콘트라스트를 극대화한 조형 언어로 시각화하고 있다. 검은 색의 상징은 어둠이고 소멸이며, 일시적인 죽음을 의미한다. 어둠의 상징은 새로운 창조를 준비하고 자아의 소멸을 의미한다. 자아의 소멸은 대아(大我)의 실현 가능성을 위한다. 흰 색의 상징은 물질의 색을 초월한다. 흰색으로 나타나는 죽음은 물질의 죽음이면서 깨어나는 영성을 의미한다. 어둠은 빛을 기다린다. 일시적인 죽음을 넘어서는 존재의 초월성을 상징한다. 사진가 강운구는 마리오 자코멜리의 작품들이 담고 있는 슬프고 음울하며 무섭고 무거운 내용들에는 작가의 감각과 감성이 만들어 낸 뛰어난 조형성과 추상성이 뒷받침한다고 본다. 그래서 그 슬픔과 공포는 모두 아름답다[99]고 평한다.

현대 미술가 데미언 허스트(Damien Hirst)는 죽음의 예술가로 불린다. 그는 늘 죽음이라는 주제를 가지고 작업을 하고 있다. 1991년 〈살아있는 자의 마음속에 있는 죽음의 육체적 불가능성(The Physical Impossibility of Death in the Mind of Someone Living)〉이란 '방

---

99   마리오 쟈코멜리 사진전 작성자: 한국컬러앤드패션트랜드센터(CFT), http://cft.or.kr/ sub/?num=437.

부제 상어' 작품으로 터너상(Turner Prize)[100]을 수상했다. 방부제에서 헤엄치는 죽은 상
어는 논란의 대상이기도 하지만, 삶과 죽음의 경계를 고찰하고 있다. 썩지 않게 하는
방부제 안에서 이미 죽은 상어가 살아있듯 헤엄치고 있는 것은 은유적인 질문이다. 살
아있는 사람은 마음속에서 죽음을 어떻게 이해하고 있는지를 묻고 있는 것이다. 삶에
갇혀 죽음을 외면하고 있는가? 죽음을 두려워하는 내면을 숨기고 겉으로 보이는 아름
다움만을 보여주는, 이러한 모순 속에 '죽음'이라는 의미를 우리에게 제시하고 있다.

데미언 허스트의 작품은 16세기와 17세기사이 네덜란드에서 유행한 바니타스(Van-
itas) 회화에서 영향을 받았다. 바니타스는 라틴어로 '허무, 공허, 무상'을 뜻한다. 바니
타스는 '자신의 죽음을 기억하라'라는 메멘토 모리(Memento mori)의 뜻을 주제로 인생
의 허상을 표현하고 있다. 해골은 죽음을 상기시키므로 죽음을 나타내는 전형이다. 바
니타스 회화에는 화주로 정물화나 해골이 등장해 죽음을 직접적으로 보여준다. 2007
년 〈신의 사랑을 위하여(For the Love of God)〉 작품은 두개골에 8,601개의 다이아몬드
를 박았다. 이는 인간의 욕망과 죽음, 삶과 죽음의 경계를 말하면서 우리에게 죽음에
대한 경고와 성찰을 불러일으킨다.[101]

| 살아있는 자의 마음속에 있는 죽음의 육체적 불가능성 | | 신의 사랑을 위하여 |

───────────── 100   영국 현대 미술의 대표 기관인 테이트 브리튼이 1984년에 제정한 상.
           101   데미언 허스트(2009), 501 위대한 화가, 마로니에북스.

"나는 내가 피할 수 없는 것을 정면으로 돌파하라고 배웠다. 죽음은 그중 하나이다. 죽음에 대해서 생각하지 않고서 살아가려는 사회는 어리석다. 죽음에 대해 생각하면 할수록 우리는 더욱 열정적으로 삶을 살아갈 수 있기 때문이다. 꽃이 영원히 피지 않기에 더욱 아름답다고 느끼는 것과 같다."

- 데미언 허스트

3. 애도사진의 접근방법

"

애도는 말할 수 없이 큰 슬픔을 경험한 사람들을 위한 것이다. 슬픔의 고통을 경험한 사람만이 그 고통을 이해하고 치유의 손을 펼치게 된다. 진정한 치유는 상처를 없었던 일처럼 지우는 것이 아니라, 고통에도 불구하고 받아들이는 것이다.[102]

"

애도사진의 접근방식은 애도와 관련한 사진을 찍고 다시 보는 과정으로 진행한다. 상실감을 경험한 사람들이 직접 사진을 촬영한다. 애도작업은 상담사가 애도에 대한 이해를 바탕으로 애도인의 상태에 따라 다양한 개입방법을 응용해 접근하는 것이 효율적이다. 애도사진의 개입방법을 소개한다.

애도사진의 목적

애도사진의 목적은 사진을 이용해 애도과정을 돕는 데 있다. 상실이 주는 신체적·정서적·행동적인 반응을 자각하고 인정하며 수용할 수 있도록, 사진의 치유적인 기능을 활용해 돕는 데 있다. 애도사진을 통해 우울, 분노, 죄의식이나 자책 등의 감정을 안정화하고 애도의 고통을 이겨내도록 도우며 궁극적으로 상실 이후 고립되고 외롭게 느껴지는 환경에 현실적으로 적응하도록 도와 일상의 삶으로 돌아오게 하는 데 있다.

---

102 채정호(2014). 이별한다는 것에 대하여. 생각속의 집. p.33.

애도사진의 대상

애도의 대상은 그 누구도 될 수 있다. 특히 상실감을 크게 경험했거나 심리적인 혼란을 겪었던 사람이라면 현재의 애도 상태를 살펴볼 필요가 있다. 애도의 대상은 대부분 가장 가까운 가족의 일원이나 친척, 친구, 동료, 특히 사랑하는 사람이 될 수 있다. 때로는 반려동물일 수도 있고 어떠한 물건일 수도 있다. 아직도 그립고 견디기 힘든 슬픔이 있거나 아직도 다 풀지 못한 마음의 대상이 있다면, 지금 이 순간 떠오르는 사람. 바로 그 사람이다.

애도사진에 들어가기에 앞서

나에게 애도가 필요한지 생각해본다. 나의 애도 경험을 떠올리고 내가 경험한 애도는 어떤 경험이었는지 자유롭게 떠오르는 대로 적어본다. 그 어떠한 과거의 기억이라도 그것을 기억하는 이 순간은 현재에 있다는 사실을 유념해둔다. 그 사람에 대한 나의 마음이 현재 어떻게 남아있는지를 살펴본다. 애도사진 활동을 시작하기 전에 현재 나의 애도 상태를 '애도 척도(Grief Response Scale, GRS)'[103]로 평가해보는 것도 좋다. 평가항목에는 존재론적 관심사, 우울감, 긴장감과 죄의식, 신체적 고통을 점검하는 문항들로 구성되어 있다. 나에게 애도가 필요한가? 그렇다면 시작하라.

애도의 시작

애도를 하기 위해 용기를 내었다면 천천히 심호흡을 하면서 자신을 격려하자. 삶에서 죽음은 필연적이다. 애도는 죽음의 의미를 배우고 삶의 가치를 이해하는 소중한 시간임을 상기한다. 그 과정은 사실 이미 시작되었을 것이다. 잘하려 하지 말자. 급하게 빨리 끝내려 하지 말자. 내 마음이 흘러가는 대로 주의 깊게 애도의 과정을 진행한다. 지금 나의 애도 상태는 어떠한지 가늠해보는 시간이 될 수 있을 것이다. 애도를 위한 사진치유 활동은 자발적으로 해볼 수도 있지만 애도의 과정이 긴 여정이라는 사실을 알아야 한다. 나를 지지하고 함께 공감할 수 있는 동반자가 있다면 더욱 안전하다. 애

---

103 GRS(Grief Response Scale)는 샌더스(Sanders)가 개발한 도구로서, 리커트 척도(Likert scale)의 5점 척도로 점수를 주었으며 점수가 높을수록 슬픔의 정도가 높음을 의미한다. 이 척도는 총 20문항으로 구성되어 있다.

도의 안내 역할을 해주는 상담사와의 작업은 매우 효과적이다. 시작은 쉬워도 점점 어려워질 수 있다. 언제든 상담사의 도움이 필요하면 요청하라. 만약 시작조차 어렵게 느껴지고 과거의 기억에 압도당하고 있다면, 주저하지 말고 상담사와 함께하는 것이 바람직하다. 분명 큰 도움이 될 것이다.

애도사진의 촬영

애도사진을 위한 물리적인 준비 도구는 사진기이다. 간편하고 찍기 쉬운 휴대폰도 좋다. 애도를 위한 촬영 방법은 단순하다. 애도하고 싶은 대상을 떠올려보고, 떠오르는 이미지와 관련한 사진이나 유품과 흔적들을 촬영하는 것이다. 내 마음을 표현해주는 사물이나 풍경을 찍어도 좋다. 애도의 마음을 표현하기 위해서는 자화상을 찍어 보는 것도 괜찮다. 사진의 기법을 요구하지 않는다. 그러나 촬영기법에 도움이 필요하다면 기술적인 도움을 받아도 좋다. 이 장에서 제시하는 애도사진은 수많은 사진치료 기법 중 가장 대표적인 사진촬영을 이용한 접근방식이다.

애도사진에 접근할 때 중요한 점은 나에게 나타나는 슬픔, 분노, 거부, 죄책감 등 여러 감정들을 있는 그대로 자각하는 것이다. 다양한 감정 자각을 통해 여러 가지 복잡한 감정이 수용되고 현실의 인식이 일어난다. 나의 느낌에 잘못된 것은 없다. 느끼는 그대로 의미가 있으며 그 느낌을 믿고 수용해본다. 판단하지 말고 그대로 알아차려 보는 것이다. 촬영기술이나 예술적인 표현에 신경이 쓰여도 마음에서 나타나는 감정반응에 더욱 초점을 두도록 한다. 고인과의 관계에서 초자연적 영성 경험도 일어날 수 있다는 점도 유념한다.

애도사진의 촬영 제시문

애도사진 촬영을 위해 몇 가지 기본문을 제시한다. 그중 하나를 선택해서 진행해도 된다. 애도의 과정에 필요한 촬영의 주제는 달라질 수 있다. 유품이나 고인이 머물렀던 집과 흔적을 찍을 수도 있다. 상실 대상을 떠올려 보면서 내 마음을 표현할 수도 있다. 나를 위해, 자신에게 더 집중하는 자화상 사진이 도움이 될 수도 있다. 나에게 적합한 제시문을 선택해본다.

1. "애도하고 싶은 분의 거취(집), 흔적 또는 유품 등을 찾아서 찍어보세요."

2. "지금 나의 마음을 표현해주는 사물이나 풍경 등을 찍어보세요."

3. "애도 중인 나의 모습을 찍어봅니다. 나의 감정을 표현해보세요."

"사진의 장수에 대한 제한은 없습니다. 찍고 싶은 만큼의 시간 동안 찍어봅니다. 때로는 감정이 자연스럽게 일어날 수 있습니다. 그럴 때에는 잠시 그 감정에 머물러 봅니다. 그리고 자신을 관찰해보시기 바랍니다. 과거의 기억이 생각날 수도 있습니다. 이 또한 자연스러운 현상입니다. 그 생각에 머물러 자신을 지켜봅니다."

촬영기간

촬영기간은 심리적인 변화와 상황에 따라 설정한다. 그것이 하루일 수도, 며칠일 수도, 또는 몇 달이 소요될 수도 있다. 촬영하면서 올라오는 심리적인 상태에 따라 애도기간이 달라질 수 있기 때문이다. 감정과 생각 그리고 마음을 알아차리는 것이 필요하다. 구조적으로 일정한 촬영기간을 정해야 한다면, 스스로 정해보거나 안내하는 상담사와 의논하는 것도 좋다.

사진 고르기

촬영을 마친 후 마음에 드는 사진들을 골라본다. 그리고 사진을 고르면서 자신에게 떠오르는 생각이나 감정, 몸의 느낌들을 주의 깊게 본다. 어떤 기억들이 스쳐 가는가? 그 무엇도 잘못된 것이 아니며 그럴 수 있음을 인정한다. 나의 판단과 단정으로 그 어떤 것도 제한하지 않는다.

사진을 공유하면서 대화하기

마지막으로 사진을 상담사 또는 가까운 사람들과 공유하면서, 나의 경험을 말해본다. 나의 경험을 나누기 어렵다면 스스로 글로 정리해보는 것도 좋다. 그러나 안전한 공간에서 신뢰하는 상담사나 동반자와 같이 이야기할 때 치유적으로 더욱 도움이 될 것이다. 서로를 이해하고 표현할 수 있는 기회를 갖는 것은 애도를 안정적으로 돕는다. 정서적으로 지지를 받고 함께 공감하는 것은 큰 위안이 되기 때문이다.

애도사진 정리하기

애도사진을 액자나 앨범에 정리할 수도 있다. 애도사진에 제목을 정해보거나 떠오르는 생각들을 적어도 좋다. 애도사진 활동을 하면서 깨달은 점이나 새롭게 알게 된 점들을 정리해둔다. 시간이 지나 다시 애도사진을 보면서 어떤 마음이 드는지 느낀다. 이는 나의 애도과정을 다시금 이해하고 살펴볼 수 있도록 해준다.

애도사진 과정 요약

도입	1) 애도의 의미 나누기 2) 애도 경험을 살펴보기 3) 애도 대상을 선정하기
전개	4) 촬영하기(아래에서 선택하기) 　– 애도 대상자와 관련한 유품이나 흔적 촬영하기 　– 나를 표현하는 사물 또는 풍경 촬영하기 　– 자화상 촬영하기 5) 사진 고르기 6) 사진을 보고 대화를 나누면서 애도과정을 돕기
마무리	7) 전체적인 경험 나누기 8) 사진 정리하기

4. 애도사진의 치유경험

애도사진의 치유경험은 참여자들이 경험한 애도 이야기로 시작했다. 그리고 자신에게 어떤 애도가 필요한지를 생각해보고 대상을 선택했다. 그리고 애도사진 작업을 하면서 각각 자신만의 상실감과 죽음을 만났다. 그동안 말로 표현하지 못했던 감정들과 생각들이 사진을 통해 나왔다.

참여자들의 이야기 속에 애도과정이 어떻게 전개되었는지를 보기 위해 '사진을 찍기 전에', '사진을 찍으면서', 그리고 '사진을 보면서'의 과정으로 구성해 관련 대화를 부분적으로 발췌해서 정리했다. 그리고 애도사진을 작업한 뒤 2년 후에 참여자들을 다시 만나서 그동안 어떤 변화들이 나타났는지 살펴보았다.

📁 이야기 1: 부치지 못한 수연시

아버지는 보수적이고 권위적이었다. 아버지는 '우리 애들은 애교가 없어, 딸들이.'라고 하셨지만, 우리는 아버지가 매우 엄격해서 대하기 어려웠기 때문에 시시콜콜한 대화를 나누어본 기억이 거의 없다. 여행이나 어떤 활동을 함께 해본 적도 거의 없었다. 그러한 아버지가 사업 부도의 충격으로 쓰러지신 후 중환자실과 일반 병실을 전전하다 몇 년 만에 돌아가셨다. 아버지가 병원에 계시는 동안 어머니는 경매 등의 일로 법원에 다니셔야 했다. 아버지의 죽음과 거의 동시에 우리는 소유했던 모든 것들을 잃었다. 순식간에 나락으로 떨어진 우리에게 애도는 생각해볼 수도 없는 일이었다.

사진을 찍기 전에

뭐라고 해야 할까, 선뜻 나서지지 않아서 몸이 안 움직여졌다. 그러다가 추석에 어머니 댁에서 가족들과 오랜만에 아버지에 관한 이야기를 나누게 되었고, 아버지에 대한 동생들의 생각과 기억을 듣게 되었다. 동생들에게도 엄격한 아버지였다. 그리고 아버지가 돌아가신 뒤 휘몰아친 수많은 어려운 일들로 인해 애도는 사치로 여겨졌었다. 아버지의 죽음에는 늘 붙어 다니는 힘겨운 기억들이 있었다. 펼치고 싶지 않은 책처럼 마음 저 깊은 구석에 먼지가 쌓인 채로 묻어둔 것이었다. 애도사진을 시작하기까지 많은 시간을 주저했다. 그리고 애도에 관한 자료를 찾아보면서 어떻게 풀어야할지 고민했다.

사진을 찍으면서

자의 반 타의 반으로 애도사진 활동을 시작하면서 그동안 이래저래 내키지 않아 자주 가지 못했던 성묘를 다녀왔다. 조부모의 산소 아래 덩그러니 심어진 어린 소나무, 납골당에서 수목장으로 모신 아버지의 부재를 찍었다. 아버지가 없는 가족사진과 아버지의 흔적을 찾을 수 없는 어머니의 거실을 찍었다.

사진을 보면서

사진을 찍고 아버지의 일생을 시로 적어보면서, 마음의 추가 여러 개 있었다면 그 중에 하나를 내려놓은 듯한, 조금 가벼워진 그런 기분이 들었다. 애도사진 활동을 하면서 많은 시간 동안 아버지의 삶을 생각하게 되었다. 아버지가 회갑 잔치를 못하신 사실이 제일 안타까웠다. 회갑 잔칫상을 수연상이라고 하고 그때 쓰는 시를 수연시라고 한다. 그래서 쉰아홉 짧게 살다 가셔서 드리지 못한 수연시로 아버지의 일생을 정리하고 애도해보았다. 내가 바라본 아버지의 삶. 18년 전 너무나도 혼란스럽고 힘들었던 여러 상황들 속에 사치가 된 애도였지만, 시간에 묻히고 그렇게 아물고 잊힌 듯했지만, 이번 작업으로 두터운 먼지를 털어내고 마주한 아버지의 삶과 죽음은 '그럴 수도 있는 그러나 너무나 안타까운 것'으로 와닿았다. 이제는 조금 편안해진 마음으로 바라볼 수 있게 되었다.

보낼 수 없는 수연시

열정 하나로
어지러운 숲을 지나

불어오는 바람 등에 지고
햇살 가득한 드넓은 바다로 순풍

휘몰아치는 검붉은 비바람에
산산이 부서져

험난한 골짜기
넘어 넘어

할미꽃 가득한 어미 품에 안긴
어린 소나무

어미의 눈물과
자식의 손길로

백년 만년
푸르러라

어머니는 종교 활동을 하면서 힘든 마음을 기도로 채우고 계신다. 그것이 버틸 수 있는 힘이었다. 나에게는 결혼과 육아, 시간이 약이었던 것 같았다. 무덤덤해져서 그렇게 덮여졌나 생각했었다. 그런데 그렇지 않았다. 억누르고 있었던 것이 많이 있었다. 먼지 덮인 책을 한 장 넘긴 느낌이다. 아직 많이 남아있지만, 조금 더 깊이 들어가 볼 용기는 아직 없다. 그래도 한 장, 두 장은 넘긴 듯하다.

애도작업을 한지 2년이 흘렀다. 여전히 크고 작은 일들로 하루하루가 지나가고, 내 나이도 어느덧 아버지가 살아계셨던 그 즈음으로 성큼성큼 다가가고 있다. 요즘은 한 해 두 해 지날수록 삶의 무게와 아이들에 대한 책임감이 점점 커지고 있음을 느낀다.

내가 생전 아버지의 나이가 되어가면서 나의 아버지도 우리들을 위해 이 무게를 감내하며 치열하게 사셨겠구나 하는 생각이 든다. 늘 엄하기만 하셔서 서운했던 마음이 감사함으로 바뀌었다.

| 아버지가 부재하는 거실 |

📁 이야기 2: 아들이 남긴 물건

앞으로 6년은 떨어져 지내야 하는 아들을 외국으로 보내고 집으로 돌아왔다. 딸은 이날 내가 횡설수설하고 이것저것 만지작거리면서 안절부절못했다고 말했다. 나는 평소에 잘 안 우는 편인데 저녁에는 울기도 했었다. 아들에게 그냥 무덤덤하게 '잘 가라' 하고 돌아왔는데 눈물이 며칠이나 났었다. 그러고 한 달이 지나고 나니 여유가 생기는 느낌이 들었지만, '괜히 보냈나? 내가 실수한 것은 아닌가?' 하는 후회가 들었다. 그리고 앞으로 같이 살 수 있는 시간이 있을까 하는 불안과 그리움이 올라왔다.

나는 아들을 타지로 보내고 나서, 가족을 다시 생각하게 되었고 아들에 대한 이야기를 하기 시작했다. 남편이 나와 같은 생각을 하고 있음을 알게 되었다. 게다가 고모의 아들도 유학을 가서인지 고모와 공감대 형성이 잘되는 것 같았다. 어느새 내 생활이 바빠졌고 전처럼 나의 패턴을 다시 찾아가는 것 같았다.

사진을 찍기 전에

애도 작업을 하려고 아들의 물건을 찾아보았다. 바람 빠진 축구공, 안 신는 신발, 그리고 안 쓰는 향수가 남아 있었다. 그런데, 책장 위에 놓여 있던 중요한 메달과 상장이 모두 사라지고 이름표만 덜렁 남아있음을 깨닫고 깜짝 놀랐다. 그것을 이제야 알았다. 아들이 구멍 난 속옷만 남기고 다 가져가 버렸다는 사실을.

아들과 통화를 했다. 아들의 목소리가 가라앉아 있어서 혹시 공부가 안되나 걱정되었다. 내가 도와줄 수 있는 것이 없었다. 아이가 스스로 극복해야 한다는 것을 알면서도 내가 참견해야 하나 말아야 하나 생각했다. 옛날에는 '이렇게 해라, 저렇게 해라.' 했었는데, 이제는 아이와 내가 떨어져 있음을 더욱 실감했다. 이후 통화했을 때에는 다행히 목소리가 밝고 괜찮아 보였다. 남편은 공부하러 간 아이에게 집 생각나게 자꾸 전화하냐고 했다. 나는 우리 가족이 언제나 아이를 생각하고 있다는 사실을 알려주고 싶었다. 아이가 떠나갈까 두렵다. 내 마음 속에서 떠날까봐, 소통이 안 될까봐 아직 두렵다.

사진을 찍으면서

사진을 찍기 시작하면서, 내 모습을 보았다. 근래 찍은 사진에는 아이가 없었고 과거에 내가 아이를 소유하려 했던 점이 느껴졌다. 이제는 손댈 수도 없고 내가 해줄 수 있는 것도 별로 없지만 아이의 성장에 대한 믿음과 불안이 동시에 들었다. 이에 반성하게 되었다. 처음에는 유학 보낸 것을 자책했지만 잘 보냈다는 생각도 들었다. 아들이 떠난 방에서 아들 키에 맞추어 만든 책상 받침대를 보면서 아직도 아들이 돌아오기를 기대하는 나를 보았다. 신발장에 남겨진 신발들을 보면서 과연 아들이 다시 돌아올까 하는 의구심도 들었다. 구멍 난 속옷을 세팅해놓고 촬영하면서 내가 아직 아들을 보내고 싶지 않음을 알게 되었다. 쓰지 못할 물건을 버리지 못하는 나의 모습을 보았다.

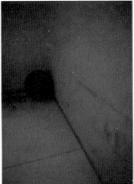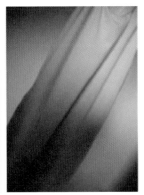

| 아들이 남기고 간 안 신는 신발, 바람 빠진 축구공, 구멍 난 속옷 |

사진을 보면서

사진을 고르면서 아들의 물건을 정리해야 한다고 생각했으나 버리고 싶지 않은 마음도 앞섰다. 그러나 다른 연구 참여자와 대화를 나누면서 물건을 정리해야겠다는 생각이 들었다. 아들에게 전화를 했다. 버려야 할 물건들을 확인하고 신발이나 옷들을 정리하기 시작했다.

리더 사진을 찍기 전과 찍고 난 후에, 생각과 마음이 달라졌다면 뭐가 있을까요?

참여자 2 찍기 전에는 유학 보낸 것에 약간의 자책이 있었는데요. 이제는 확실히 내가 아이와 분리되었다는 것을 느꼈어요.

리더 어떤 사진을 찍으면서 분리되었다고 생각했나요?

참여자 2 버릴만한 신발만 남아있더라고요. 그것을 찍으면서요. 그리고 버리지 못하는 것도 있다는 것을 알게 되었어요. 빵구 난 러닝셔츠! 사진에 초점이 안 맞았지만, 그게 더 좋아서 여기 갖고 왔어요.

리더 아들 신발과 빵구 난 러닝셔츠를 찍으면서 아들이 떠났다는 걸 확인했었군요. 이렇게 이야기하면서 어떤 느낌이 들어요?

참여자 2 약간 울컥하죠.

리더 어떤 점이 가장 울컥하게 하나요?

참여자 2 빨래하는 거요. 애가 간 다음에 막상 처음에는 빨래가 없어서 너무 좋았는데, 종종 정말 없구나! 정말 없구나! 이 런닝셔츠를 얘는 버렸는데 저는 버리지 못하고 있는 것 같아요. 이걸 버리면 불안한(침묵).

리더　　물건을 버리면 아이를 버리는 것 같은 느낌이 드나요?

참여자 2　아직은 못 버리겠어요.

리더　　어떻게 보관하는 게 좋겠어요?

참여자 2　원래의 자리에, 계속해서 속옷 있던 자리에, 통에 넣어서 보관하면 좋겠어요. 아들을 떠나보내는 애도의 마음도 있지만, 또 돌이켜보면 아들과의 관계에 대해서도 생각하게 되는 기회가 된 것 같아요. 아들 없이 이사를 했는데요. 그래도 아들 방 하나를 만들었어요. 처음에는 아들 방에 뭘 두는 게 싫었어요. 그랬다가 요즘은 제 짐이 점점 많아지고 있어요. 카메라 가방도 거기 있고(웃음). 제가 쌓아놓고 있어요. 그런 점도 생각해 보고, 제가 갖고 있는 아들에 대한 기대? 제가 아들을 많이 좋아한 것에 대해서도요. 아들하고는 대화가 잘 됐는데 딸하고는 잘 안됐거든요. 그런데 아들이 가고 나니까 내가 딸한테 (마음이) 가는 것 같아요. 이런 것들이 다시 생기는 거에요. 지금 이렇게 얘기하니까 다시 정리가 되는 것 같아요

리더　　적응한다는 건 떠나고 남은 사람들끼리 다시 재구조화되는 작업이죠. 누군가 떠나도 다시 안전해져야 하거든요. 예전에는 없으면 생활이 삐거덕거리고 문제라고 생각했는데 이젠 없는 것에 익숙해져서 안정화되죠.

2년이 지났다. 나는 아들이 두고 간 물건들을 모두 정리했다. 내가 런닝셔츠를 버리지 않았다고 하자 아들은 한국에 오면 입겠다고 한다. 다 알아서 하는 아들의 모습에 믿음이 생겼다. 예전에는 성인이 된 아들을 독립시켜야지 하면서 계속 아이에게 매달려 있었던 것 같다. 애도사진 작업은 내가 연연했던 집착을 직면하게 했고 굉장히 빠르게 집착에서 벗어날 수 있도록 했다. 애도사진 작업 후에 나도 빨리 적응한 것 같고 덕분에 내가 아들한테서 독립할 수 있었다.

📁 이야기 3: 풀지 못한 앙금

시어머니는 나를 안 좋아하신다고 늘 생각해왔다. 나에게 하시는 말씀, 행동, 상황들로 인해 어머니께 서운하고 속상하고 심지어 무섭기까지 했다. 직장과 육아로 전전긍긍하고 있을 때 도움을 청했는데 거절하셨던 일은 나의 마음속에 가장 큰 아픔으로

남아있다. 그런데 어느 날, 어머니는 주무시던 중 갑자기 돌아가셨다. 얼마간 어머니 생각을 하면 슬픔이 북받쳤다. 갑작스러운 이별과 그 생에 대한 안타까움 때문이었을 것이다. 그런데 한편 야속함도 울컥 올라왔다. 어머니에 대한 서운함을 차차 풀어보려 했었는데 그 시간이 허락되지 않았기 때문이었다. 그리고 시간이 흐르면서 그 감정은 점점 기억 속에 묻혔다.

📷 사진을 찍기 전에

최근에 휴대폰 게임을 시작했다. 한 달 내내, 종일 게임을 했다. 딱히 이유도 없었다. 두 해 전에 돌아가신 시어머니에 대해서 애도작업을 하기로 했는데 그것도 하고 싶지 않았다. 어머니에 대한 나의 애도가 그냥 추억작업으로 끝나버리진 않을까 하는 걱정도 들었다. 그러던 중 후배와 이야기하다가 불현듯 결혼 전에 시어머니께 호주산 양털인형을 선물 받았던 것이 생각났다. 그리고 시어머니가 결혼 후 첫 생일에 사주셨던 외투(어울리지 않는 것 같아서 한두 번 입고는 내내 옷장 안에 걸어두었다)도 떠올랐다. 그 인형과 외투를 시작으로 드디어 애도 촬영계획을 세웠다. 어머니가 나에게 해주신 것이 별로 없다고 생각했었는데 이런 것이 있었구나 하는 생각에 반가웠다. 어머니 사진을 찾던 중 내 아이들의 사진을 보게 되었는데, 어머니가 이렇게 예쁜 아이들을 왜 안 돌봐주셨을까 하는 생각에 다시 서운함과 원망이 올라왔다.

📷 사진을 찍으면서

사진을 찍으면서 양털인형과 옷을 어떻게 '잘' 찍을까 하는 생각을 했다. 옷과 양털인형을 그냥 있는 그대로 찍으면 되는데, 그것들에게 어떤 의미를 주기 위해 사진적으로 어떻게 표현할까 고민하는 나를 알아차렸다. 그 순간 '이건 아니야, 그러지 마!'라고 스스로 털어내고 그냥 흘러가는 대로 찍기로 했다. 옷걸이에 예쁘게 걸어놓고 찍으려던 옷도 그냥 자연스럽게 침대에 펼쳐놓고 촬영했다.

📷 사진을 보면서

사진 속에 있는 인형과 재킷을 보면서, '정말 나에게 달랑 두 개만 해주셨나' 생각하니 시어머니가 정말 야속했다. 그런데 순간적으로 '아니야, 남편도 주셨잖아' 하는 생각도 훅 들었다. '내 애들도 결국은 거기서 비롯된 거잖아!' 사진을 찍으며 어머니에 대한 야속한 마음이 이렇게 발전한 것 같아 다행이다. 애도가 어머니를 좋게 잘 보내 드리고 나도 마음을 정리하자는 의도이니, 이제 이러한 좋은 마음을 담아 잘 보내드 릴 수 있을 것 같았다.

류기상	호주에서 사오신 인형을 발견했을 때 어떠셨는지요? 궁금해요.
참여자 3	호주에서 유명한 선물이라 누구나 한 번은 사오는 그런 인형이에요. 결혼 전이었고 그때는 남자친구였던 남편이 '어머니가 너 주려고 사오신 거야'라고 해서 받았어요. 어머니가 원망스러울 때마다 몇 번이고 버리려고 했는데 그래도 애들한테 좋은 장난감이고 추억이라도 남겨 놓으려고 안 버렸어요. 집에 오자마자 그 인형을 찾아봤더니 애들이 모아놓은 인형 한가운데에 있었어요. '여기 있었네!' 반갑더라고요.
리더	어머니가 남긴 흔적이 반가우셨네요.
참여자 3	이번에 시아버님이 돌아가셔서 어머님 묘와 합장을 했어요. 그 과정에서 어머님 유골함을 보았을 때 어머님을 뵙는 것처럼 반갑더라고요. 그때(인형을 발견했을 때)도 같은 마음이었어요. 하지만 제 생각엔, 어머니가 저 주라고 그 인형을 주신 거지만 제가 예뻐서 주신 건 아닐 거 같아요.
리더	시어머니 마음을 그렇게 생각하고 싶은가요?
참여자 3	제 추측컨대 그랬을 거예요. 다정다감하거나, 당신 이외의 사람에게 그렇게 정을 주지 않으시는 분이라.
리더	그것은 제가 알 수 없지만, 인형을 주셨다는 사실과 그것을 지금까지 간직하고 있었다는 것은 확실한 사실 같네요. 그건 의미가 있겠죠?

한 달 후, 드라마에서 우아하고 멋진 한 노인분이 요실금 팬티를 입는 마지막 장면을 보게 되었다. 순간, 어머니가 떠올랐고, 평소 그런 부분에까지 신경을 못써드렸던 부분에 대해 무척 죄송하다는 생각이 들었다. 누적된 서운함과 야속함으로 가득했던 나의 감정이 이제는 어머니의 '늙음'을 이해하고 공감하고 있었다.

애도사진을 마치고 2년이 지난 후, 애도사진은 나에게 너무나도 필요했던 작업이라는 생각이 든다. 나는 애도 작업을 통해 어머니에게 서운했던 기억들과 그 감정들을 풀어내면서 위로의 시간을 가졌다. 돌아가시기 며칠 전에 어머니가 꿈에 나오셔서 나에게 푸짐하게 한 상을 차려주시며 먹으라고 하셨는데, 그것이 나에 대한 미안함의 표시였을까 하는 생각이 든다. 이제는 야속했던 감정, 무서워했던 감정 대신 너무 힘드셨을 어머니에 대한 이해와 감사 그리고 그리움이 내 마음에 자리하고 있다.

📁 이야기 4: 다시 만날 수 있다면

📄 사진을 찍기 전에

꺼내놓고 이야기하기 싫었다. 그의 죽음을 글로 쓰기도 싫고 소리 내어 말하기도 싫었다. 죽음을 인정하지 않았고 비밀로 간직했다. 리더가 그 사람의 물건을 가지고 있냐는 질문에 그가 유일하게 사준 머리핀이 생각났다. 유일한 선물, 종로 리어카에서 팔았던 집게 머리핀이다. 서랍에 넣어 둔 깨지고 부러진 반 토막의 머리핀을 찍어야겠다는 생각이 들었다. 핀을 작업실에 갖다 놓고서도 보고 싶지 않아서 봉인한 채로 가방에 넣어두었다.

📝 사진을 찍으면서

머리핀을 꺼내놓으면서 몸에 있던 에너지를 확 빨리 전환하고 싶었다. 뭔가 봉인이 해제되어가는 과정 같아서 썩 내키지 않았다. 애도가 되면 버리든지 처분을 하든지 해야 할 것만 같은데 그것도 싫었다. 부러진 머리핀이었지만 내가 받은 선물임을 기억하고 싶었다. 너무 오래됐다. 이제는 보내야 하지 않을까? 한 8년 정도 됐다. 그런데 마음은 "이제는 보낼 때가 됐어! 그만 잡고 있어." 라고 하는 의지가 반, "하기 싫어." 하는 마음이 반이었다.

머리핀에는 옅은 하늘색의 반투명한 플라스틱에 금박 나비 문양이 새겨져 있다. 기억의 문이 열려 마음이 아파지는 것을 피하고 싶었다. 오른쪽 어깨 근처에 핀을 달고 턱 밑에서부터 가슴까지 자화상을 찍었다. 얼굴을 찍은 컷도 있지만 지워버리고 싶었다. 예뻐 보이지도, 편안해 보이지도 않았다. 얼굴을 마주하고 싶지 않은 이유는 고통을 대면하고 싶지 않은 마음일까? 떠나보내야 하는 나를 받아들이기 힘든 마음일까? 어떻게 찍지 고민하다가 본능적으로 어깨에다가 핀을 꽂았다. 별다른 의도 없이 그냥 하고 싶은 대로 했다. 여전히 달고 싶고 내려놓지 않고 붙들어 매고 싶은 마음이었다. 이렇게 촬영하면서 계속 눈물이 났다. 지금도 이 눈물의 의미가 뭔지 모르겠다. 찍는데 정말 일분도 안 걸렸다. 다시 핀을 원래대로 넣었다.

📝 사진을 보면서

참여자 4 시간을 거슬러 가보니 자유롭지 못한 사랑이 있었던 거죠. 이걸 내려놓는 게 맞는 것 같아서 놓아보려고 시도했어요.

리더 시도를 해보니 마음이 어때요?

참여자 4 생각과 마음이 따로 노는 것 같아요. 생각은 '놓아야해. 자유로워져야 돼. 놓아.'라고 하는데, 마음은 이 사람이 없어지면 내가 없어질 것 같았어요.

리더 내가 없어질 것 같은 마음이 무엇 때문일까요?

참여자 4 이 사람을 보내버리는 건 나한텐 끔찍한 일이었어요. 내가 사라지는 거였죠. 그 두 마음이 반반인 것 같아요.

리더 어떤 분인지 얘기해줄 수 있어요?

참여자 4 어떤 사람이냐고 선생님이 왜 물어봤는지 알겠어요. 그냥 '아픈 사람이에요.'라는 대답이 떠올랐어요. 이 사람이 나고 내가 이 사람인데, 이게 나인데, 나도 아픈 사람이겠죠? 같이 자란, 나와 같은, 분신 같은 사람…. (중략)

리더   잠시 그 남자 모습을 떠올려보면서 어떤 생각이 들어요?

참여자 4   보고 싶네요.

리더   보고 싶군요. (침묵) 얼마나 보고 싶어요?

참여자 4   (한숨, 눈물) 내가 죽어서 그 사람을 볼 수 있다면 죽을 것 같아요.

리더   네. 죽어서라도 보고 싶을 만큼 그런 분이군요.

참여자 4   볼 수 있을까요?

리더   네. 아마도 다음 생에. (침묵) 원한다면요.
                분신 같은 그분의 부재를 대신해줄 그런 사람이 현재 있나요?

참여자 4   아들이죠.

리더   이젠 아들이 있으시네요.

참여자 4   내가 영향을 가장 많이 주고, 내가 가장 지켜주고 싶은 그런 사람이 아들이니까요.

리더   네. 이렇게 그리운 사람이군요. 그 당시 나의 분신 같은 사람이었군요. 만약 이 사람을 다시 만난다면 뭐라 말하고 싶어요?

참여자 4   (침묵) 모르겠어요.

리더   그래요. 한 번 생각해보세요. 죽고 싶을 만큼 보고 싶은데, 만나서는 뭘 말하고 싶은지 생각하는 것도 좋을 것 같아요. 사진을 찍을 때는 잠깐이었지만 지금은 사진을 계속 보고 계시는데요. 보면서 어떤 마음이 드세요?

참여자 4   (침묵) 그렇게 약해보이지 않아요. 저기 턱 선과 어깨선이. 그냥 그렇게 단단한 느낌은 아닌데 약해보이는 건 아니고 뭐라 그럴까, 그냥 곧은 느낌? 수축되고 어두운 느낌이 아니에요. 왠지 이 느낌이 맘에 들어요.

리더   그렇게 자신이 약해보이지 않는군요. 그만큼 견디면서 잘 살아가고 있는거네요. 그래도 그 힘이 있으시네요.

참여자 4   그냥 늘 저 친구와 아들에게 부끄럽지 않게 멋있게 보여줘야지, 저를 위해서 그렇게 살았어요.

애도 사진작업 후 2년이 지났다. 그 핀은 여전히 그 책상 안에 넣어져 있다. 전에는 버려야 한다고 생각했지만 지금은 버릴 생각은 없다. 그리고 핀을 보아도 담담하다. 이제는 소중하게 간직하고 싶은 나의 앨범과 같은 것이다. 어릴 때의 내 모습이 보기 싫어도 나의 추억이고 소중한 기억인 것처럼. 내 사진의 모습이 마음에 안 든다고 버릴 수 없듯이. 그 핀은 나의 상실과 고통의 상징이며 내가 받았고 주었던 기억이다. 잘 남겨두고 싶고 계속 가지고 있고 싶다. 전에는 유품이라는 생각을 하지 못했는데, 이제는 '그의 유품'이라고 생각한다. 그리고 애도사진을 작업하면서 많이 울었는데, 억눌린 감정이 많이 나온 느낌이었다. 이러한 느낌을 그때에는 전달하지 못했다. 말을 꺼내면서 느낌이 되게 무겁고 묵직했고 확 토해지지는 것도 아니었지만, 조금씩 빼내는 느낌이었다. 애도의 과정이 힘들지만 얼마나 필요하고 중요한지를 남들이 나처럼 알면 좋겠다.

사진을 다시 찍는다면, 손에 (머리핀을) 올려놓고 찍고 싶다. 예전에는 내 어깨에 매달려서 붙잡고 싶었던 마음이라면, 지금은 손안에 소중한 것을 간직하고 싶은 마음이다. 슬픔은 여전히 올라온다. 그러나 그 슬픔은 그리움이지 상실, 괴로움과는 다르다. 과거에 찍은 애도사진을 다시 보니, 얼굴이 잘려진 것이 아파 보인다. 그때 사진을 찍으면서 내가 예뻐 보이지도 편안해 보이지도 않았지만, 지금은 아프고 슬퍼 보인다. 이제는 거리를 두고 볼 수 있게 되었다. 이제는 떨어져서 보게 되는 것 같다. 그리고 전에는 그와 아들에게 멋진 모습을 보여주려고 애써 살았는데, 이제는 그를 위해 살지도 않고, 아들을 위해서도 살지 않는다. 그동안의 마음공부, 시간과 나의 노력, 그리고 애도작업이 포함되어 분리된 것 같다. 그 사람이 나의 분신이었는데, 이제는 떨어져 나왔다.

📁 이야기 5: 하늘이 무너지는 슬픔

간밤에 아버지가 잠을 못 주무실 만큼 아파서 병원에 가셨다는 동생의 문자를 받았다. 안절부절못하다가 아버지께 전화를 드렸다. 심장이 많이 아프다고 하셨다. 입원을 해야 하는데 병실이 없어서 집으로 오셨다고 했다. 곧 가겠다고 했더니, 주저하지 않으시고 '와라'라고 하셨다. 집에 도착하기 직전에 아버지가 쓰러지셨다는 전화가 왔다. 하얀 얼굴로 소파에 누운 아버지. 119의 앰뷸런스에, 응급실에서의 심폐소생에도, 결국 늦었다는 의사의 말에 그저 어처구니없어 멍했다. 이날 아버지 보약을 가져가기로 했는데, 어제 창문에 커튼을 다셨다는데, 얼마 전에 컴퓨터를 고쳐달라고 했는데, 몇 주 전 나를 간병해주셨던 분이었는데, 그 순간 모든 것이 멈춘 듯했다. 나를 보듯 살짝 뜨고 있는 아버지의 두 눈이 보였다. '나를 보셨을까?' 다시 뜨지 못할 그 눈을 내 손으로 감겨드렸다. 슬펐다. 하늘이 무너졌다. 장례식 내내 비가 쏟아졌다. 그리고 49재 되던 날, 아버지가 몸을 일으키시는 모습을 보면서 나는 '살아나셨다!'고 소리치면서 꿈에서 깼다.

🗐 사진을 찍기 전에

사진을 찍기 전에 아버지에 관한 꿈을 꾸었다. 꿈에 어떤 교수님이 아버지가 쓰던 수첩이라면서 나에게 주셨다. 아버지가 좋은 글귀를 적으셨구나 생각했다. 그 수첩을 찍으려고 책상 위에 올려놓았다가 책상에 새겨진 내 이름을 발견하고 손이 덜덜 떨렸다. 주변을 살펴보니 아버지의 사무실이었고 책장 안에 아버지 유품이 잔뜩 들어있어서 깜짝 놀랐다. 교수님이 이 방으로 들어오시자 나는 아버님 유품을 그동안 경황이 없어서 빼지 못해 죄송하다, 아버님이 돌아가신지 2주 됐다고 말하면서 눈물이 났다. 어떻게 유품을 정리하나 고민하다가 거울에 비친 내 모습이 보였다. 충혈된 두 눈에 입 벌린 내 모습이 슬퍼 보였다.

🗐 사진을 찍으면서

처음에는 무엇을 찍어야 할지 막막했다. 차례상도 찍고 음식 준비하는 것도 찍고 성묘 가서 산소를 찍기도 했다. 그러다 집안을 둘러보면서 사진을 찍던 중 꿈에서처럼 놀랐다. 방마다 아버지가 사놓은 물건들이 여기저기 있었다는 것과 그 물건들이 일상생활

에 젖어 티를 내지 않고 있었다는 사실을 발견했다. 아버지가 쓰시던 작은 머리빗이 아직도 화장대에 꽂혀 있었다. 이것이 아직도 있었네! 하면서 신기하게 보였다. 벌써 10년도 넘었는데 마치 지금도 쓰시는 것처럼 느껴졌다. 하나씩 하나씩 유품을 찾아서 찍어나가다가, 순간적으로 확 깨치는 생각이 있었다. 지금까지 이 물건과 어울려 지냈듯이, 내 마음에 아버지의 모습이 많이 있다는 사실이었다. 공기 속에 살면서 공기를 못

느끼고 있는 것처럼. '아버지는 나랑 같이 있었네. 멀리 가신 것이 아니네.' 하는 생각이 들자 마음이 갑자기 따뜻해졌다.

🗂 사진을 보면서

사진을 다시 보면서 많이 울었다. 아버지가 나에게 전해주려 했던 마음과 기대가 너무 많이 느껴졌기 때문이다. 그렇지만 아버지가 한시도 나하고 떨어져 있지 않았으며 무엇보다도 내 마음 속에 이렇게 있다는 것을 확인한 위안의 시간이었다. 늘 나의 마음과 함께 있다는 생각이 들어서인지 마음이 한결 가벼워지고 행복한 기분이 들었다. 아직도 슬픈 이유는 제대로 아버지를 봉양하지 못했다는 생각에 그런가 했다. 저절로 가족과 어머니에게 더 잘해드려야겠다는 생각이 들었다.

애도사진 작업 이후 2년이 지났다. 애도사진은 나의 모습과 아버지의 존재감을 다시 보게 해주었다. 아버지를 잃은 슬픔이 내가 생각한 것보다 더 컸다는 생각이 든다. 슬픔 속에 있어서 그 크기를 알지 못한 채로 오랫동안 그 그늘 안에 있었던 것 같다. 나의 꿈들은 아버지의 죽음에 슬퍼하던 여린 내 마음을 위로해주는 보상 같으면서 나의 마음을 회복시키려는 무의식적인 노력으로 느껴졌다. 그리고 시간이 지나면서 아버지가 나에게 주신 의미를 점점 잊고 지내고 있다는 사실을 애도사진 작업을 통해 깨달았다. 전에는 때때로 아버지의 존재감을 무엇으로 대체할 수 있을까 하는 생각에 인생의 허무함과 아버지의 부재에 대한 허망을 느끼고는 했었다. 그러나 아버지가 당신의 삶에 충실하고 소유하지 않고 베푸셨던 그 모습이 내 마음에 유산처럼 남았음을 깨달았다. 아버지가 사다놓고 쓰셨던 작지만 일상적인 물건들에서 아버지의 삶을 다시 연상하게 되었다. 아버지의 일상 속 행위는 바로 아버지의 마음이고 의식이었고 아버지의 존재와 가족에 대한 사랑이었다. 그 의미는 아직도 나의 삶에서 반복적으로 재생되고 있었다. 애도사진 작업은 아버지의 의미와 사랑을 더욱 느끼게 해준 시간이었다. 실재를 초월해 존재하는 정신적 연결과 영속성이 전해지는 듯하다.

📁 이야기 6: 보지도 않고 이별한 아이

📑 사진을 찍기 전에

그 아가에게 미안한 마음과 용서를 구하려는 마음으로 애도를 결정했다. 진지하게 하고 싶었다. 그러기 위해서 먼저 나의 마음을 살펴보는 장치(준비)가 필요했다. 일을 하면서 병행하기에는 감정의 기복이 생겨, 집에서 작업하기로 했다. 마음이 우울해졌다. 그렇게 며칠이 지났다.

📑 사진을 찍으면서

마주하지 않았던 사실, 마음이 아팠던 아가의 기억과 그 인연을 이미지화 한다는 것은 너무도 어렵고 무의미하게 느껴졌다. 힘들었다. 애도사진을 제출하기로 한 날에 억지로 카메라 뷰파인더를 보기 시작했다. 낮에 보이는 초승달을 보니 마음이 스산해졌다. 만나지 못한 아이에 대한 생각을 프레임에 담았다. 내 마음 같았다.

어떻게 찍을지 답답한 마음으로 서울로 올라와 전철에서 내리다가 잃어버린 아이를 찾는 포스터 광고를 보게 되었다. 그것을 딱 보는 순간, 폭탄 터지듯이 여러 마음이 확 밀려왔다. 아이에 대한 엄마 아빠의 마음, 혼자 고립된 아이의 마음, 세월호의 아이들 마음까지도. 그 순간에 어쩌면 나의 내면 안에 있던 불안감, 이 아이에 대한 미안함, 심리적으로 육체적으로 가족에 대한 미안함이 들어와서 너무 힘들었다. 딱 한 장의 사진만 찍고 더 찍을 수가 없었다. 그리고 지상으로 올라오는데 팬시점의 곰 인형이 보였다. '만약 우리 아이가 더 자라서 지금 있었다면 어땠을까?' 하는 생각에 사진을 몇 장 더 찍고 지하철역을 나오는데 자전거가 보였다. 마치 그 아이가 놀다 간 것처럼…. 이때 정말 미치겠다는 기분이 들었다. 진짜 너무 힘들었다. 그러다가 너무나 답답한 마음에 다시 지하철로 돌아가서, 아주 멀리서 곰 인형을 그냥 찍었다. 아주 멀리, 내 안쪽의 마음을 보는 듯했었다. 그것을 찍고 나니 마음이 좀 편안해졌다.

사진을 보면서

너무도 강렬하고 힘들었던 단 하루의 촬영이었다. 비록 몇 장 안되는 사진을 선택하는데도 감당하기 어려운 무거운 마음이었다. 나를 위로할 수 있는 것이 없었다. 아무 곳도 갈 수 없게 꽁꽁 묶여있는 자전거를 보면서 마주하지 못한 아가와 마주쳤다. 그 미안함, 지켜주지 못했다는 자책감이 나를 누르고 있었다. 나의 이기심이 있었기 때문이다. 애도사진을 작업하면서 배우자와 대화를 하게 되었다. 반성하고 위로하면서 치유의 가능성을 열어놓아야 한다고 생각했다. 아이의 문제는 부부가 같이 풀어야 하는데 괜히 먼저 꺼내서 드러내고 배우자를 힘들게 한 것 같았다. 우울했다. 풀어야 할 문제인데 회피하고 싶었고, 사실은 잊고 싶었다. 지금 아이들에게 더 집중하고 싶었고 안정된 상황이 틀어지는 것이 싫었다. 서로 어떤 고민을 하는지 나누었다. 이 아이에게 줄 수 있는 선물이 무엇인지를 이야기했다. 그렇지만 그냥 이 시간도 지나가리라는 마음이 우리의 대화를 멈추게 했다. 말하지 않아도 이해할 수 있을 것이라는 변명 같은 생각도 들었다. 애도사진은 나의 인연과 관계를 다시 들여다보는 시간이었다. 이 시간이 나를 성장하게 할 것이라 믿고 지금에 충실하자고 다짐했다.

2년이 지나, 다시 사진을 보면서 그때와 지금의 생각은 달라지지 않았다. 오히려 더 선명해졌다. 애도사진의 경험은 성찰의 시간이었다. 애도는 현재의 인간관계가 과거에 형성된 인간관계의 영향을 받는다는 대상관계선상에 있었다. 아이의 죽음에 대해 교만했고 애도작업에 계속 다른 일들이 연결되면서 더욱 힘들어졌다. 나는 지금 매일 기도를 한다. 더 이상 안 좋아지지 않도록 하기 위해, 파동은 조금은 잠잠해졌지만 크게 성장한 것 같지는 않다. 애도에 대한 스스로의 질문이 너무 컸다. 나는 왜 나에게 지지와 격려를 하지 못했나? 애도에 대한 막연한 기대와 생각이 많이 무너졌다. 나에게 애도는 아직 진행형이고 앞으로도 죽음에 대해 공부할 수밖에 없겠다는 생각이 든다. 과거의 애도사진은 포장되지 않은 있는 그대로였던 것 같다. 해야할 일이 많다. 지금도 가고 있다.

📁 이야기 7: 예행연습

📄 사진을 찍기 전에

나는 아직까지 애도를 경험한 적이 없다. 애도할 대상이 내 주위에 없었다. 이번 기회에 부모님을 대상으로 애도사진을 찍어보자고 배우자에게 제안을 했다. 모두 살아계시고 건강하지만 미리 한번 준비를 해보자는 것이었다. 부모님 댁은 우리 집과 10분 거리인데도 한 달에 한두 번 정도 방문하는 것이 전부였다. 하루는 우리 부모님의 일상적인 모습, 자주 사용하는 물건들을 기록해보기로 계획을 세우고 부모님 댁을 방문했다.

📄 사진을 찍으면서

나에게 결코 쉽지 않은 작업이었다. 직접 경험하지 않은 감정을 어떻게 담고 풀어가나 많은 고민을 했지만 시작은 가볍게 했다. 어머니가 설거지하는 모습, 아버지가 식사하고 텔레비전을 보는 모습, 부모님의 손이나 잡다한 물건도 찍었다. 원래 계획은 주말을 보내고 월요일 저녁까지 있으려 했는데 갑자기 시댁 친척의 장례식장에 갈 일이 생겼다. 예의상 간 장례식장이라 아이랑 구석에 잠시 있다가 왔다. 시댁 쪽에서도 거리가 있는 분이라 더욱이 나에게 오는 감흥은 전혀 없었고 사실 무덤덤했다.

그런데 그 다음날 뜻밖에도 아버지가 호흡곤란으로 응급실에 실려 가시고 수술을 받으셨다. 뭔가 준비해야 한다는 생각에 정신이 없었다. 마음속으로 '아냐, 아냐.', '전혀 생각도 못한 일로?', '아냐!' 하고 머리를 가로저었다. '돌아가실 일이 아냐, 늘 건강하신데 그럴 리가 없어.'라고 생각했다. 다행히 수술이 잘되어 호전되셨다. 나는 '부모님은 내 옆에 계셔, 어디 안 가시는 분이야, 아직은 아니지.' 하는 생각을 되새겼다. 떠나보내는 예행연습을 해보고자 마음먹었지만 보내기 싫은 마음이 더 크게 자리 잡고 있었다. 이 일로 굉장히 놀라면서 애도작업이 가슴 속에 확 와닿았다. 아주 조금이나마 애도의 순간을 느껴보았다.

📝 사진을 보면서

며칠 사이에 핼쑥해지신 부모님. 며칠 전까지만 해도 아이를 안고 너무나도 좋아하시는 모습을 보았는데, 병원에 계신 아버지를 보며 이런 일이 또 생길까봐 두려움에 많은 생각을 했다. 짧은 시간 동안 너무나도 스펙터클했다. 더 고민하지 못하고 찍지 못했지만, 이를 계기로 절실하게 느낀 점이 있다. 부모님과 더 많은 시간을 가지고 추억을 더 많이 남겨야겠다. 나와 같이 찍은 사진이 아니더라도, 부모님의 모습 하나하나를 나중에 혹시나 기억 못할까봐 사진으로 남겨야겠다는 생각이 들었다.

아버지는 첫 해외여행에서 구입하신 지갑을 20년 넘게 사용하고 계신다. 자신에게 주는 첫 선물로 구입하신 것이다. 아버지에게는 좋은 추억이 있는 물건인데, 사진을 찍을 때는 그 소중함을 미처 몰랐다. 사진들을 다시 보면서 그때 찍은 사진이 모두 소중하게 느껴졌다. 아버지는 이 지갑에 특별한 의미를 두지 않았을까? 매번 새 지갑을 밀어놓고서 이것이 편하다고 말씀하셨던 아버지의 지갑을 이제는 이해할 수 있었다.

2년이 지나 과거의 글과 사진을 보니 그때는 놀란 마음에 많이 감정적이었던 것 같다. 지금은 다시 일상으로 돌아갔다. 그때의 감정이 이제는 많이 남아있지 않지만, 언제든 부모님이 가실 수 있는 상황이 올 수 있다는 마음과 그 대비는 이전과 다르다는 생각이 든다.

> **"**
>
> *작은 소녀였던 어머니의 사진, 아주 먼 시절의 그 사진은 내 책상 위에 놓여 있고 늘 내 눈앞에 있다. 나는 이 사진을 그저 응시하기만 하면 된다. 그 사진을 그 모습 그대로 그냥 받아들이기만 하면 된다(이 사진을 묘사하고 설명하려 하면 안 된다). 그러면 그의 선함이 선물처럼 다가와서 또 다시 내 곁에 머문다. 나는 그 선함 속으로 잠기고, 휩싸이고, 완전히 빠져버린다.*
>
> *– 롤랑 바르트*
>
> **"**

5. 애도사진 경험에 대한 치유의 의미

📁 애도사진의 과정 분석

　참여자들이 애도 사진을 찍기 전과 찍으면서, 그리고 사진을 보면서 진술한 내용들에서 도출한 사항들을 살펴보았다. 애도사진의 전 과정을 기본적으로 감정, 행동, 의식의 변화를 중점으로 다음과 같이 요약했다.

📑 사진을 찍기 전: 회피의 어려움

　애도사진을 처음 작업해보는 참여자들의 마음은 편치 않아 보였다. 애도사진의 의미와 중요성을 이해하는 듯했지만, 애도 자체가 주는 감정의 무게가 가볍지 않아서일 것이다. 애도사진을 찍기 전에 개인적으로 이해하는 죽음의 의미와 가족의 죽음 또는 상실감에 대해 이야기를 나누었다. 개인들의 이야기는 매우 다양했다. 죽음에 대한 경험적인 내용과 영향도 달랐다. 사진의 치료적인 기제가 참여자의 애도과정에 어떻게 영향을 줄지 알 수 없는 상황이었다. 서로 용기를 내고 해보자고 격려했다. 각자 애도할 대상을 선택하는 과정에서도 많은 고민들을 했다. 실제 많은 사람들을 떠나보낸, 또는 상실을 경험한 사람이라면 더욱 고민할 수밖에 없었을 것이다. 누구를 선택해 애도를 해보아야 하는 것인가? 이 과정은 참여자에게 자신의 애도 상태를 자가점검하게 했다. 나에게 지금 애도가 필요한가? 나에게 누군가를 보내는 애도의 과업이 어느 정도 진행되었는가? 막연하기도 하고 구체적이지 않아 보였다.

　참여자들은 솔직히 자의 반, 타의 반으로 애도사진의 작업을 진행했다고 말한다. 선뜻 나서지지 않아서 몸이 안 움직였고, 애도작업을 하겠다고 하고서는 일부러 다른 곳에 신경을 쓰거나, 애도를 해야 하는데 그 대상이 누구인지조차도 말하기 싫어했다. 자신들이 하고자 하는 애도가 가능한 것인지 묻기도 했다. 또한 그 결과가 제대로 있을지 의심도 했다. 진행하는 나로서도 무겁고 매우 힘든 기분이 들었다. 그렇지만, 애도의 중요성을 익히 알고 있는 연구자로서 참여자를 계속 지지하고 해보겠다고 한 참여자들을 믿고 기다리는 것뿐이었다.

애도사진을 찍기 전의 갈등과 두려움, 그리고 이 깊은 회피는 어찌 보면 당연하다. 어둡고 힘든 작업을 두려움과 주저함 없이 한다면 오히려 그것이 이상할 것이다. 죽음과 상실에 대한 경험이 그만큼 고통스럽기 때문에 더욱 피하고 싶고 어려운 것임을 먼저 인정하는 과정이 필요했다. 이러한 어려움에도 불구하고, 참여자들은 어떻게 애도사진을 찍을 것인지 긍정적인 고민들을 많이 했다. 문헌들도 찾아보고 과거의 기억들을 회상하면서 가족들과 대화를 나누기도 했다. 상실대상과 관련한 물건들을 찾아보고 찾아내기도 했다. 마음이 모아지면 그 힘은 어느새 한 방향으로 가듯이, 무겁고 우울하게 느껴지는 애도사진은 이렇게 용기내어 시작되었다.

🗒 사진을 찍으면서: 새로운 자각과 반응들

참여자들의 애도사진 촬영은 다양했다. 마음이 무거워 내내 미루다가 겨우 찍은 사람, 고민하면서 여기저기 다녀보고 이렇게 저렇게 시도하면서 사진을 찍은 사람, 촬영만으로는 부족해 글도 쓰면서 생각을 정리하는 사람, 세팅해 사진을 찍은 사람, 자화상으로 찍은 사람, 사진을 잘 찍으려 고민하다가 마음을 내려놓고 순식간에 찍은 사람, 경험하지도 않은 애도를 가상으로 기록하려고 계획한 사람까지, 촬영하는 태도와 방법들은 각자의 역량과 상황에 따라 달랐다. 사실 애도사진 작업은 그 어떠한 방법으로도 모두 다 가능하다. 애도에는 동일한 접근방식이 일괄적으로 적용될 수 없기 때문이다. 각자 자신이 선택한 방법에 나름의 최선이 있었을 것이다. 각자 선택한 방법과 접근을 수용하고 그 의미를 나누는 것이 필요하다.

참여자들은 애도사진을 어떻게 찍어야 할지에 대해 대부분 동일한 고민을 했다. 감정을 이미지화하는 것이 낯설고 쉽지 않게 보인다고 느꼈다. 그러나 사진을 찍기 전과 다르게 사진을 찍어 가면서 직접적으로 오는 감각, 감정, 자각은 역동적으로 나타나기 시작했다. 이것은 사진이 주는 현실적인 감각이기도 하다. 생각에 머물지 않고 찍어나가면서 실제적인 직감이나 영감이 창조적인 예술로 나타나는 것이다. 얼굴을 보여주기 싫어서 몸만 찍었다는 것도 자신의 감정에 충실한 그 상황의 최선이자 그 자체로서의 진솔한 표현이다. 보이는 대로 찍고 찾아다니는 것은 자신의 감정에 이끌린 무의식적인 힘이었을 것이다. 사물을 보는 순간 폭탄 터지듯이 감정이 올라오는 것도 사진에 깊게 몰입할 때 나타나는 현상이다. 참여자들은 무엇을 어떻게 찍어야 할지 모르겠다고 고민하면서도 사진을 찍어나가면서는 무의식적이면서도 자연스럽게 자신들만의 방법으로 사진을 찍어나갔다.

애도사진의 의미는 무의식과 의식이 혼재된 상태일 것이다. 그러나 사진을 찍으면서 들어오는 내면의 울림, 자극, 신체적인 반응은 새로운 자각이다. 고민하면서 찍어나가지만, 어느 순간 마음이 편안해지기도 하고 무엇인가 생각의 변화가 일어난다. 애도와 상실의 대상을 생각하면서 과거의 기억에 머물다가도 사진을 찍는 순간 현실로 돌아오기를 반복하며 새로운 인식이 나타난다. 눈에 보이는 것과 과거의 기억이 서로 혼합되는 것이 애도사진이다. 사진기의 눈은 현실에서 보이는 상이 무엇인지 재확인시켜준다. 사진을 찍으면서 자신의 마음을 보게 하는 객관적 거리와 관조가 일어남을 참여자들의 경험을 통해 볼 수 있었다.

📝 사진을 보면서: 수용과 의식의 재구조화, 그리고 미해결

참여자들이 찍은 사진을 보면서 애도사진을 찍기 전과 찍으면서 나온 반응들에 대해 이야기를 나누었다. 이들이 가져온 사진들을 보면서 질문을 던졌다. "지금 사진을 보면 어떤가요? 어떤 감정이나 생각이 드나요?" 이렇게 단순한 질문으로 시작해 현재 이 시점에서 참여자들이 자신들이 촬영한 사진을 보도록 했다. 나와 참여자의 관계가 사진을 중간 매개로 형성되었고 참여자들은 자신의 감정과 생각들을 표현했다.

이 과정 역시 무거웠다. 애도사진을 찍기 전에는 미지의 실체 없는 무거움이었다면, 사진을 보면서는 실체가 있는 무게감이었다. 사진에서 드러나는 감정이 직접적으로 전달되고 자신에게 있었던 이야기들이 표면화되기 때문이었다. 눈물과 한숨, 깊은 아픔들이 공감과 위로와 함께 오갔다. 사진을 다시 보면서 현실을 인정하고 수용하고 새로운 자각을 넘어서 성찰이 나오기도 했다. 자신의 모습을 자각하고 반성하기도 했다. 처음보다 조금은 더 자신의 감정과 어려움을 드러냈고 의식의 확장과 기억의 재구조화가 일어났다. 또한 애도사진을 찍고 보면서, 현재의 상태와 회복과정의 정도를 스스로 평가하고 이해하게 했다.

　애도사진은 단기간으로 진행했지만 애도의 작업은 일순간으로 끝나지 않았다. 그럼에도 애도사진은 여러 관점에서 상당히 치유적인 결과를 낳았다. 사진에서 애도과정을 도울 수 있는 촉진제로서의 가능성을 본 것은 분명한 성과였다. 그러나 애도의 과업은 다각도로 보아야 할 긴 과정이라는 사실 또한 재확인했다. 이 과정은 결코 단기간의 작업으로 모두 완수할 수 없었다. 애도의 회복시간은 개개인의 상황에 따라 제각기 달랐고 그에 맞추어 적절한 상담개입이 필요한 경우가 많다는 점을 유념해야 할 것이다. 상담가의 개입 없이 애도에 관해 스스로 자가 치유하는 과정에는 어려움도 따라올 수 있다. 애도사진으로 촉발된 감정과 의식은 단순히 상실대상에 국한되어 나타나지 않기 때문이다. 자신에 대한 감정, 신념, 죽음에 대한 철학적 또는 종교적 태도, 자아의 상태와 대처능력에 따라 애도의 미해결 과제는 달라질 것이다. 따라서 새로운 세상과의 관계 형성과 상실대상과의 분리를 위한 작업들은 참여자의 상황에 따라 계속 애도 상담으로써 진행할 필요가 있다.

📁 애도사진의 치유적 의미

📑 기념비적인 사진을 통한 애도의 표현

　애도는 살아있는 사람을 위한 작업이지만 고인의 죽음을 어떻게 맞이했는지에 따라 그 과정이 달라진다. '부치지 못한 수연시' 이야기에서 참여자가 언급한 '애도는 사치였다'는 말은 마음 아픈 현실을 보게 한다. 급작스러운 죽음을 맞거나 책임을 져야 하는 위치에 있는 사람들에게는 충분한 애도의 시간을 확보하기란 어려운 일이기 때문이다. 이럴 때, 아픔을 견디기 위해서 자연스럽게 무의식적으로 자신의 슬픈 감정을 회피하는 억압을 할 수도 있다. 어쩌면 그것이 그 당시의 현실을 딛고 일어나 살아가게 하는 최선의 방편이기도 하다. 이렇게 어쩔 수 없이 애도를 미루거나 충분히 애도하지 못한 경우에는 슬픔에 대한 잔재가 그늘처럼 숨을 수 있다.

　상실 대상과 관련한 기념비적인 대상(물체)은 마치 이승과 저승의 연결고리와 같은 존재이다. 그 대상을 매개로 우리는 접점을 가질 수 있다. 우리의 마음이 모이고 흐트러질 수 있는 기념비적인 대상과 접촉하는 것이 애도에 유용하다. 비록 시간은 분리되고 공간도 사라지지만, 상징적인 대상과 만난다면 이것을 축으로 심리적 공간이 형성된다. 산소나 묘비, 고인이 사용한 물건이나 흔적들은 우리에게 망자를 향한 심리적인 공간으로 들어가는 문의 역할을 하는 것이다. 언제든지 우리가 그 문을 두드려서 그 심상적인 공간으로 들어간다면, 우리는 아직 못다 한 마음을 표현할 수 있으며 현실과 과거를 다시 재정립할 수 있다.

사진은 우리를 현재에서 다시 과거로 가게하고, 우리가 대상을 현재에서 회상하게 한다. 고인의 삶을 다시 만나고 그들의 삶을 바라보는 지금의 나를 만나게 된다. 사진은 심리적인 방어를 낮추고 회피의 마음을 직면하게 한다. 애도사진은 바로 이러한 심리적 공간에서 기념비적인 사진을 통해 지금의 나를 만나는 것이다. 그 공간에 머물러 사진을 찍으면서 마음의 변화를 느낀다. 심리적으로 조금은, 또는 한결 가벼워진다. 지금의 공간을 벗어난 심리적인 시공간은 영적인 순간이기도 하다. 우리는 단지 접근할 수 있는 만큼의 결과를 가져간다. 그것이 어느 정도이든 그 공간에 머물러 과거를 만나고 다시 현실로 돌아온다.

애도는 남은 자를 위한 것이다. 애도사진은 지금 내가 이별한 그들을 어떻게 보고 있고 따라서 어떻게 행동을 하고 있는지 알아차리게 한다. 아직도 슬픈가? 아직도 그리운가? 아직도 그 시절에 머물고 싶은가? 아니면 아직도 피하고 싶은가? 떠난 이의 삶을 통해 내가 지금 배운 것은 무엇인가? 오랜 기간 나와 같이 있었던 그들의 삶에서 파생한 요소가 나의 삶에 얼마나 내재화되어 있는지를 볼 수 있게 한다. 무엇이 남았고 무엇을 떠나보내야 하는지 회피하지 않고 직면해 성찰하게 해준다. 서글픔이 있다면, 내가 못다 한 마음이 있어서일 것이다. 그것이 무엇인지 풀어야 한다. 회갑연을 못 하고 가신 아버지에 대한 안타까운 마음이 올라온 참여자의 수연시는 이러한 맥락에서 자연스럽다. 자식으로서 품은 아버지의 짧은 생에 대한 안타까움은 과거에 깊이 숨어 있다가 지금 이 순간에 효심으로 나타날 수 있다. 참여자의 의지가 없었다면 부친에 대한 헌정의 시도 없었을 것이다.

보통 사람들은 죽음이란 단어조차 입에 올리는 것을 두려워하고 회피하기도 한다. 죽음의 부정적인 의미가 자신에게 주는 영향을 두려워하지만 실제로는 긍정과 부정적 면모를 함께 보지 못하기 때문이다. 애도 역시 부정적인 감정, 생각, 그리고 행동과 관련되기 때문에 상실을 받아들이기보다는 통제하거나 회피하는 방식이 될 수 있다. 하지만 시간의 힘은 단순한 물리적 축적이 아니다. 시간이라는 기간을 통해 형성한 내적 성장이 힘이 되는 것이다. 용기와 의지를 가지고 다시 바라본 고인의 인생과 마지막 순간은 과거의 기억과 다르게 긍정적으로 바라볼 수 있게 된다. 있을 수 없는 일들이 이제는 그럴 수 있는 일이 되고, 원망스러움이 안타까움으로 이어지며 슬픔의 내용과 크기가 점점 수용되어간다. 시간을 통해 성장한 인생의 지혜와 삶과 죽음에 대한 이해, 의식의 성장은 절대 과거의 시선으로 과거를 보지 못하게 한다. 새로운 인식이 열리고 의식의 수준은 계속 삶을 재해석하게 해준다. 현재의 시간에서 과거를 기념하면서 지금을 보게 한다.

> 갓 생긴 슬픔에는, 주의를 돌리려는 모든 시도도 짜증만 난다.
> 소화될 때까지 기다려야 한다. 그러면 위안으로 그 잔해를 소화할 것이다.
> - 새뮤얼 존슨(Samuel Johnson)

사진의 직면을 통한 애착의 분리

상실감은 죽음에만 있지 않다. 엄마로서 아이를 낳고 키운 자식을 멀리 보낼 때도 발생한다. 자식을 떠나보내는 부모의 마음은 가슴을 에는 듯하고 불안할 수 있다. 인간이며 그리고 엄마이기에 가질 수 있는 이런 반응은 자연스럽다. '빈 둥지 증후군'이라는 말이 있다. 자녀가 독립한 후에 부모가 느끼는 상실감과 슬픔의 감정을 말한다. 성인이 된 자녀들에게 독립은 필요한 것이지만 부모로서 이 과정은 감내하며 겪어야 하는 분리의 아픔이다. 이 과정에 파생하는 심리적이며 행동적인 패턴은 상실의 애도 과정과 같다. 단지 생사의 여부에 차이가 있을 뿐이다.

자녀가 독립하는 시기에 부모가 느끼는 감정은 주로 양육자의 역할을 맡는 여성에게서 나타난다고 한다. 특히 갱년기에 들어선 중년기의 여성에게 빈 둥지 증후군은 이중적인 고충을 가져다준다. 자녀가 독립하면서 양육의 역할은 줄어들고 가족 구조가 재조직화된다. 이러한 변화는 부모로서의 존재감이 없어진 듯한 허탈감을 주기도 한다. 때로는 심리적인 위기를 심각하게 경험하기도 한다. 따라서 빈 둥지 증후군을 애도와 같은 맥락에서 살펴볼 필요가 있다.

'아들이 남긴 물건'의 애도 이야기에서, 참여자는 지금까지 보지 못한 진실에 마주쳤다. 아들에게 중요한 물건들은 엄마도 모르게 아들이 다 가져가버렸다는 사실을 깨달은 것이다. 보고서도 보지 못한 것을 애도사진을 찍으면서 알게 되었다. 이로 인해 참여자의 주관적인 시야가 한풀 벗겨졌다. 또한 참여자는 '아이가 떠나갈까 두렵다. 내 마음 속에서 떠날까봐, 소통이 안 될까봐 아직 두렵다.'고 말했다. 애착을 의식적으로 분리하는 것은 두렵다. 그렇지만 이 두려움은 인간적이다. 나와 한 몸이었던 자식이 내 품을 떠나려 하는 것을 알면서 두렵지 않을 수 있나. 분리 불안은 매우 원초적인 본능이다. 태어나는 순간부터 죽음을 향해가는 인간의 삶에서, 만남 후에 수반되는 헤어짐은 자연의 이치이다. 그러나 그것을 직시하는 순간, 의연하기는 사실 어렵다. 그 두려움은 지극히 당연하다. 이 두려움에 접촉할 때, 우리는 숨어있는 진실을 만나게 된다. 자식에 대한 끝없는 애정, 놓고 싶지 않은 욕구, 의지하고 싶은 마음이다. 그러나 반면에 두려움을 자각할 때, 강해지고 싶은 욕구도 올라온다. 이별이 성장의 고통이라는 사실을 무의식적으로 안다. 두려움을 알면서도 그 마음을 알아차리는 순간부터 성장의 과정이 열린다.

　참여자가 애도사진을 찍고 나서 고백한다. '아직 아들을 보내고 싶지 않은 나의 마음을 알게 되었다'고 말한다. 자기고백은 늘 숙연함을 갖게 한다. 자신을 객관화시켜 볼 수 있는 메타인지(metacognition)가 사진을 찍으면서 저절로 나타난다. 사진을 찍으면서 자신을 본다. 이렇게 대상에서 자신의 표상을 인지하고 자신을 볼 수 있다. 사진을 통해서 객관적 자기를 형성해간다. 참여자가 사진을 보고 대화를 나눈 후, 아들에게 전화하면서 물건을 정리하기 시작했다. 버리고 싶지 않은 마음과 버려야 한다는 갈등이 해소되기 시작했다. 내가 주체적으로 결정하면 객체는 저절로 분리된다. 참여자는 아들의 독립을 인정하고 수용하기 시작하면서 행동의 변화를 보였다. 애도의 과정을 스스로 촉진해갔다. 그는 애도작업이 아들을 단순히 멀리 보내는 의식이 아님을 깨달았다. 그는 애도가 관계에서 일어나는 과정이라는 것과 아들과 엄마와의 관계를 재조명하는 기회라는 사실을 알게 되었다. 그 후 그는 아들 없이도 이사를 했고 아들의 빈방에 자신의 물건도 채워 넣으면서 새로운 생활을 하기 시작했다. 변화는 이미 시작되었고 적응도 자연스럽게 일어나고 있었다.

> 강한 사랑을 할 수 있는 사람만이 큰 슬픔을 겪지만,
> 사랑은 슬픔을 이겨내고 치유하는 역할을 한다.
> － 톨스토이(L. N. Tolstoy)

⌐┘ 감정과 기억의 접촉이 주는 의식의 확장

예기치 못한 죽음을 맞이한 경우, 더욱이 갈등이 해결되지 않은 관계에서의 죽음은 심리적으로 양가감정을 쉽게 유발한다. '풀지 못한 앙금' 애도 이야기에서, 참여자는 슬픔보다 화가 더 많이 났다고 한다. 원망의 마음, 심지어는 자신이 하고 싶은 말을 모두 전하고 보낼 수 있는 기회조차 주지 않은 시어머니에게 불편한 앙금이 남아있었다. 충분한 시간을 주지 않고 떠난 사람을 대하는 감정은 실로 가볍지 않다. 급작스러운 죽음이 주는 충격은 예기할 수 있는 죽음보다 회복이 더 오래 걸릴 수 있을 만큼 큰 스트레스이다.

사진은 미해결된 갈등의 잔재를 무의식적으로 드러낸다. 과거 어머니와 관련한 매개물은 무의식의 그림자를 건드렸고 그때 과거의 감정과 접촉했다. 여기서 욕구와 갈등이 자연스럽게 도출되었다. 옳고 그름을 분별하는 초자아적인 이성으로는 미움과 원망을 쉽게 내려놓을 수 없다. 오히려 억압하며 자기방어적 행동을 쉽게 하게 된다. 게임에 빠지거나, 애도를 회피하는 행동들이 그러하다. 자신도 모르게 현실을 직면하지 못하게 한다. 이럴 때에는 수면에 떠오르는 생각과 감정에 주의를 두어 자각하면서 마음을 천천히 위로하며 풀어나가는 방식이 필요하다. 참여자는 애도사진을 작업하며 스스로의 이성으로 방어하기보다 자신의 생각을 내려놓아야 한다고 판단했다. 자신이 생각으로 접근하는 자세를 취하고 있음을 알아차리고 그 생각을 내려놓으려 했다. 있는 그대로 찍기란 '정성을 들이지 않는 것'이다. '그냥 찍는' 태도가 현재의 마음을 반영하게 해준다. 자신에게 특별했던 사물을 촬영하는 과정이 스스로의 마음을 보는 계기가 되었다.

참여자는 사진을 찍고 나서 새로운 발견을 했다. 물질적인 대상을 찍으면서 어머니가 주신 것이 단순한 물질이 아닌 가족이라는 근원적인 뿌리를 인식했다. 우리가 어려움에 처했을 때에는 '터널 시야(tunnel vision)'를 갖게 된다. 주변을 보지 못하고 부분만 보는 현상이다. 그러나 조금만 더 뒤로 물러나 멀리서 보면 객관적으로 볼 수 있다. 이에 따라 우리는 언제든지 더 넓은 시야로 깊게 볼 수 있는 힘을 발휘하게 된다. 갇혀있던 관점에서 더 넓게 보는 관점이 나타난다. 그는 자신의 의식 전환과 확장에 매우 만족하고 다행이라고 말했다. 사진의 힘을 통해 자연스럽게 회복해가고 있었다.

애도사진 작업 이후에도 지속적으로 심경의 변화가 일어났다. 2년이 지난 시점에서, 애도사진에 관한 참여자의 감정을 다시 탐색했다. 참여자는 과거에 미움보다는 무서움이 컸다고 했다. 시어머니에게 서운하고 힘들었던 기억을 토로하면서 과거의 감정을 다시 만났다. 기억에 갇혀있던 그때 그 사건의 감정에 머물러서 고인에게 하고 싶었던 말들을 표현했다. 그리고 시어머니와의 애증관계도 사랑이 아니었을까 하는 생각이 든다고 했다. 이번의 치유 활동을 통해 애도의 진정한 의미를 알게 되었고 그래서 어머니를 잘 보내드릴 수 있었다고 말했다. 지금은 마치 친정엄마처럼 애틋하고, 보고 싶기도 하고 그럴 때면 남편과 산소도 다녀온다고 했다.

애도의 과업은 일시적으로 끝나지 않는다. 때로는 인생의 긴 시간을 두고 지속적으로 진행된다. 단지 그 흐름의 변화가 일어나도록 하는 것이 애도사진의 역할이기도 하다. 고통을 회피하고 거부하던 마음을 조금씩 열고 다가가게 하는 것이다. 애도의 단계들을 하나씩 넘어가는 데 얼마나 많은 시간이 필요할지는 아무도 알 수 없지만, 그 과정을 멈추지 않고 촉진함으로써 애도의 완수를 위해 흘러가도록 하는 것에 의미가 있을 것이다.

고통은 지나가고, 아름다움은 남는다.

- 오귀스트 르누아르(Pierre Auguste Renoir)

상처받은 자아의 탈동일시

비밀스럽고 숨겨진 애도는 고통스럽다. 애도를 충분히 표현할 수 없기에 더욱 고통스럽다. 스스로 자신을 표현하기 어렵고 타인에게서 충분한 위로도 받을 수 없기 때문이다. '다시 만날 수 있다면'의 이야기에서, 죽음을 인정하고 싶지 않고 그 기억조차 열고 싶어 하지 않은 참여자의 마음, 그 깊은 고통이 나에게 느껴졌다. 마음속의 비밀인 만큼 세상의 빛을 받지 못해 그늘진 마음은 더 깊을 수밖에 없다. 기억을 열기 싫어하는 마음과 애도를 해야겠다는 갈등은 신경증적으로 깊어지기 쉽다. 그래서 애도의 작업은 더욱 회피하고 싶게 한다.

부러진 머리핀은 참여자의 과거와 동일시된 채로 존재하는 듯 보였다. 이제는 쓸모없는 머리핀이 상실의 고통과 직결되어 드러내고 싶지 않은 상징물로 존재하고 있었다. 생각은 놓으라 하는데, 이 사람이 없어지면 자신이 없어질 것 같다고 했다. 그 사람과 분리할 수 없는 자아의 동일시가 참여자의 자아마저 상실시키는 것처럼 보였다. 외면하고 회피하면서 자신에게까지 의구심을 던질 만큼 참여자의 자아는 상처받았다. 부러진 머리핀은 그의 잔재이자 존재로서 의미를 부여받고 있기에 어쩌면 그것을 다시 꺼낸다는 것은 상실과 부재를 재부각하는 행위와 같다. 또 다른 고통처럼 느껴질 수 있다. 또한 다시 기억한다는 것은 암묵적으로 자아의 상실을 보는 것과 직결된다. 애도사진을 찍으면서 고통을 다시 만나야 하는 참여자의 마음은 남다른 용기가 필요했을 것이다.

그럼에도 불구하고 그는 상처받은 자만이 치유할 수 있다는 융의 말을 언급했다. 상실을 넘어서기 위해 상실을 충분히 겪어야 한다는 사실을 이미 알고 있었다. 참여자의 애도사진은 상실로 인한 고통의 수용이라고 부를 수 있을 것이다. 대면을 통해 직시하고 넘어서려고 일발의 장전을 했고 그 시간은 찰나처럼 드러나며 스쳐 지나갔다. 자신의 회복을 위하여! 애도사진을 찍으면서 참여자의 눈에는 눈물이 났고 사진을 다시 보면서도 자신도 모르게 눈물을 흘렸다. 깊은 슬픔, 바로 애도 그 자체였다. 모든 행동에는 그 어떠한 의미가 있다. 무엇이 마음을 건드려 눈물을 흘리게 하는지 알 수 없지만, 그러한 행동이 주는 의미의 결과는 시간이 지나면서 드러난다. 이후 참여자는 상당히 달라졌고 애도사진 작업 후 2년이 지나자 더 이상 과거의 일과 자신을 동일시하지 않았다. 머리핀은 여전히 가지고 있지만, 버리지 못해 품고 있는 것이 아니라 소중한 기억과 추억으로, '그의 유품'으로 분리해 존재하고 있었다. 몸에서 분리할 수 없었던 머리핀에서 이제는 양손에 담아 소중하게 간직하고 싶은 마음으로 성장했다. 과거의 고통의 틀 안에서 나와 이제는 자신의 아픔을 볼 수 있는 거리가 여유롭게 생겼다. 자신의 삶을 살아가는 모습에 안도감을 느꼈다.

> 세상에 죽음만큼 확실한 것은 없다.
> 그런데 사람들은 겨우살이를 준비하면서도 죽음은 준비하지 않는다.
> 내가 진정으로 따르는 신앙은 모든 살아 있는 것들을 사랑하는 것이다.
> － 톨스토이

애도사진의 연결감

애도과정 중에 나타나는 꿈은 여러 가지로 자신의 상태를 가늠하게 하는 중요한 지표가 된다. '하늘이 무너지는 슬픔'의 애도이야기에서, 참여자는 꿈을 통해 무의식적인 자신의 모습을 의식했다. 아버지의 죽음을 겪고서 무기력해진 참여자의 마음이 아버지를 살리는 꿈으로 나타났다. 애도의 초기 단계에서는 돌이킬 수 없는 죽음을 부인하고 인정하고 싶지 않은 마음이 많이 나타난다. 애도사진 활동을 하기 직전에 꾼 꿈에서 아버지는 돌아가셨지만 아직 유품을 정리하지 못한 상태였다. 그리고 참여자는 꿈속에서 자신의 슬픈 모습을 거울에 비추어 보고 있었다. 프로이트는 꿈이 무의식에 이르게 하는 길이라고 말한다. 꿈을 통해서 자신이 아직도 이렇게 힘들어한다는 것을 새삼 자각했고 남은 애도의 과업이 무엇인지를 암시받는 듯했다.

우리에게 기억이 될 만한 기념일이나 유품들은 많은 의미를 전해준다. 단지 기념이나 기억으로 남아 위로를 받는 것은 아니다. 고인들이 우리에게 전해주는 의미를 물질대상을 통해 되새기게 하는 데에 의미가 있다. 사랑을 나누었던 기쁨의 순간, 마음을 함께 했던 소중한 기억, 서로의 관계에서만 가질 수 있는 배움과 나눔이 매개체인 물체를 통해 가치로 드러난다. 그것을 다시 확인하고 강화하면서 내 안에 더욱 체화된다. 경험을 더욱 풍성하게 해주는 것이다. 사진은 기념적인 대상을 찍으면서 내면의 가치를 재확인하며 쌓아가게 한다.

참여자는 집 안에서 아버지 유품을 찍으면서, 아버지의 부재가 의미의 부재가 아니라는 것을 발견했다. 아버지의 흔적에서 그동안 인지하지 못한 초월적인 공존을 자각했다. 융에 의하면, 초월이란 죽음 너머의 세계가 아니라 사고와 관점의 대전환을 뜻한다.[104] 지금까지 생각하지 못했던 상위적인 관점으로의 전환이 열리는 것이다. 돌아가셨지만 아직도 사용하고 있는 아버지의 일상적인 생활용품에서 아버지의 존재감을 경험하는 것이다. 물리적인 죽음은 고인과 유족을 분리하지만 생사의 경계는 물리적이지만은 않다. 현재의 공간에서 기억의 공간과 접촉할 때 보이지 않는 정신적인 연결을 경험하게 된다. '아버지의 모습이 내 마음에 많이 있음'을 알아차리는 그 순간은 생사를 초월한 일체의 경험이 된다. 애도사진을 통해 참여자는 부친과의 깊은 연결을 경험하면서 한층 더 큰 행복감을 느꼈다. 과거의 의식에만 머물지 않고 현재의 시공간에도 의식을 열어 둔다면, 시공을 초월한 창의적 연결이 생길 수 있다. 애도사진은 고인과의 만남을 영적으로 인도하는 경험을 주기도 한다.

죽음을 배우라, 그래야만 그대는 삶을 배울 것이다.

– 『티벳사자의 서』 중에서

_____ 104 에반스 웬츠, 류시화 역(1995), 티벳 사자의 서, 정신세계사, 융의 서문 중, p.167.

애도사진의 투사

마음 편히 애도할 수 없는 죽음이 있다. 슬픔을 나눌 수 없는 애도란 마치 깊고 축축한 동굴과 같이 어둡다. 빼앗긴 애도는 남모를 고통으로 더욱 애도의 과정이 길어질 수 있다. '보지도 않고 이별한 아이'의 이야기는 혼자 감내해야 했던 애도과정이었다. 애도의 고통은 주관적이며 그 깊이와 영향력은 미리 예측하기 어렵다. 참여자는 애도사진을 시작하면서부터 우울해졌고 고민으로 며칠을 보냈다고 했다. 그리고 겨우 힘들게 찍기 시작한 사진은 애도의 대상과는 거리가 먼 푸른 하늘이었다. 그 하늘이 자신의 생각을 잠재우는 유일한 도구였다고 한다. 그리고 자신의 마음이 낮에 보이는 초승달 같다면서 프레임에 담았다.

무의식적으로 자신과 같은 대상을 찍는 행위를 내면의 투사 과정이라고 한다. 투사 사진은 자신의 감정이나 상태를 자연스럽게 피사체에 투영한다. 내 마음과 같아서 찍은 사진들은 심리적으로 안전함을 느끼게 한다. 직접 말하기보다는 한 발 뒤로 물러서서 나를 말해주기 때문이다. 시간이 지나 이러한 사진들을 다시 본다면, 왜 찍었는지를 스스로 성찰할 수 있다. 투사적인 사진은 자신의 절망이나 고통을 가장하지 않고 있는 그대로 표현하게 해주면서 부정적인 마음의 표현을 돕는다. 푸른 하늘과 초승달을 찍고 싶은 그 마음은 이미 애도와 무의식적으로 닿아 있었다.

참여자는 계속 어떻게 찍어야 할지 답답해했지만, 연속적으로 피사체를 마주칠 때마다 자신 안에 있던 불안하고 미안하고 자책하는 마음을 투영했다. "폭탄 터지듯이"라는 참여자의 표현은 자동적으로 연쇄반응을 일으키는 순간을 말하는 듯했다. 사진은 사적인 감정을 건드리는 푼크툼(punctum)을 지니고 있다. 이는 벗어나고 싶어도 벗어나지 못하게 하는 강력한 흡입력이다. 다른 사람은 모르는 어떠한 감정적 자극이, 마치 화살로 관통해 찌르듯이 나타난다. 참여자는 대상을 보는 순간 고통스러워했고 사진을 찍고 나서 마음이 조금은 편안해졌다고 한다. 무엇인가를 촬영하는 행위가 주는 상징적 보상과, 비언어적 또는 언어적인 표현이 주는 이완된 안정이 있다. 대부분 참여자들은 촬영 후에 대화를 나누면서 어느 정도는 마음이 편안해지거나 긴장이 낮아지는 정서적 이완을 보인다. 상담사가 할 수 있는 것은 고통을 제거해주는 것이 아니라 지지환경을 만들고 사람들이 스스로 고통을 견뎌내고 계속 성장하도록 해주는 것이다.[105] 공감과 지지를 바탕으로 함께 견디어주는 것이다. 그것이 고통일지라도 말이다.

참여자는 애도사진에서 '관계'를 새롭게 주목했다. 부부간의 대화를 시도한 점은 치유를 하려는 노력에 있어 매우 고무적으로 들렸다. 애도작업 후 2년이 지나서, 참여자는 전보다 더욱 낮은 자세로 지난시간에 교만했던 점과 현재의 어려움을 토로했다. 그리고 매일 기도를 하는 자세로 살아가고 있다고 했다. 태도에 변화가 일어나고 있었다. 참여자에게는 아직도 답답한 지금의 상황도, 그 어느 날에는 도달해있을, 멀게만 느껴지는 그곳에 도착하기 위한 중요한 시간일 수 있다. 애도를 완수하기 전까지 우리가 할 수 있는 것은 단지 가야 할 방향으로 스스로 가도록 돕는 믿음과 사랑을 주는 것이다.

죽은 이들은 모두 우리 자신에 관해
어떠한 가르침을 준다.
이는 죽음을 통해 얻는 값비싼 수업이다.

– 힐데 도민(Hilde Domin)

순간들의 영원한 기록

실제 애도를 경험해보지 않은 참여자에게 애도사진 활동은 결코 쉽지 않은 작업이었다. 어찌 죽음을 미리 예상할 수 있으며 실감할 수 있을까. 경험을 통해서만이 알 수 있는 것 중 하나가 죽음이다. 직접 경험한 누군가의 죽음을 보면 이전의 죽음에 대한 생각이 얼마나 피상적이고 막연했으며, 무지했는지 알 수 있게 된다. 미리 가늠하기 어려운 죽음에 대한 두려움. 그 과정을 유사하게 경험하는 것. 애도의 '예행연습' 이야기는 바로 이러한 마음을 전해주고 있다.

참여자는 이번 기회를 통해 부모님의 모습을 남겨두고 싶어했다. "세세한 부모님의 모습을 나중에 혹시나 기억 못할까 봐, 남겨둬야겠다는 생각이 들었다"고 말했다. 이는 사진에 찍힌 한 장면은 과거일지라도 현재로서 영원히 존재한다는 것을 너무나도 잘 아는 참여자임을 나타낸다. 존재의 가치는 부재에서 나온다. 잃어버린 자만이 소유 의미를 온전히 알 수 있다. 사진은 존재의 순간을 찍는다. 찍으면서 사라지는 순간은 과거이

---

105 주디트 루빈(2001), 이구동성 미술치료, 학지사, p.134.

지만, 사진으로 기억되는 그 순간은 우리의 머리와 가슴속에 마치 흔들리지 않는 닻처럼 내려져 있다.

참여자는 애도사진을 찍으면서 아버지 말씀의 의미를 다시 보기 시작했다. 매번 새 지갑을 밀쳐놓고 낡은 지갑이 편하다고 말씀하셨던 아버지의 마음을 자신의 관점에서 벗어나 이해하게 되었다는 말은 의식의 확장이기도 하다. 의미의 해석은 나의 관점에서 타인의 입장으로, 그리고 사회의 관점으로 계속 발달하게 된다. 결코 자기 수준에만 머물 수 없다. 사물을 소지한 자의 의미, 타인이 보는 해석, 그리고 흔적과 유품들을 통해 전달되는 의미 등은 계속 다르게 해석될 것이다. 아버지가 부여했던 의미가 사진의 이미지와 상징적으로 결합해 표현되었다. 사물의 본래 의미, 그것에 부여한 의미, 그리고 그것을 보는 자의 의미가 혼재되어 한 장의 사진이 나온다. 참여자가 찍은 아버지의 지갑은 상징적이다. 지갑의 이미지를 통해 부녀간 대상관계의 의미를 재조명하는 데서 그 의미를 찾을 수 있다. 따라서 지금 어떠한 의미가 수면으로 떠올라 나에게 오는지 살펴보는 것은 중요하다. 그 의미를 풀어나가는 작업이 애도를 돕는 일임은 자명하다.

사랑은 이별의 시간이 될 때까지는 그 깊이를 알지 못한다.
- 칼릴 지브란(Kahlil Gibran)

📁 애도사진의 결론과 제언

애도사진의 연구과정을 통해 유의미한 치유효과와 더불어, 사진은 죽음과 관련한 무의식과 의식 그리고 행동과 감정에 자극을 주는 촉매적 역할을 하면서 애도과정을 도울 수 있다는 점을 발견할 수 있었다. 또한 애도사진은 사람들 각각의 상태에 따라 반응하며 애도과업의 수준과 상태에 따라 다르게 나타났다. 비언어적인 사진은 말로 표현할 수 없는 감정과 기억을 투사적이고 상징적으로 표현할 수 있도록 도왔다. 애도사진 작업의 과정에는 자기인식, 자각, 알아차림 등이 일어나며 자신이 경험을 재해석하거나 재구조하는 의식과정이 일어났다. 결론적으로 본 연구를 통해 사진에서 애도의 과업을 도울 수 있는 매체의 효과성과 치유의 가능성을 충분히 볼 수 있었다.

한편 애도작업에서 유의할 점과 한계점도 살펴보았다. 애도의 작업을 위해서는 애도의 특성을 충분히 이해하는 지식과 경험, 그리고 애도반응에 대한 대처 기술이 있어야 한다. 또한 애도인의 애도에 대한 신념이나 심리상태, 의식과 영성 파악이 필요하다. 본 연구에서 나타난 애도의 유형과 상태, 모습은 너무나도 다르고 처음부터 예측하기 어려웠다. 따라서 애도작업에는 개인이 가지고 있는 애착유형, 사회문화적 환경에서 애도에 영향을 준 요인, 가족의 지지체계, 그리고 미해결된 과거의 상실경험 등 종합적인 평가 과정을 고려해야 한다.[106] 더불어 애도사진 작업에는 사진이 촉발하는 힘과 영향을 충분히 이해하고, 표현되는 감정을 다루는 능력이 필요하다. 특히 촉발된 기억이 현재의 상황과 복잡하게 연결되어 확장될 가능성도 유념해야 한다. 복합적인 애도과정을 보이는 경우에는 장시간의 여유를 두고 연속적으로 진행하는 개인 심리치료 개입이 필요할 수 있다. 애도에 관한 연구가 앞으로도 계속 진행되어 많은 이들에게 도움이 될 수 있는 더욱 풍성한 연구결과가 나오기를 기대한다.

---

106 전희정(2018), 애도상담자 전문역량 향상을 위한 교육과정 탐색, 한국콘텐츠학회 논문지, Vol.18, No.2, pp.602-615.

마치며

이산가족인 우리 집은 친척이 적다. 태어나면서부터 나는 친할머니와 친할아버지를 본 적이 없다. 이산가족을 찾는 프로그램을 보면서 뒤돌아 눈물 흘리던 아버지의 모습을 지금도 나는 잊을 수가 없다. 그 슬픔을 무엇으로 대체할 수 있을까, 나의 애도는 아버지의 눈물로부터 시작했다. 그리고 아버지의 죽음을 목격하면서 삶과 죽음의 의미를 새롭게 보았다. 죽음은 무겁고 피하고만 싶은 두려움이 아니라는 사실을 깨달았다.

애도사진의 연구는 바닥에 가라앉혀진 기억을 만나는 작업이었고 견뎌야 할 많은 용기가 필요했다. 그때의 기억들을 불러일으키는 사진에서 아픈 감정을 다시 느꼈고 지금의 현실, 그리고 나 자신을 새롭게 그러나 처절하게 보게 되었다. 교묘하게 피하는 무의식적인 회피와 대상에 대한 집요한 집착과 갈망을 사진을 통해 만나야 했고 인간에 대한 성찰과 철학, 그리고 영성 또한 일깨워야 했다. 애도는 삶을 살아가는 과정의 연습으로, 살아가는 자만이 경험할 수 있는 실존적이고 영적인 경험이다. 피할 수 없는 상실은 인간의 숙명이다. 행복했던 순간 뒤에 조용히 찾아와 내 옆에 앉는 깊은 어둠! 아무리 소중한 것이라도 영원히 내 옆에 있을 수 없다는 무상함을 애도과정을 통해 배운다.

이 연구를 정리하면서 사람들에게 벌어지는 현실과 그 삶의 의미, 그리고 가볍지 않은 생명의 존재 가치를 생각한다. 애도의 경험은 나를 좀 더 실존적으로 살게 해주고, 그 무게의 추가 나를 더욱 현실적으로 자유롭게 살게 도울 것이라 믿는다. 매순간 우리 내면과 주변에 존재하는 빛에 감사하며 삼가 고인의 명복을 빈다. 생명을 가진 자에게, 그 삶의 의미와 가치를 찾아 진정으로 살아가기를 기원하면서 이 글을 마친다.

> 나는 누구이며 무엇인가?
> 왜 나는 이곳에 육신을 가지고 태어났는가?
> 나는 어디를 향해 가고 있는가? 탄생은 왜 있으며 죽음은 왜 있는가?
> – 라마나 마하리쉬

7장. 사진치료와 치유적 사진에 관한 제반 논의

On PhotoTherapy

세상의 어려운 일은

반드시 쉬운 일에서 만들어지며,

세상의 큰일은

반드시 작은 것에서 만들어진다.

- 노자(老子)

On PhotoTherapy

김문희

● 들어가며

1 ● 사진치료의 이해

사진, 치료, 치유
사진치료의 발달
사진치료의 이론적 근거
사진치료의 정의
사진치료와 치유적사진

2 ● 논의 주제

접근성
주체성
응시
사실성
심리적 개방
감정
심리진단
치료와 교육
치료사와 예술가
치료사의 자질
치유적사진의 한계
사진치료의 전망

마치며

들어가며

  디지털 시대에 사진을 찍는 행위는 이제 누구나 할 수 있는 아주 쉬운 일이다. 피사체를 향해서 버튼 하나만 누르면 된다. 사진치료는 이렇게 간단한 행동에서부터 시작한다. 한편 그 누구도 심리치료가 쉬운 일이라고는 생각하지 않는다. 그렇지만 사진을 찍으면서 보고 고르고 다시 보면서 이야기를 따라가면, 어느새 생각지도 않던 숨은 의미가 빛처럼 나타나서 감정을 변화시키고 그 마음이 변하고 행동이 달라지는 큰 일이 벌어진다. 이러한 변화 과정은 어렵기도 하지만 사람들의 호기심을 자아내기도 한다. 이러한 맥락에서 사진치료와 치유적사진에 관한 전반적 개괄을 돕는 기초 이론을 살펴보고 연구를 진행하면서 연구원들이 제기했던 질문들을 12가지 주제로 정리해보았다.

1. 사진치료의 이해

📁 사진

사진은 그리스어의 'photos(빛)'와 'graphien(그리다)'에서 유래한 말로, 빛으로 그린 다는 뜻을 가지고 있다. 라틴어로 사진(photograph)은 '빛의 이미지로 표현된 작품(imago lucis opera expressa)'이라는 뜻으로, 빛의 작용으로 드러나고 발현되고 꾸며지고 표현된 상이라는 의미이다. 영국의 과학자인 존 허셀(John Herschel)이 'photography'라고 부른 이후에 이 이름이 보편화되었다. 현재 사진은 사진[베낄 사 (寫), 참 진 (眞)]이라는 한자로 사용되고 있지만, 한국어로는 '빛그림'이다.

사진은 예술과 과학이 결합한 산물이다. 사진의 표현은 현실을 단순하게 모방하고 기록하는 사실 재현에서 그 역사가 시작된다. 오랜 시간 걸려 그리는 초상화에 비해 매우 빠르고 정확하게 객관적으로 묘사함으로써 사람들에게 놀라움을 주었던 사진은, 발명된 당시에 표현적인 면에서 회화와 비교 평가되었다. 인간의 손길로 이루어진 회화에 비해 사진은 기계적이고 기술적인 산물이어서 예술적인 가치로 인정받기 어려웠다. 그렇지만 점차 사람들에게 세상의 진실과 다양한 상황을 널리 알리는 소통의 역할로 크게 인정받기 시작했다. 계몽주의의 시대에 사진은 사상이나 감정의 개입 없이 객관적인 사실을 보여주는 도구로, 실증주의 시대에는 세상을 편견 없이 관찰하는 방법으로 간주되었다. 심지어 정신병리학에서도 정신병의 진단과 치료의 객관적 수단으로 성격연구나 범죄학을 위해 사진촬영이 이루어졌다. 그 결과 사진은 지금까지 시각적인 커뮤니케이션의 강력한 수단으로 평가되고 있다.

근대사진은 세상을 문자언어의 시대에서 시각영상의 시대로 이끌었다. 단순한 현실

모방의 기능을 넘어서 현실을 표현하는 언어로 기능하는 것이다. 사진의 아버지라고 불리는 알프레드 스티글리츠(Alfred Stieglitz)는 정통 사진(straight photography)을 주장하면서 사진의 예술행위에 있어, 카메라의 메커니즘과 작가의 직관만으로도 예술사진이 가능하다는 것을 세상에 알렸다. 근대사진은 프로이트 정신의학에서의 무의식과 융의 집단무의식과 상징에 영향을 받으면서 점차 행동의 이면에 숨어있는 무의식과 잠재의식의 자아를 추구하기 시작했다. 내면의 은유와 상징, 초현실과 상상의 표현들이 적극적으로 나타나기 시작했고 인간 의식의 변화를 일깨웠다.

| 스티글리츠, The Terminal | | 스티글리츠, Equivalent |

현대사진은 예술작품의 절대적 권위를 파괴하면서 일상의 세계를 새롭게 바라보는 비전을 창조하기 시작했다. 현실에 기반을 둔 자신의 가족, 이웃과 환경, 성, 인종문제 등 개인의 사적 영역에서 사진의 정체성을 보여주었다. 포스트모더니즘의 시대에 들어서서 사진은 문화가 역사적, 문화적, 사회적 상황에 따라 항상 변화할 수 있다는 관점을 표방했고 절대적이거나 고정된 의미를 갖지 않는 역사적, 사회적, 문화적 맥락에 따라 규정될 수 있다는 개념을 형성하고 있다. 디지털 시대의 현대사진에 있어서는 이제 누구나 손쉽게 사진을 찍을 수 있으며 인터넷으로 전 세계인과 즉시 공유할 수 있다. 사진의 활용 범위는 개개인의 사적 기록에서부터 문화, 예술, 사회, 정치, 의학, 과학, 그리고 심리치료를 포함한 전 영역으로 확장되어 있다.

📁 치료

동양에서 '치료(治療)'라는 단어는 어둠을 몰아내고 빛을 밝혀(治) 병을 고친다(療)는 뜻을 가지고 있다. 병을 고친다는 의미의 또 다른 단어 '의(醫)'자는 '몸속에 박힌 화살(医), 창(殳)에 찔린 상처, 그 상처를 치료하는 약(酉)이라는 세 가지 의미로 이루어져 있다. 의(醫 또는 毉)는 인간의 고통과 치유 행위를 상징한다. 서양에서의 치료라는 단어, 즉 '테라피(Therapy)'는 '주의를 기울인다'는 그리스어 'Therapia'에서 유래한다. 치료를 하기 위해서 병이나 상처를 주의 깊게 들여다보아야 한다는 의미이다. 치료는 고통을 병리적으로 가지고 있는 사람을 대상으로 한다. 증상을 자각하고 치료를 받으려는 사람 또는 치료를 거부하지 않는 사람을 대상으로 한다. 자신의 아픔을 드러내는 사람, 그리고 그 고통에 주의를 기울이는 사람과의 관계에서 치료가 일어난다. 고통은 갑자기 하루아침에 생기지 않는다. 자신이 인지 못하는 오랜 습관, 무의식적으로 움직이는 일상적인 생활양식, 의식, 행동패턴들이 고통을 만든다. 심리적인 고통을 유발하는 원인들은 깊은 탐색과 내면의 직면을 필요로 한다. 고통을 스스로 벗어나기 어려울 때에는 외부의 도움이 필요하다. 도와주는 사람과 도움을 받는 사람과의 관계에서 치료는 시작된다.

심리치료는 심리학을 이용해 심리적 문제가 있는 대상의 문제 해결을 돕는 치료 방법이다. 심리학자 클라라 힐(Clara Hill, 2012)은 상담(helping)이란 한 사람이 다른 사람을 도와 감정을 탐색하고 통찰하고, 그 사람의 삶에서 변화를 이끌어 내도록 하는 것으로 정의 내리고 있다.[107] 심리치료는 인간의 발달심리, 성격심리 및 정신병리에 관한 전문지식을 갖춘 훈련된 치료자가 환자의 사고, 감정, 행동, 대인관계, 자아(self)를 탐색하면서 그들의 다양한 문제들을 이해하고 변화하도록 돕는 활동을 말한다.

심리치료의 효과는 어떻게 일어나는가? 인본주의 심리학자 칼 로저스(Carl Rogers)는 '이해'와 '무조건적이고 긍정적인 관심', 그리고 '일치성'을 말한다. 상담자가 내담자의 욕구와 감정을 존중하고 수용하며 공감하는 것이 심리치료의 바탕이 되는 치료기제라고 말한다. 이태리 심리학자 로베르토 아사지올리(Roberto Assaggioli)는 심리치료에서의 핵심이 진실성과 공감이라고 한다. 또한 미국의 심리학자 유진 젠들린(Eugene Gendlin, 1978)은 '경험의 개념'을 탐구하며 억압된 감정을 치료과정에서 인식하고 온전

---

[107] 김환·이장호(2006), 상담면접의 기초, 학지사.

히 수용되는 경험을 할 때, 심리적으로나 신체적으로 변화가 일어나면서 새로운 통찰의 단계에 도달한다고 한다. 주요한 심리상담의 치료기제에는 '통찰', '욕구 체험', '수용', '존중', 그리고 '정서적 긴장의 방출' 등이 있다. 내가 왜 이렇게 되었는지 깨닫도록 돕는 진지한 탐색과 직면을 통한 통찰에서 치료가 일어난다. 내담자의 통찰에는 상담자의 노력과 안내가 함께한다. 표현예술치료사 나탈리 로저스(Natali Rogers, 1993)[108] 역시 내담자가 자신이 수용되고 이해받는다고 느낄 때 치유가 일어난다고 말한다. 이를 기초로 진지하고 심도 있게 정서적 고통을 들어주고 스스로 답을 찾을 수 있도록 개인의 능력을 존중해 주는 것이 심리치료사로서 해야 하는 역할이라고 한다.

📁 치유

치유(治癒)는 병이 점점 나아지고 마음이 즐거워서 병을 낫게 한다는 뜻을 가지고 있다. 마음이 즐거워지면 병도 나아질 수 있다는 의미이다. 치유(healing)는 복원·변화에 대한 적응·회복을 포함하는 나선 역동적인 과정을 의미한다. 회복(curing)은 상태에 대한 한정된 해결책으로써 의학적으로 질병 상태를 고치거나 완화시키는 행위를 말한다. 자가치유를 위한 접근 방법은 많을수록 유익할 것이다. 심신의학(2018)에서 '치유'란 질병의 회복만이 아니라 환자가 새로운 균형 상태에 도달하는 과정을 의미한다. 치유는 자연적인 현상이나 심신 운동을 통해 본래의 건강 상태로 돌아오게 하는 데 중점을 둔다. 무언가를 회복하려고 노력하는 과정이다. 그래서 치유는 치유'한다'기보다는 치유'된다'라고 말한다.

치료와 치유는 실제적이고 구체적인 어떠한 질병과 상처를 고칠 때에 모두 같은 의미로 사용할 수 있으며 명확한 구분은 필요하지 않다. 그러나 치료라는 의미는 증상에 대한 이해를 통해서 문제의 원인을 분석하고 객관적이고 합리적인 의학 지식을 바탕으로 접근한다. 따라서 신체생리적인 고통 완화를 위해 외부의 개입으로 처리하는 경우에는 치료라는 단어가 더 적합하다. 치유는 의료적인 행위 이전과 이후에 발생하는 전반적인 과정을 포함하며 사회문화적인 영향을 받으면서 나타나는 행위로 볼 수 있

---

108 나탈리 로저스는 인간중심 접근법을 개발한 그의 아버지 칼 로저스의 가치관과 방법론에 표현예술과 창의성을 통합해 인간중심 표현예술치료를 창시했다.

다. 따라서 심리적인 슬픔이나 우울, 또는 마음의 상처, 추상적인 상처를 낮게 하는 경우에는 보통 '치유'라고 쓰는 것이 자연스럽다.

우리에게 치유 효과를 주는 것에는 의술적인 수술이나 약 외에도 많은 방법이 있다. 스트레스 연구의 대가 로버트 새폴스키(R. M. Sapolsky)[109] 박사는 걱정이나 두려움을 말하는 것만으로도 스트레스 수치인 코티졸[110] 수준이 점점 낮아진다고 보고한다. 뉴욕의 간호학 박사 돌로레스 크리거(Dorlores Krieger)[111]는 환자의 신체를 애정 어린 손으로 쓰다듬어 주기만 해도 헤모글로빈이 증가해 치유효과가 있다고 한다. 가족과 사람들 사이의 포옹도 치유 효과를 준다. 미국인 의사이며 오클라호마 대학(The University of Oklahoma)교수인 스튜어트 울프(Stewart Wolf)[112]는 공동체로 살면서 생긴 인간적인 유대감은 스트레스성 질병을 낮춘다고 한다. 이웃집을 방문하거나 음식을 나누어 먹고 즐기는 생활 방식이 심장병이나 위궤양 같은 질병을 치유하고 스트레스를 해소시키는 데 도움이 된다고 한다.

📁 사진치료의 발달

사진은 1839년 사진의 발명 당시부터 영국, 독일, 프랑스에서 정신의학 연구를 위한 치료적 도구로 사용되었다. 사진의 시각으로 형태학상의 증후를 기록하거나 신경생리학적 관찰을 하는 데 도움이 되기 때문이었다. 이와 관련해 프랑스의 정신과 의사 장 마르탱 샤르코(Jean M. Charcot)가 히스테리 환자를 25년간 촬영하면서 환자들의 증상과 극단적인 성격을 연구했고 사진을 통해 환자의 내면까지 살펴보려는 노력을 했다.

---

109 로버트 새폴스키는 스탠퍼드 대학교 생물학과 및 의과 대학 신경학과, 신경외과 교수로써 세계 최초로 스트레스가 뇌의 해마에 있는 신경 세포를 파괴한다는 사실을 입증했다. 스트레스의 원인과 효과적인 대처법에 대한 다수의 저서가 있으며, 대표저서는 『얼룩말은 왜 궤양에 걸리지 않을까?(Why Zebras Don't Get Ulcers)』이다.

110 코티졸: 급성 스트레스에 반응해 분비되는 물질로 스트레스에 대항하는 신체에 필요한 에너지를 공급해주는 역할을 한다.

111 돌로레스 크리거는 뉴욕대학의 간호학 교수, 치유적 접촉(Therapeutic Touch)을 통해 인간과 자연, 인간과 인간을 통해 에너지를 보충할 때 치유효과를 발휘한다고 본다.

112 스튜어트 울프의 로제토 효과(Roseto Effect)로써, 미국 펜실베니아 시골 마을 로제토에는 심장병이 없는 것으로 알려져 있다. 50년간의 추적 연구 결과 따뜻하고 인정이 넘치는 '마을 공동체'라고 밝혀졌다.

영국의 정신과 의사 휴 다이아몬드(Hugh W. Diamond)는 정신병원에 입원해 치료 중에 있는 환자들의 사진을 찍어 보여주면서 환자들의 '자아의 변화'가 유도되는 관찰 기록들을 그의 논문과 저서 『광기의 얼굴(The face of madness)』에 발표했다.

| 샤르코 의사의 히스테리 환자 시연장면 |

| 휴 다이아몬드의 책, 광기의 얼굴 |

근대 사진작가 마이너 화이트(Minor White)[113]가 자기탐색과 발견의 도구로서 사진 작품을 발표하면서 그의 이론과 교육이 심리치료사에게 영향을 주었다. 사람들은 사진 자체의 치유적인 힘을 인지하기 시작했고 사진을 이용한 심리치료에 긍정적 관심을 가지기 시작했다. 본격적으로 사진을 심리치료에 사용하게 된 것은 1970년 중반이었다. 심리학 잡지인 「오늘의 심리학(Psychology Today)」에서 심리치료 중에 사진을 사용하는 심리치료사가 있는지 설문 조사했고, 놀랍게도 200명이 넘는 사람들에게 긍정적인 답신을 받았다. 그 결과로 「사진치료 네트워크지(The Photo Therapy Quarterly Newsletter)」가 창간되었고 1981년에 '국제 사진치료 협회'가 창립되었으며 공식적인 「사진치료

---

113 마이너 화이트는 미국의 사진가(1908~1976)로 사진의 아버지라 불리는 스티글리츠로부터 순수사진의 전통과 이퀴벌런트(equivalent) 표현형식을 성장시켜 사진의 기계적인 특성에 은유적인 상징체계를 결합했다. 또한 사진표현의 특징인 즉물적 상징성과 상황성은 내면세계의 영상화와 영적 상황의 암시 등으로 평을 받고 있다.

(Phototherapy)」잡지가 창간되었다. 그 후 사진치료 심포지엄이 개최되고 사진치료 연구물들이 활발하게 나오기 시작했다. 초창기의 대표적인 사진치료 연구물에는 1973년 로버트 애커렛(Robert Akeret)의 『사진치료 분석(Photoanalysis)』, 1983년 데이비드 크라우스(David Krauss)와 제리 프라이어(Jerry L. Fryrear)의 『정신건강에서의 사진치료(Photo Therapy in Mental Health)』가 있다.

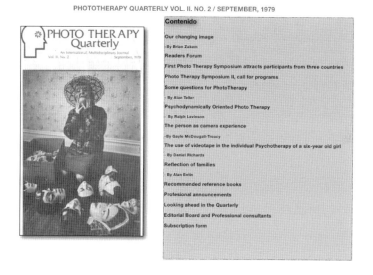

| 사진치료 네트워크지 |

1980년대에는 전통적인 심리치료 과정에서 사진을 사용하는 사진치료(PhotoTherapy)와 치료적 효과를 주는 사진 활동을 의미하는 치유적사진(Therapeutic Photogrpahy)에 관한 논점이 나타났다. 전문 심리치료를 위한 사진치료의 대표적인 선구자들과 그 작업에는 주디 와이저의 『사진치료 기법(PhotoTherapy Techniques)』, 울라 할콜라(Ulla Halcola)의 스펙트로 사진(Spectrovisio)』, 조엘 워커(Joel Walker)의 워커 비주얼(The Walker Visuals)이 있다. 치유적인 목적으로 사진 활동에 몰입하는 치유적사진에는 로지 마틴(Rosy Martin)과 조 스펜스(Jo Spence)의 재연치료(Re-enactment Phototherapy)가 있다. 2000년대 디지털 사진기의 발전과 대중적인 보급은 사진치료의 연구에 확장을 가져왔고 관련 논문들도 전 세계적으로 급속히 증가하는 추세에 있다.

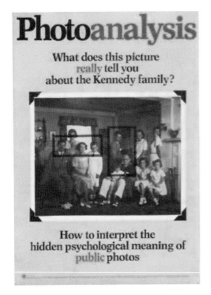 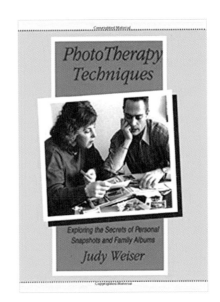

| 로버트 에커렛의 사진치료 분석 | | 주디 와이저의 시연장면이 담긴 사진치료 기법 책 |

사진치료의 용어는 여러 가지로 불린다. 주디 와이저(1999)는 '사진'과 '치료'의 단어를 균등하게 보여주기 위해 두 개의 알파벳 P와 T를 사용해 사진치료(PhotoTherapy)라는 용어를 고안했다. 제리 프라이어는 미술과 사진 둘 다 적절히 이용한다는 의미를 가진 사진미술치료(Photo Art Therapy)를 사용한다. 조 스펜스와 로지 마틴의 접근방식은 사진-치료(Photo-therapy)라고 부른다. 이는 사진가가 자신의 치유활동을 위한 사진 활동을 수행하는 것으로 엄밀히 치유적사진에 해당하며, 사진의 문화적 연구(Photographic Cultural Studies)라고도 불리고 있다.

현재의 사진치료는 한 가지의 특별한 이론적인 패러다임이나 개입방식을 가지고 있지 않은 유연한 기술의 집합으로 본다. 따라서 전문 심리치료사나 정신건강과 관련한 사람들이 치료 접근방식이나 선호하는 개념의 성향에 따라 사진치료 기법을 적절하게 적용해 응용할 수 있다. 즉 사진치료는 내담자에게 가장 유익하게 도움을 줄 수 있는 절충식 기법의 개입방식이다.

🗀 사진치료의 이론적 근거

주디 와이저는 사진가이자 교육자인 마이너 화이트와 랄프 해터슬리(Ralph Hatters-ley)[114]가 사진치료의 이론적인 근거에 크게 기여했다고 말한다.[115] 이들이 보여주는 사진에 대한 개념이 사진을 심리치료의 도구로 활용할 수 있는 근본적 가치를 말해주기 때문이다. 마이너 화이트는 '사진은 개인적인 삶의 국면들과 대등한(equivalent) 것'이며 '사진의 이미지는 자화상의 일부'라고 말한다. 이 개념은 사진이 사실적인 재현성을 넘어 인간의 삶의 여러 외적이며 내적인 정체성까지도 표현한다는 의미이다. 사진은 우리 마음의 발자국이며 삶의 거울이고 영혼의 반영이라는 주디 와이저의 말과 통한다. 사진이 우리의 삶과 대등한 반영이라는 화이트 관점은 사진이 우리의 내면을 표현하고 심도 있게 탐색할 수 있는 심리치료의 투사적 도구로서 기능적 역할을 할 수 있음을 의미한다.

| 마이너 화이트 작품 |

사진은 촬영자의 의도를 반영하며 촬영자와 사진에 찍힌 사람과의 관계를 이해하게 한다. 랄프 해터슬리는 사진을 보면 촬영자를 간접적으로 알 수 있다고 한다. 그림이

---

114 랄프 헤터슬리는 미국의 사진가, 교육자(1921~2000)이며 대표저서로 『Discover Your Self Through Photography(사진을 통해 자신의 모습을 발견하라)』가 있다.

115 주디 와이저(1984). phototherapy - becoming visually literate about oneself, or phototherapy/ What's phototherapy?, phototherapy, Vol. iv, No. 2.

화가에 대해 알려주는 것처럼 사진도 사진가를 반영해준다는 의미이다. 랄프 해터슬리는 여러 명의 사진가가 동시에 같은 피사체를 찍어도 똑같은 사진이 나오지 않는다는 점을 예로 들어 설명한다. 사진가들마다 자신의 관점과 의미 부여가 다르기 때문이다. 이 점에 대해 정신분석가인 로버트 애커렛(Akeret)도 사진가들이 자신들의 의식과 무의식적인 면을 사진에 반영하여 표현하기 때문이라고 설명한다. 한발 더 나아가 타인이 찍은 사진을 가지고 찍힌 사람과의 관계 역동까지도 분석이 가능하다고 로버트 애커렛은 주장한다.

사진은 사람들의 고유하고 주관적이며 감정적인 내면을 탐색할 수 있게 한다. 프랑스의 기호학자 롤랑 바르트(Roland Barthes)는 그의 대표 저서 『밝은 방(Camera Lucida)』에서 스투디움(studium)과 푼크툼(punctum)의 개념을 소개하고 있다. 스투디움은 사진에 있어, 단순한 시각 재현이 아닌 그 이상의 상징과 내포된 의미를 말한다. 사진에 찍힌 묘사는 그 당시의 문화 정치 사회를 암시하거나 상징한다. 따라서 우리는 사진을 보면서 객관적이며 보편적인 당시 문화의 특징과 그 영향을 읽을 수 있다. 푼크툼은 사진을 보는 사람에게 나타나는 감정적인 반응을 의미한다. 사진을 보는 순간, 사진의 어떠한 구성 요소(소품이나 작은 부분)들이 우리에게 강렬하고 뚜렷한, 또

| 롤랑 바르트와 엄마, 푼크툼 |

는 특별한 감흥과 자극을 전달함을 말한다. 이 현상은 우리가 사진을 볼 때 내면에 존재하는 어떠한 의미가 '과잉 또는 결핍'되어 있기 때문에 나타난다. 이러한 요소가 작용할 때, 우리의 내면에서 일어나는 주관적인 현상을 자각할 수 있으며 표현할 수 있게 된다.

사진은 기억과 느낌을 탐색하게 하는 연결의 역할을 한다. 주디 와이저(2002)는 사진이 주는 의미 또는 감정적인 메시지는 '누가 보느냐에 따라 의존된다'고 말하고 있다.

사진을 보고 지각하는 사람들이 자신의 경험과 지식에 따라 자동으로 어떠한 틀을 만들어서 정의를 내리기 때문이다. 그 결과 우리에게 무언가 특별한 점을 느끼게 하는 사진이라면, 치료사의 적절한 질문이 있다면, 우리 안의 많은 의미를 드러내게 할 수 있다. 일상생활의 순간들을 기록한 개인적 스냅 사진들은 특별하게 내재된 무의식적인 정서와 연관되어 있다. 그래서 주디 와이저는 스냅사진들이 그때의 기억과 느낌들을 탐색할 수 있게 하는 다리가 되면서 우리를 치료로 이끈다고 한다.

사진의 비언어적인 표현은 상징적인 의사소통으로 역할한다. 미국의 사진가 안드레아 파이닝거(Andreas Feininger)는 현대의 모든 상형 언어 중에서 가장 완벽한 것이 바로 사진이라고 했고 한국의 사진가 한정식(1986)은 사진이 말이라고 한다. 사진은 구체적인 지시적 기능과 전달을 하는 언어의 기본적인 기능으로 인간의 상호 교류에 있어 의사소통의 강력한 수단이 된다. 클레이어 크레이그(Craig, 2009)는 사진이 의사소통을 증진한다고 말한다. 신체적으로나 인지적으로 어려움을 가지고 있거나, 또는 감정 표현을 할 때 언어로 적절하게 표현할 수 없거나 정서적인 의사소통이 필요한 사람에게 사진은 언어로서 작용할 수 있다. 데이비드 크라우스(1981)는 사진이 구체적인 지시적 기능을 수행하기보다는 '분명하게(밝히는) 하는 은유(illuminating the metaphor)'로 본다. 사진은 상징적이고 상상력이 풍부한 특성으로 인해 언어보다 덜 방어적이다. 그래서 사진은 사람들에게 그 시간에 어떤 일이 일어났는지를 이야기할 수 있으며 그들의 해석을 부담 갖지 않고 말하게 하는 시각적인 촉매로 의사소통의 역할을 한다.

사진은 다른 어떤 예술 매체보다 강한 기억자극과 회상능력을 일으킨다. 시간성, 그리고 존재와 부재의 실존적 감각을 자각하게 한다. 그리고 사진은 의식과 무의식, 지각과 기억 등의 존재의 이중구조를 가장 잘 보여주는 시각매체이다. 이경률(2001)은 사진에 있어, 언제나 재현매체로서 무의식에 존재하는 감성적인 실체를 암시하고 "있는 그대로의 상황"의 인덱스(index)로 출현하는 특징이 있다고 말한다. 이지양(2014)은 사진에서 드러나는 이미지는 보는 이에게 의미적 직관력을 상승시켜 기억에 대한 감성적 소구를 일으키도록 유도한다고 한다. 데이비드 크라우스(1979)는 사진은 즉각적으로 기억을 유발하고 정서를 일으키고, 내담자의 감정을 처음으로 돌려놓는다고 한다. 로버트 애커렛(1973)은 트라우마가 있는 내담자가 가족 앨범을 가지고 이야기하는 과정에서 지난 몇 년간 기억하기 너무 괴로워 완전히 억압된 감정을 이완하는 데 도움이 되었다고 한다.

또한 사진의 창의성(creativity), 예술로서의 자유로운 창조적 표현은 치유적이다. 프로이트는 예술의 창작과정을 통해 욕구의 정화와 승화과정을 말하고 있으며, 융은 무의식의 상징적인 표현과 그와 관련된 이미지 창작과정에 치료적인 의미를 둔다. 사진은 의식적으로 사진을 찍지만 무의식적인 요인이 동시에 일어나는 예술적인 창작과정이다. 사진은 산업화의 산물이어도 개개인의 창의적인 표현이라는 사실을 아무도 부정할 수 없다고 데이비드 크라우스는 말한다. 랄프 해터슬리(1971)는 자신이 누구인가를 알기 위해 사진을 창조적으로 사용할 수 있다고 제안하면서 창의성은 건강을 의미한다고 강조한다. 마이너 화이트(1962) 역시 자기이해(Self understanding)를 추구하는 사진의 창의성과 표현성을 인정한다. 울라 할콜라(2011)는 사진이 상상력과 창의성의 세계로 가는 길을 열어준다고 한다. 사진의 창조적인 과정은 우리에게 심리적인 위로, 안정, 기쁨, 만족감을 주며, 내면의 감정을 표현해 방출시켜 정화하도록 돕고, 자기표현과 자기 인식을 돕고 창조성을 불어넣는다.

사진은 정신적이고 심리적인 표현을 가능하게 하는 아우라(aura)가 있다. 원래 아우라는 종교적 후광, 무리 등 어떤 사물이나 존재를 감싸고 있는 정신적인 분위기를 말한다. 독일의 문학 평론가이며 철학자인 발터 벤야민(Walter Benjamin)은 그의 『문예이론』에서 사진만이 가지고 있는 특별한 아우라의 특징을 말한다. 사진의 아우라는 사진을 보는 사람의 내면에 은밀하고 심층적이며 무의식적으로 자리를 잡고 있는 것으로 인식과 추론을 넘어서는 신비에 가까운 감정이다. 지극히 심정적인 개념으로서 논리적으로 설명할 수 없는 정신현상을 말한다. 따라서 아우라는 사진을 보면서 반영되는 우리의 주관적, 심리적, 비현실적인 느낌, 그리고 우리가 인지하지 못하는 무의식의 기억처럼 잠재된 심리적인 정신 현상을 말한다(이경률, 2001). 헌스버거(Hunsberger, 1984)는 세밀하고 정밀하게 표현하는 사진이 독특한 힘과 매력적인 객관성과 아우라를 동시에 가지고 있다고 한다. 푼크툼이 사진의 부분 요소에서 자극 받는 느낌이라면 아우라는 사진 이미지에서 나오는 부정할 수 없는 영성적이고 주관적인 감정으로 사진을 응시하는 사람에게서 나타나는 감정의 반사적인 효과라 할 수 있다.

📁 사진치료의 정의

초창기의 사진치료사들이 내린 사진치료의 정의가 있다. 스튜어트 울프(Stewart Wolf, 1978)는 사진치료가 전문치료사의 안내로 고통스러운 심리적 증상을 감소하거나 완화시키고, 심리적인 성장과 치유적인 변화를 촉진하기 위해 사진술이나 사진 매체를 사용하는 것이라고 정의를 내렸다. 또한 데이비드 크라우스(1980)는 사진치료가 사진 이미지 또는 사진 프로세스의 체계적인 응용으로(주로 시각적 언어 및 이미지와 결합해) 내담자의 생각, 감정 및 행동에 긍정적인 변화를 일으키는 것이라고 정의했다. 이후 데이비드 크라우스(1998)는 심리치료사의 역할은 이미지를 사용해 내담자의 상징적인 언어를 깨닫는 것이며 그럼으로써 그들 자신의 내면에서 무엇이 진행되고 있는지를 이해하도록 돕는 거라고 덧붙였다. 주디 와이저(2014)는 사진치료가 정서 상담이나 심리치료에서 언어로 쉽게 알 수 없는 느낌과 기억들에 접근하기 위한 따개(opener)로서 개인적인 스냅사진과 가족 앨범을 활용하는 대화식 체계 기법(interactive system of techniques)이라고 정의했다.

📁 사진치료와 치유적사진

주디 와이저(2009)는 수십 년 동안 전 세계에 걸쳐 존재해온 사진치료와 치유적사진의 조작적 정의에 대해 다음과 같이 말한다. 수많은 사진가들이 같은 순간에도 사진을 다르게 찍는 것처럼, 사진을 감정 치료의 보조 도구로 사용하는 심리치료사들도 그들 자신이나 내담자, 또는 이들 모두를 위해 조금씩 다르게 사용한다. 이와 같이 사진치료와 치유적사진도 각자의 실제에서 다르게 정의하고 쓸 수 있는 것이라고 본다.

먼저 개념적인 차원에서 사진치료와 치유적사진을 정리하면, 사진치료(phototherapy)는 심리치료의 구성요소로서 또는 내담자와의 치료 실제로서 사진이나 사진술을 사용하는 것이다. 심리상담이나 임상장면에서 내담자와의 상담목적이나 치료목적을 위해 심리치료의 전문가가 사진을 이용하는 관점이다. 즉, 사진치료(photography within the therapy process)는 심리치료 과정에서 사진을 이용한다는 의미를 내포하고 있다.

그러나 치유적사진(therapeutic photography)은 전문적인 심리치료사 또는 상담사가 필요하지 않은 상황에서, 개인의 통찰력과 자기표현(그리고 집단이나 지역 사회를 위한 많은 관련 활동)을 위한 치유적인 활동으로 사진이나 사진술을 사용하는 것이다. 다시 말하면 많은 일반적인 사람들이 자신과 사회를 위한 치유 활동으로서 사진을 활용하는 것이다. 따라서 치유적사진(photography as the therapy process)은 사진 자체가 가지고 있는 치유적인 효과를 강조한다.

사진치료와 치유적사진의 개념은 사진을 치료 차원에서 다루는가 아니면 예술 자체가 가지고 있는 그 치유의 힘을 믿느냐 하는 근원적인 관점의 차이이기도 하다. 두 가지의 관점이 어떻게 다르게 구별되는지 우리는 이해할 필요가 있다. 사진치료와 치유적사진은 사진을 이용한 치유적인 효과 면에서 유사성을 가지고 있지만 그 과정은 상당한 차이점이 있다는 것을 이해할 수 있을 것이다. 이러한 면에서 주디 와이저는 사진을 기반으로 하는 치료 실제(photo-based healing practices)에서 보면, 사진치료와 치유적사진이란 하나의 긴 연속체의 양 끝이라고 말한다.

사진의 접근 방식에서 사진치료와 치유적사진을 살펴보면, 사진치료는 내담자를 대상으로 치료사의 주도하에 특정한 치료 방향과 목적을 가지고 수행하며, 사진을 창의적으로 이용해 심리를 치료하는 것이다. 치료사는 이 목적을 수행하기 위해 내담자들이 찍은 사진이나 보관하고 있는 사진들 또는 그들과 관계있는 사진들을 가지고 상호교류를 통해서 의식적인 탐색을 한다. 때로는 내담자에게 사진을 찍게 하거나 보게 하거나, 사진을 매개로 대화를 나누면서 인식의 확장과 재통합을 돕는다. 치료를 위한 사진의 역할은 대부분 내담자의 감정과 생각을 촉진하기 위해 사용할 뿐만 아니라 창의적인 표현과 성찰을 통해 심리적인 성장과 의식의 변화를 돕는 데 있다.

반면에 치유적사진 또는 치유적인 사진 활동은(therapeutic photography activity) 심리치료사의 개입이 없이도 개인이 스스로 치유 목적을 가지고 치유적인 사진 활동을 할 수 있는 것이다. 치유적인 사진은 개인의 자기성장, 자기표현, 자기발견, 사회변화나 정치적인 예술을 주장하기 위한 도구로서 사진을 이용한다. 사진치료의 경우 치료사가 내담자를 대상으로 접근하지만, 치유적사진은 자신(자기)을 대상으로 스스로 시행한다. 자신에게 초점을 두어 사진을 통해 내면과 자아를 탐색하고 자신의 의도를 가진 주제에 따라 사진 작업을 하면서 개인적이고 보편적이며 상징적인 의미를 표현해 나가는 것이다.

사진치료의 대표적인 사진기법에는 캐나다 사진치료사, 주디 와이저의 『사진치료기법(Phototherapy techniques exploring the secrets of personal snapshots and family albums)』에서 소개한 5가지 기법이 있다. 투사적 사진, 자화상 사진, 다른 사람이 찍은 사진으로 작업하기, 내담자가 모은 사진으로 작업하기, 가족 앨범으로 작업하기이다. 또한 내담자를 이해하고 도와주기 위해서는, 내담자의 평범한 사진과 앨범 사진이 사실적이면서도 정서적인 정보를 산출하는 데 도움이 되며 비언어적인, 그러나 상징적 의사소통의 도구이자 강력한 치료 도구로 활용될 수 있음을 설명하고 있다.

핀란드의 사진치료사 울라 할콜라는 직접 촬영한 사진에서 골라 제작한 상징적인 스펙트로 사진을 가지고 심리치료와 트라우마 치료에 활용하고 있다. 인물이 포함되지 않은 풍경과 정물사진으로 구성된 스펙트로 사진은 인간의 기억과 감정, 그리고 욕구를 다루는 도구로 활용된다. 수십 장의 스펙트로 사진 중에서 직관적으로 자신에게 끌리는 이미지를 찾도록 해 내담자의 감정을 표현하게 돕고 자유로운 상호작용을 자극한다. 이로써 스토레텔링을 촉진하고 사진을 통해 인생을 탐색하게 도우면서 새로운 이미지와 의미를 창출하도록 한다.

그 외, 캐나다의 정신분석가 조엘 워커는 애매모호한 흐릿한 상으로 구성된 4장의 대형컬러 사진인 워커 비주얼 사진을 개발해 사진치료에 활용한다. 이 사진을 통해 내담자의 환상과 상상을 자극하면서, 그들이 인간의 원초적 주제인 죽음, 성, 힘의 영향에 대해 자각하고 인지하도록 돕는다.

| 울라 할콜라의 스펙트로 사진 |

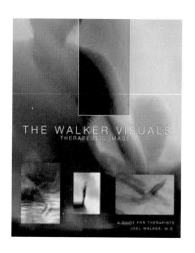

| 조엘 워커의 워커 비주얼 |

사진의 활용이나 기법으로 볼 때, 사진치료는 사진예술의 훈련을 크게 필요로 하지 않는다. 그 이유는 사진치료 기법들이 엄밀히는 사진의 예술 부분과는 큰 관련이 없기 때문이다. 사진치료에서의 사진은 예술로서의 사진을 의미하지 않으며 내담자의 치유적인 효과와 성장에 목적을 둔 쓰임에 있다. 따라서 사진의 미학적 요소는 결코 치료 과정보다 더 중요하지 않다. 예술로서의 사진이 목적이 아니므로 내담자에게 사진의 예술성을 강조할 필요가 없다. 주디 와이저는 내담자들이 사진을 만들고 고른 후, 보고 기억하며 상상하는 심리 치료과정에서 그들의 개인적인 발견을 지지하고 격려하는 것이 사진치료사의 역할이라고 말한다. 따라서 사진치료에서의 사진 활용은 치료사들이 심리치료에서 지향하는 이론을 기반으로 사진치료의 기법들을 통해 이루어진다.

| 누네즈의 임파워링 자화상 |

이와 반대로 치유적인 사진은 사진예술의 훈련이 도움이 될 수 있다. 치유적사진 작업 과정은 매우 자유롭고 창의적일 수 있으며 사진치료보다는 훨씬 사진의 미학적 요소가 중요하게 다루어질 수 있기 때문이다. 사진의 예술적인 결과물이나 완성도에서 심리적 만족과 성취감을 줄 수 있으며 예술성의 의미가 부여될 수 있다. 이러한 치유적사진은 사진 예술교육과 집단 활동에서 자연스럽게 나타날 수 있으며 건강 증진, 힐링, 재활, 임파워링 또는 자신을 표현하는 법을 배우는 것이 목적이 될 수 있다.

치유적사진을 대표하는 작가로 이탈리아의 사진작가 크리스티나 누네즈(Cristina Nunez)가 있다. 자화상 작업으로 자신과 다른 사람의 치유적인 경험을 돕고 있다. 사춘기 때 헤로인 중독과 나태한 생활로 심리치료를 받을 경험이 있는 크리스티나 누네즈는 성인이 되어 사진가인 남자친구를 만난 후, 자신의 낮은 자존감을 회복하고자 임파워링 자화상 촬영을 시작했다. 대표작품으로 '사랑할 사람(Someone to Love)'이 있다.

우리는 사진치료와 치유적사진의 유사성과 차이점에 대해 유념할 필요가 있다. 사진치료와 치유적사진은 정서적인 의사소통의 역할을 효과적으로 수행하며 자의식과 웰빙을 증가시키고, 가족과 다른 사람과의 관계성을 높이면서 긍정적인 변화를 활성화하거나 사회적 고립을 줄이고 재활활동을 도울 수 있다. 이러한 공통 효과들은 사진치료와 치유적사진의 차이를 혼동하게 한다. 그 결과 많은 이들은 사진치료와 치유적사진의 실제가 다른 의미를 가진 것을 알지 못하며 혼용해서 사용하기도 한다.

주디 와이저는 엄밀히 말하면 전문가를 필요로 하지 않는 치유적사진이 치료 행위는 아니지만, 더욱 효과적인 치유를 위해 심리치료사가 개입하는 것이 효율적이라고 본다. 울라 할콜라 역시 사진치료와 치유적사진 둘 다 전문적으로 훈련된 사람들이 수행할 필요가 있다고 강조하고 있다. 그 이유는 사진 자체가 주는 치유적 효과가 높더라도 전문적인 심리치료사의 개입이 주는 효과성과는 다르며 치유적사진을 주도하는 개인에게도 그 한계성이 있기 때문이다. 예를 들어 예술을 창조하는 과정에서 촉발될 수 있는 예상 못한 강력한 감정과 기억회상들이 나타날 때, 이것을 치유적으로 다루어줄 수 있는 전문가가 있는 것과 없는 것은 결과적으로 매우 다르다. 또한 예술행위를 하는 사람들은 심리치료(therapy)와 구제(self-help)를 혼동하기 쉽다. 창작적인 예술행위에서 느끼는 카타르시스와 기쁨이 치유적일 수 있다고 해도 이것이 치료를 의미하지는 않음을 간과할 수 있다. 깨달음과 같은 통찰이 일어나고 카타르시스를 경험한 후에, 자신의 회상과 재통합 과정에서 인식의 재구조화가 되지 않는다면 다시 잠재적으로 회귀해 치유적인 접근이 더 어려워질 수도 있기 때문이다. 미라 레빅(Myra Levick)이 "기분 좋게 만드는 예술이 긴장·이완을 제공한다고 해도 이것은 치유과정의 일부로서, 치료를 뜻하는 것이 아니며 치료는 변화를 창조하는 것"이라고 말했음을 유념해두어야 한다.

Vivian Maier, Camera was like her friend – always with her

| 비비안 마이어, 사진은 그의 친구 |

2. 논의 주제

접근성 | 심리치료에서 사진을 이용하기가 쉬운가요?

접근성이란 심리적으로 부담은 적으면서 쉽게 다가가 이용할 수 있는 정도를 말한다. 디지털 시대에 사진은 예술 중에서도 가장 대중적이고, 특별한 예술적 능력이 없이도 누구나 표현이 가능한 분야이다. 실제 사진은 매우 뛰어난 접근성을 보이고 있지만, 심리치료에서 이러한 현실이 얼마나 잘 적용되는지 살펴볼 필요가 있다. 사진의 접근성을 내담자와 치료사의 입장으로 나누어 살펴본다.

내담자 입장에서 보면, 사진을 사용하는 방법에 흥미를 가지고 적극적으로 참여하는 부류와 심리적 불편을 보이며 거부하는 부류로 나누어진다. 일반적으로 치료사가 모은 투사용 사진이나 잡지 사진을 가지고 상담을 진행하는 경우, 내담자에게 사진 접근은 용이하다. 사진을 고르고 이야기하면서 자신들의 생각이나 감정을 표현하는 데에 크게 어려움을 보이지 않는다. 그러나 내담자가 다른 사람을 많이 의식하거나 치료사와의 라포 형성이 원만하지 않은 경우에, 내담자의 사진에 대한 접근은 매우 어렵다. 평소 사진을 많이 찍는 내담자일지라도 치료사가 내담자의 휴대폰에 있는 사진을 한 장도 못 볼 수 있다. 특히 자화상 촬영에서 내담자들이 불편함을 느끼고 거부하거나 회피할 수 있다. 다시 말하면, 사진 이용의 접근성은 높으나 자신과 관련한 내용을 개방해야 할 때 사진의 접근은 치료사와의 관계나 상담의 구조화 과정에 따라서 어려움을 느끼게 할 가능성이 있다. 그러므로 내담자와의 안전한 관계 형성과 사진치료에 대한 적절한 안내와 동기 강화를 우선하는 것이 바람직하다.

치료사의 입장에서 살펴보면, 사진을 이용하는 물리적인 어려움보다 사진치료 기법을 얼마나 익숙하게 심리치료에 적용할 수 있는가에 따라 접근성이 달리 보인다. 언어 상담을 주로 하는 심리치료사들은 사진 매체를 심리치료에 적용하는 자체가 익숙하지 않을 수 있다. 사진을 선택하고 준비하고 사진을 찍어오게 하는 과정에서 사진적인 시각, 예술적 감수성과 감상능력, 사진촬영 경험을 부담스러워 한다. 실제로는 전문적인 사진술의 능력이 중요하지 않음에도 경험부족에서 오는 심리적 부담을 가지는 경우가 있다. 이러한 면에서 사진치료 기법에 대한 체계적 교육과 이해가 도움이 될 것이다. 상대적으로 예술매체를 많이 다루는 미술치료사들은 사진을 미술 재료의 한 종류로 사용하기도 한다. 청소년이나 성인들에게 그림을 그리게 하기보다는 사진을 이용해 대화를 나누는 접근이 훨씬 용이하다는 것을 자주 경험하고 있기 때문에 사진의 접근성을 잘 이해한다. 그러나 사진치료에서의 사진은 다양한 미술매체 중 하나인 예술적인 재료로서의 역할만 하는 것이 아니라는 점에서, 사진 자체의 치유적 힘과 치료 기법을 활용하는 사진치료의 개념을 이해할 필요가 있다. 치료사가 부담을 가지지 않는 한, 사진의 접근성은 높다.

주체성　　사진치료는 어떤 사람에게 적합한가요?

사진치료는 모든 대상에게 사용할 수 있다. 사진기를 다룰 수 있고 사진을 보고 이야기 할 수 있는 인지능력이 있다면 모두 가능하다. 사진을 좋아하고, 사진을 주제로 나누는 대화에 익숙한 사람이라면 다른 어떠한 예술 매체보다 사진이 더욱 적합할 수 있다. 그림 그리기를 거부하거나 재능이 없다고 그림으로 마음을 표현하는 행위를 싫어하는 사람에게도 사진 매체가 매우 많은 도움을 준다. 스튜어트 울프(Stewart Wolf, 1976)는 심리치료에서 반항하는 청소년들에게 자신들의 문제들을 말하게 하는데 사진을 창의적으로 사용할 수 있다고 보고하고 있다. 터너 호간(Turner-Hogan, 1981)은 학습과 행동의 어려움이 있는 지체아동의 자존감 향상을 위해 사진장비를 이용하는 것은 학생들에게 과제를 재미있게 완수하게 하는 동기가 된다고 기술하고 있다. 행동과 기억을 강화하고 주체성과 자존감을 형성할 필요가 있는 사람에게 사진만큼 좋은 도구는 없을 것이다.

특히 사진을 찍어보고 고르는 과정에서 개인의 주체성을 강화하는 경향이 높다. 사진기를 들고 있는 사람은 어떤 대상 또는 피사체를 선택할지 고민한다. 자신도 모르게 찍고 싶은 순간을 선택할 수도 있다. 사진은 그림처럼 대상을 머릿속으로 상상하거나 지우개로 수도 없이 지워가면서 그릴 수 있는 것이 아니다. 눈앞의 대상을 매 순간마다 선택해서 찍어야 하고 직감적으로 선택한 결과로 한 장의 사진이 나온다. 그 사진은 결국 내가 촬영한 것이라는 성취감, 자율성, 책임감을 수반한다. 이러한 행동의 반복은 자의식을 강화하고 찍는 사람의 주관적인 내면을 더욱 살필 수 있도록 도와준다. 사진을 보고 자신이 원하는 사진을 선택하는 과정에서 주체로서의 경험을 강화한다.

응시　　사진을 보는 것만으로도 심리 치료가 되나요?

사람의 시선이 머무는 곳은 내면의 무의식이 직감적으로 작용하는 곳이다. 사진치료는 시각매체로서 시각이 뇌에 주는 영향을 기반으로 한다. 그래서 사진은 사람들이 보는 시각 작용과정을 중요하게 본다. 이 점에 대해 본 연구원은 자신의 치료 경험에서 응시의 힘을 다음과 같이 설명하고 있다. "사진을 찍고 한 달이 지나서 내 사진을 봤을 때, 내가 어떤 위치에서 어디를 바라보고 있고 그것을 통해 어떻게 환기하고 있었는지 알게 됐다. 그런 과정이 나를 성찰하게 했다. 응시를 하면서 그때의 관점과 시선이 변하는 것을 알 수 있었다."

사진치료에서 사용하는 사진은 물리적으로는 일상생활에서 개인적으로 찍은 일반적인 사진과 다를 바가 없다. 그러나 내용적으로 목적과 방법에 따라 이용이 달라진다. 사진치료는 보는 것에서 시작한다. 사물, 사람, 어떤 대상을 객체로 보면서 시작한다. 그리고 찍힌 또는 찍은 사진을 다시 보면서 자신에게 오는 감각과 느낌으로 더 깊이 주체적인 생각을 하게 한다. 그러한 생각들이 모여 더 큰 의식과 변화를 일으킨다. 인식의 변화는 응시에서 시작한다. 사진치료는 내담자가 사진을 응시하고 지켜보고 느끼고 개인적으로 해석하고 이야기를 해나가도록 돕는다. 창의적인 예술 표현을 존중하면서 그 이면의 마음을 살펴보고 반영해주며 자신을 자각하고 알아차리도록 돕는다. 이 과정에서 치유가 일어난다. 문제가 되는 자신의 고정관념, 기억 왜곡, 부정적 인지 등에서 분리되는 탈동일시가 일어나면 치유의 변화가 나타난다. 삶의 긍정적인 변화로 가는 그 시작에는 바로 사진을 진지하게 보는 '응시'의 힘에 있다.

| 사실성 | 사진의 사실성(현실성)이 주는 치유의 의미가 무엇인가요? |

사진은 존재하는 현실의 대상을 찍는다. 어떠한 피사체를 찍었다는 사실은 그 피사체가 존재함을 의미한다. 사진은 다른 예술매체와 확연히 다른 실존적 존재감이 있다. 그러나 그 존재감은 단순한 현실의 재현이라기보다는 사진을 촬영한 사람에 의해 재창조되며 그 생각을 전달하고 표현하는 것에 있다. 사진의 현실성은 있는 그대로의 모사가 아니며 촬영한 사람이 본 존재에 대해 재창조한 현실이자 해석된 현실이다. 다시 말하면, 사진의 현실성은 피사체에만 있는 것이 아니라 그 대상을 보는 자의 마음에 있다. 대상을 통해 보는 인간 내면의 현실성은 지시적일 수도 있고 은유적이거나 상징적일 수 있다. 사진치료에서는 현실적이고 사실적인 대상이 묘사된 사진을 통해 투사된 마음을 자연스럽게 표현하게 한다. 사진 속의 사과가 남들 눈에는 별다를 것 없을 수 있지만, 그 사과가 내 눈에는 추억이나 행복일 수도 있다. 이를 주관적인 투사라고 한다. 사진은 이렇게 현실의 피사체를 통해 내면의 현실을 보게 한다. 한 연구원은 이 점에 대해 "사진은 눈에 보이는 존재만 찍는 건 아니죠. 나의 슬픔도 기쁨도 이미지로 표현할 수 있으니까요. 그러나 사진은 눈에 보이는 대상이 분명 있어서 촬영한 거예요. 이런 사실성과 주관적 인식 때문에 사진은 투사가 잘 되어서 나를 만나게 하는 탁월함이 있는 것 같아요."라고 말했다.

| 심리적 개방 | 사진으로 나를 드러내기가 두려워요! |

사람들마다 정도의 차이는 있지만, 처음 치료사를 만나러 갈 때 긴장을 하거나 불안을 느끼는 사람이 많다. 치료사가 과연 나를 이해하고 도울 수 있을까? 어처구니없는

내 경험을 이야기하면 나를 이상하게 보지는 않을까? 실제로 비밀이나 사적인 일을 아무렇지 않게 개방한다는 것은 쉬운 일도 아니며 더욱이 생면부지의 대상에게 처음부터 털어놓기란 어렵다. 사람들은 낯섦에 쉽게 불안정해지고 두려움을 느끼기 때문이다. 이러한 마음 상태에서 나의 문제를 말한다는 것은 상당한 용기가 필요하다. 이와 마찬가지로 사진을 통해 자신을 드러내는 행위는 충분히 두려울 수 있다. 사진 속의 나를 어떻게 보고 판단할까 걱정이 되어서 긴장할 수 있다. 사진에서 드러나는 나, 특히 자신이 문제라고 생각되는 점을 드러내지 않고 피하고 싶은 마음은 사실 자연스럽다. 이는 문제가 되지 않는다. 단지 이러한 마음을 수용하고 잘 다루어주는 치료사의 역량이 필요할 뿐이다.

사진은 대충 찍었든 잘 찍었든 찍은 사람의 내면을 투영하고 있다. 치료사는 이러한 사진의 속성을 잘 이해해야 한다. 사진이 내면을 표현하기 때문에, 그만큼 내담자가 사진을 자신의 분신처럼 여기면서 복잡한 감정을 가질 수 있음을 충분히 이해하고 수용해야 한다. 심리치료에서 치료사는 내담자를 판단하지 않듯이 내담자가 고른 사진이나 가져온 사진도 판단하지 않고 존중해주어야 한다. 내담자에게 사진을 통해 진정 말하고 싶은 바가 무엇인지 진지하게 듣고 공감하며 수용하는 과정을 안전하게 제공해야 한다. 이렇게 그들의 사진을 존중하면서 어려움을 도우려는 치료사의 태도가 내담자에게 전달된다면, 불안과 두려움은 어느새 가라앉고 스스로 마음의 빗장을 열 것이다.

감정	이미지 자극으로 촉진된, 극단적이거나 부정적인 감정은 어떻게 해야 하나요?

사진을 이용하다 보면, 특정한 이미지가 내면에 숨겨진 어두운 면(shadow)을 강하게 건드리는 것을 볼 수 있다. 프랑스의 기호학자 롤랑 바르트는 자신에게만 강렬하게 자극을 주는 시각적 요소를 푼크툼이라고 불렀다. 이것은 마치 우리의 가슴을 찌르는 화살 같다고 한다. 사진의 어떠한 부분적 시각 요소가 우리의 무의식을 강렬하게 건드리는 경우, 우리들은 순식간에 특정한 감정과 생각에 사로잡히게 된다. 이 무의식적인 반응들은 오랫동안 의식하지 못한 채로 잠재되어 있었던 것으로 본다.

사진을 보면서 내 안에 숨어있던 슬픔과 분노 등의 부정적인 감정을 강렬하게 느낄 수 있다. 이러한 강렬한 감정에 압도당할 때에 그 감정을 조절한다는 것은 쉽지 않다. 더구나 그 감정을 자각하고 인정하고 수용하는 것은 더욱 어렵다. 부정적인 감정을 다루려면 우선 기본적인 감정에 대한 이해가 필요하다. 심리학자 클라라 힐(Clara Hill)은 감정이 지극히 자연스러운 것이라 말한다. 그 어떠한 부정적인 감정도 좋은 감정만큼 자연스러운 느낌이라고 한다. 그러나 부정적인 감정이라서 없애려 하거나 피하려고 하면 오히려 감정을 억압해 실제적으로 감정 조절을 더 힘들게 한다. 자신의 감정을 조절하기 위해서는 바로 그 감정을 표현하는 것이 필요하다고 힐은 설명한다. 안전한 공간에서 감정을 억압하지 않고 표현함으로써 심리적 이완 효과를 볼 수 있다. 또한 감정을 조절하기 위해서는 자신의 감정을 알아차리는 자각 훈련이 도움이 된다. 천천히 심호흡을 하고 몸의 반응에 초점을 두면서 감정을 알아차리는 것이다. 내 감정이 이렇구나 자각하면 자연스럽게 감정 조절이 진행된다. 지금의 감정에 그대로 머물러 지켜보면 그 감정에 숨어있는 더 깊은 감정과 무의식적인 생각을 만나게 된다. 이때에 돌출된 감정적인 반응의 원인을 의식적으로 이해하는 통찰이 일어난다.

훈련된 치료사라면 적절한 상담기술을 이용해 내담자가 촉발한 감정과 그와 관련된 미해결 문제를 적극 탐색하고 긍정적인 변화로 안전하게 다루어나간다. 주디 와이저는 자신의 지시와 기법이 격렬한 감정을 촉진할 수 있음을 유의하라고 하면서 정서적 과정을 다룰 수 있는 훈련받은 사람이 사진치료의 기법들을 신중하게 사용할 것을 권하고 있다. 다시 말해서, 심리치료에서 사진으로 촉진되어 드러난 여러 감정들은 치료 목적과 연계해 잘 다룬다면 상당한 치유 효과로 이어지지만, 그러기 위해서는 이를 다룰 수 있는 치료적 기술과 경험이 필수적이다. 만일 사진을 제공한 촉진자가 내담자의 감정 반응에 심한 부담감이나 책임감을 느낀다면, 개인 상담을 통해 전이 또는 역전이 된 감정에 대해 분석을 받아보거나 슈퍼비전을 받아야 한다. 이로써 내담자의 감정을 중립적인 위치에서 자각하고 반영하며 중재할 수 있도록 지속적으로 내면 성찰과 훈련을 수행해야 한다.

사진으로 드러날 수 있는 여러 가지 감정은 자연스러운 현상이다. 우리 삶 속의 수많은 일들은 감정의 파편들과 엉겨서 흩어져 있기 때문이다. 자신을 통해 자연스럽게 촉진된 감정들은 마치 작은 조각들이 퍼즐을 맞추어 통합되어 가듯이, 큰 그림을 완성시키기 위한 하나의 단서로서 역할한다. 결국 감정의 자각은 내면의 회복과 치유를 위한 힘이라 볼 수 있다. 따라서 사진을 보면서 나타나는 그 어떠한 부정적인 감정도 소중하게 살펴보면서 잘 다루어야 할 것이다.

심리진단	사진으로 심리진단이 가능한가요?

사진치료에 있어, 사진을 이용하는 심리진단에 대해서는 두 가지 의견으로 나누어진다. 사진은 심리진단의 보조수단으로서 역할해야 한다는 의견과, 사진치료 과정에서 사진은 심리진단과 동시에 치료도 가능하다는 의견이 있다. 향후 두 가지 의견을 적절하게 통합하는 관점이 필요할 것이다.

먼저, 사진은 기존 정신의학의 심리진단 방식에 도움이 되는 도구로서 활용하는 것이 바람직하다는 관점이 있다. 일반적으로 심리진단은 정신질환 진단 및 통계 편람 (DSM: Diagnostic and Statistical Manual of Mental Disorders)을 이용해 내담자의 증상과 주요 문제를 평가하고 진단을 내린다. 보통 이 과정은 질문에 대한 언어적인 반응과 설문지를 통해 작성된 보고서와 임상적인 행동 관찰, 관련 정보를 수집하면서 수행된다. 현재 예술매체에서의 심리 진단도구는 여러 심리 검사 중의 한 방편으로 보며 다른 심리 검사와 병행해 종합적인 검사결과를 도출하고 있다. 그림 검사 중의 대표적인 집-나무-인물(HTP) 검사나 로샤 검사도 그림을 보고 질문을 하면서 반응과 내용들을 기록하고 수치화하며 객관적인 결과를 보려고 노력한다. 사진이나 예술 매체를 이용해 단독으로 인간의 심리를 진단한다는 것은 검사의 기본적인 요소인 신뢰도와 타당성을 얻기가 쉽지 않다. 시각예술인 사진이 가진 의미의 모호성과 주관적인 의미 추출로 인해 객관적 결과를 일관적으로 평가하기가 어렵기 때문이다. 그러나 그림의 투사적 기능을 이용한 심리검사가 있듯이, 사진의 투사적 기능을 활용한다면 심리평가에 분명 도움이 될 것으로 사료된다.

사진치료에서 심리 분석과 진단이 가능하다는 것은 연구 논문과 문헌에서 다음과 같이 살펴볼 수 있다. 로버트 에커렛(1973)은 심리진단의 보조도구로서 가족 앨범 사진에서 보이는 몸짓과 자세와 표현은 무의식적인 의미로 해석할 수 있다고 본다. 그는 사진 분석 기법을 통해 사진에 찍힌 사람들이 자신과 서로에 대해 실제로 어떻게 생각하는지를 알 수 있다고 한다. 고셀링과 도일(Goessling & Doyle, 2009)은 내담자가 함축된 의미로 선택한 이미지를 가지고, 중요하게 여기는 점에 관해 대화하고 내용을 살펴보면서 그의 문화적 영향, 가치, 신념, 그리고 영성을 탐색할 수 있다고 한다. 프라이어와 코빗(Fryrear & Corbit, 1982)은 사진의 상징들이 명백하게 숨겨진 내담자의 의미를 인지하게 도우면서 통찰력을 제공할 수 있다고 한다. 헤이스(Hays, 2009)는 이미지와 그에 대한 내담자의 설명이 치료에서 목표로 삼는 중요한 사고 관념과 왜곡들을 드러낼 수 있으며, 내담자에게서 확인된 이미지의 구성, 생각, 감정, 행동의 의미를 이해하는 것이 더 정확하고 신뢰할 수 있는 치료 과정이라고 강조한다. 이와 같이 사진은 내담자의 중요한 심리기제를 파악하고 평가를 위한 이해에 도움이 되므로 심리진단과 동시에 치료에 유용하다고 볼 수 있다.

치료와 교육 — 교육자가 심리치료 활동을 한다면, 어떤 어려움이 있나요?

교육철학자 넬러(George F. Kneller)는 교육이 개인이나 집단의 지식, 기술, 기능, 가치관 등을 대상자에게 바람직한 방향으로 가르치고 배우는 활동이라고 말한다. 예술치료는 음악, 미술, 연극, 무용, 시 등의 예술을 사용한 창작 표현을 통해, 정신질환이나 장애를 가진 내담자들의 문제와 한계점을 바람직한 방향으로 나가도록 도와주는 비언어적인 심리치료이다. 예술의 창작활동은 자신의 내면을 표현함으로써 내면세계를 스스로 인지하게 하고 해결을 돕는다. 교육과 심리치료는 둘 다 궁극적으로 사람의 성장과 변화를 추구한다. 교육자가 심리학을 이해하면서 심리 상담의 의사소통 방법인 공감과 경청 기술 등을 교육 현장에서 활용한다면 매우 유익하다. 교육자로서 사진을 이용한 의사소통이나 사진치료의 내면 탐색 기법을 적용하는 것은 매우 가치가 있다.

만약 교육자이면서 동시에 치료사의 역할을 해야 하거나 교육자에서 치료사로 성장하고자 한다면 유의할 점은 무엇인가? 여기에는 교육자와 치료사의 역할 차이를 명확하게 인식하고 각자의 역할을 제대로 수행하기 위한 훈련과정이 필요할 것이다. 우선 교육자와 치료사의 역할이 어떻게 다른지를 충분히 인지해야 한다. 때로는 교육자의 기능이 치료사의 역할에는 역기능으로 작용할 수 있다는 사실을 이해해야 한다. 교육자의 기능에는 정보를 제공하고 가르치며 지시하고 학생들을 규율에 복종하게 하며, 문제 해결을 위해 조언과 충고를 주는 태도, 해석과 판단을 하고 최종결정권을 갖는 태도 등이 해당된다. 반면에 심리치료사는 사람들을 도와주는 조력자 또는 안내자로서 역할을 하기에 내담자를 가르치고 지적하며 조언하고 판단하고 권력적인 위치에 있는 태도를 주의 깊게 경계한다. 또한 치료의 주체를 내담자에게 둔다. 교육자가 학생보다 한발 앞에 서서 이끈다면, 치료사는 내담자의 한발 뒤에서 지지하고 격려한다. 만약 교육 현장에서 교육자가 치료사의 역할을 하려 한다면, 배움의 자세로 온 교육생에게 혼돈을 줄 수 있음을 인지해야 한다. 치료와 교육의 목적은 전인격적인 성장에 목적을 두고 있지만 분명히 서로 다른 역할을 숙지하는 자세와 자신의 역할에 충실하려는 노력이 우선적으로 적절하다.

치료사와 예술가

> 예술가가 심리치료 활동을 한다면,
> 어떤 어려움이 있나요?

많은 사진 예술가들은 창의적인 예술 행위가 주는 자기반영과 자기성찰, 그리고 창작적인 표현에서 치유의 가능성을 경험한다. 치유적사진은 사진치료에도 크게 기여할 수 있다고 보며, 실제 이러한 믿음은 치료 현장에서도 유효하게 보인다. 치유적사진에서 예술적 표현과 작품성은 중요한 의미가 있다. 그러나 사진을 대하는 태도에서 예술가와 치료사는 같을 수 없다. 사진치료사 주디 와이저는 개인 사진전을 할 만큼 사진예술에 대한 경험이 많다. 그러나 전문적인 사진 기술이 심리치료에서는 오히려 핸디캡 이상으로 작용할 수 있다고 말한다. 왜냐하면 미학적이고 예술성에 초점을 둔 사진전문가의 기술이나 훈련은 심리치료에 방해가 될 수 있기 때문이다. 사진 분야의 전문적 기술이나 훈련은 사진치료에 필수적인 것이 아니다. 사진의 기술적 훈련보다도 사진치료 기법을 익혀 상담기술에 포함해 통합적으로 사용하는 것이 더 중요하기 때문이다.

본 연구 활동을 통해 주디 와이저가 말하는 사진전문가들의 사진치료 '핸디캡' 내용을 크게 세 가지로 나누어 살펴볼 수 있었다. 첫째, 사진 전문가들은 전문적인 지식과 기술을 바탕으로 사진에 반응을 보인다는 점이다. 예를 들면, 마음이 이끌리는 사진을 고르라고 할 때, 진솔한 내면의 끌림보다는 신선한 시각을 주는 사진에 휩쓸려 선택하는 태도를 보이기 쉽다. 또한 마음이 끌리는 사진이라도 사진의 시각적인 구성요소가 불안정하고 기술성이 낮아 보이면 결정적으로 고르려고 하지 않는다. 사진의 질적인 면을 자신의 안목과 능력으로 동일시하기 때문이다. 이렇게 사진을 기술적으로 판단하는 태도는 자신이 무엇 때문에 사진을 고르려고 하는지조차 혼돈스럽게 함을 발견할 수 있었다. 두 번째로 사진 전문가들은 사진치료의 창의적 과정보다는 사진의 미학적 결과를 더 중요시하는 태도를 보인다. 사진치료는 결과뿐만 아니라 과정이 중요하다고 여긴다. 그러나 사진전문가들은 치유적인 사진을 열심히 찍은 후에도 멋지게 인화되지 않았다고 판단하면 다른 사람에게 보여주기를 불편해 한다. 때로는 포트폴리오처럼 창의적인 작품집으로 준비하고 싶어 한다. '예술적인 부분'과 '사진 기술' 자체가 심리작업의 걸림돌이 되고 있음을 의미한다.

　마지막으로 사진 전문가들은 교육자와 비평가의 입장에서 사진에 대해 교육과 분석을 하려는 경향이 있다. 사진치료에서는 사람들이 찍어온 사진의 질적인 결과에 대해 예술적인 평가를 하거나 해석을 하지 않는다. 열린 질문을 이용해 사진에 대한 현재의 내담자 반응에 초점을 둔다. 지금 바로 사진을 어떻게 보고 인지하며 반응하는지에 더욱 관심을 둔다. 사진에 대한 기술, 미학적 결과, 구성에 대한 관점을 현재의 내면 탐색과 상태 이해로 돌려야 한다. "사진이나 그림을 보면 이렇게 하면 된다고 가르쳐주고 싶고 직접 그들의 작품에 손을 대고 싶은 마음이 툭 튀어 나와요."라는 연구원의 의견이 있었다. 이러한 마음은 예술가이자 교육자로서는 자연스럽다. 그러나 치료사의 태도로는 자신의 반응(Response)을 주의 깊게 살펴봐야 하며 내담자를 위한 적절한 반영(Reflection)이 되도록 훈련이 필요하다. 이것은 사진 교육자나 예술가의 역할을 떠나 실제적으로 심리치료 장면에서 적용해야 하는 치료사의 태도들이다. 결과적으로 심리치료 현장에서 드러나는 예술가와 교육자로서의 마음과 태도를 자각하는 알아차림과 자기인식이 매우 중요하다. 이것은 더욱 효과적인 사진의 치유경험을 하기 위한 내담자로서 그리고 치료사로서의 역할을 돕기 때문이다.

치료사의 자질　　　나는 심리치료사의 자질이 있나요?

'나는 치료사의 자질이 있는가?'라고 자문하는 마음은 심리치료를 진행하는 사람이라면 피할 수 없는 질문이다. 사진치료를 떠나 모든 심리치료의 영역에서 일하려는 사람이라면 자연스럽게 이처럼 생각할 수 있다. 한 연구원이 사진치료 과정을 경험하면서 치료사로서의 자질에 대한 고민을 토로했다. "한 번도 치료사가 되고 싶다는 생각을 구체적으로 해보지 않았지만, 치료사 역할을 해보니 나의 자질이 많이 부족하고 심리 공부를 해야겠다는 생각이 들었다." 당연히 치료사가 되기 위해 심리학 공부는 필수이다. 그러나 심리치료사가 자질을 다 갖추었기 때문에 심리치료를 한다고 말할 수 있을까? 아니면 원하기 때문에 치료사로서의 능력을 키우게 되는 것일까? 무엇이 치료사의 자질인가?

일반적으로 심리치료사의 자질이라 언급하는 요소는 공감과 경청 능력, 생각과 감정을 판단하지 않고 잘 탐색하는 태도, 동기 강화 능력, 그리고 지적인 정보 분석 및 처리 능력들이 있다. 특히 다른 사람을 도우려는 인간적인 마음은 치료사로 성장하는 데 중요하다. 만약 심리와 치료·치유에 대한 관심을 가지고 고민한다면, 이미 기본적으로 자신을 탐색하고 점검하려 하는 자질 하나는 품고 있다고 본다. 열린 관심은 우리의 잠재성을 점차 활성화하고, 이 과정에서 자질을 스스로 가늠해보게 되기 때문이다. 따라서 '자질이 있는가?' 하는 질문으로 나의 능력을 판단하기보다는, 치료사가 되고 싶은 '동기'가 무엇인지 생각해보는 것이 더 중요하다. 경험적으로 자질이 뛰어나도 치료사가 되고자 하는 동기가 없다면 소용이 없기 때문이다.

미국의 심리학자 제프리 코틀러(Jeffrey A. Kottler, 1999)는 치료사가 되고 싶은 개인적인 동기 리스트를 주고 해당 사항을 체크해보게 한다. 그리고 치료사로 일을 하려는 개인적인 동기에 대해 가능하면 정직하고 개방적으로 말해보라고 한다. 나의 동기가 무엇인지 그것이 실현 가능한지를 생각해보게 한다. 심리치료를 받으러 온 내담자들이 마치 치료사가 마술을 부린 듯 모든 문제를 완벽하게 해결해주기를 기대하는 것처럼, 그러한 만능의 환상적 치료사가 되기를 원하고 있을 수도 있다. 실제 임상을 경험하면 상황에 따른 준비와 능력의 부족을 굉장히 많이 느낀다. 부족을 느낀 만큼 성장할 방향성을 더 발견한 것이지만 안타깝게도 이 과정은 끝이 없을 수 있다. 이 또한 살아가는 사람으로서 주어진 삶의 동기와 활기이다. 결국 어떠한 어려움과 회의감에도 끊임 없이 자신을 이끌어가는 인내가 있어야 한다. 그 인내 속에는 개인적인 동기가 밑받침 하고 있다. 그래서 치료사의 자질은 분명 중요하지만 나에게 어떠한 동기가 있는지 내 면의 탐색이 반드시 필요하다.

치유적사진의 한계

혼자서 즐기고 위로하는 치유활동에는 어떤 어려움이 있나요?

심리치료에서는 치료사가 내담자의 상태를 살펴가면서 정서를 반영하고 문제를 직면 시켜 통찰을 유도한다. 이로써 문제 해결과 자아실현을 이루도록 돕는다. 반면에 치유적 사진 활동은 스스로 목적을 가지고 자율적·창의적으로 진행하며 자신의 성장과 자아실 현을 추구한다. 자가 치유적인 활동은 인간 내면의 무궁한 잠재력을 믿는 인본주의 철학 을 담고 있다. 스스로의 문제해결 능력을 가진 잠재력을 믿기 때문에 인간중심적인 심리 치료에서는 특별한 개입을 필요로 하지 않는다. 내면의 근원적 힘을 믿는 것은 치유 효 과적으로 매우 강력하다. 그러나 우리는 어떠한 시점에서 스스로 해결하기 어려운 상황 을 만날 수 있다. 자신의 차원을 조건 없이 스스로 넘어서기 어려울 수 있다. 이러한 상 황은 늘 존재하는데 특히 자신의 틀(차원, 환경, 조건, 단계, 수준, 상태)에 갇혀 머물러 있는 경 우에는 현재 자신의 모습을 알아차리지 못하고 변화의 필요성을 인지하지 못할 수 있다. 마치 물고기가 물속에서 물을 자각 못하면서 살다가 어항 밖으로 나와서야 자신이 물속 에서 살았다는 것을 깨닫는 경우와 같다. 자신만의 철학을 가지고 있다고 해도, 훈련된 치료사와 함께 다른 차원의 관점을 경험하면서 자신을 탐색하는 것과 같을 수는 없다.

치유적사진 과정에서는 스스로 선택하며 결정하고 치유적인 결과를 자연스럽게 도 출하기를 바란다. 이것은 내면의 궁극적인 힘이며 강력하게 자신을 성장시킨다. 자신 의 치유를 위한 개인적인 작업에는 가벼운 위안에서부터 깊은 사유를 통한 통찰에 이 르기까지 그 깊이와 효과가 다르다. 그러나 자신의 문제나 상황이 여러 가지로 복잡하 게 결합되어 있는 경우에는 스스로 진행할 수 없는 자가치유의 한계점을 드러낼 수밖 에 없다. 한 연구원은 다음과 같이 말했다. "사진 촬영 후에, 나에게서 교과서적인 방어 행동이 다 드러나 몸도 정신도 참 힘들었어요. 머릿속에서 정리가 잘 안됐어요. (중략) 나의 모습에서 수치심을 느꼈죠." 치유적인 사진을 찍어보고 다시 들여다보면서 혼란스러운 마음을 홀로 정리한다는 것은 결코 쉽지 않다. 치료사가 중심을 잡고 지지하면서 함께 견디어주는 상담과정이 지속적으로 제공되지 않는다면, 이러한 경험들은 오히려 치유과정을 뒷걸음치게 할 수 있다.

창의적인 치유사진 활동을 하다보면 그동안 자신이 몰랐던 문제를 자각하면서 밀려오는 자책, 그리고 내가 그러한 사람이라는 자각에서 오는 부정적인 감정들이 나타날 수 있다. 과거를 인정하지 않으면 나에게 변화가 없다는 사실을 직면하게 된다. 실제로 이러한 부정적인 면을 자각하고 수용하기란 힘들다. 성장보다는 퇴행과 억압으로 후퇴할 수도 있으며, 이러한 경우 다시 성장하기 위해서는 많은 시간과 노력이 필요하다. 그러나 이 과정은 앞으로 나아가고 있을 때 출현하는 성장통과 같은 치유의 한 단면이다. 이때의 심리적 고통은 마치 정신적인 죽음과 같다. 묵고 부패하고 추한 과거를 내려놓고 벗어나 비상하기 위해서는 나를 내려놓는 죽음을 만나야 하기 때문이다. 새 출발에는 산고의 고통이 따른다. 스스로 진행하는 치유적사진 작업은 자신을 위로하고 성장하게 할 가능성은 있으나, 한계점으로서 안전하게 자신의 아픔을 수용하며 정신적으로 성장시키는 심리치료의 개입이 분명 도움이 된다.

| 사진치료의 전망 | 사진치료의 미래를 어떻게 보시나요? |

사진치료는 앞으로 어떻게 변화할까? 사진치료를 많은 이들에게 보급해 활용할 가능성은 있는가? 심리치료의 분야에서 사진의 역할은 커져갈 것인가?

시대의 흐름을 타면서 대중성을 가진 가치 있는 내용이 회자될 때에 대부분의 전망은 밝다고 말할 수 있다. 사진치료에 대한 여러 가지의 긍정적인 전망을 살펴보자. 우선 시대의 흐름과 대중적인 면에서, 디지털 시대의 사진은 누구나 쉽게 접근할 수 있는 장점을 가지고 있으므로 심리치료에서도 사진의 활용성은 더욱 높아지고 있다. 디지털 사진은 어떠한 연령층이라도 특별한 기술과 능력 없이 쓸 수 있다. 아동부터 청소년과 성인, 발달장애와 학습능력의 지체를 가지고 있는 사람에게도 효과적이다. 이

점은 그 어떠한 예술매체보다 탁월하다. 디지털 사진의 보급은 인터넷을 통해 즉각적으로 사진을 찍고 보며 나눌 수 있게 한다. 이러한 특징은 사진을 이용한 심리치료 적용을 가속화하고 있다. 그 결과로 치유효과에 대한 연구 논문의 발표도 증가하고 있다.

사진치료의 전망을 긍정적으로 보는 다른 이유는 사진의 치유적 힘에 대한 인식의 변화에 있다. 과거에는 사진의 능력을 기록적이고 객관적이며 재현의 도구로서 보는 관점이 높았으나 이제는 사진의 주관성이 주는 개인적 의미와 세상을 바라보고 소통하는 도구로서의 장점을 인식하고 있다. 더 나아가 사진은 투사성과 상징성으로의 무의식에 접근, 그리고 영성과의 관계성으로도 주목 받고 있다. 다른 예술과 마찬가지로 사진의 창의적인 활동은 스스로 치유의 힘을 발휘하면서 상처 입은 내면을 회복하게 하고 자아실현을 위한 성장을 돕고 있다. 사진만의 감정 자극과 회상 능력, 인지적인 활동, 비언어적 상징과 은유 등은 우리의 감정 회복과 통찰을 일으키는 치유의 기제로서 손색이 없다.

또한 사진치료 기법은 심리치료의 다양한 상담기법과 응용할 수 있다는 점에서 각광 받을 수 있다. 주디 와이저(1999)는 미래의 변화를 모두 예측할 수는 없지만 사진치료 기법들은 상호작용을 통해서 어떠한 종류의 사진으로도 변모할 수 있는 '융통성 있는' 기법으로 남을 것이라고 전망한다. 다양한 심리치료의 이론 성향을 가진 치료사들에게 사진치료 기법은 유연한 접근방식으로 긍정적이다. 사람들의 일상 사진을 가지고 그들의 사고와 행동들을 탐색하거나 내면의 무의식에 심층적으로 접근해 들어가 탐구할 수 있다. 정신역동 이론에서의 방어체계를 분석하거나 현실적응을 증진시키는 대처기술로서, 의사표현과 소통의 대안적인 형태로, 다양한 사진이 제공되고 이용될 수 있다. 사진의 존재와 그 치유의 빛은 인간의 욕구가 있는 한 계속될 것으로 본다.

마치며

물음은 내가 무엇을 모른다는 것을 아는 데서 시작한다. 일 년 동안의 사진치료와 치유적사진의 연구 활동을 통해 연구원들은 서로 많은 질문들을 쏟아냈다. 사진가이자 교육자이며 심리치료를 하는 연구원들이 모인 공간에서 충분히 제기될 수 있는 질문들이었다. 그중 선별한 질문들은 우리가 무엇을 궁금해하는지, 그리고 무엇을 알아야 하는지를 가르쳐주었다. 가볍게 받은 초반의 질문들은 곱씹을수록 점점 대답하기 어려워지기도 했다. 나의 부족한 점이 무엇인지 알게 해주었고 사람들에게 무엇을 알려주어야 하는지도 생각하게 했다. 질문들을 정리해보면서 실제적으로 중요하고 알아야 하는 것들이 사진치료에 많다는 사실을 발견했다. 나의 무지를 일깨우는 물음은 더욱 필요할 것이다. 알고 싶은 것은 성장하기 위함이요, 지적인 욕구이다. 배고픈 만큼 채움이 필요하다. 그리고 이제 그 물음을 넘어 도달할 것들이 조금씩 보이기 시작한다. 이렇게 나는 지속적으로 한발 한발 앞으로 나아갈 것이라는 생각이 든다.

참고문헌

1장. 사진치료와 치유적사진

권석만(2014). 현대 심리치료와 상담이론. 학지사.

권석만(2014). 현대 이상심리학. 학지사.

김준형 · 윤순덕(2016). 사진치료의 기법과 실제. 비커밍.

이가영 · 김선희(2016). 미술치료에서 사진 및 디지털 이미지 활용에 관한 문헌연구. 한국예술연구.
(13). 219-241.

조진호(2011). 대학생의 자기효능감 증대를 위한 사진치료 프로그램 개발에 관한 연구. 한국 사진
학회. No. 25. 111-125.

Barthes, R. (1980). Camera lucida: Reflection on photography. New York: Noonday
Press. (조광희 역, 《카메라 루시다 사진에 관한 노트》, 서울, 열화당. 1986.)

Corbeit & Fryrear (1992). Photo art therapy: A jungian perspective. Charles C Thomas.
(김준형, 서시영 공역. 《사진 미술치료》. 북스힐, 1992.)

Halkola, U. (2011). Spectro cards in therapy and counselling: A guide for using photo
cards. Painosalama, Turku.

Halkola, U. (2013). A photograph as a therapeutic experience. In Loewenthal, D. (Eds)
(2013). Phototherapy and therapeutic photography in a digital age. Routledge.

Halkola, U. Koffert, Tarja; Koulu, Leena; Krappala, Mari; Loewenthal, Del; Parrella,
Carmine; Pehunen, Pirkko (eds.) (2011). PHOTOTHERAPYEUROPE: Learning and
Healing with Phototherapy. The Brahea Centre for Training and Development.
University of Turku.

Hill, E. C., O'Brien C. (2006). Helping skills. (주은선 역. 《상담의 기술》 3판. 학지사. 2012.)

Hora, T. (2002). Meta existential therapy. (이정기 역. 《메타실존 심리치료》. 한국 실존치료연

구소. 2018.)

Krauss, D. (1982). Photography, imaging, and visually referent language in therapy: Illuminating the metaphor. Camera Luidica. 1(c5). 58-63(a).

Krauss, D. & Fryrear, J. (Eds.). (1983). Phototherapy in mental health. Springfield. IL: Charles Thomas.

Loewenthal, D. (Eds.) (2013). Phototherapy and therapeutic photography in a digital age. Routledge.

Sontag, S. (1989). On photography. New York: Noonday Press. (유경선 역. 《사진이야기》. 해뜸. 1986)

Weiser, J. (1984). Phototherapy - becoming visually literate about oneself, or phototherapy/ What's phototherapy?. Phototherapy. Vol. IV. No. 2.

Weiser, J. (1999). Phototherapy techniques: Exploring the secrets of personal snapshots and family albums. Vancouver: Photo Therapy Centre.

Weiser, J. (2001). PhotoTherapy techniques: Using clients' personal snapshots and family photos as counseling and therapy tools. Afterimage: The Journal of Media Arts and Cultural Criticism. 29:3 (Nov/Dec). 10-15.

Weiser, J. (2009). Commentary picturing phototherapy and therapeutic photography: commentary on articles arising from the 2008 international conference in Finland. European Journal of Psychotherapy and Counselling. Vol. 11. No. 1. March 2009. 77-99.

Weiser, J. (2014). Establishing the framework for using photos in art therapy practice. Areteterapia: Papeles de arteterapia y educación artistica para lainclusión social. Vol. 9.

● 인터넷 사이트

국립국어원 표준국어대사전. http://stdweb2.korean.go.kr/main.jsp

어원사전 사이트. www.etymonline.com

Judy Weiser. PhotoTherapy. http://www.phototherapy-centre.com/home.htm.

2장. 내가 좋아하는 사진

김기정(2016). 자기성찰과 안녕감의 관계에서 의미추구 및 의미발견의 매개효과. 숙명여자대학교 대학원 석사학위논문.

김미옥·김연수·김희성(2009). 산재장애인을 위한 임파워먼트 프로그램 개발 및 효과. 한국사회복지학. 61(4). 307-322.

김병현(2015). 예술치료에서의 감성공학적 접근에 관한 연구 - 감성인식 기술의 활용방법. 예술과 인간 1. 96.

김연금(2015). 마음챙김 치유예술 프로그램이 인지기능 및 뇌기능에 미치는 영향 분석. 서울벤처대학원대학교 박사학위논문.

김영란(2006). 임파워먼트가 청소년의 학교적응에 미치는 영향. 중앙대학교 대학원 석사학위논문.

김진숙(1993). 예술심리치료의 이론과 실제. KEAPA Press.

김진숙(2009). 투사적 동일시의 의미와 치료적 활용. 한국심리학회지: 상담 및 심리치료. 21(4), 2009. 11. 756-790.

남궁은숙·신영화(2011). 청소년의 임파워먼트에 영향을 미치는 요인. 아동복지학. 34. 29-62.

박주희(2014). 현대인의 욕망에 대한 상징적 표현 연구. 배재대학교 대학원 석사학위논문.

박진영(2011). 자립홈 지적장애인의 자립생활 경험에 관한 질적연구. 한국사회복지질적연구 5(2), 35-59.

배윤정(2008). 청소년의 임파워먼트와 권리옹호행동에 관한 연구. 숙명여자대학교 대학원 석사학위논문.

보건복지부(2017). 2016년도 정신질환실태 역학조사.

성기혜(2009). 정신과 외래 환자가 지각하는 낙인과 자기효능감 및 삶의 만족도에 관한 연구. 임상간호연구 제15권 2. 127-138.

용수옥·강민희(2015). 사진치료 프로그램에 참여한 정신장애인의 자기변화 경험에 대한 현상학적 연구. 정신보건과 사회사업. 43(3). 107-135.

윤혜선(2010). 행복감 증진을 위한 예술치료 해피. 아트. 테라피. 한국학술정보㈜.

이남인(2004). 현상학과 해석학: 후썰의 초월적인 현상학과 하이데거의 해석학적 현상학. 서울대학교 출판부.

이소영(2009). 시설치매노인의 기억력 회상을 위한 사진치료 사례연구 -사진치료 기법개발을 중심으로-. 원광대학교 대학원 석사학위논문.

이은선(2017). 음악치료가 탈북청소년의 정서발달과 임파워먼트 증진에 미치는 영향. 숙명여자대학교 대학원 박사학위논문.

이장범(2012). 가출 청소년의 우울과 사회적 지지가 임파워먼트에 미치는 영향. 명지대학교 대학원 박사학위논문.

이재용(2008). 다산의 심성론과 수양론을 적용한 자기성찰적 상담. 청주교육대학교 대학원 석사학위논문.

정성훈(2013). 중년 남성의 심리적 위기감과 자기성찰이 심리적 안녕감에 미치는 영향. 경성대학교 대학원 석사학위논문.

조긍호(2007). 동아시아 집단주의와 유학사상: 그 관련성의 심리적 탐색. 한국심리학회지: 사회 및 성격. 21(4), 21-53.

조용환(2009). 질적사례연구의 원리와 기법-현상학적, 임상적 접근을 중심으로. 이화여자대학교 사회복지연구소 워크숍. 18-19.

차원희(2014). 사물에 대한 집착심리 작업연구. 서울대학교 대학원 석사학위논문.

최용민(2006). 임파워먼트와 사회복지실천. 복지행정논총. (2). 71-100.

홍미선(2011). 투사적 기법을 중심으로 한 사진치료 활동연구. 경성대학교 대학원 석사학위 논문.

Dewey, J. (1933). How we think. Boston D.C; Health and Company.

Fromm, E.. 차경아 역(1996). 소유냐 존재냐. 까치글방.

Weiser, J.. 심영섭·이명신·김준형 공역(2012). 사진치료기법. 학지사.

Kabat-Zinn, J., Wheeler, E, Light, T., Skillings, A, Scarf, M., Cropley, T., Hosmer, D. and Bernhard, J. (1998). Influence of a mindfulness meditation-based stress reduction intervention on rates of skin clearing in patients with moderate to serve psoriasis undergoing phototherapy(UPA) and photochemotherapy(PUVA). Psychosomatic Medicine. 60(5). 625-632.

Lee, J. A. B. (2001). The Empowerment approach to social work practice. New York; Columbia University Press.

Mahoney, M. J. (1997). Psychotherapists' personal psychology. Research and Practice. 28. 14-16.

3장. 자화상

강현식(2010). 꼭 알고 싶은 심리학의 모든 것. 소울메이트.

고선경(2006). 사진매체 특성을 통한 다중적 자아연구. 홍익대학교 석사학위논문.

김문희(2010). Self-awareness in expressive therapies: The relationships between photography and mindfulness meditation. Lesley Graduate University.

박준상(2008), 빈중심: 예술과 타자에 대하여. 그린비.

백지연(2014). 중년여성가장의 정체성 변화. 단국대학교 박사학위논문.

신경애(2001). 현대사진에 나타난 셀프 포트레이트의 내면성 연구. 경성대학교 석사학위논문.

조선미(1995). 화가와 자화상. 도서출판 예경.

양효실(2014). 조금 늦을 네게. 듀얼 모노드라마: 몸의 귀환, KT&G 상상마당.

한경은(2016). 치유적사진예술체험이 자폐청소년의 사회적 상호작용에 미치는 영향. 예술에서 치료까지 제2호.

홍유진(2017). 내 안의 나를 깨우는 통합예술치료. 학지사.

Carl Gustav Jung. 조성기 역(2017). 기억 꿈 사상. 김영사.

Friedrich Nietzsche. 김정현 역(2002). 선악의 저편·도덕의 계보. 책세상.

Laura Cumming. 김진실 역(2012). 화가의 얼굴. 자화상. 아트북스.

Roland Gérard Barthes & Susan Sontag. 송숙자 역(1994). 바르트와 손탁: 사진론, 현대미학사.

Susan Sontag. 이재원 역(2005). 사진에 관하여(1973). 시울.

Weiser, J.. 심영섭·이명신·김준형 공역(2012). 사진치료기법. 학지사.

●인터넷 사이트

국립국어원 표준국어대사전. http://stdweb2.korean.go.kr/main.jsp

사진정보 사이트. http://fototapeta.art.pl

어원 사전 사이트. www.etymonline.com

4장. 사진일기

나탈리 로저스. 이정명·진미향·전태옥 옮김(2007). 인간중심 표현예술치료. 시그마프레스.

노영윤(2015). 사진일기와 그림 동화 개작을 통한 자기 발견과 그 효능. 겨레어문학회.

롤랑 바르트 & 수잔 손탁. 송숙자 역(1994). 바르트와 손탁: 사진론. 현대미학사.

박소연·김한별(2012). 대학생의 저널쓰기를 통한 자아성찰 과정에서의 자아정체감 형성 경험 분석. 교양교육연구6(1).

박지선(2008). 쓰여진(written)이미지, 그려진 일기. 이화여대 대학원 석사학위 논문.

수잔 손택. 김선형 역(2013). 다시 태어나다(수전 손택의 일기와 노트).

앙리 프레데릭 아미엘. 이희영 역(2007). 아미엘 일기. 동서문화사.

이지성(2018). 이지성의 꿈꾸는 다락방. 차이정원.

장혜진(2016). 교사들의 학생 소통 도구로써 마음일기 쓰기 지도 경험에 대한 연구 : Girorgi의 현상학적 연구 방법을 활용하여. 학위논문(석사). 한신대학교 교육대학원.

정진희(2001). 일기형식으로 표현된 사진에 관한 연구 논문. 상명대학교대학원.

조성웅(2013). 일기와 심리치료적인 기능:스탕달의 경우. 한국프랑스어문교육학회.

캐슬린 아담스(2006). 저널 치료: 자아를 찾아가는 나만의 저널 쓰기. 학지사.

캐슬린 아담스. 강은주·이영식·이봉희 역(2006). 저널치료의 실제. 학지사.

헨리 데이비드 소로(2017). 소로의 일기. 윤균상 옮김. 갈라파고스.

Weiser, J.. 심영섭·이명신·김준형 공역(2012). 사진치료기법. 학지사.

● 웹사이트

　　경향신문. http://news.khan.co.kr/kh_news/khan_art_view.html?artid=201711172017
　　　　0125&code=990100

　　소피 칼. https://www.guggenheim.org/artwork/artist/sophie-calle

　　아드레안 휴즈 홈페이지. http://www.adrienehughes.com

　　어학사전. http://dictionary.cambridge.org

　　조 스펜스. http://tate.org.uk/art/artists/jo-spence

5장. 사진을 이용한 자기상자

권석만(2012). 현대 심리치료와 상담이론. 학지사.

기시미 이치로·고가 후미타케. 전경아 역(2014). 미움 받을 용기. 인플루엔셜.

김광우(2001). 뒤샹과 친구들. 미술문화.

김은실 외(2011). 아이들의 자존감을 높여주는 셀프업(자존감 향상 프로그램). 마음샘.

김준형(2013). 중년기 여성의 행복감 증진을 위한 자화상 사진치료 프로그램 개발. 독서치료연구. 5(1).

김준형·유덕순(2016). 사진치료의 기법과 실제. 도서출판 비커밍.

로버트 존슨. 고혜경 역(2015). 당신의 그림자가 울고 있다. 에코의 서재.

박지원(2016). 전통 보자기 기법을 응용한 배자 디자인 개발에 관한 연구. 한남대학교 석사논문.

보자기꽃(2016). "보자기는 한국만이 가지고 있는 아름다움". 경기시민일보. 2016년 3월 24일자 기사.

송수연(2016). "보자기는 한국만이 가지고 있는 아름다움." 경기북부시민신문. 2016년 3월 23일자 기사.

신아정(2015). 청소년의 심리치료를 위한 음악치료 프로그램의 개발과 효과. 명지대학교 박사논문.

옥금자(2009). 표현 예술 치료로 만나는 정신 건강 이야기. ㈜시그마프레스.

요시다 에리(2009). 나를 찾아가는 심리치유여행 행복한 미술치료. 진선출판사.

유현실·백지연(2016). 사진치료에 참여한 중년여성가장의 정체성 변화에 대한 내러티브 탐구. 한국 심리학회지. 21(3).

유형근(2002). 초등학교의 학생상담 교육과정 구안. 박사학위논문. 한국교원대학교.

이어령(2015). 보자기 인문학. 마로니에북스.

정현희(2006). 실제적용중심의 미술치료. 학지사.

조병활(2006). "불교의 존재론, 인간론에 해당하는 사상체계 - 37. 가르침-무상,무아". 불교신문. 2006년 10월 14일 기사.

조진호(2011). 대학생의 자기효능감 증대를 위한 사진치료 프로그램 개발에 관한 연구. 한국사진학 회지. No 25.

최보나(2000). 은유적 오브제의 제작연구. 홍익대학원 석사논문.

캘빈 S. 홀. 안귀여루 역(1987). 프로이드 심리학 입문. 범우사.

보건복지부(2017). 한국아동종합실태.

한국고전용어사전 편찬위원회(2001). 한국고전용어사전. 세종대왕기념사업회.

한국교육개발원(2014). 초등학생의 발달특성과 인성교육. 한국교육개발원 초등교원 인성교육 연수 자료집. 02. 15-20.

한림학사(2007). 통합논술개념어사전. 청서.

한정식(2003). 사진과 현실: 사진의 정체성을 찾아서. 일광문화사.

현성용 외(2008). 현대심리학입문. 학지사. 283-286.

Doris Banowsky, Arrington(2001). Home is where the art is: An art therapy aproach to family therapy. Charles C Thomas Publisher.

Jerry L. Fryrear, Irene E. Corbit. 김준형, 서시형 역(2011). Photo art therapy. 사진미술치료. 북스힐. 90.

Juich Aron Rubin. 최소영·김혜정 역(2007). Rubin의 통합적 예술치료 읽기. 시그마프레스. 25.

Raquel, Farrel-Kirk(2001). Secret, symbols, synthesis, and safety: The roll of boxes in art therapy, American Journal of Art Therapy, Vol. 39, Feb. p.88-92.

● 인터넷 사이트

교육부 2017년 학교폭력 실태조사. http://www.moe.go.kr/boardCnts/view.do?boardID =294&boardSeq=71579&lev=0&searchType=null&statusYN=W&page=1&s=mo e&m=0503&opType=N

국립국어원 표준국어대사전. http://stdweb2.korean.go.kr/search/List_dic.jsp

나타샤 샤피로 참고사이트. https://natashashapiroarttherapy.wordpress.com/2014/03/08/boxes-boxes-boxes-always-great-for-art-therapy

데보라 참고사이트. http://arttherapydirectives.blogspot.kr/2012/03/insideoutside-boxes.html

불교용어해설. http://www.bulkwang.co.kr/news/articleView.html?idxno=14943

클레어 참고사이트. http://clairmellenthin.com/insideoutside-box

통계청 2016년 하반기 맞벌이가구 및 1인 가구 고용 현황. http://kostat.go.kr/portal/korea/kor_nw/2/3/3/index.board?bmode=read&bSeq=&aSeq=361185&pageNo=1&rowNum=10&navCount=10&currPg=&sTarget=title&sTxt

통계청 2017년 초·중·고 사교육비조사. http://kostat.go.kr/portal/korea/kor_nw/2/13/1/index.board?bmode=read&aSeq=359420

6장. 애도사진

고희경(2010). 미술치료프로그램이 유방절제술을 받은 여성의 충격과 스트레스에 미치는 영향. 건국대학교 디자인대학원 석사학위 논문.

미국정신분석학회(2002). (이재훈 역) 정신분석용어사전. 한국심리치료연구소.

박영택(2014). 애도하는 미술. 마음산책.

신기영·옥선화(1991). 중년기 주부의 위기감과 사회관계망 지원에 관한 연구. 한국가정관리학회지. 9(1).

이이정(2011). 죽음학 총론. 학지사.

임선영(2013). 외상적 관계상실로부터 성장에 이르는 과정에 대한 질적 연구. 한국심리학회지 상담 및 심리치료. Vol. 25. No.4.

임진수(2013). 애도와 멜랑콜리. 파워북.

우정아(2015). 남겨진 자들을 위한 미술. 휴머니스트 출판그룹.

장성금(2010). 가족사별의 상실감 극복을 위한 미술치료 사례연구에서 드러난 애도단계. 한국 기독교상담학회지.

전희정(2018). 애도상담자 전문역량 향상을 위한 교육과정 탐색 한국콘텐츠학회 논문지. Vol. 18. No. 2. 한국콘텐츠학회.

조선화·강연신(2015). 애도 회피에 따른 침투적 반추가 심리적 성장에 이르는 과정에서 의 도적 반추 및 자기노출의 역할. 한국심리학회지 상담 및 심리치료. Vol. 27. No.3.

채정호(2014). 이별한다는 것에 대하여. 생각속의 집.

최선재·안현의(2013). 상실경험의 의미재구성과 심리적 적응의 관계. 상담학연구. Vol. 14. No. 1.

황정윤·김미옥·천성문(2014). 성인용 애도 척도 개발 및 타당화. 재활심리연구. 제22권 제3호. Vol. 21. No. 3.

Barthes, R. (1980). Camera lucida: Reflection on photography. New York: Noonday Press. (조광희 역. 《카메라 루시다 사진에 관한 노트》. 서울. 열화당. 1986.)

Barthes R. (2009). Journal de deuil. (김진영 역. 《애도일기》. 걷는나무. 2012.)

Bowlby, J. (1980). Attachment and loss, Volume Ⅲ ; Loss sadness and depression, Tavistock Institute of Human Relations. New York.

Burton Robert. (1621). The anatomy of melancholy. New York Review Books Classics. (reprinting, of the 1932 edition, 2001.)

Edinger, F. E. (1985). Anatomy of the psyche. Poen Court Publishing Company. (김진숙 역. 《연금술의 상징과 심리치료: 마음의 해부학》. 돈화문 출판사. 2015.)

Kübler-Ross, E. & Kessler, D. (2005). On grief and grieving: Finding the meaning of life through the five stages of loss. (김소향 역. 《상실수업》. 인빅투스. 2014.)

Rubin, J. A. (1987). Approaches to art therapy: Theory and technique. (주리애 역. 《이구동성 미술치료》. 학지사. 2001.)

Sanders CM, Mauger PA, Strong PN. A manual for the grief experience inventory. Blowing Rock. NC: Center for the Study of Separation and Loss;198.

Schiffter, F. (2010). Philosopie sentimentale. (이세진 역. 《우리는 매일 슬픔 한 조각을 삼킨다》. 문학동네, 2014.)

Sontag, S. (1989). On photography. New York: Noonday Press. (유경선 역. 《사진이야기》. 해뜸. 1986.)

Verena, K. (1982). 애도. (채기화 역, 궁리출판. 1999.)

Weiser, J. (1999). Phototherapy techniques: Exploring the secrets of personal snapshots and family albums. Vancouver: Photo Therapy Centre.

Wentz, E. (1995). 티벳 사자의 서. 정신세계사. (류시화 역).

Worden, W. (1991). Grief counseling & grief therapy. New York: Springer Publishing Company. (이범수 역. 《유족의 사별슬픔 상담과 치료》. 해조음출판사. 2007.)

7장. 사진치료와 치유사진에 관한 제반 논의

강신익(2012). 몸, 마음공부의 기반인가, 장애인가. 밝은 사람들 총서 4. 운주사.

권석만(2014). 현대 심리치료와 상담이론. 학지사.

권석만(2014). 현대 이상심리학. 학지사.

김종대(2013). 사진치료를 통한 다문화사회의 상호문화소통에 대해. 철학과 문학 제 26집.

김준형·윤순덕(2016). 사진치료의 기법과 실제. 비커밍.

김환·이장호(2006). 상담면접의 기초. 학지사.

이가영·김선희(2016). 미술치료에서 사진 및 디지털 이미지 활용에 관한 문헌연구. 한국예술연구. (13). 219-241.

이경률(2001). 사진은 무엇을 재현하는가. 마실 출판사.

이규미(2018). 상담의 실제: 과정과 기법. 학지사.

조진호(2011). 대학생의 자기효능감 증대를 위한 사진치료 프로그램 개발에 관한 연구. 한국사진학회. No. 25. 111-125

한정식(2000). 사진예술 개론. 열화당.

Akeret, R. V. (1973). Photo analysis. New York: Peter H. Wyden, Inc.

American Psychiatric Association. (2013). Diagnostic and Statistical Manual of Mental Disorders 5th edition (DSM-5). Washington, Dc:Auther. (대표역자 권준수.《정신질환의 진단 및 통계 편람》. 학지사. 2015.)

Barthes, R. (1980). Camera lucida: Reflection on photography. New York: Noonday Press. (조광희 역,《카메라 루시다 사진에 관한 노트》, 열화당. 1986.)

Benjamin, W. (1988). 발터 벤야민의 문예이론. 민음사.

Craig C. (2009). Exploring the self through photography: Activities for use in group work. Jessica Kingsley Publishers.

Diamond, H. (1976, 2014). Gilman Ed, The face of madness. Echo Point Books & Media.

Fryrear & Corbeit (1982). Photo art therapy: A Jungian perspective. Charles C Thomas. (김준형·서시영 공역.《사진 미술치료》. 북스힐. 1992.)

Ginicola M. Smith C. & Trzaska J. (2012). Counseling through images: Using photography to guide the counseling process and achieve treatment goals. Journal of Creativity in Mental Health. 7:310-329.

Goessling, K. & Doyle, C. (2009). Thru the lenz: Participatory action research, photography, and creative process in an urban high school. Journal of Creativity in Mental Health. 4(4). 343-365.

Hays, D. G., Forman, J., & Sikes, A. (2009). Using artwork and photography to explore adolescent females' perceptions of dating relationships. Journal of Creativity in Mental Health. 4(4). 295-307.

Hill, E. C., O'Brien C. (2006). Helping skills. (주은선 역. 《상담의 기술》 3판. 학지사. 2012.)

Hattersley, R. (1971). Discover yourself through photograpy. New York: Morgan and Morgan. In Krauss, D. and Fryrear, J. (Eds). (1983). Phototherapy in mental health. Springfield. IL: Charles Thomas.

Heaton, J. A. (1998). Therapeutic skills. (김창대 역. 《상담 및 심리치료의 기본기법》. 학지사. 2006.)

Hunsberger, P. (1984). Use of instant-print photography in psychotherapy. Professional Psychology: Research and Practice. Vol. 15. No. 6.

Kneller G. F. (1971). Introduction to the philosophy of education. New York: John Wiley and Sons.

Kottler, J. A. (1999). The therapist's workbook. Jossey-Bass.

Krauss, D. and Fryrear, J. (Eds). (1983). Phototherapy in mental health. Springfield. IL: Charles Thomas.

Levick, M. (2000). Personal email. Communication, September 2. In Weiser, J. (2014). Establishing the framework for using photos in art therapy practice, A reteterapia: Papeles de arteterapia y educación artistica para la inclusión social. Vol. 9.

Turner-Hogan, P. (1981). The use of group photo therapy in the classroom. Photo Therapy. 2(4). 13. In Krauss, D. and Fryrear, J. (eds). (1983). Phototherapy in mental health. Springfield. IL: Charles Thomas.

Weiser, J. (1984). Phototherapy - becoming visually literate about oneself, or phototherapy/ What's phototherapy?, Phototherapy. Vol. IV. No. 2.

Weiser, J. (1999). Phototherapy techniques: Exploring the secrets of personal snapshots and family albums. Vancouver: Photo Therapy Centre.

Weiser, J. (2001). PhotoTherapy techniques: Using clients' personal snapshots and family photos as counseling and therapy tools. Afterimage: The Journal of Media Arts and Cultural Criticism. 29:3 (Nov/Dec). 10-15.

Weiser, J. (2009). Commentary picturing phototherapy and therapeutic photography: commentary on articles arising from the 2008 international conference in Finland. European Journal of Psychotherapy and Counselling. Vol. 11. No. 1. March 2009. 77-99.

Weiser, J. (2014). Establishing the framework for using photos in art therapy practice. Areteterapia: Papeles de arteterapia y educación artística para la inclusión social. Vol. 9.

White, M. (1962). Varieties of responses to photographs. Aperture. 10(3). 116-128. In Krauss, D. and Fryrear, J. (Eds). (1983). Phototherapy in mental health. Springfield. IL: Charles Thomas.

Wolf, R. (1976). The polaroid technique: Spontaneous dialogues from the unconscious. Art Psychotherapy. 3(3/4). 197-201. In krauss, D. and Fryrear, J. (Eds). (1983). Phototherapy in mental health. Springfield. IL: Charles Thomas.

● 인터넷 사이트

국립국어원 표준국어대사전. http://stdweb2.korean.go.kr/main.jsp

로지 마틴. http://photographyscotland.org/2016/rosy-martin.html

어원사전 사이트. www.etymonline.com

울라 할콜라. http://www.spectrovisio.net/eng

조엘 워커. http://www.fototerapeutica.com/2015/04/walker-visuals.html

크리스티나 누녜즈. https://www.cristinanunez.com/the-self-portrait-experience1

Judy Weiser. PhotoTherapy. http://www.phototherapy-centre.com/home.htm.

찾아보기

[ㄱ]

가스통 바슐라르(Gaston Bachelard)   246
감정   314
감정그래프   169
감정 표출   218
강운구   247
객관적 관점   147
계몽주의   29
관찰   158
광기의 얼굴 (The face of madness)   298
교육자   317
국제 사진치료 협회   298
그림일기   149
그림자   182
근대사진   294
긍정   187
기록성   150
기억 회상   166
기질   191
김아타   188

[ㄴ]

나타샤 샤피로(Natasha Shapiro)   187
나탈리 로저스(Natali Rogers)   148, 296

낸 골딘(Nan Goldin)   096, 098, 150
노영윤   151

[ㄷ]

다니카 헤이스(Danica G. Hays)   317
대화   147
더그 스튜어트(Doug Stewart)   031
더 박스(The Box)   185
데미언 허스트(Damien Hirst)   247
데이비드 크라우스(David Krauss)
    299, 303, 305
도쿄   183
돌로레스 크리거(Dorlores Krieger)   297
디지털화   162
뚜껑   192

[ㄹ]

라퀼 패럴-커크(Raquel Farrel-kirk)   186
라포   123, 124
랄프 해터슬리(Ralph Hattersley)   301, 302
로라 커밍(Laura Cumming)   097, 114
로버트 버튼(Robert Burton)   238
로버트 새폴스키(R. M. Sapolsky)   297
로버트 애커렛(Robert Akeret)
    299, 302, 303, 316

로베르토 아사지올리(Roberto Assaggioli)
295

로지 마틴(Rosy Martin)　299, 300

롤랑 바르트(Roland Barthes)
114, 118, 246, 302, 314

루이스 하인(Lewis Hine)　012

리비도　243

[ㅁ]

마르셀 뒤샹(Marcel Dychamp)　188

마리오 자코멜리(Mario Giacomelli)　246

마이너 화이트(Minor White)　298, 301

메멘토 모리　248

메타인지(metacognition)　280

멜랑콜리의 해부학　238

명료화　172

명상　147

무아(無我)　183

무의식　182

문학치료　148

물아일체　183

뮤지엄 프로젝트　188

미라 레빅(Myra Levick)　309

[ㅂ]

바니타스(Vanitas)　248

바밀크 볼칸(Vamilk Volkan)　243

반영　117, 124

반응성 예술 작업　164

발터 벤야민(Walter Benjamin)　304

밝은 방　302

백지사진기법　053

베로나 카스트(Verena Kast)　244

병리적인 슬픔　242

보물상자　187, 193, 199, 201

보물창고　144

보자기　185

복잡한 애도　239

부재　075

부정적인 감정　315

불교　183

비밀　186

비언어　166

비언어적 회상　151

빈 둥지 증후군　279

빛그림　293

빼앗긴 애도　239

[ㅅ]

사마귀　217

사별　238

사적 기록　146

사진　293

사진놀이　217

사진상자　201

사진의 사실성　084, 116

사진의 연극성　118, 119

사진일기　135, 144

사진치료 정의　305

상실　192

상징　186

상처 치유　192

상호관계성 168

상호작용 189, 214

생멸변화 183

성취감 218

셀프박스 186

셀프 슈퍼비전 164

소통의 힘 161

소피 칼(Sophie Calle) 154

수용 098, 119, 121, 127, 130

수잔 손택(Susan Sontag)
004, 118, 147, 246

수퍼 에고(초자아) 182

숨겨진 애도 239

스투디움 302

스튜어트 울프(Stewart Wolf)
297, 305, 311

스튜어트 홀(Stuart Hall) 119

스트레이트 사진 294

스트로베와 슈트(Stroebe & Schut) 245

스펙트로 사진(Spectro Cards) 009, 299

시각화 152

신디 셔먼(Cindy Sherman) 096

실증주의 293

심리 역동 201

심리적 개방 313

심리 진단 316

[ㅇ]

아노말리사(ANOMALISA) 182

아니마 182

아니무스 182

아드리엔 휴즈(Adriene Hughes) 153

아멜리에(Amelie of Montmartre) 185

아우라 304

안드레아 파이닝거(Andreas Feininger) 303

안전 186, 192

알프레드 스티글리츠(Alfred Stieglitz) 294

알프레드 아들러(Alfred Adler) 183

앙리 프레데릭 아미엘(Henri Frederic Amiel)
147

애도(deuil) 192, 193, 238

애도와 멜랑콜리 239, 243

애도의 과제이론 245

애도의 반응과정 241

애도의 반응패턴 241

애도작업 239

애도 척도 251

애착의 분리 279

앤디 워홀(Andy Worhol) 188

억압 099

에고(자아) 182

에너지 191

에너지 강화 218

에드워드 에딘저(Edward F. Edinger) 235

에반스 웬츠(Evans Wentz) 232

에스티 로더(Estée Louder) 152

엘리자베스 퀴블러 로스(E. Kübler-Ross)
233, 242

여행가방 속 상자 188

연결감 283

연관성 214

연속촬영 자화상 101

예기적 애도 240

예술작품 188

예술치료 184

오늘의 심리학 (Psychology Today) 298

욕망 160

울라 할콜라(Ulla Halkola) 008, 021, 299

워커 비주얼(The Walker Visuals) 299

원초아 182

윌리엄 워든(William Wordend) 241, 244

유진 젠들린(Eugene Gendlin) 295

음악치료 187

응시 312

의식 182

의식의 확장 281

이경률 303

이드(원초아) 182

이렌느 코빗(Irene E. Corbit) 187, 317

이봉희 147

이어령 185

이윤영 185

일기 146

일대기 191

임파워링 214

임파워먼트 070

[ㅈ]

자각 172

자기 181, 182

자기 개념 181

자기개방 084

자기상자 184, 186, 189, 195, 196, 197, 199

자기성찰 071

자기이해 085, 113, 191, 192, 218

자기인식 150

자기탐색 099, 113, 190, 191, 218

자기통합 191

자기표현 085, 098, 099, 218

자끄 앙리 라르띠끄(Jacques-Henri Lartigue) 150

자신감 214

자아 182

자아상 112, 181

자아인식능력 215

자유 연상 014

자의식 112

자존감 099, 112, 126, 214, 218

자존감 회복 192

자크 라캉(Jacques Lacan) 245

자화상 083, 097

자화상 사진 192

자화상 상자 187

장 마르탱 샤르코(Jean M. Charcot) 297

장 피아제(Jean Piaget) 215

재발견 151

재연치료 299

재인식 113

저널치료 148

저항 100, 116, 117

절대자유 183

절충식 기법 300

접근성 310

정상적인 애도 239

정신병리학 293

정체성　034, 097, 099, 119, 120, 121,
　　　　127, 130, 151, 190, 191, 207

정화 117, 130

제리 프라이어(Jerry L. Fryrear)
　　　　　　　　　031, 187, 299

제프리 코틀러(Jeffrey A. Kottler) 320

조셉 코넬(Joseph Cornell) 188

조 스펜스(Jo Spence)　155, 156, 299, 300

조엘 워커(Joel Walker) 299

조오지 넬러(George F. Kneller) 317

존 볼비(John Bowlby) 242, 244

존 워커(John walker) 097

존 허셀(John Herschel) 293

주디 와이저(Judy Weiser) 008,
　　012, 098, 099, 150, 246, 300,
　　301, 302, 305, 315, 318, 323

주체성 312

지각 151

지그문트 프로이트(Sigmund Freud)
　　　　　　　182, 239, 243, 294

직면　　　　　114, 115, 116,
　　117, 120, 125, 127, 165, 192

[ㅊ]

찰스 다윈(Charles Darwin) 239

창의성 304

창조적 자아 183

초월 284

초자아 182

치료 295

치료기제 296

치료로서의 사진 068

치료사 317, 320

치료적 효과 214

치유 077, 296

치유적사진 305

치유적인 사진 활동 306

[ㅋ]

카타르시스　　　117, 118, 119, 309

칼 로저스(Carl Rogers) 181, 295

칼 융(Carl Gustav Jung)
　　　　　182, 232, 284, 294

캐롤 도일(Carol Doyle) 317

캐슬린 애덤스(Kathleen Adams) 148

코티졸 297

크리스틴 고셀링(Kristen Goessling) 317

클라라 힐(Clara Hill) 295, 315

클레어 멜레신(Clair Mellethin) 187

클레이어 크레이그(Claire Craig) 303

[ㅌ]

타인이 찍어주는 자화상 085, 101

탈동일시 282

터너 호간(Turner-Hogan) 311

터널 시야(tunnel vision) 281

테라피(Therapy) 295

토마스 호라(Thomas Hora) 021

통찰 150

통합 186

투사 과정 285

투사 사진 285

투사적 동일시 055

[ㅍ]

페르소나 182, 187

피터 헌스버거(Peter Hunsberger) 304

포스트모더니즘 294

푼크툼 285, 302, 304, 314

프레드 울프(Fred Wolf) 185

[ㅎ]

한정식 303

헨리 데이비드 소로(Henry David Thoreau)

147

현대사진 294

현실성 313

회귀 192

회복 296

회피 114, 274

휴 다이아몬드(Hugh W. Diamond) 298

저자 약력

김문희

중앙대학교 및 동대학원 사진학과 학사·석사
Lesley 대학원 표현예술치료학과 석사
서울불교대학원대학교 상담심리학과 박사 수료
한국사진교육학회 이사
한국사진치료학회 자격관리 이사
빛그림 심리상담센터 원장
ATR 미국공인 미술치료사
임상미술심리상담전문가
사진심리상담 슈퍼바이저
명상지도전문가
mlight24@gmail.com

이정희

서울교육대학교 초등교육전공 학사
연세대학교 교육대학원 음악교육전공 석사
현 서울신화초등학교 교사
학교내 마을 학교 〈사마귀 사진학교〉 교장
어린이사진 교육청전시기획·진행
사진교육관련 미술교과서 사진 등재
한국사진교육학회 사진치료치유분과 연구원
사진작가
atomagain@naver.com

정은영

홍익대학교 산업미술대학원 사진디자인전공 석사
한국사진교육학회 사진치료치유분과 연구원
창의예술교육 「꿈꾸는 카메라」, 「유쾌한 카메라」
기획·진행
사진가
문화예술교육사
weenee@daum.net

한경은

중앙대학교 및 동대학원 사진학과 학사·석사
동덕여자대학교 통합예술치료학과 박사 수료
한국사진치료학회 학술 이사
통합예술심리상담센터 나루 대표
마음치유학교 선생님
치유하는 글쓰기 연구소 선임 연구원
통합예술심리상담전문가
사진심리상담전문가
문화예술교육사
사진작가(hankyungeun.com)
저서 『당신 생각은 사양합니다(수오서재)』 집필
femiwalker@hanmail.net

허슬기

New York Film Academy. MFA in Photography 석사
중부대학교 인문산업대학원 사진영상학과 석사
중부대학교 사진영상학과·영어영문학과 학사
예술1동 문화기획사 대표
삼각산시민청(서울문화재단) 공동운영단 지역전문가
다음세대재단-유스보이스 미디어 교육자
노원청소년수련관 학교연계프로그램 예술강사
한국사진교육학회 사진치료치유분과 연구원
비영리단체 여행하는카메라 운영위원장
문화예술교육사
시각예술가·문화기획자
seulki05@gmail.com

사진치유의 힘

초판발행	2020년 10월 21일
지은이	김문희 · 이정희 · 정은영 · 한경은 · 허슬기
펴낸이	노 현
편 집	최은혜
기획 / 마케팅	노 현
제 작	고철민 · 조영환
펴낸곳	㈜피와이메이트
	서울특별시 금천구 가산디지털 2로 53 한라시그마밸리 210호(가산동)
	등록 2014. 2. 12. 제 2018-000080호
전 화	02)733-6771
f a x	02)736-4818
e-mail	pys@pybook.co.kr
homepage	www.pybook.co.kr
ISBN	979-11-6519-063-7 93180

copyright©김문희 외, 2020, Printed in Korea

*파본은 구입하신 곳에서 교환해 드립니다. 본서의 무단복제행위를 금합니다.
*저자와 협의하여 인지첩부를 생략합니다.

정 가 18,000 원

박영스토리는 박영사와 함께하는 브랜드입니다.